世界记忆名录

国家重点档案专题保护开发项目

民国时期广东邮政管理局侨批档案选编（1929—1949）

第五册

广东省档案馆　编

南方传媒 SPM　广东人民出版社
·广州·

图书在版编目（CIP）数据

民国时期广东邮政管理局侨批档案选编（1929—1949）/ 广东省档案馆编. —广州：广东人民出版社，2024. 2
ISBN 978-7-218-17296-5

Ⅰ. ①民… Ⅱ. ①广… Ⅲ. ①华侨—档案资料—汇编—广东 Ⅳ. ①D634. 3

中国国家版本馆 CIP 数据核字（2023）第 250584 号

MINGUO SHIQI GUANGDONG YOUZHENG GUANLIJU QIAOPI DANG'AN XUANBIAN（1929-1949）

民国时期广东邮政管理局侨批档案选编（1929—1949）

广东省档案馆　编

出 版 人：肖风华

项目统筹：柏　峰
责任编辑：周惊涛　陈其伟
装帧设计：书窗设计
责任技编：周星奎

出版发行：广东人民出版社
地　　址：广州市越秀区大沙头四马路 10 号（邮政编码：510199）
电　　话：（020）85716809（总编室）
传　　真：（020）83289585
网　　址：http://www.gdpph.com
印　　刷：广东信源文化科技有限公司
开　　本：889mm×1194mm　1/16
印　　张：147.25　　**字　　数：**800 千
版　　次：2024 年 2 月第 1 版
印　　次：2024 年 2 月第 1 次印刷
定　　价：4980.00 元（全五册）

如发现印装质量问题，影响阅读，请与出版社（020-85716849）**联系调换。**
售书热线：020-87716172

目录

调查统计（二）

汕头各批信局关于国外分号变动情形致汕头一等邮局局长的呈（组件）（一九四八年二至三月）

汕头荣大批信局关于国外分号变动情形致汕头一等邮局局长的呈（一九四八年二月二十九日）

竊本批信局原有國外分號現需有更易計開歇者　家新添者五家理合將詳細情形開列於後申請鈞局予以註銷及添註以利郵寄至感公便

謹呈

汕頭一等郵局局長　公鑒

計開

國外分號開歇　家

分號名稱	開設日期	詳細地址	司理人姓名年齡籍貫	備考

國外分號新添　家

分號名稱	開設日期	詳細地址	司理人姓名年齡籍貫	備考
[illegible]	民國卅[illegible]	[illegible]	[illegible]　二十四歲	[illegible]
[illegible]	民國[illegible]	[illegible]	[illegible]　四十五歲	[illegible]
[illegible]	民國[illegible]	[illegible]	[illegible]　五十[illegible]歲	[illegible]
[illegible]	民國[illegible]	[illegible]	[illegible]　四十[illegible]歲	[illegible]

申請人　榮大　批信局（蓋章）

營業人　[illegible]（蓋章）

131

中華民國　卅七　年　二　月　廿九　日

汕头洪万丰批信局关于国外分号变动情形致汕头一等邮局局长的呈（一九四八年三月一日）

竊本批信局原有國外分號現已有更易計開歇者　家新添者玖家理合將詳細情形開列於後申請

鈞局予以註銷及添註以利郵寄至感公便。

謹呈

汕頭一等郵局局長　公鑒

計開

國外分號開歇　家

分號名稱	開設日期	開設地點	司理人姓名年齡籍貫	備考

國外分號新添玖家

分號名稱	開設日期	開設地點	司理人姓名年齡籍貫	備考
光德發	民國卅六年	新嘉坡十八間後七號	楊如山 三十八歲 澄海	[illegible]
鄭錦發	民國廿七年	新嘉坡馬車街十六號	鄭則光 五十六歲 潮陽	
元發利	民國卅七年	新嘉坡吻基[illegible]號	曾紀成 四十二歲 潮安	
裕生	民國廿七年	新嘉坡[illegible]街六十二號	盧卓生 四十二歲 澄海	
潮昌興記	民國廿七年	吉隆坡[illegible]號	楊晴川 三十九歲 潮安	
洪萬成	民國廿三年	新嘉坡[illegible]	洪賢炎 四十八歲 揭陽	
許廣利	民國廿八年	新嘉坡[illegible]	許木添 四十五歲 潮安	

申請人　洪萬豐　批信局（蓋章）

營業人　洪賢良（蓋章）

中華民國　三十七　年　三　月　一　日

93

竊本批信局原有國外分號現略有更易計閉歇者　家新添者弍家理合將詳細情形開列於後申請
鈞局予以註銷及添註以利郵寄至感公便。

謹呈

汕頭一等郵局局長　公鑒

計開

國外分號閉歇　家

分號名稱	開設日期	開設地點	司理人姓名年齡籍貫	備考

國外分號新添　家

分號名稱	開設日期	開設地點	司理人姓名年齡籍貫	備考
洪萬成	民國廿五年	怡保地理者街五十三號	洪賢芝四十八歲揭陽	
洪萬成	民國廿五年	安順連冲律壹號	洪賢芝四十八歲揭陽	

申請人　洪萬豐　批信局

營業人

汕頭洪萬豐書柬（蓋章）

（簽蓋）

中華民國　三十五　~~92~~　年　叁　月　壹　日

汕头陈绵发批信局关于国外分号变动情形致汕头一等邮局局长的呈（一九四八年三月一日）

竊本批信局原有國外分號[illegible]現略有更易計開閉歇者 家 新添者 五 家理合將詳細情形開列於後申請鈞局予以註銷及添註以利郵寄至感公便。

謹呈

汕頭一等郵局局長 公鑒

計開

國外分號閉歇 家

分號名稱	開設日期	開設地點	司理人姓名年齡籍貫	備考

國外分號新添 五 家

分號名稱	開設日期	開設地點	司理人姓名年齡籍貫	備考
鄭綿發	民國廿七年	新加坡馬車街十六號	鄭則光 五八歲 潮陽	因卅七年度批照未收到故無即時補報
鄭綿春	民國廿八年	吉隆坡指天街三五號	鄭漢進 三四歲 潮陽	
福順號	民國卅年	暹羅曼谷[illegible]亞旺街廿八號	彭[illegible]泉 四〇歲 大埔	
萬振興	民國卅六年	麻剌甲吉寧街三十八號	周錦昌 五〇歲 永春	
錦順莊	民國卅年	暹羅曼谷[illegible]亞旺街廿[illegible]號	彭鴻汀 四一歲 大埔	

申請人 陳綿發　批信局 汕頭陳綿發莊（蓋章）

營業人 陳在三（蓋章）

98

99 中華民國三十七年三月一日

第一頁

竊本批信局原有國外分號現略有更易計開歇者四家新添者二十三家理合將詳細情形開列於後申請
鈞局予以註銷及添註以利郵寄至感公便。

謹呈

汕頭一等郵局局長 公鑒

計開

國外分號閉歇四家

分號名稱	開設日期	開設地點	司理人姓名年齡籍貫	備考
振華豐	廿七年一月	盤谷三聘街	許[illegible] 54歲 潮安	此號自己創設
永興盛	廿九年一月	盤谷耀華力	許肇宵 52歲 普寧	此號自己創設
同春號	廿八年一月	坤甸遠和街	李泰茂 61歲 揭陽	
泰記	廿四年一月	盤谷三聘街	胡渭生 52歲 潮陽	

國外分號新添共二十三家

分號名稱	開設日期	開設地點	司理人姓名年齡籍貫	備考
華豐泰	廿四年一月	盤谷三聘街	許炳潘 32歲 饒平	
乾華隆	廿六年一月	盤谷[illegible]軍	徐萍清 34歲 潮陽	
源豐發	廿六年一月	盤谷三聘街	林永村 30歲 饒平	
廣順發	廿六年一月	盤谷耀華力	陳志遠 45歲 揭陽	
同成興	廿六年一月	盤谷三聘街	吳鴻鈞 41歲 仝上	
廣成昌	廿六年一月	盤谷石橋頭	劉[illegible]聚 35歲 仝上	
利民	廿六年一月	盤谷三聘街	方振河 40歲 普寧	

新添分號請看第貳頁

申請人 萬豐發批信局 汕頭萬豐發書柬（蓋章）

營業人 魏長榮（蓋章）

中華民國 叁拾柒年 叁 月 一 日

可

第二頁

竊本批信局原有國外分號現畧有更易計開敬者 家新添

家理合將詳細情形開列於後申請

鈞局予以註銷及添註以利郵寄至感公便。

謹呈

汕頭一等郵局局長 公鑒

計開

國外分號新添 家

分號名稱	開設日期	開設地點	司理人姓名年齡籍貫	備考
皇豐銀	卅六年	盤谷三聘街	陳富良 36歲 澄海	
余泰來	卅六年	盤谷真君爺宮	余子淵 35歲 豐順	
和合祥	卅七年	盤谷越三振	張奕生 40歲 普寧	
源順利	卅六年	盤谷三聘街	林北 50歲 揭陽	
耀隆昌	卅六年	盤谷三聘街	王衛 50歲 普寧	
王利市	卅六年	盤谷三聘街	王俏市 45歲 普寧	
森源	卅伍年	新嘉坡大坡二馬路	余功良 60歲 澄海	

國外分號新添 家

分號名稱	開設日期	開設地點	司理人姓名年齡籍貫	備考
光和成	卅伍年	新嘉坡戲館街	陳韻琴 45歲 澄海	
成興公司	卅伍年	新嘉坡漆木街	陳景燮 45歲 澄海	
楊瑞香	卅六年	吧双坡林茂街	楊瑞香 40歲 仝上	
泰昌	卅六年	吉隆坡諧街	陳泰昌 38歲 仝上	
集隆	卅八年	山打根第一街	上玉秀 40歲 潮安	
業大	卅六年	坤甸坡頭亞街	李樹庠 39歲 潮安	
鄭豐發	卅六年	坤甸坡大港内	鄭明勝 45歲 揭陽	

新添分號續第三頁

申請人 萬豐發 批信局 汕頭萬豐發書柬（蓋章）

營業人 魏長榮（蓋章）

108

中華民國 叁拾柒 年 叁 月 一 日

107

第三頁

竊本批信局原有國外分號現畧有更易計閉歇者　家新添者　家理合將詳細情形開列於後申請

鈞局予以註銷及添註以利郵寄至感公便。

謹呈

汕頭一等郵局局長　公鑒

計開

國外分號新添　家

分號名稱	開設日期	開設地點	司理人姓名年齡籍貫	備考
陳義興	卅六年	坤甸埠錦泉街	陳士秀 40歲 揭陽	
曾海興	卅六年	邦戛埠	曾昭勝 41歲 潮安	

國外分號新添　家

分號名稱	開設日期	開設地點	司理人姓名年齡籍貫	備考

申請人　萬豐發批信局　汕頭萬豐發書東（蓋章）

營業人　魏長榮（簽蓋）

109

中華民國叁拾柒年叁月一日

汕头合盛利批信局关于国外分号变动情形致汕头一等邮局局长的呈（一九四八年三月一日）

新添

竊本批信局原有國外分號現署有更易詳開啟者

者吡家理合將詳細情形開列於後申請

鈞局予以註銷及添註以利郵寄至感公便。

謹呈

汕頭一等郵局局長　公鑒

計開

國外分號閉歇　家

分號名稱	開設日期	地址	司理人姓名年齡籍貫	備考

國外分號新添吡家

分號名稱	開設日期	地址	司理人姓名年齡籍貫	備考
進興昌	民國卅四年十	越南三聘街	林錦進 三十歲 饒平	
協成豐	民國卅六年十	越南羅華力	許能先 五十歲 饒平	
天外天	民國叁拾年	越南羅華力	陳雁秋 五十四歲 澄海	
進盛利	民國卅伍年十	越南華埠中東京路	羅竹權 四十歲 豐順	
裕興盛	民國卅四年十	越南三聘誠榮街	陳水泉 三十六歲 澄海	
泰合昌	民國卅三年十	越南三聘永街尾	蔡布天 三十四歲 澄海	

申請人合盛利　批信局合盛利書柬（蓋章）

營業人　魏茂碩（蓋章）

110

中華民國叁拾柒年　叁　月　一　日

汕头启峰栈批信局关于国外分号变动情形致汕头一等邮局局长的呈（一九四八年三月一日）

竊本批信局原有國外分號現畧有更易計開歇者　家新添者廿九家理合將詳細情形開列於後申請鈞局予以註銷及添註以利郵寄至感公便。

謹呈

汕頭一等郵局局長　公鑒

計開

國外分號閉歇　家

分號名稱	開設日期	開設地點	司理人姓名年齡籍貫	備考

國外分號新添廿九家

分號名稱	開設日期	開設地點	司理人姓名年齡籍貫	備考
森源莊	民國廿伍年	新嘉坡大坡二馬路	余功良　六十歲　澄海	
成興公司	民國卅伍年	新嘉坡　漆木街	陳景慶　四十五歲　澄海	
陳義興	民國卅六年	坤甸　綿興街	陳七彥　四十歲　揭陽	
鄭豐發	民國卅六年	坤甸　大溝內	鄭明勝　四十五歲　揭陽	
潮源興	民國卅四年	盤谷　三聘街	邱建成　五十六歲　揭陽	
阜豐裕	民國卅六年	盤谷　三聘街	陳富良　三十六歲　澄海	
光和成	民國卅伍年	新嘉坡　戲館街	陳毅琴　四十五歲　澄海	

新添分號續第二頁

申請人　啟峰棧　批信局　汕頭啟峰棧書柬（簽章）

營業人　魏啟和　（魏啟和）（簽蓋）

川

中華民國叁拾柒年　叁月　一日

竊本批信局原有國外分號現畧有更易計開歇者　家新添
者　家理合將詳細情形開列於後申請
鈞局予以註銷及添註以利郵寄至感公便。
謹呈
汕頭一等郵局局長　公鑒

計開

國外分號開歇　家

分號名稱	開設日期	開設地點	司理人姓名年齡籍貫	備考

國外分號新添弍家

分號名稱	開設日期	開設地點	司理人姓名年齡籍貫	備考
楊錦春	民國卅六年一	巴羅港 林茂街	楊錦春 40歲 澄海	
泰昌	民國卅六年一	吉隆坡 諧街	張泰昌 38歲 仝上	

申請人 汶峰棧
批信局 （簽章）
營業人 魏汶和 （蓋章）

112

中華民國 叁拾六年 叁月 一日

汕头泰成昌批信局关于国外分号变动情形致汕头一等邮局局长的呈（一九四八年三月一日）

竊本批信局原有國外分號現畧有更易計閉歇者　家新添者四家理合將詳細情形開列於後申請
鈞局予以註銷及添註以利郵寄至感公便。
謹呈
汕頭一等郵局局長　公鑒

計開

國外分號閉歇　家

分號名稱	開設日期	開設地點	司理人姓名年齡籍貫	備註

國外分號新添四家

分號名稱	開設日期	開設地點	司理人姓名年齡籍貫	備註
南強	民國三十六年四月五日	檳城港仔口	姚兆周 五十二歲 潮陽	
嘉新	民國三十五年十二月十五日	暹京石龍軍路噠叻仔	劉照知 五十三歲 潮安	
泰和隆	民國三十六年二月十六日	盤谷野虎路	紀才 三十八歲 潮陽	
耀華成	民國三十六年三月廿日	新嘉坡大坡三馬路	黃朝發 四十五歲 揭陽	

申請人　泰成昌批信局（泰成昌批信局印）

營業人　劉[illegible]（印）

126

中華民國三十七年三月一日

127

汕头和兴盛批信局关于国外分号变动情形致汕头一等邮局局长的呈（一九四八年三月一日）

竊本批信局原有國外分號現要有更易計開歇者 0 家新添者貳家理合將詳細情形開列於後申請鈞局予以註銷及添註以利郵寄至感公便。

謹呈

汕頭一等郵局局長 公鑒

計開

國外分號閉歇 0 家

分號名稱	開設日期	開設地點	司理人姓名年齡籍貫	備考

國外分號新添 貳 家

分號名稱	開設日期	開設地點	司理人姓名年齡籍貫	備考
永順成	民國卅四年	暹羅盤谷石龍軍三角路六〇三號	黃漢秋 四十七歲 潮陽	
麗華	民國卅五年	暹羅盤谷三聘街一〇三八號	[illegible] 卅四歲 潮陽	

申請人 和興盛 批信局 （蓋章）

經營人 馬秉洲

中華民國叁拾柒年 叁 月 壹 日

130

汕头荣成利批信局关于国外分号变动情形致汕头一等邮局局长的呈（一九四八年三月二日）

竊本批信局原有國外分號現略有更易計閉歇者　家新添者六家理合將詳細情形開列於後申請鈞局予以註銷及添註以利郵寄至感公便。

謹呈

汕頭一等郵局局長　公鑒

計開

國外分號閉歇　家

分號名稱	開設日期	開設地址	司理人姓名年齡籍貫	備考

國外分號新添六家

分號名稱	開設日期	開設地址	司理人姓名年齡籍貫	備考
東方	卅六年	新嘉坡大坡大[illegible]街四四號	陳錦五　四十五歲　潮安人	
生和	卅六年	坤甸大馬路九四號	陳鐵漢　三十九歲　潮安人	
元發利	卅六年	新嘉坡[illegible]吻基一二五號	曾紀成　三十六歲　澄海人	
南強	卅六年	檳榔嶼港仔口一七六號	姚非中　五十歲　潮陽人	
榮成利	卅三年	新嘉坡大坡[illegible]教街八十三號	許達生　四十四歲　饒平人	
榮成興	卅三年	暹京三聘街一三號	林[illegible]孟　四十六歲　饒平人	

申請人榮成利批信局（蓋章）

營業人許[illegible]（簽蓋）

中華民國卅七年三月二日

汕头成顺利振记批信局关于国外分号变动情形致汕头一等邮局局长的呈（一九四八年三月三日）

竊本批信局原有國外分號現略有更易計開啟者　家新添
者　家理合將詳細情形開列於後申請
鈞局予以註銷及添註以利郵寄至感公便。
謹呈
汕頭一等郵局局長　公鑒
計開
國外分號開歇　家

分號名稱	開設日期	開設地址	經理人姓名年齡籍貫	備考

國外分號新添一家

分號名稱	開設日期	開設地址	經理人姓名年齡籍貫	備考
鄭成順利記	卅五年四月一日	曼谷天外天桥一五一号	鄭國賢　廿七歲　澄海	

申請人　批信局　成順利振記（蓋章）
營業人　鄭敦翰（蓋章）

中華民國三十七年三月三日

103　102

竊本批信局原有國外分號現畧有更易計閉歇者〇家新添者六家理合將詳細情形開列於後申請鈞局予以註銷及添註以利郵寄至感公便。

謹呈

汕頭一等郵局局長 公鑒

計開

國外分號閉歇 家

分號名稱	開設日期	開設地點	司理人姓名年齡籍貫	備考

國外分號新添六家

分號名稱	開設日期	開設地點	司理人姓名年齡籍貫	備考
長興利	民國卅三年	暹京耀華力路	林宗邑 四十一 普寧	
長興	民國卅四年	暹京耀華力路	陳紹勳 三十九 潮安	
廣和成	民國卅五年	暹京嵩越街	許清福 四十五 饒平	
黃幹成	民國卅四年	暹京耀華力路	鄭國良 三十九 澄海	
光華興	民國卅二年	暹京耀華力路	陳鎮波 三十九 潮安	
明強發	民國卅五年	暹羅網吟	黃据乞 五十 普寧	

申請人 順成利 批信局 鄭順成利書柬

營業人 鄭爵之（簽蓋）

中華民國 卅七 年 三 月 三 日

106

~~105~~

汕头顺成利批信局关于国外分号变动情形致汕头一等邮局局长的呈（一九四八年三月三日）

汕头光益批信局关于国外分号变动情形致汕头一等邮局局长的呈（一九四八年三月四日）

74 75

竊本批信局原有國外分號現要有更易計開歇者〃家新添者一家理合將詳細情形開列於後申請鈞局予以註銷及添註以利郵寄至感公便。謹呈

汕頭一等郵局局長 公鑒

計開

國外分號閉歇〃家

分號名稱	開設日期	開設地址	經理人姓名年齡籍貫	備考

國外分號新添一家

分號名稱	開設日期	開設地址	經理人姓名年齡籍貫	備考
裕生	民國卅五年	新嘉坡大坡馬真律六十號	唐盛卓 年四十五 潮安	

申請人

批信局 汕頭光益批局（蓋章）

經理人 鍾少[illegible]（蓋章）

中華民國三十七年三月四日

78—77

竊本批信局原有國外分號現畧有更易計閉歇者ㄥ家新添者二家理合將詳細情形開列於後申請鈞局予以註銷及添註以利郵寄至感公便。

謹呈

汕頭一等郵局局長　公鑒

計開

國外分號閉歇　家

分號名稱	開設日期	開設地點	司理人姓名年齡籍貫	備考

國外分號新添　家

分號名稱	開設日期	開設地點	司理人姓名年齡籍貫	備考
益安	民國卅六年	暹京嵩越路仝七号	江麟勳 五十三歲 潮安	
裕盛昌	民國卅六年	香港大道西一二四号	王鶴仙 五十歲 潮安	

申請人 源合興批信局 源合興（蓋章）

營業人 章達人（簽蓋）

中華民國叁拾柒年叁月伍日

汕头源合兴批信局关于国外分号变动情形致汕头一等邮局局长的呈（一九四八年三月五日）

汕头宏通批信局关于国外分号变动情形致汕头一等邮局局长的呈（一九四八年三月五日）

竊本批信局原有國外分號現略有更易計開歇者　家新添

三家理合將詳細情形開列於後申請

鈞局予以註銷及添註以利郵寄至感公便。

謹呈

汕頭一等郵局局長　公鑒

計開

國外分號閉歇　家

分號名稱	開設日期	開設地點	司理人姓名年齡籍貫	備考

國外分號新添三家

分號名稱	開設日期	開設地點	司理人姓名年齡籍貫	備考
孫興成	卅四年五月	暹京三聘越通街(?) 451	陳永興　卅六歲　澄海	
泰合昌	卅三年二月	暹京三聘光彩街尾(?) 1238	蔡布天(?)　卅四歲　澄海	
大隆	卅六年八月	暹京耀華力路(?) 711	許悅炳(?)　卅五歲　饒平	

申請人　宏通　批信局（蓋章）

營業人　梁俊道（簽名）

中華民國三十七年三月五日

120

汕头永安批信局关于国外分号变动情形致汕头一等邮局局长的呈（一九四八年三月五日）

100

竊本批信局原有國外分號現略有更易計閉歇者〇家補添者三家理合將詳細情形開列於後申請鈞局予以註銷及補註以利郵寄至感公便。

謹呈

汕頭一等郵局局長 公鑒

計開

國外分號閉歇〇家

分號名稱	開設日期	開設地點	司理人姓名年齡籍貫	備考

國外分號補添三家

分號名稱	開設日期	開設地點	司理人姓名年齡籍貫	備考
南市	民国十八年	薩拉瓦克	許應勤 五五歲 潮安	南市成利兩号開設于今已近二十年戰前及復員以後均有批交本局代理本局前以爲屬於代理性質未便認爲分号故批照未請填註上列三号卅六年六月廿日以前信有批到汕頭貴局進出口批件均有可查遵章合乞補註以維原狀而利郵寄
成利	民国十九年	峇株巴轄		
利通	民国卅五年	詩巫	吳紀芳 四五歲 澄海	

申請人 永安 批信局（汕永安銀號書柬）

營業人 周禮旋（簽蓋）

中華民國 叁拾柒 年 叁 月 伍 日

汕头信大批信局关于国外分号变动情形致汕头一等邮局局长的呈（一九四八年三月六日）

竊本批信局原有國外分號現略有更易計閉歇者　家新添
三家理合將詳細情形開列於後申請
鈞局予以註銷及添註以利郵寄至感公便。
謹呈
汕頭一等郵局局長　公鑒
計開
國外分號閉歇　家

分號名稱	開設日期	開設地點	司理人姓名年齡籍貫	備考

國外分號新添三家

分號名稱	開設日期	開設地點	司理人姓名年齡籍貫	備考
瀨南福記	三十五年	日里棉蘭烈旦路[illegible]號	陳鴻南　三十三歲　澄海人	
金昌裕	三十五年	日里棉蘭烈旦路[illegible]號	周文　三十二歲　潮安人？	
協成	三十五年	檳榔嶼協成街	莊明理　四十一歲　澄海？	

申請人　信大　批信局
營業人　陳　鍚
中華民國　三十七　年　三　月　六　日

汕头陈四兴批信局关于国外分号变动情形致汕头一等邮局局长的呈（一九四八年三月八日）

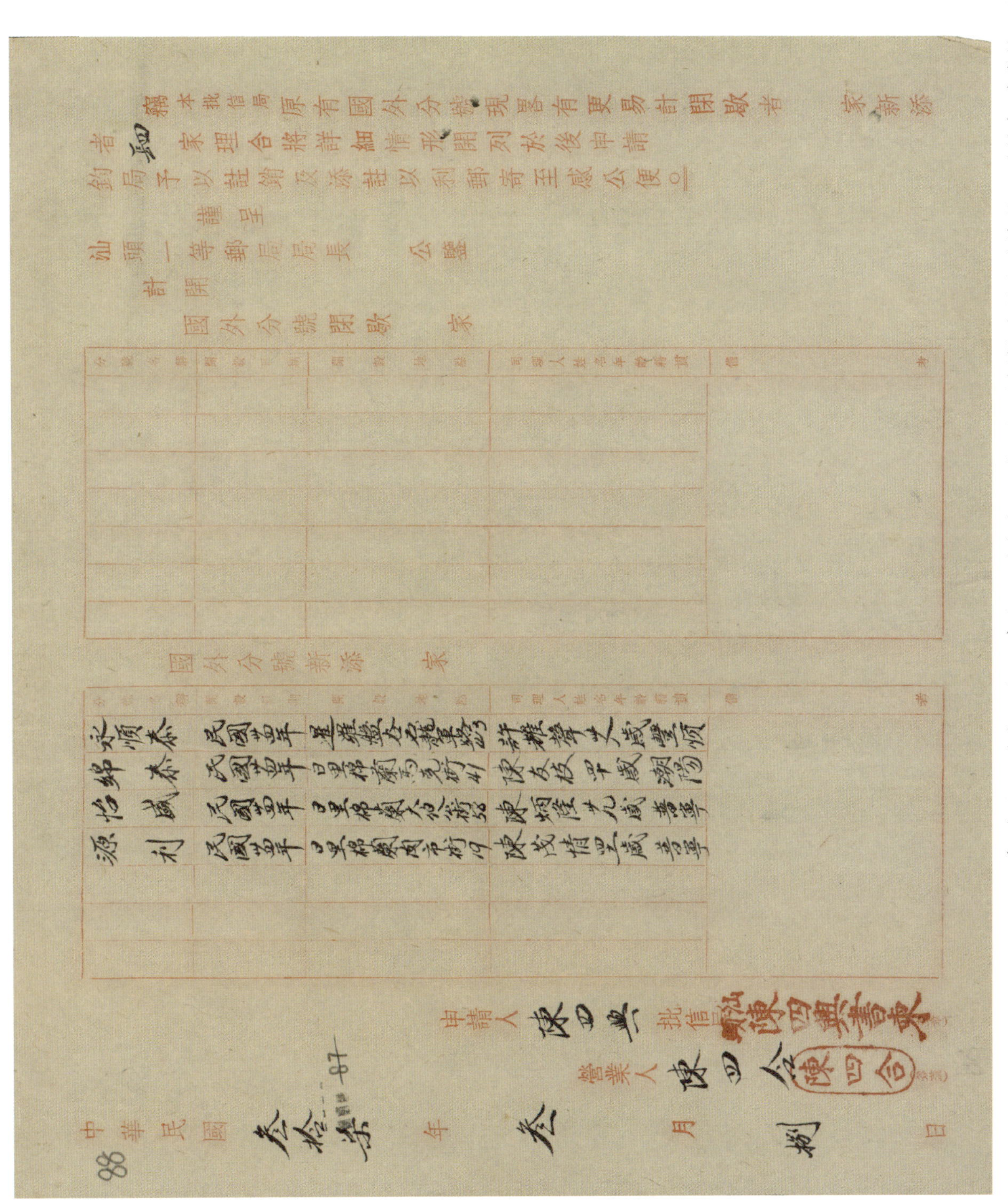

竊本批信局原有國外分號現暑有更易計開歇者四家新添　家理合將詳細情形開列於後申請

鈞局予以註銷及添註以利郵寄至感公便。

謹呈

汕頭一等郵局局長　公鑒

計開

國外分號開歇　家

分號名稱	開設日期	開設地點	司理人姓名年齡籍貫	備考

國外分號新添　家

分號名稱	開設日期	開設地點	司理人姓名年齡籍貫	備考
永順泰	民國卅五年	暹羅盤谷石龍軍路[illegible]	許耀榮　卅六歲　豐順	
錦泰	民國卅五年	日里棉蘭馬克街[illegible]	陳友枝　四十歲　潮陽	
怡盛	民國卅五年	日里棉蘭大伯公街[illegible]	陳炳德　廿九歲　普寧	
源利	民國卅五年	日里棉蘭南京街[illegible]	陳茂楷　四十三歲　普寧	

申請人　陳四興　批信局（汕頭陳四興書柬）

營業人　陳四合（陳四合）

中華民國　叁拾柒　年　叁　月　捌　日

88

汕头恒记批信局关于国外分号变动情形致汕头一等邮局局长的呈（一九四八年三月九日）

竊本批信局原有國外分號現畧有更易計閉歇者　家新添者六家理合將詳細情形開列於後申請鈞局予以註銷及添註以利郵寄至感公便。

謹呈

汕頭一等郵局局長　公鑒

計開

國外分號閉歇　家

分號名稱	開設日期	開設地點	司理人姓名年齡籍貫	備考

國外分號新添六家

分號名稱	開設日期	開設地點	司理人姓名年齡籍貫	備考
潮昌興記	民國十三年	吉隆坡老北塞口十三號	楊精川　五十歲　潮安	上填諸號昔東南亞戰爭時期遷移他地，迨至勝利後始返原址復業，原擬查覆由中間呈報鈞局核註，惟是時適因登記期間截止，未克依法填補，代乞體念僑艱，允予填補，以利郵寄為荷
坤興	民國十四年	新加坡香港街七號	林炯材　四十五歲　仝上	
義隆	民國廿年	棉蘭碗盤街二十號	徐元璋　四十歲　詔安	
光盛	民國十二年	吉礁亞羅士打大街五十三號	張喜來　四十歲　潮陽	
永合峯	民國十五年	吉礁唐人街二九號	陳心正　四十七歲　仝上	
劉盛利	民國十三年	太平吧咾邊四十三號	劉開通　五十歲　仝上	

申請人　恒記批信局（蓋章）

營業人　林德貞（簽蓋）

中華民國卅七年三月九日

竊本批信局原有國外分號現略有更易計開歇者二家新添者一家理合將詳細情形開列於後申請鈞局予以註銷及添註以利郵寄至感公便。

謹呈

汕頭一等郵局局長 公鑒

計開

國外分號開歇 二 家

分號名稱	開設日期	號設地址	司理人姓名年齡籍貫	備考
興勝昌記	光緒九年	荷屬日里棉蘭[illegible]月	黃根來 卅八歲 普寧	係承局自己[illegible]不得不暫行歇業[illegible]於卅七年春[illegible]局刊分號以利僑匯[illegible]
陳悦盛	光緒十年	荷屬日里棉蘭大街公物	陳[illegible] 仝上	

國外分號新添 一 家

分號名稱	開設日期	號設地址	司理人姓名年齡籍貫	備考
永昌利	卅五年五月	暹京三聘街四三三號	黃亦良 卅九歲 普寧	中國國人事調整也[illegible]本年卅六年十二月廿七日前呈請[illegible]准本局[illegible]有案

申請人 振豐盛批信局 汕頭振豐盛書局（蓋章）

營業人 陳拿欽

中華民國 卅七 年 三 月 九 日

117 116

汕头普通批信局关于国外分号变动情形致汕头一等邮局局长的呈（一九四八年三月九日）

竊本批信局原有國外分號現略有更易計開歇者 △ 家新添 三 家理合將詳細情形開列於後申請
鈞局予以註銷及添註以利郵寄至感公便。

謹呈

汕頭一等郵局局長 公鑒

計開

國外分號閉歇　家

分號名稱	開設日期	開設地點	司理人姓名年齡籍貫	備考

國外分號新添 三 家

分號名稱	開設日期	開設地點	司理人姓名年齡籍貫	備考
乃裕	民國九年	檳榔嶼打鉄街	吳子方 四十歲 潮安	該兩號以前均有填入批信執照，因馬來雅淪陷而暫行歇業，迨至卅五年先後復業，計明 乃裕卅五年四月復業 信泰卅五年五月復業
信泰	民國廿六年	吉隆坡巴剎頭	陳培漢 四十四歲 潮安	
陳萬成	民國卅年	香港干諾道西35	陳友生 四十歲 潮安	

申請人 普通 批信局（普通銀莊）（蓋章）

營業人 吳彩堂（簽名）

中華民國 三十七 年 三 月 九 日

131

B2

竊本批信局原有國外分號現畧有更易計閉歇者 0 家新添者 七 家理合將詳細情形開列於後申請

鈞局予以註銷及添註以利郵寄至感公便。

謹呈

汕頭一等郵局局長 公鑒

計開

國外分號閉歇 / 家

分號名稱	開設日期	開設地點	司理人姓名年齡籍貫	備考

國外分號新添 柒 家

分號名稱	開設日期	開設地點	司理人姓名年齡籍貫	備考
再成	民國三十四年	新嘉坡小坡[illegible]律一〇四號	李壽年 廣東省澄海縣人 現年三十五歲	
福興隆	民國卅伍年	新嘉坡加冷律二七一號	張複瑩 廣東省潮安縣人 現年三十六歲	
茂記	民國貳拾年	新嘉坡芽籠[illegible]街十九號	黄國禎 廣東省普寧縣人 現年四十歲	
許成發	民國卅伍年	新嘉坡峇株巴轄巴殺街八號	許承誠 廣東省澄海縣人 現年四十五歲	
廣泰隆	民國拾捌年	新嘉坡柔佛[illegible]街	黄樹傑 廣東省潮安縣人 現年五十二歲	
啟發	民國拾捌年	新嘉坡小坡實龍崗律八號	林啟亮 廣東省潮安縣人 現年三十八歲	
陳協豐	民國三十四年	新嘉坡[illegible]律[illegible]號	陳萃鳴 廣東省澄海縣人 現年四十歲	

申請人 悅記 批信局 汕頭悅記書柬（蓋章）

營業人 張複祥（蓋章）

中華民國 卅七 年 三 月 十 日

汕头玉合批信局关于国外分号变动情形致汕头一等邮局局长的呈（一九四八年三月十日）

竊本批信局原有國外分號現略有更易計關歇者　家新添
者弍家理合將詳細情形開列於後申請
鈞局予以註銷及添註以利郵寄至感公便。
謹呈
汕頭一等郵局局長　公鑒
計開
國外分號關歇　家

分號名稱	開設日期	開設地點	司理人姓名年齡籍貫	備考

國外分號新添 二 家

分號名稱	開設日期	開設地點	司理人姓名年齡籍貫	備考
陳振興	民國三十四年	暹羅盤谷三聘鹹魚街	陳振江 三十八歲 潮陽	
林源莊	民國三十五年	新嘉坡大坡三馬路	余功良 六十歲 澄海	

申請人 玉合 批信局（汕頭玉合書柬）
營業人 林癸（蓋章）

94

中華民國 三十七 年 三 月 十 日

汕头马源丰批信局关于国外分号变动情形致汕头一等邮局局长的呈（一九四八年三月十日）

竊本批信局原有國外分號現略有更易計開歇者　家新添者弍家理合將詳細情形開列於後申請

鈞局予以註銷及添註以利郵寄至感公便。

謹呈

汕頭一等郵局局長　公鑒

計開

國外分號開歇　家

分號名稱	開設日期	開設地點	司理人姓名年齡籍貫	備考

國外分號新添弍家

分號名稱	開設日期	開設地點	司理人姓名年齡籍貫	備考
泰源	民國卅五年	盤谷三聘奴帳街	翁隆炳四十八歲潮陽	
華豐泰記	民國卅五年	盤谷三聘街	許瀾濤四十二歲饒平	

申請人　馬源丰批信局（印）

營業人　馬君輝（簽章）（印）

中華民國三十七年三月十日

竊本批信局原有國外分號現畧有更易計閉歇者 家新添

者七家理合將詳細情形開列於後申請

鈞局予以註銷及添註以利郵寄至感公便。

謹呈

汕頭一等郵局局長 公鑒

計開

國外分號閉歇 家

分號名稱	開設日期	開設地點	司理人姓名年齡籍貫	備考

國外分號新添七家

分號名稱	開設日期	開設地點	司理人姓名年齡籍貫	備考
永德成	民國卅五年	梹榔嶼高渊	姚宏學二十五歲潮陽	
萬德祥	民國卅五年	新嘉坡小坡大馬路口五九七號	洪勝臣四十一歲澄海	
泰生堂	民國卅五年	緬阿爾慈蘭勿庫街八十九號	李鏡初四十七歲潮安	
信通	民國卅五年	新嘉坡小坡鉄巴剎前黄芝律一零七號	鄭紹基四十七歲澄海	
信泰	民國卅五年	新嘉坡大坡十八間後二十八號	黃孝坤四十四歲澄海	
侯鴻盛	民國卅二年	暹羅盤谷三聘米街尾五一九號	侯鴻祥四十五歲揭陽	
慶成	民國卅五年	暹羅盤谷三聘鹹魚街	陳運進四十一歲潮陽	

申請人陳長發批信局（蓋章）

營業人陳少懷（簽蓋）

97

中華民國叁拾柒年叁月拾日

汕头陈长发批信局关于国外分号变动情形致汕头一等邮局局长的呈（一九四八年三月十日）

汕头捷成批信局关于国外分号变动情形致汕头一等邮局局长的呈（一九四八年三月十日）

竊本批信局原有國外分號現略有更易計開歇者　家新添者三十六家理合將詳細情形開列於後申請鈞局予以註銷及添註以利郵寄至感公便○

謹呈

汕頭一等郵局局長　公鑒

計開

國外分號開歇　家

分號名稱	開設日期	開設地點	司理人姓名年齡籍貫	備考

國外分號新添　家

分號名稱	開設日期	開設地點	司理人姓名年齡籍貫	備考
新和成僑記	癸亥年	新嘉坡桃李律三十三号	李鋤寬三十六歲　澄海	
萬益成	辛亥年	新嘉坡馬車街一号	李偉卿四十三歲　澄海	
振發棧	民國廿八年	麻剌甲板底街四十号	沈振茂六十六歲　潮安	
海泉	民國廿六年	芙蓉美芝律百仕十三号	林寬炎六十一歲　澄海	
廣潮生	民國廿七年	吉隆坡粵海街五十五号	陳錦鴻三十八歲　潮安	
金成利	民國卅六年	丁加奴閣市大街四百七十	廖文益四十八歲　潮安	
永順	民國卅六年	丁加奴閣丹麵街[illegible]号	陳秀僑三十八歲　潮安	

申請人　捷成批信局（汕頭捷成批局）

營業人　李鏡鋆（李鏡鋆印）（簽蓋）

113

中華民國三十七年三月十日

廿12

114

竊本批信局原有國外分號現畧有更易計閉歇者　家新添

者二十六家理合將詳細情形開列於後申請

鈞局予以註銷及添註以利郵寄至感公便。

謹呈

汕頭一等郵局局長　公鑒

計開

國外分號閉歇　家

分號名稱	開設日期	開設地點	司理人姓名年齡籍貫	備考

國外分號新添　家

分號名稱	開設日期	開設地點	司理人姓名年齡籍貫	備考
南市	民國廿七年	薩刺允克吉晉海澂街三十三號	許應勤五十五歲潮安	
吴長記	民國七年	坤甸中興街	吴允利六十五歲揭陽	
李同春	民國十年	坤甸遠和街四十七号	李翼如四十六歲揭陽	
源合興	民國十五年	坤甸永興街二号	許松林三十六歲揭陽	
坤發興	民國廿五年	坤甸中興街一百三十五号	彭炎全三十九歲揭陽	
合威	民國三十五年	薩刺允克吉晉印度街十八号	許崇龍三十六歲潮安	
許萬合	民國十二年	坤甸大港内內宮二十六号	許炳長四十六歲揭陽	

申請人　捷成批信局（汕）捷成號書柬

營業人　李毓鎏　（簽蓋）〔印：李毓鎏印〕

中華民國　三十七年 ~~113~~　三　月　十　日

115

竊本批信局原有國外分號現畧有更易計閉歇者　家新添者二十六家理合將詳細情形開列於後申請

鈞局予以註銷及添註以利郵寄至感公便○

謹呈

汕頭一等郵局局長　公鑒

計開

國外分號閉歇　家

分號名稱	開設日期	開設地點	司理人姓名年齡籍貫	備考

國外分號新添　家

分號名稱	開設日期	開設地點	司理人姓名年齡籍貫	備考
源茂	民國廿五年	坤甸遠和街五号	周道禮 四十五歲 揭陽	
和興公司	民國廿七年	坤甸中興街百十二号	林綿慈 二十八歲 揭陽	
榮和	民國廿九年	坤甸中興街百十号	林道秉 四十三歲 揭陽	
達合	民國十三年	坤甸大溝內三十六号	林耀千 五十六歲 揭陽	
和平	民國十年	坤甸遠和橫街二十八号	林道籍 二十七歲 揭陽	
榮源	民國十二年	坤甸遠和橫街三七号	鄭典榮 五十五歲 揭陽	
興合	民國廿四年	坤甸	林金海 二十八歲 揭陽	

申請人 捷成批信局 汕頭捷成號書柬

營業人 李毓鎏（簽蓋）李毓鎏印

中華民國三十九年　~~114~~　三月十日

116

竊本批信局原有國外分號現畧有更易計開歇者　家新添者三十六家理合將詳細情形開列於後申請

鈞局予以註銷及添註以利郵寄至感公便。

謹呈

汕頭一等郵局局長　公鑒

計開

國外分號閉歇　家

分號名稱	開設日期	開設地點	司理人姓名年齡籍貫	備考

國外分號新添　家

分號名稱	開設日期	開設地點	司理人姓名年齡籍貫	備考
騰合	民國十五年	坤甸遠和横街四七号	黄錦安五十歲揭陽	
林陞合	民國廿九年	坤甸	林永衡四十三歲揭陽	
林永源	民國卅五年	坤甸上興街一五五号	林亞嘻二十七歲揭陽	
信和成	民國七年	坤甸永興街三十号	林道毅五十三歲揭陽	
德安堂	民國廿八年	坤甸大溝内三十四号	鄭武俊三十八歲揭陽	

申請人　捷成批信局　汕頭捷成號書柬

營業人　李毓鋆　李毓鋆印（簽蓋）

~~115~~

中華民國三十七年三月十日

汕头陈富通批信局关于国外分号变动情形致汕头一等邮局局长的呈（一九四八年三月十日）

竊本批信局原有國外分號現略有更易計開歇者兩家新添者乙家理合將詳細情形開列於後申請鈞局予以註銷及添註以利郵寄至感公便。

謹呈

汕頭一等郵局局長　公鑒

計開

國外分號開歇兩家

分號名稱	開歇日期	開設地點	司理人姓名年齡籍貫	備考
聯商行	卅七年一月十日	安南	郭漢秋　大埔	
復興公司	〃〃〃〃	邦加	曾克然　梅縣	

國外分號新添乙家

分號名稱	開設日期	開設地點	司理人姓名年齡籍貫	備考
公信莊		仰光	張啟田　梅縣	

申請人 陳富通 批信局 （蓋章）

營業人 陳濟軒

中華民國 三七 年 三 月 十 日

118

汕头福成批信局关于国外分号变动情形致汕头一等邮局局长的呈（一九四八年三月十日）

竊本批信局原有國外分號現經有更易計開歇者○家新添者壹家理合將詳細情形開列於後申請

鈞局予以註銷及添註以利郵寄至感公便○

謹呈

汕頭一等郵局局長　公鑒

計開

國外分號開歇　家

分號名稱	開歇日期	開歇地點	司理人姓名年齡籍貫	備考

國外分號新添　家

分號名稱	開設日期	開設地點	司理人姓名年齡籍貫	備考
基發	民國三十七年	香港西營盤正街三號	陸裕廿歲南山	

申請人　福成　批信局（蓋章）

營業人　[illegible]　福成信局（蓋章）

中華民國　三十七　年　三　月　十　日

汕头荣丰利批信局关于国外分号变动情形致汕头一等邮局局长的呈（一九四八年三月十日）

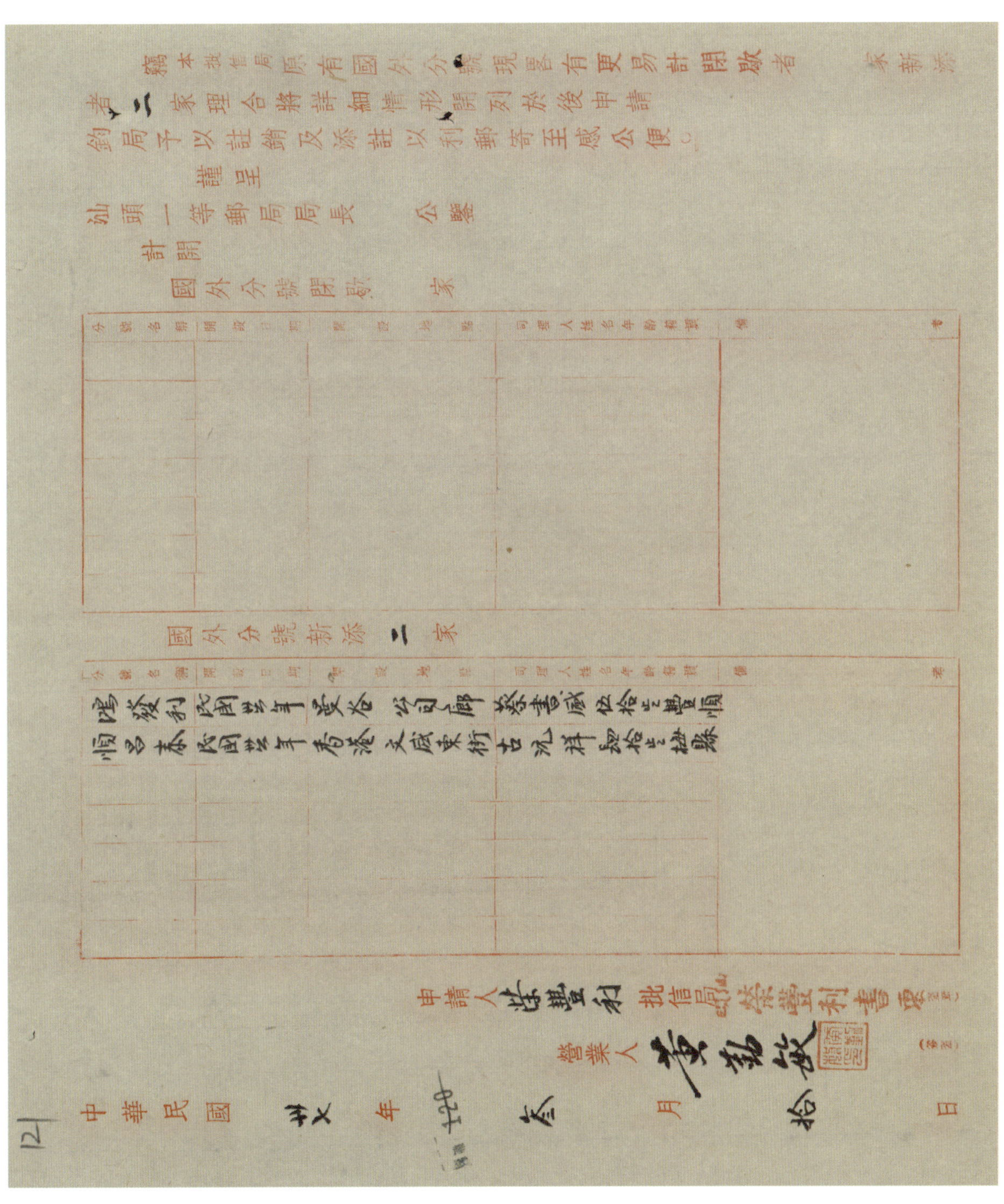

竊本批信局原有國外分號現因有更易計開歇者 家新添二家理合將詳細情形開列於後申請
鈞局予以註銷及添註以利郵寄至感公便
謹呈
汕頭一等郵局局長 公鑒
計開
國外分號開歇 家

分號名稱	開設日期	營設地點	司理人姓名年齡籍貫	備考

國外分號新添二家

分號名稱	開設日期	營設地點	司理人姓名年齡籍貫	備考
暹發利	民國卅七年一月	曼谷必司廊	蔡壹咸 伍拾二 豐順	
順昌泰	民國卅七年一月	香港文咸東街	古沉祥 肆拾二 揭縣	

申請人 榮豐利 批信局 汕 榮豐利書柬（蓋章）
營業人 [illegible]（蓋章）
中華民國 卅七 年 三 月 拾 日

汕头胜发批信局关于国外分号变动情形致汕头一等邮局局长的呈（一九四八年三月十日）

122

竊本批信局原有國外分號現畧有更易計閉歇者　家新添弍家理合將詳細情形開列於後申請鈞局予以註銷及添註以利郵寄至感公便。

謹呈

汕頭一等郵局局長　公鑒

計開

國外分號閉歇　家

分號名稱	開設日期	開設地點	司理人姓名年齡籍貫	備考

國外分號新添弍家

分號名稱	開設日期	開設地點	司理人姓名年齡籍貫	備考
華益禮記	民國卅五年	新嘉坡漆木街卅號	章美才　四十歲　潮安	
豐興	民國卅五年	英屬北婆羅洲斗湖	郭啟旭　四一歲　潮安	

申請人　汕頭勝發批信局書柬（蓋章）

營業人　鍾詩和（簽名）

~~121~~

中華民國卅七年三月拾日

123

竊本批信局原有國外分號現畧有更易計閉歇者　家新添者十八家理合將詳細情形開列於後申請鈞局予以註銷及添註以利郵寄至感公便。

謹呈

汕頭一等郵局局長　公鑒

計開

國外分號閉歇　家

分號名稱	開設日期	開設地點	司理人姓名年齡籍貫	備考

國外分號新添十八家

分號名稱	開設日期	開設地點	司理人姓名年齡籍貫	備考
鄭永和	民國卅五年	坤甸大濱內奏柔橋〤〤號	鄭林裕四十五歲揭陽人	上列各號於民國卅五年及卅六年六月以前皆有批到，惟未有申請填入批照內
和春園	民國廿四年	山口洋大伯公街三号	國榮輝四十七歲潮陽人	
榮昌公司	民國廿三年	坤甸中興街〥〤號	許順昌四十二歲揭陽人	
林新興	民國卅六年	坤甸永興街〣〇號	林文新三十歲揭陽人	
黃榮豐	民國廿三年	坤甸遠和橫街〤〤號	黃春豪三十八歲揭陽人	
炳盛	民國廿年	薩拉乜克秋巴虱埠	施光後五十五歲潮安人	
楊啟豐	民國卅六年	坤甸遠和橫街〣〇號	楊鏡四十三歲揭陽人	

第一頁

~~122~~

申請人　有信批信局（汕頭有信批局）

營業人　黃壽三（黃壽三印）

中華民國　年　月　日

汕头有信批信局关于国外分号变动情形致汕头一等邮局局长的呈（一九四八年三月十日）

124

竊本批信局原有國外分號現畧有更易計閉歇者　家新添者　家理合將詳細情形開列於後申請鈞局予以註銷及添註以利郵寄至感公便○

謹呈

汕頭一等郵局局長　公鑒

計開

國外分號閉歇　家

分號名稱	開設日期	開設地點	司理人姓名年齡籍貫	備考

國外分號新添　家

分號名稱	開設日期	開設地點	司理人姓名年齡籍貫	備考
李南豐	民國卅六年	薩拉巴亮甘蜜街卅捌	李明南 五十三歲 潮陽人	上列名號於民國卅五年及卅六年六月以前當有加到，惟未申請填入執照內
楊香太	民國卅六年	坤甸大港內卅捌	楊鶴云 四十九歲 揭陽人	
南山	民國卅六年	坤甸達和橫街卅捌	陳松欽 三十五歲 揭陽人	
永成發	民國卅六年	坤甸坡	林大葉 五十五歲 揭陽人	
黃坤源	民國卅五年	坤甸中山街卅捌	黃自然 五十六歲 普寧人	
和芳	民國卅五年	薩拉巴亮古晉埠海墘街卅捌	王珊巴 四十歲 潮安人	
利通	民國卅六年	薩拉巴亮詩巫埠十字街十捌	何友通 五十歲 潮陽人	

第二頁

申請人　有信　批信局　汕頭有信批局（簽章）

營業人　黃壽三（蓋章）

~~123~~

中華民國　年　月　日

竊本批信局原有國外分號現擬有更易計開敬者　　家新添

者　　家理合將詳細情形開列於後申請

鈞局予以註銷及添註以利郵寄至感公便。

謹呈

汕頭一等郵局局長　　公鑒

計開

國外分號開歇　　家

分號名稱	開設日期	開設地點	司理人姓名年齡籍貫	備考

國外分號新添　　家

分號名稱	開設日期	開設地點	司理人姓名年齡籍貫	備考
合記	民國卅一年	荷屬[illegible]新巴剎號	施俊士四十四歲潮安人	上列各號於民國卅一三年及卅六年六月以前開設均有批到惟未申請補入批照內
信通	民國三十五年	荷印[illegible]	林柳茂三十五歲潮安人	
佳成	民國三十三年	[illegible]	李勝高四十三歲[illegible]人	
達豐公司	民國三十六年	北婆羅洲古達埠信和[illegible]	蔡文秉四十歲[illegible]人	

第一頁

申請人　有信　批信局　汕有信批局（蓋章）

地址　營業人　黃壽三（蓋章）

125

中華民國三十七年　叁月　捻日

汕头宏信批信局关于国外分号变动情形致汕头一等邮局局长的呈（一九四八年三月十日）

竊本批信局原有國外分號現略有更易計開歇業者 家新添者二家理合將詳細情形列於後申請鈞局予以註銷及添註以利郵寄至感公便。

謹呈

汕頭一等郵局局長 公鑒

計開

國外分號閉歇 家

分號名稱	開設日期	開設地點	司理人姓名年齡籍貫	備考

國外分號新添二家

分號名稱	開設日期	開設地點	司理人姓名年齡籍貫	備考
有信	民國十三年	新加坡新巴剎[illegible]門	黃芳生 六十六歲 澄海人	上列右號於民國卅五年及卅六年六月以前皆有批到惟未申請領入執照用
萬商泰	民國卅六年	新加坡吉寧街[illegible]	陳建三 四十五歲 澄海人	

申請人 宏信 批信局 汕頭宏信批局

營業人 高鴻鄉

125

中華民國三十七年 叁月 拾日

126

汕头利昌庄批信局关于国外分号变动情形致汕头一等邮局局长的呈（一九四八年三月十一日）

129

竊本批信局原有國外分號現害有更易計閉歇者　家新添者二家理合將詳細情形開列於後申請鈞局予以註銷及添註以利郵寄至感公便。

謹呈

汕頭一等郵局局長　公鑒

計開

國外分號閉歇　家

分號名稱	開設日期	開設地點	司理人姓名年齡籍貫	備考

國外分號新添二家

分號名稱	開設日期	開設地點	司理人姓名年齡籍貫	備考
森源莊	民國廿年	新嘉坡大坡二馬路	余功良　六十歲　澄海	
潮源興	民國廿四年	盤谷三聘街	邱建茂　五十六歲　揭陽	

申請人　利昌莊批信局（蓋章）

汕頭利昌莊批信局

汕頭利昌莊書柬

營業人　王炳南

中華民國三十七年三月十一日

汕头福茂批信局关于国外分号变动情形致汕头一等邮局局长的呈（一九四八年三月十二日）

竊本批信局原有國外分號現已有更易計閉歇者　家新添者三家理合將詳細情形開列於後申請鈞局予以註銷及添註以利郵寄至感公便。

謹呈

汕頭一等郵局局長　公鑒

計開

國外分號閉歇　家

分號名稱	開設日期	開設地點	司理人姓名年齡籍貫	備考

國外分號新添三家

分號名稱	開設日期	開設地點	司理人姓名年齡籍貫	備考
錫遐	民國卅伍年十一	新嘉坡源順街九八號	張敬書三十六歲晉江	
協成	仝上	檳榔嶼本頭公巷十八號	許武順三十九歲晉江	
振華興記	民國廿伍年十一	暹谷三聘街三七五號	陳少華四十八歲潮陽	

申請人福茂批信局（汕頭福茂批局）（蓋章）

經營人黃南和（黃南和印）（蓋章）

中華民國三十七年三月十二日

汕头森春庄批信局关于国外分号变动情形致汕头一等邮局局长的呈（一九四八年三月十二日）

85

~~84~~

竊本批信局原有國外分號現在有更易計閉歇者〇家新添者二家理合將詳細情形開列於後申請鈞局予以註銷及添註以利郵寄至感公便。

謹呈

汕頭一等郵局局長　公鑒

計開

國外分號閉歇〇家

分號名稱	開設日期	開設地點	司理人姓名年齡籍貫	備考

國外分號新添二家

分號名稱	開設日期	開設地點	司理人姓名年齡籍貫	備考
衛元堂	民三十年一月五日	薩拉瓦克古晋亞吞街	官文士 三十一歲 惠來	
榮昌隆	民三十五年十月十日	吉隆坡古路律一	吳清貴 三十三歲 梅縣	

申請人

批信局汕頭森春莊書柬（名稱）

營業人魏森泰（簽名）　魏森泰印

中華民國三十七年三月十二日

汕头光益批信局关于国外分号变动情形致汕头一等邮局局长的呈（一九四八年三月十六日）

竊本批信局原有國外分號現畧有更易計閉歇者　家新添者　土　家理合將詳細情形開列於後申請鈞局予以註銷及添註以利郵寄至感公便○

謹呈

汕頭一等郵局局長　公鑒

計開

國外分號閉歇　家

分號名稱	開設日期	開設地點	司理人姓名年齡籍貫	備考

國外分號新添　家

分號名稱	開設日期	開設地點	司理人姓名年齡籍貫	備考
裕生	民國卅四年	新嘉坡大坡嗎真街六號	盧卓生 四十五歲 潮安	
萬順成	卅五年	新嘉坡大坡三馬路三十二號	鄭炳宋 五十歲 潮安	
同泰昌	卅二年	新嘉坡吉隆坡諧街拾街	李子元 四十二歲 澄海	
萬生隆	卅四年	新嘉坡巴雙港口五號	郭垂統 四十二歲 潮安	
祥發	卅二年	新嘉坡山林坡巴剎前二十號	王永信 五十五歲 潮安	
同泰祥	卅五年	新嘉坡巴雙八間街七號	陳家駒 四十八歲 潮安	
廣豐隆	卅七年	新嘉坡巴雙港口九號	全才喜 五十二歲 澄海	

申請人　汕頭光益批信局（蓋章）

營業人　鍾少巖（蓋章）

中華民國卅七年三月十六日

竊本批信局原有國外分號現略有更易計閉歇者　家新添者十一家理合將詳細情形開列於後申請鈞局予以註銷及添註以利郵寄至感公便。

謹呈

汕頭一等郵局局長　公鑒

計開

國外分號閉歇　家

分號名稱	開設日期	開設地點	司理人姓名年齡籍貫	備考

國外分號新添　家

分號名稱	開設日期	開設地點	司理人姓名年齡籍貫	備考
啓發	卅一年	新嘉坡芙蓉新嘉坡街五號	林長德 三十七歲 澄海	
柯天源	卅四年	新嘉坡峇株巴轄十二號	柯寶才 四十五歲 潮安	
茂記	卅三年	新嘉坡蘇坡亞兜亞務街十九號	丁一仁 三十九歲 潮安	
泰昌祥記	卅年	新嘉坡吉隆坡諧街七十六號	陳熙臨 五十三歲 揭陽	

申請人

批信局　光益批局

營業人　鍾少巖

中華民國　卅七　年　三　月　十六　日

汕头光益裕批信局关于国外分号变动情形致汕头一等邮局局长的呈（一九四八年三月）

竊本批信局原有國外分號現畧有更易計開啟者○家新添者柒家理合將詳細情形開列於後申請鈞局予以註銷及添註以利郵寄至感公便。

謹呈

汕頭一等郵局局長　公鑒

計開

國外分號閉歇　家

分號名稱	開設日期	開設地點	司理人姓名年齡籍貫	備考

國外分號新添柒家

分號名稱	開設日期	開設地點	司理人姓名年齡籍貫	備考
光益裕	民國卅六年	曼谷	周炯昌 卅八歲 澄海	上列各號[illegible]
許元合	民國卅柒年	曼谷	許春泰 五五歲 揭陽	
新發	民國卅六年	新嘉坡奉教街	鄭希恩 四一歲 潮安	
南順	民國卅五年	柔佛坡小笨珍	林君衛 卅二歲	
南市	民國十六年	砂拉越古晉坡	許則存 五三歲 潮安	
傅維海	民國卅六年	荷屬三發坡	傅維海 卅一歲 揭陽	
源合興	民國卅五年	荷屬坤甸	許雅正 廿八歲 揭陽	

申請人　光益裕　汕頭光益裕批局書柬（簽章）

營業人　周照欽（簽章）

中華民國三十七年三月　日

89

90

竊本批信局原有國外分號現畧有更易計閉歇者〇家新添者捌家理合將詳細情形開列於後申請鈞局予以註銷及添註以利郵寄至感公便。

謹呈

汕頭一等郵局局長　公鑒

計開

國外分號閉歇　家

分號名稱	開設日期	開設地點	司理人姓名年齡籍貫	備考

國外分號新添捌家

分號名稱	開設日期	開設地點	司理人姓名年齡籍貫	備考
吕興合	民國廿五年	香港德輔道西	吕高叉　卆歲　潮陽	至本年度始行申請補入受存光益裕分號前撥來函已開始營業僑批不日可到故附申請添入

申請人　光益裕　汕頭光益裕批局書柬（蓋章）

營業人　周照秋（簽蓋）

中華民國三十七年三月　日

89

汕头同发利批信局关于国外分号变动情形致汕头一等邮局局长的呈（一九四八年三月）

竊本批信局原有國外分號現略有更易，計開啟者　家，新添　家，理合將詳細情形開列於後，申請鈞局予以註銷及添註，以利郵寄，至感公便。

謹呈

汕頭一等郵局局長　公鑒

計開

國外分號開啟　家

分號名稱	開設日期	地址	經理人姓名年齡籍貫	備考

國外分號新添　家

分號名稱	開設日期	地址	經理人姓名年齡籍貫	備考
進盛利	民國卅五年	[illegible]	羅竹濤	[illegible]
新興泰	民國卅五年	怡保萬里望[illegible]	徐世璞	

申請人　批信局　汕頭同發利（蓋章）

經理人　羅[illegible]桂（簽名）

中華民國　年　月　日

102

汕头黄潮兴批信局关于国外分号变动情形致汕头一等邮局局长的呈（一九四八年三月）

竊本批信局原有國外分號現略有更易計開歇者壹家新添
者　家理合將詳細情形開列於後申請
鈞局予以註銷及添註以利郵寄至感公便。
謹呈
汕頭一等郵局局長　公鑒
計開
國外分號開歇壹家

分號名稱	開設日期	開設地點	司理人姓名年齡籍貫	備考
泰成豐	民國廿五年一	盤谷米街尾	陳府錦 四十二 樟林	

國外分號新添　家

分號名稱	開設日期	開設地點	司理人姓名年齡籍貫	備考

申請人 黃潮興 批信局 汕頭黃潮興書柬

營業人 黃善璧 （簽蓋）

104

中華民國 三十七 年 三 月 日

103

汕头陈炳春批信局关于国外分号变动情形致汕头一等邮局局长的呈（一九四八年三月）

竊本批信局原有國外分號現暑有更易，計開歇者壹家，新添　家，理合將詳細情形開列於後，申請

鈞局予以註銷及添註，以利郵寄，至感公便。

謹呈

汕頭一等郵局局長　公鑒

計開

國外分號開歇壹家

分號名稱	開設日期	開設地址	司理人姓名年齡籍貫	備考
炳合豐	民國卅一年	暹京公司廊棒頭	陳耀庭　五十四歲　澄海	查炳合豐卅年開歇，緣由上年以來有批到而辦批他處代理，故特懇請准予註銷，至感

國外分號新添　家

分號名稱	開設日期	開設地址	司理人姓名年齡籍貫	備考

申請人　陳克約　　批信局　陳炳春　陳炳春書柬

營業人　陳克約　（簽章）

中華民國三十七年　三　月　日

105

104

汕头裕益批信局关于国外分号变动情形致汕头一等邮局局长的呈（一九四八年三月）

128

竊本批信局原有國外分號現略有更易計閉歇者〇家新添者二家理合將詳細情形開列於後申請

鈞局予以註銷及添註以利郵寄至感公便。

謹呈

汕頭一等郵局局長　公鑒

計開

國外分號閉歇　家

分號名稱	開設日期	開設地點	司理人姓名年齡籍貫	備考

國外分號新添二家

分號名稱	開設日期	開設地點	司理人姓名年齡籍貫	備考
同信	民國卅年	香港文咸西街	周均昌　卅八歲　澄海	上列同信因受太平洋戰事所影响暫行中輟，經已復業，不日批信當照常來往；堤岸同益亦於卅五年間開設，因受當地政府僑滙統制，批信暫時未能來往，一俟開放，當源源而來，故特填上申請
同益	民國卅五年	安南堤岸	周奕昌　廿八歲　澄海	

申請人　裕益批信局　汕頭裕益（蓋章）

營業人　周炯昌章

127

中華民國三十七年三月　日

查视文昌三等甲级邮局侨汇报告书（一九四八年三月二十三日）

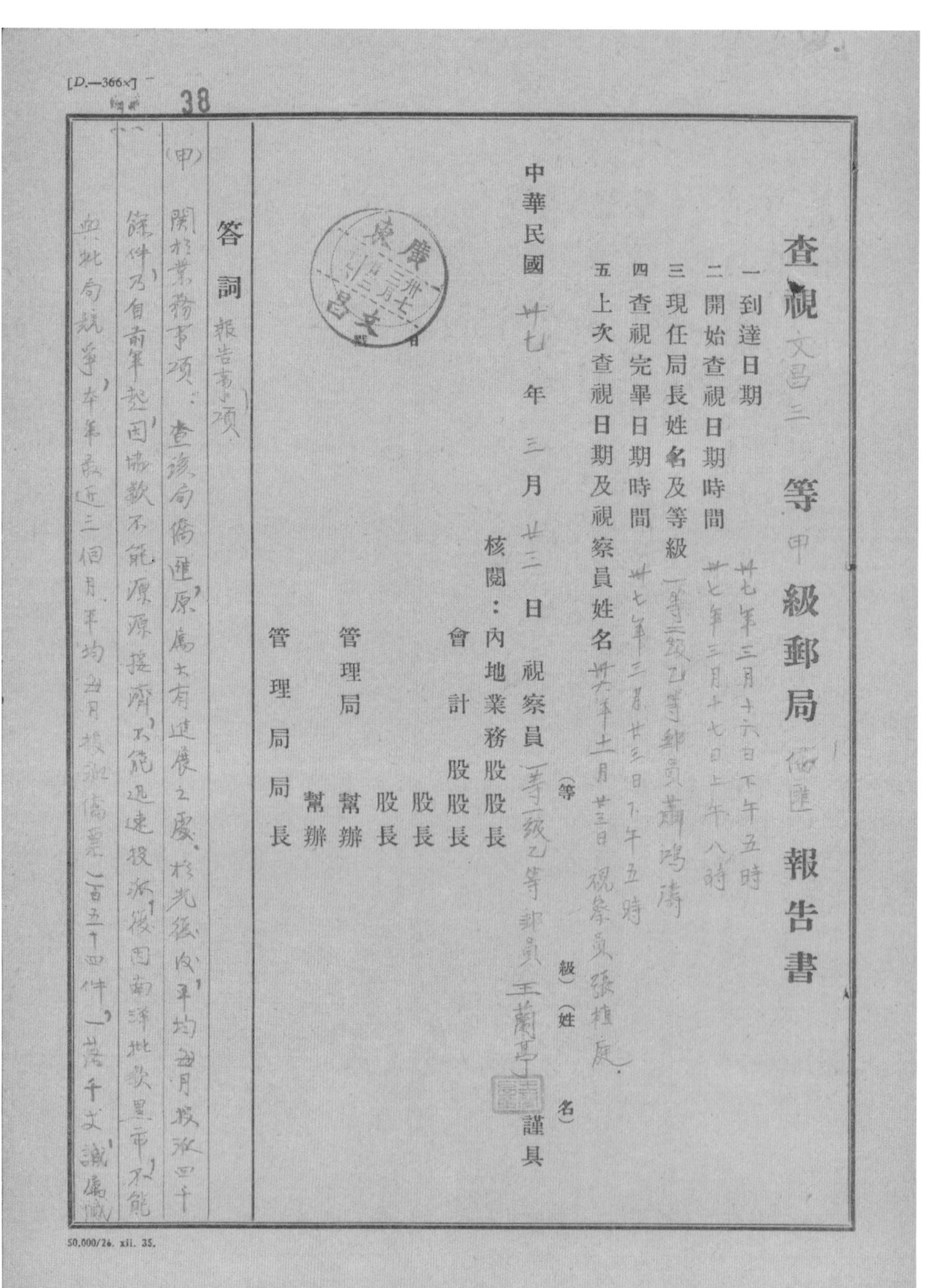

[D.—366×]

38

查視文昌三等甲級郵局僑匯報告書

一 到達日期 廿七年三月十六日下午五時

二 開始查視日期時間 廿七年三月十七日上午八時

三 現任局長姓名及等級 一等三級乙等郵員蕭鴻濤

四 查視完畢日期時間 廿七年三月廿三日下午五時

五 上次查視日期及視察員姓名 卅六年十二月廿三日 視察員張植庭

中華民國 廿七 年 三 月 廿三 日 視察員 一等一級乙等郵員王蘭亭（等級）（姓名）謹具

核閱：內地業務股股長

會計股股長

股長

股長

管理局幫辦

幫辦

管理局局長

答詞 報告書事項

（甲）關於業務事項：查該局僑匯原屬大有進展之處，於光復後，平均每月投派四千餘件，乃自前年起因協款不能源源接濟，不能迅速投派，復因南洋批款黑市，不能與批局競爭，本年最近三個月平均每月投派僑票一百五十四件，一落千丈，誠屬憾

50,000/26. xii. 35.

[D.—368z]

39

事　茲將最近三個月投派票款表報如下：

時期	投派之僑票數目	款數
廿七年一月份	118	107.451 918 67
二月份	246	277.795.600 00
三月份	97	86.194.600 00
平均	154	157.147.372 96

（乙）關於投派僑票情形，查該局僑票不多，日見短縮，而僑匯業務員二名，業經解僱，僑匯跑差、現在祇存按日計薪者三名而已，投派僑票地点過廣，有遠至數十里之路程者，如投甲地之僑票完竣，然後再往乙地投派，故乙地之僑票，未免不略有延遲之處。

僑匯

郵務視察員報告書第　二　頁

60,000/5. vii. 31.

汕头一等邮局关于查报汕头各批信局及其马来亚分号中英文名称地址事项致广东邮政管理局的呈（一九四八年四月二十九日）

汕頭一等郵局呈

字第六九〇/二一七二八號

中華民國卅七年四月廿九日發

關於查報汕頭各批信局及其馬來亞分號中英文名稱地址事項

郵務幫辦

内地業務股

經劃組

職局卅七年二月廿七日呈文第五四九/二一五一〇號

鈞局同年三月五日指令穗總字第六〇六/一三八五〇號

一、光益裕批信局所列聯和號國外分號一家，經予刪去。又該批局之新加坡分號瑞成號英文名稱地址，經一再函催，尚未見報來。職局經再嚴催，俟送補報。

二、茲續造汕頭各批局及其馬來亞各分號中英文名稱及地址清單一份，隨文呈繳　核辦。

三、各批信局尚有尚未查悉其馬來亞分號之英文名稱及地址，經分別嚴

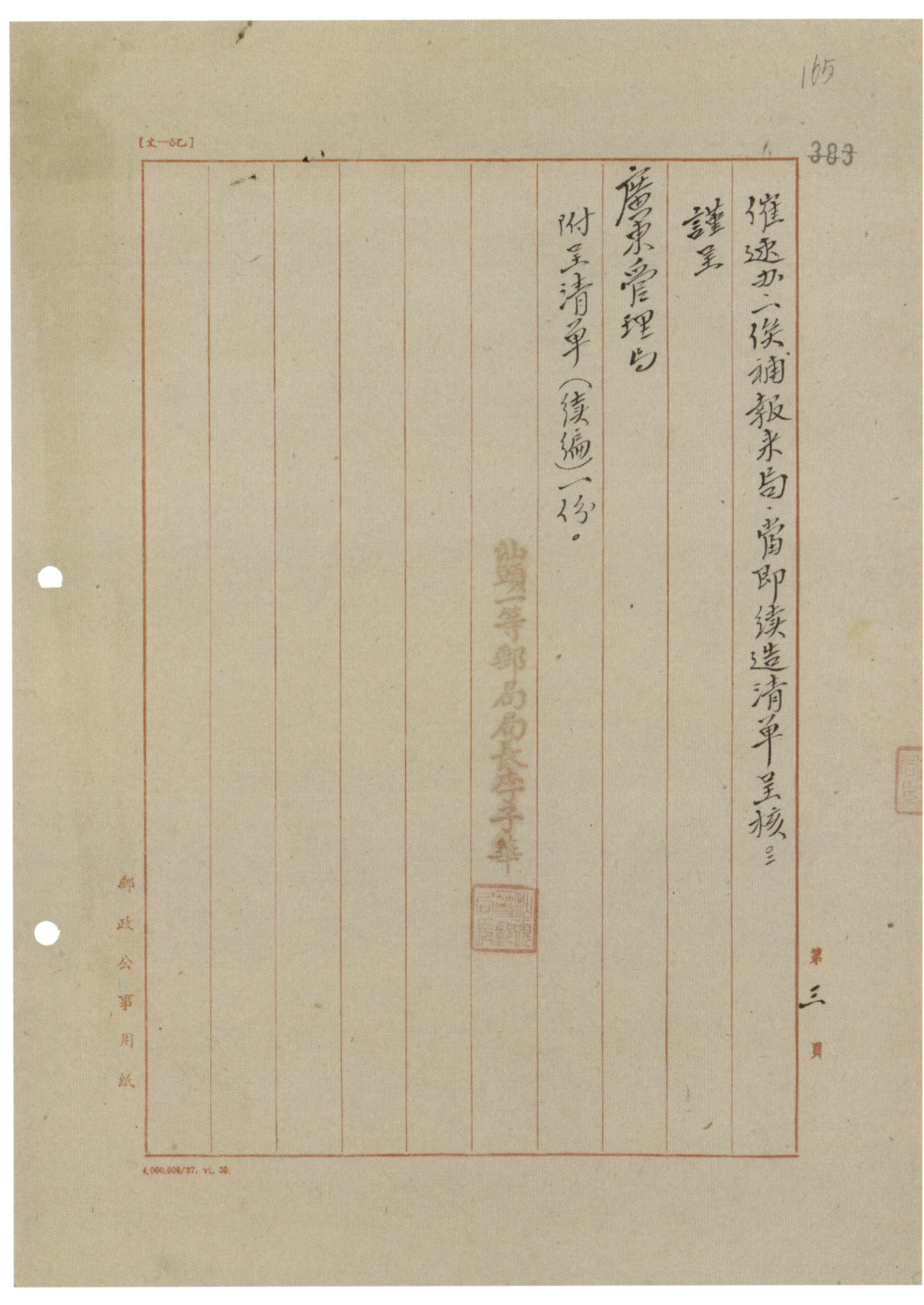
165

【文一8乙】 383

催速办﹨従補報來局﹨當即續造清單呈核﹨﹨

謹呈

廣東管理局

附呈清單（續編）一份。

汕頭一等郵局局長李子準

郵政公事用紙

第三頁

4,000,000/37. vi. 30.

2[illegible] 167

汕頭各批局及其馬來亞各分號中英文名稱及地址清單(續編)

批信局名稱 及詳細住址	分號名稱及詳細地址		
張廣泉 汕頭棉安街23號 Chong Kwong Chun No.23 Men On Street Swatow	德昌隆 芙蓉美朱律14號 Teck Cheong Loong No.40 Birch Road Seremban		
泉利 汕頭永泰路104號 Chyuan Lih Pi Chu 104 Yong Tai Road Swatow	萬泰和興記 新嘉坡吉寧街99號 Buan Tai Ho Heng Kee 99, Cross Street Singapore	萬山棧 新嘉坡吉寧街101號 Buan San Chan 101 Cross Street Singapore	
	源利公司 新嘉坡爪哇街92號 Guan Lee Co., 92 Arab Street Singapore		
[illegible][illegible]通 汕頭[illegible]平路 Chen Foo Tong Chi Ping Road Swatow	陳富源莊 新嘉坡大坡大馬路161號 Chen Foo Ngian 161 South Bridge Road Singapore	陳富源莊 吉隆坡吉賴路1486號 Chen Foo Ngian 1486 Cheras Riad Kuala Lumpur	
	新昌隆號 勞勿味味街29號 Sing Cheong Loong 29 Bibby Road Raub Penang, Malaya		

第一頁

168

~~386~~

汕頭各批局及其馬來亞各分號中英文名稱及地址清單

批信局名稱及詳細住址	分號名稱及詳細地址	
合盛利 汕頭昇平十三橫街九號 Hop Seng Lih 9 Cross Street 13 Sheng Peng Road Swatow	森源莊 新嘉坡大坡二馬路34號 Siam Guan Chung No.34 New Bridge Road Singapore	
森春莊 汕頭海平路八號 Siam Chung Chung 8 Hai Peng Road Swatow	新合和 麻剌甲觀音亭街 Sin Hup Hoe Temple Street Malacca	寶昌號 柔佛居奎毛申律 Chop Poh Cheong Jalan Mersing Kluang, Johore
	榮昌號 柔佛居奎毛申律 Chop Yin Cheong Jalan Mersing Kluang, Johore	新成利 柔佛士乃大街 Sin Sean Lee Large Street Snai, Johore
	萬益祥 柔佛士乃直街 Moun Jee Siang Large Street Snai, Johore	茂利號 柔佛古樓大街 Chop Mou Lee Large Street Kulai, Johore
潮利亨 汕頭杉排路54號 Teoh Lee Hin 54 Sam Pai Street Swatow	潮利亨 [illegible]中街308號 Teoh Lee Hin 308 Beach Street Penang	前次已報

第二頁

169

387

汕頭各批局及其馬來亞各分號中英文名稱及地址清單

批信局名稱及詳細住址	分號名稱及詳細地址	
裕大 汕頭永和街140號 Joo Tai 140 Yong Hua Street Swatow	順隆號 新嘉坡新吧虱街五號 Soon Loong 5 New Market Street Singapore	
福興 汕頭海平路22號 Hoch Hin No.22 Hai Peng Road Swatow	猊兩興 梹城打鉄街394號 Geh Leong Hin No.394 Beach Street Penang	振慶大 星洲大坡二馬路吊橋頭24號 Jewg Ching Dah No.24 New Bridge Road Singapore
	萬發 梹城新街頭31號 Ban Huat 31 Buoknoham Street Penang	
馬合豐 汕頭永興街62號 Mar Hap Homg 62 Yong Hin Street Swatow	厚豐公司 梹城中街155號 Kow Hong 155 Beach Street Penang	
振豐盛 汕頭仁和街82號二樓 Chin Hong Seng 82 Jan Hua Street Swatow	祥發 梹榔嶼本頭公巷 Shiang Fat Penang, S.S.	

第三頁

170

388

汕頭各批局及其馬來亞各分號中英文名稱及地址清單

批信局名稱及詳細住址	分號名稱及詳細地址	
福成 汕頭吉安街41號 Hock Seng 41 Kia Ann Street Swatow	光盛 馬來亞吉礁亞羅士打大街50號 Kwan Seng No.50 Pekan China Alorstar Kedah, Malaya	
勝發 汕頭昇平路96號 Sheng Huat No.96 Seng Peng Road Swatow	萬和成 新嘉坡馬真律九號 Buan Hua Seng No.9 Merchant Road Singapore	鼎盛 新嘉坡娘米末律65號 Tia Seng No.65 New Bridge Road Singapore
	利華興 新嘉坡娘米末律77號 Lee Hua Heng No.77 New Bridge Road Singapore	
洪萬豐 汕頭永安街53號 Ann Buan Hong No.53 Yong On Street Swatow	永合峰 吉礁唐人大街29號 Eng Hup Hong No.29 Pekan China Street Kedah	
宏通 汕頭永和街45號 Hong Tong 45 Yong Hua Street Swatow	泉豐公司 吉隆坡129號信箱 Chop Chuan Hong P.O.Box No.129 Kuala Lumpur	福春公司 柔佛昔加挽申馬寅街19號 Hock Choon & Co., No.19 Jalan Ismail Segamat, Johore

第四頁

171

汕頭各批局及其馬來亞各分號中英文名稱及地址清單 389

批信局名稱及詳細住址	分號名稱及詳細地址	
	泉豐公司 昔加挽蘇丹街30號 Chop Chuan Hong No.30 Sultan Street Segamat	華昌金舖 吉蘭丹高加巴魯B754號連A754 Wah Cheong Gold Smith Nos.754 A,754 B Jalan To Hakim Kota Bharu, Kelantan
	駿興祥 吉隆坡 孫路街28號 Chun Hing Seong P.O.Box 238 Kuala Lumpur	瑞泉號 大平埠 北基街9號 Swee Chuan No.9 Market Square Taiping F.M.S.
	中國銀行 新嘉坡絲絲街12號 The Bank of China No.12 C.C. Street Singapore	中國銀行 檳榔嶼土庫街52號 The Bank of China No.52 Toco Street Penang
	中國銀行 吉隆坡老巴剎9號 The Bank of China No.9 Lubasha Kuala Lumpur	中國銀行 新嘉坡大坡大馬路209號 The Bank of China 209 Avenue Singapore S.B.
	中國銀行 怡保曉羅街1號 The Bank of China No.1 Haro Street Ipoh	中國銀行 芙蓉美芝律141號 The Bank of China 141 Mazee Road Seremban

第五頁

172

汕頭各批局及其馬來亞各分號中英文名稱及地址清單 ~~390~~

批信局名稱及詳細住址	分號名稱及詳細地址
	中國銀行 新嘉坡小坡大馬路539號 The Bank of China 539 Avenue Singapore N.B.
榮大 汕頭安平路116號 Wing Tah 116 Ann Peng Road Swatow	滙通 新嘉坡十八間後36號 Hue Tong No.36 Boat Quay Singapore
李華利 汕頭新潮興街 Lee Hua Lee Sin Teoh Hin Street Swatow	李福利 新嘉坡敬昭街27號 Lee Hock Lee No.27 Keng Chow Street Singapore

28 APR. 1948

汕頭一等郵局局長

28 APR. 1948

第六頁

广东邮政管理局关于续查报各批信局及其马来亚分号中英文名称地址给汕头一等邮局的指令（一九四八年七月八日）

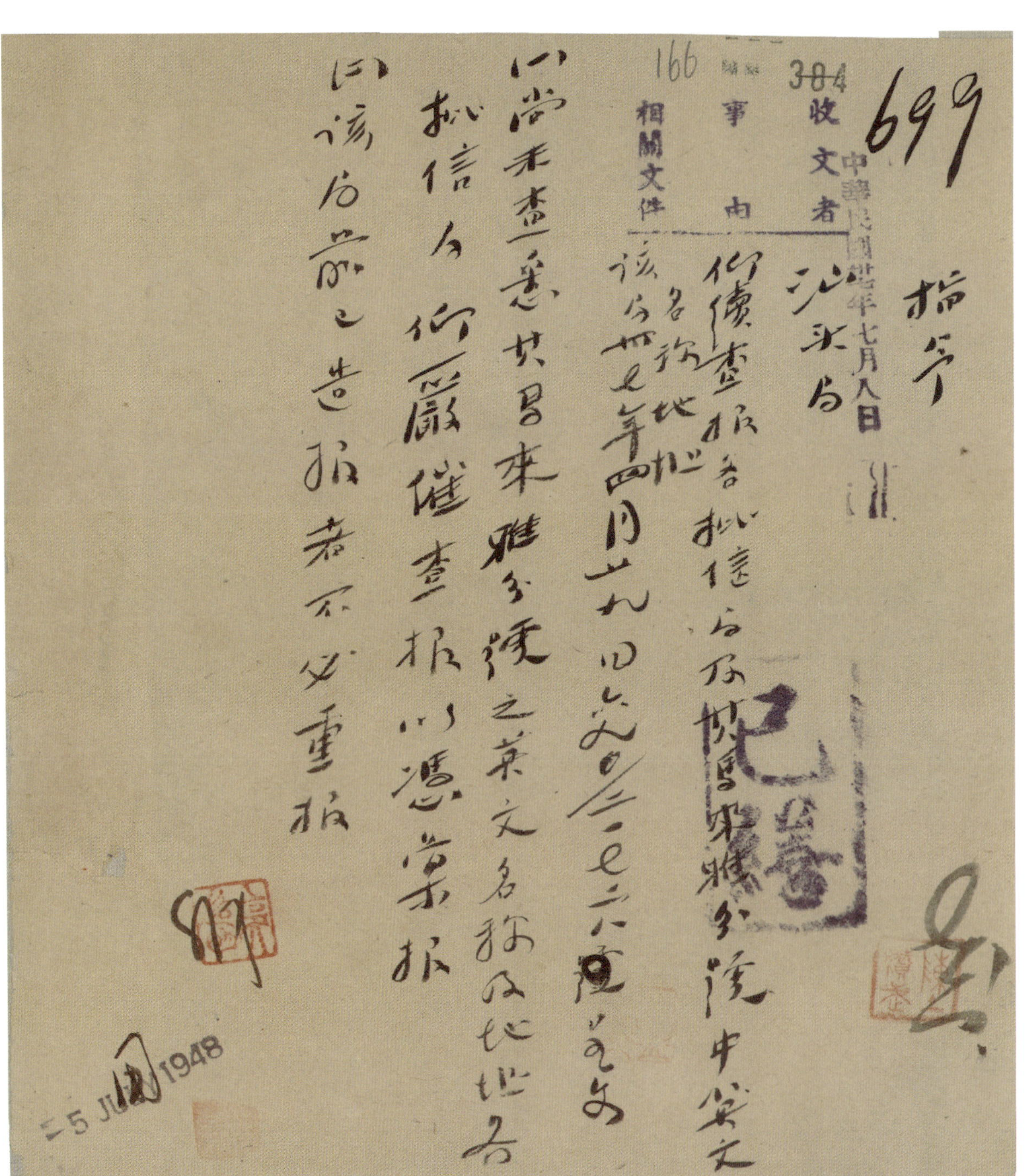

699

收文者　事由　相關文件

166　304

中華民國卅七年七月八日

指令

汕头局

仰續查報各批信局及其馬來雅分號中英文名稱地址

該局卅七年四月廿九日汕字0/二一七二六號呈文

以尚未查悉其馬來雅分號之英文名稱及地址各

批信局仰嚴催查報以憑彙報

凡該局前已造報者不必重報

5 JUL 1948

广东邮政管理局局长黎仪燊关于查报汕头一等邮局接收之入口批信件数及各批信局经办之侨汇款数给汕头一等邮局的训令（一九四八年五月四日）

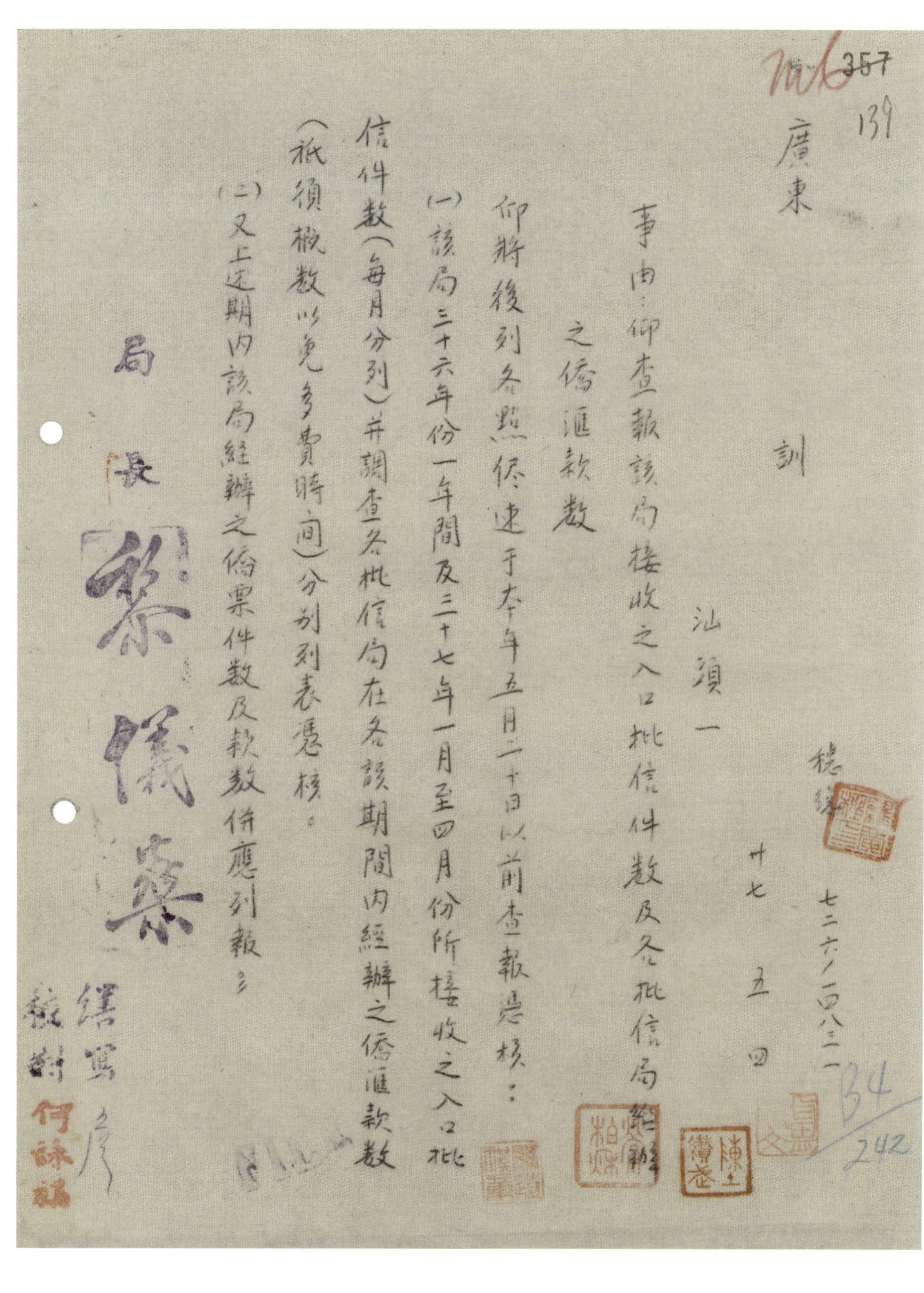
廣東　訓　汕頭一

卅七　五　四

七二六／一四八三一

事由：仰查報該局接收之入口批信件數及各批信局經辦之僑滙款數

仰將後列各點併速于本年五月二十日以前查報憑核：

(一)該局三十六年份一年間及三十七年一月至四月份所接收之入口批信件數(每月分列)并調查各批信局在各該期間內經辦之僑滙款數(祇須概數以免多費時間)分別列表憑核。

(二)又上述期內該局經辦之僑票件數及款數併應列報。

局長　黎儀燊

繕寫

校對

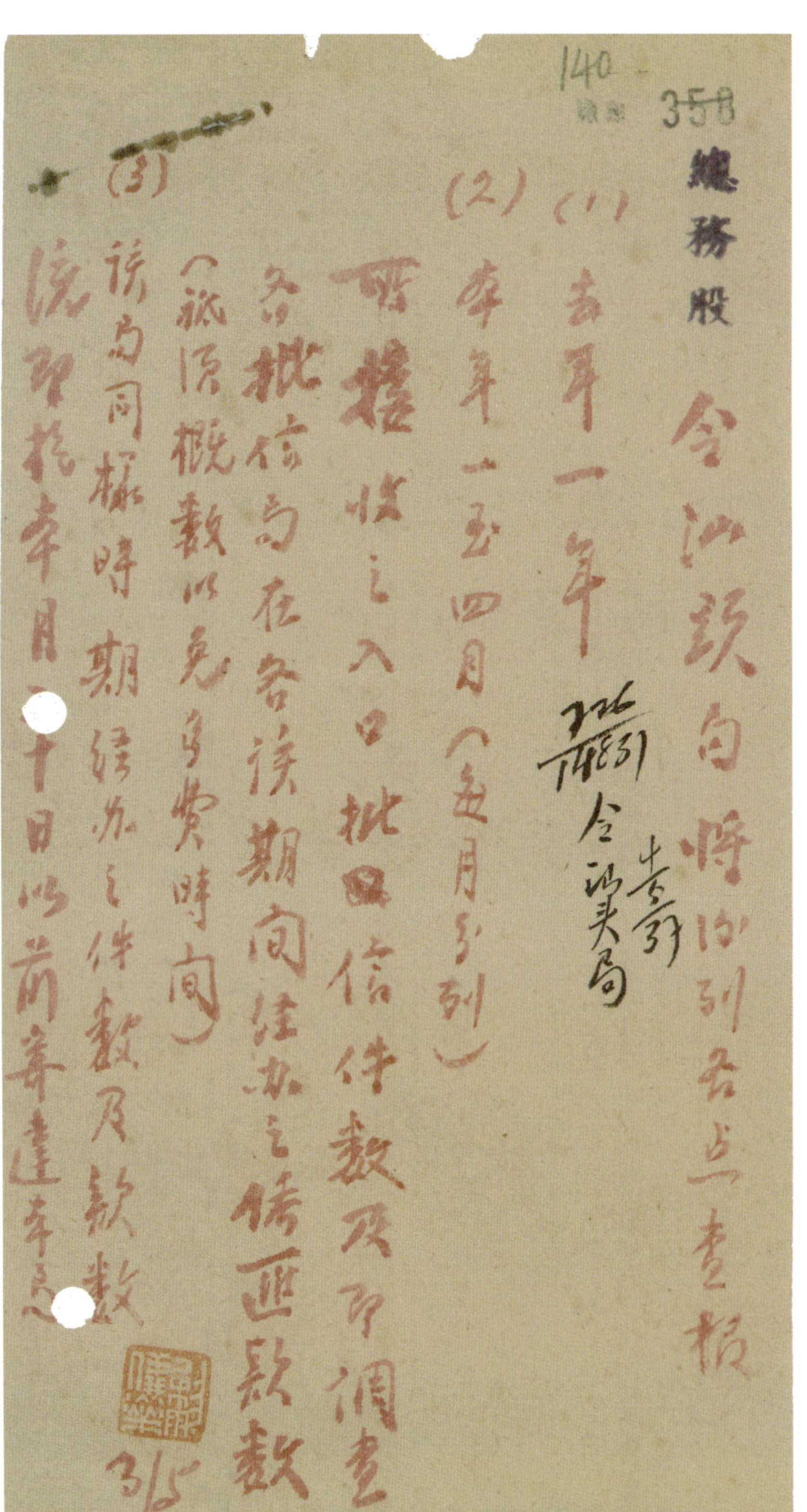
總務股

令汕頭局將以列各點查報

(1) 去年一年

(2) 本年一至四月（每月分列）

所接收之入口批信件數及即調查

各批信局在各該期間經辦之僑匯款數

（祗須概數以免多費時間）

(3) 該局同樣時期經辦之件數及款數

統限於本月十日以前呈達本局

3/5

附：广东邮政管理局局长黎仪燊关于查报汕头一等邮局接收之入口批信件数及各批信局经办之侨汇款数给总务股的训令手稿（一九四八年五月三日）

汕头一等邮局关于造缴一九四七年份全年及一九四八年一月至四月份出入口批信暨经办侨票件数及款数表致广东邮政管理局的呈（一九四八年五月十四日）

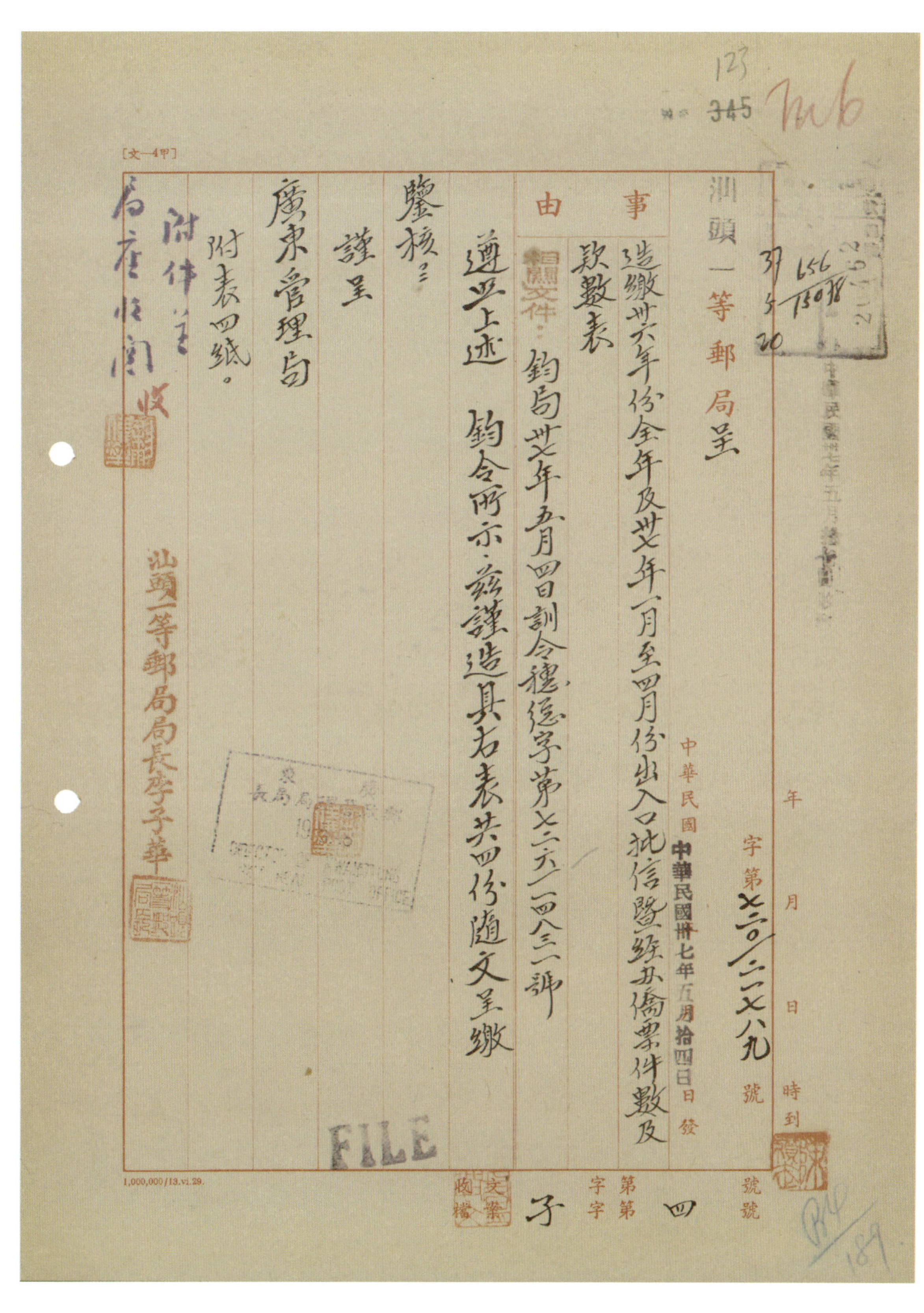

汕頭一等郵局呈

字第七二〇/二二七八九號

中華民國卅七年五月拾四日發

事由：造繳卅六年份全年及卅七年一月至四月份出入口批信暨經办僑票件數及款數表

相關文件：鈞局卅七年五月四日訓令總綫字第七二六/一四八三一號

遵照上述 鈞令所示，茲謹造具右表共四份隨文呈繳

鑒核。

謹呈

廣東管理局

附表四紙。

汕頭一等郵局局長李子華

局座收閱

附件呈

收

FILE

附一：汕头一等邮局一九四八年一至四月份入口批信件数列报表（一九四八年五月八日）

276　124

汕頭一等郵局卅七年一月至四月份入口批信件數列報表（37年5月8日製）

月份	入口批信件數	備攷
一月	128,362	
二月	286,663	
三月	141,127	
四月	165,357	
共計	721,509	款數：$ 133,300,000,000.-

汕局卅七年五月十四日第七二号二一七八九號呈附件一

附二：汕头一等邮局一九四七年度一年间入口批信件数列报表（一九四八年五月八日）

347　125

汕頭一等郵局卅六年度一年間入口批信件數列報表　（37年5月8日製）

月份	入口批信件數	備攷
一月	155,453	
二月	127,361	
三月	172,094	
四月	123,253	
五月	142,503	
六月	152,211	
七月	115,707	
八月	117,172	
九月	133,363	
十月	118,104	
十一月	107,406	
十二月	172,980	
共計	1,637,607	款數：$ 87,800,000,000.-

附三：汕头侨票分发局一九四八年一至四月份经办侨票件数及款数列报表（一九四八年五月十日）

126

348

汕頭僑票分發局卅七年一月至四月份經辦僑票件數及款數列報表（37年5月10日到）

月份	件數	款數	備攷
一月	812	785,777,400.00	
二月	2,856	4,195,652,200.00	
三月	1,646	3,076,747,900.00	
四月	85	259,905,800.00	
共計	5,399	8,318,083,300.00	

附四：汕头侨票分发局一九四七年度一年间经办侨票件数及款数列报表（一九四八年五月十日）

349　127

汕頭僑票分發局卅六年度一年間經辦僑票件數及款數列報表（37年5月10日製）

月份	件數	款數	備考
一月	2,558	112,323,645.00	
二月	782	75,601,005.00	
三月	4,984	612,069,205.00	
四月	3,616	421,098,310.70	
五月	931	119,875,230.00	
六月	527	88,249,773.67	
七月	755	167,876,658.55	
八月	1,004	188,206,842.31	
九月	412	116,737,700.00	
十月	1,812	694,002,500.00	
十一月	1,490	681,268,600.00	
十二月	288	305,436,000.00	
共計	19,159	3,582,745,470.23	

广东邮政管理局局长黎仪燊关于续缴广东邮区批信局及其马来亚分号清表致交通部邮政总局的呈（一九四八年七月七日）

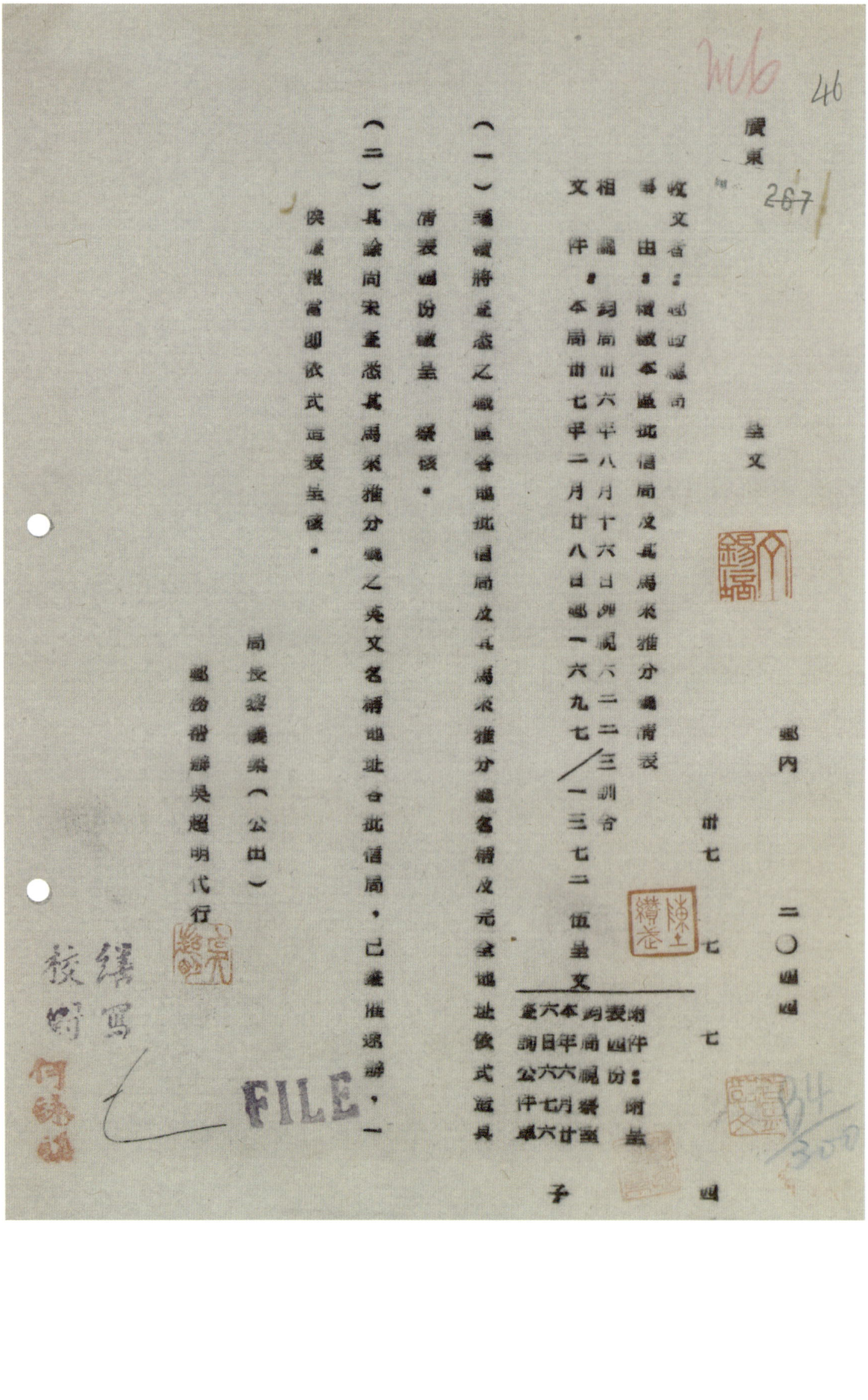

广东邮政管理局呈文

邮内 二〇四四

卅七 七 七 四 子

收文者：邮政总局

事由：续缴本区批信局及其马来亚分号清表

相关：钧局卅六年八月十六日洲规六二二三训令

文件：本局卅七年二月廿八日邮一六九七/一三七二伍呈文

（一）兹续将查悉之邮区各属批信局及其马来亚分号名称及完全地址依式造具清表四份续呈 察核。

（二）其余尚未查悉其马来亚分号之英文名称地址各批信局，已予催速办，一俟承报当即依式造表呈核。

局长黎仪燊（公出）

邮务帮办吴超明代行

附件：表四份；

附呈：钧局规录函本年六月廿六日六七六奉调公件单

FILE

附：中国广东批信局及其马来亚各地相关分号清表

卅七年七月七日
郵內2044號呈之附件
(1)

List showing particulars of Licensed Pi-hsin-chu (i.e. Clubbed Packet Letter Collectors) in Kwangtung, China and respective Agents in Malaya.

Licensed Pi-hsin-chu		Respective Agents in Malaya	
Name	Address	Name	Address
光益 Kwong Yick Bank	汕頭永和街85號 85, Yung Hua Street, Swatow.	裕泰 Joo Thye	新嘉坡振興街20號 20, Chin Hin Street, Singapore.
張廣泉 Chong Kwong Chun	汕頭萬安街23號 23, Men On Street, Swatow.	德昌隆 Teck Cheong Loong,	芙蓉美芝街40號 40, Birch Road, Seremban
泉利 Chyuen Li	汕頭永泰路104號 104, Yong Tai Road, Swatow.	萬泰和興記 Buan TaiHo Heng Kee	新嘉坡吉寧街99號 99, Cross Street, Singapore.
		萬山棧 Buan San Chan	新嘉坡吉寧街101號 101, Cross Street, Singapore.
		源利公司 Guan Lee Co.	新嘉坡亞拉伯街92號 92, Arab Street, Singapore.
陳富通 Chen Foo Tong	汕頭至平路 Chi Ping Road, Swatow.	陳富源莊 Chen Foo Ngian	新嘉坡大坡大馬路161號 161, South Bridge Road, Singapore.
		陳富源莊 Chen Foo Ngian	吉隆坡諧街路1486號 1486 Cheras Road, Kuala Lumpur.
		新昌隆 Sing Cheong Loong	勞勿味味街29號 29, Bibby Road Raub, Penang, Malaya.
合盛利 Hop Seng Lih	汕頭昇平十三橋街9號 9, Cross Street13, Sheng Bing Rd., Swatow.	暹源莊 Siam Guan Chung	新嘉坡大坡二馬路34號 34, New Bridge Rd., Singapore

47

268

(2)

領有批照之批信局 Licensed Pi-hsin-chu		馬來班分號 Respective Agents in Malaya	
名稱 Name	地址 Address	名稱 Name	地址 Address
森春莊 Siam Chung Chong	汕頭海平路8號 8, Hai Peng Rd., Swatow.	新合和 Sin Hop Hoe	麻六甲觀音亭街 Temple Street, Malacca.
		寶昌 Poh Cheong	柔佛居鑾豐盛港律 Jalan Mersing, Kluang, Johore.
		榮昌 Yin Cheong	柔佛居鑾豐盛港律 Jalan Mersing, Kluang, Johore.
		新成利 Sin Sean Lee	柔佛士乃大街 Large Street, Snai, Johore.
		萬益祥 Moun Jee Siang	柔佛士乃直街 Large Street, Snai, Johore.
		茂利 Mou Lee	柔佛古樓大街 Large Street, Kulai, Johore.
裕大 Joo Tai	汕頭永和街140號 140, Yong Hua Street, Swatow.	順隆 Soon Loong	新嘉坡新巴剎街5號 5, New Market Street, Singapore.
福興 Hooh Hin	汕頭海平路22號 22, Hai Peng Rd., Swatow.	倪兩興 Geh Leong Hin	檳城打鐵街394號 394, Beach Street, Penang.
		振慶大 Jewg Ching Dah	星洲大坡馬路新橋頭24號 24, New Bridge Street, Sinapore.

269

48

(3)

領有執照之批信局 Licensed Pi-hsin-chu		馬來聯號 Respective Agent s in Malaya	
名稱 Name	地址 Address	名稱 Name	地址 Address
		萬發 Ban Huat	檳城新街頭31號 31, Bucknoham Street, Penang.
馬合豐 Mar Hap Hong	汕頭永興街62號 62, Yong Hin Street, Swatow.	厚豐公司 Kow Hong	檳城中街155號 155, Beach Street, Penang.
振豐盛 Chin Hong Seng	汕頭仁和街82號二樓 82, Jan Hua Street, Swatow.	祥發 Shiang Fat	檳榔嶼本頭公巷 Penang, S. S.
Hook Seng 福成	汕頭[illegible]街41號 41, Kia Ann Street, Swatow.	Kwang Seng 光盛	馬來聯邦吉礁亞羅士打大街50號 50, Pekan China Alorstar, Kedah, Malaya.
洪萬豐 Anh Duan Hong	汕頭永安街53號 53, Yong On Street, Swatow.	永合豐 Eng Hup Hong	吉礁唐人大街29號 29, Pekan China Street, Kedah, Malaya.
宏通 Hong Tong	汕頭永和街45號 45, Yong Hua Street, Swatow.	泉豐公司 Chuan Hong	吉隆坡129號信箱 P. O. Box No. 129 Kuala Lumpur.
		福春公司 Hook Choon & Co.,	柔佛昔加挽嗎噫街19號 19, Jalan Ismail, Segamat, Johore.
		泉豐公司 Chuan Hong	昔加挽蘇丹街30號 30, Sultan Street, Segamat.
		華昌金鋪 Wah Cheong Goldsmith	吉蘭丹高打巴魯B754連A754號 754 A, 754 B, Jalan To Hakim, Kota Bharu, Kelantan.

270

49

(4)

領有批信之批信局 Licensed Pi-hsin-chu		馬來亞分號 Respective Agents in Malaya	
名稱 Name	地址 Address	名稱 Name	地址 Address
		振興祥 Chun Hing Seong	吉隆坡238號信箱 P.O.Box 238, Kuala Lumpur.
		瑞泉 Swee Chuan	太平[illegible]街9號 9, Market Square, Taiping , F. M. S.
		中國銀行 The Bank of China	新嘉坡[illegible]街12號 12, C. C. Street, Singapore.
		中國銀行 The Bank of China	檳榔嶼土庫街52號 52 Toco Street, Penang.
		中國銀行 The Bank of China	吉隆坡老巴利9號 9, Lubasha, Kuala Lumpur.
		中國銀行 The Bank of China	新嘉坡大坡大馬路209號 209, Avenue, Singapore, S.B.
		中國銀行 The Bank of China	怡保[illegible]街1號 No. 1, Haro Street, Ipoh.
		中國銀行 The Bank of China	芙蓉美芝律141號 141, Mazee Rd., Seremban.
		中國銀行 The Bank of China	新嘉坡小坡大馬路539號 539 Avenue, Singapore, N.B.

271

50

(5)

領有執照之批信局 Licensed Pi-hsin-chu		馬來各分號 Respective Agents in Malaya	
名稱 Name	地址 Address	名稱 Name	地址 Address
榮太 Wing Tai	汕頭安平路116號 116, Ann Peng Rd., Swatow.	匯通 Hue Tong	新嘉坡十八間後36號 36, Boat Quay, Singapore.
永吉安 Jong Kiat Ann	Pok Oi Rd 海口博愛路 Hoi Kow, Hai Nan Island.	永吉安 Jong Kiat Ann	新嘉坡大馬路487號 487, North Bridge Rd., Singapore.
泰源豐 TaiYueh Fong	海口水巷口44號 44, Shui Hong How, Hoi Kow, Hai Nan Island.	福天公司 Foo Tien & Co.	新嘉坡小坡巴米士街32號 32, Purvis Street, Singapore.
泰昌隆 Tai Cheong Loong	海口水巷口44號 44, Shui Hong How, Hoi Kow, Hai Nan Island	上安 Shang Ann Hotel	新嘉坡小坡美芝律37號 37, Beach Rd., Singapore.
		光亞 Kwong Ah	新嘉坡余街17號 17, Seah Street, Singapore.
		順成隆 Soon Seng Long Lodging	新嘉坡大坡密駝街26號 26, Middle Street, Singapore.
		東南 Tong Nam	馬六甲賭間二街91號 91, Second Cross Street, Malacca.
福成豐 Foo Seng Fong	海口中山路2號 2, Chung San Rd., Hoi Kow, Hai Nan Island.	三盛 Sam Seng	新嘉坡小坡巴米士街6號 6 Purvis Street, Singapore.
大亞酒店 Tai Ha Hotel	海口中山路76號 76, Chung San Rd., Hoi Kow, Hai Nan Island.	恒裕興 Hang Yoo Hing	新嘉坡大坡密駝街40號 40, Middle Rd., Singapore.

272

57

(6)

領有執照之批信局 Licensed Pi-hsin-chu		馬來亞分號 Respective Agents in Malaya	
名稱 Name	地址 Address	名稱 Name	地址 Address
		恒裕興 Hang Joo Hing	吉隆坡[illegible]街29號 29, Porch Avenue, Kuala Lumpur.
		恒裕興 Hang Joo Hing	馬六甲[illegible]街17號 17, Bunga Raya Rd., Malacca.
		恒裕興 Hang Joo Hing	檳城牛干冬街 Campbell Road, Penang.
福昌 Fok Cheong	海口中山路25號 25, Chung San Road Hoi Kow, Hai Nan Island.	富通公司 Fu Tong Co.,	新嘉坡小坡海南二街 North Bridge Rd.(Purvis Street), Singapore.
泰南隆 Thye Nam Long	海口得勝路60號 60, Tak Shing Rd., HoiKow, Hai Nan Island	萬合豐 Ban Hup Fong	新嘉坡奎因街187號 187, Queen Street, Singapore.
		泰南隆 Thye Nam Long	新嘉坡小坡巴米士街27號 27, Purvis Street, Singapore.
和記 Wah Kee	海口永樂街 Wing Lok Street, Hoi Kow, Hai Nan Island.	和記 Wah Kee	新嘉坡大坡密駝街23號 23, Middle Road, Singapore.
錦泰隆 Kam Thye Long	海口得勝路60號 60, Tak Shing Rd., Hoi Kow, Hai Nan Island	錦泰隆 Kam Thye Long	新嘉坡大坡密駝街45號 45, Middle Road., Singapore.
		德和昌 Tak Wah Cheong	新嘉坡大坡密駝街35號 35, Middle Road, Singapore.

52

273

(7)

領有執照之批信局 Licensed Pi-hsin-chu		馬來亞分號 Respective Agents in Malaya	
名稱 Name	地址 Address	名稱 Name	地址 Address
Kheng Taoi Tung	Tak Shing Rd., Hoi Kow , Hai Nan Island.	Soo Ann	新嘉坡大坡[illegible]47號 47, Middle Road, Singapore.
		南興昌 Nam Hing Cheong	新嘉坡小坡巴米士街37號 37, Purvis Street, Singapore.
		錦和 Kam Wo	Bunga Raya Road, Malacca.
		南興 Nam Hing	吉隆坡諧街 High Road, Kuala Lumpur.
		崇記 Tsung Kee	Campbell Road, Penang.
美興 Mei Hing	海口中山路 Chung San Rd., Hoi Kow , Hai Nan Island.	美興 Mei Hing	新嘉坡[illegible]21號 21, Nin Shing Street, Singapore.
		美興 Mei Hing	吉隆坡蘇丹街81號 81, Sudah Street, Kuala lumpur.
匯通莊 TaoiTung Chong	海口中山路16號 16, Chung San Rd., Hoi Kow, Hai Nan Island.	協和 Hiap Wah	新嘉坡小坡巴米士街26號 26, Purvis Street, Singapore.
		Soo Pua Boon	新嘉坡小坡巴米士街14號 14, Purvis Street, Singapore.

53

274

(8)

領有執照之批信局 Licensed Pi-hsin-chu		馬來雅分號 Respective Agent s in Malaya	
名稱 Name	地址 Address	名稱 Name	地址 Address
		南安 Nam Ann	新嘉坡大馬路422號 422, North Bridge Rd., Singapore.
		南同利 Nam Tong Lee	新嘉坡小坡巴米士街13號 13, Purvis Street, Singapore.
		恒成 Hung Seng	新嘉坡佘街10號 10, Seah Street, Singapore.
		泰和豐 Tai Wah Fong	新嘉坡佘街10號 10, Seah Street, Singapore.
順成隆 Soon Seng Long	文昌邁號市 Mai Ho See, Man Chong, Hai Nan Island	順成隆 Soon Seng Long	新嘉坡大坡密駝街26號 26, Middle Road, Singapore.
寶通 Poh Thong	文昌便民路 Pin Man Road, Man Chong, Hai Nan Island	寶通 Poh Thong	新嘉坡小坡巴米士街11號 11, Purvis Street, Singapore.
東南 Tong Nam	文昌南陽市 Nam Yeung See, Man Chong, Hai Nan island.	東南 Tong Nam	馬六甲[illegible]二街91號 91, Second Street, Malacca.
鉅和 Kui Wah	文昌便民市 Pin Man See, Man Chong, Hai Nan Island.	裕盛 Joo Teng	吉隆坡火治街6號 6, Foch Avenue, Kuala Lumpur.
		怡平 Jee Ping	太平埠明律 Tai Peng, Perek, F. M. S.

275

54

(9)

領有批照之批信局 Licensed Pi-hsin-chu		馬來各分號 Respective Agents inn Malacca	
名稱 Name	地址 Address	名稱 Name	地址 Address
光亞 Kwong Ah	文昌會文市 Wui Man See, Man Chong, Hai Nan Island.	光亞 Kwong Ah	新嘉坡余街17號 17, Scah Street, Singapore.
恒裕興 Heng Joo Hing	文昌便民市 Pin Man See, Man Chong, Hai Nan Island	恒裕興 Heng Joo Hing	新嘉坡密駝路40號 40, Middle Road, Singapore.
		恒裕興 Heng Joo Hing	吉隆坡大瑞越街29號 29, Foch Avenue, Kuala Lumpur.
		恒裕興 Heng Joo Hing	[illegible] Beach Road, Reosoul.
		恒裕興 Heng Joo Hing	庇能律新街 Penang Road, New Street, Pengng.
		恒裕興 Heng Joo Hing	馬六甲[illegible]街97號 97, Bunga Raya, Malacca.

55

276

广东邮政管理局局长黎仪燊关于按月呈缴批信统计表给汕头一等邮局的训令（一九四八年七月二十日）

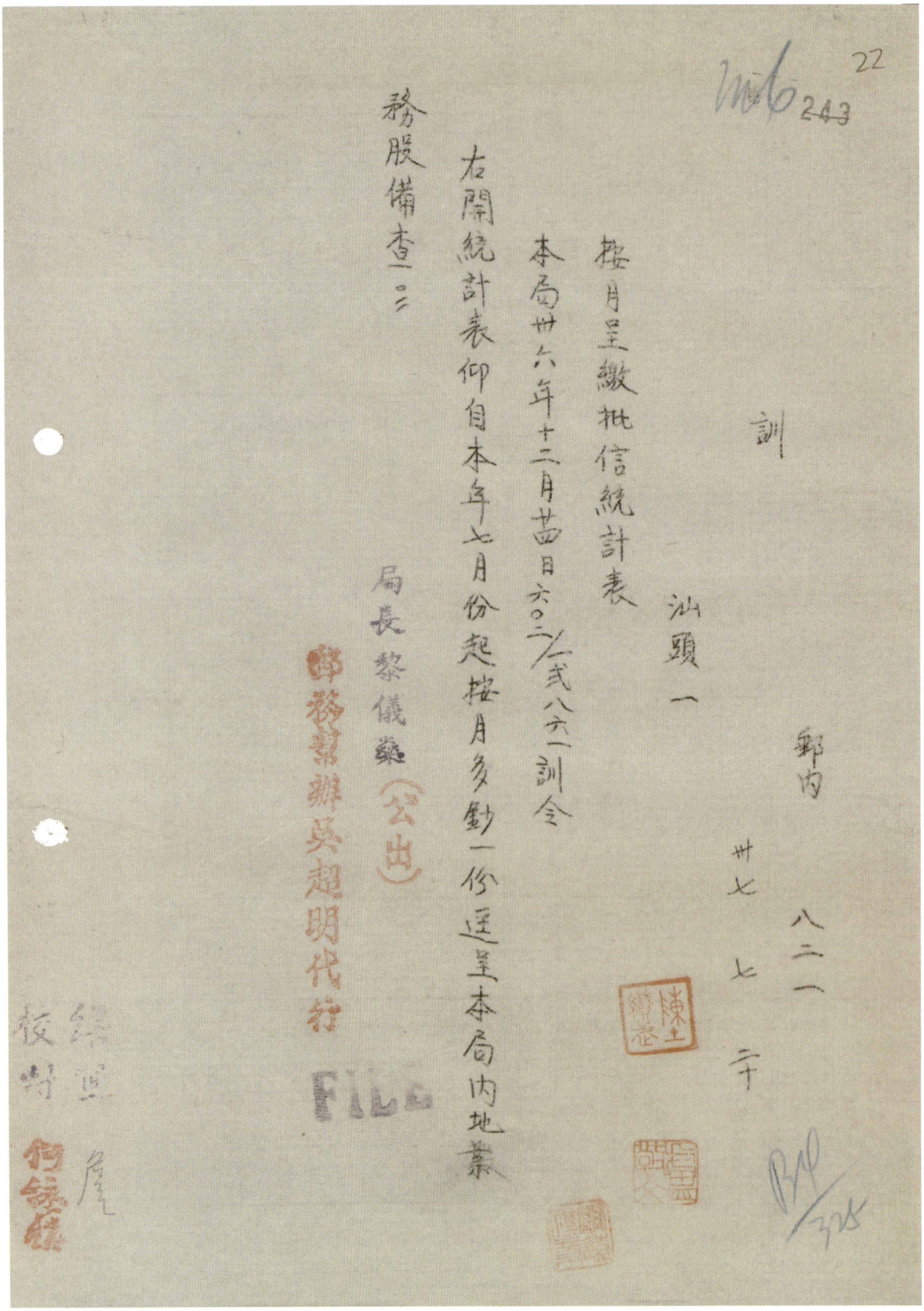

22

243

训

邮内 八二一

卅七 七 卄

汕头一

按月呈缴批信统计表

本局卅六年十二月廿四日六〇二/二八六一训令

右开统计表仰自本年七月份起按月多缮一份送呈本局内地业务股备查 二二

局长黎仪燊（公出）

邮务帮办吴超明代行

缮写

校对 詹

何铭栋

FILE

汕头一等邮局关于续报各批信局及其马来亚分号中英文名称地址致广东邮政管理局的呈（一九四八年七月二十一日）

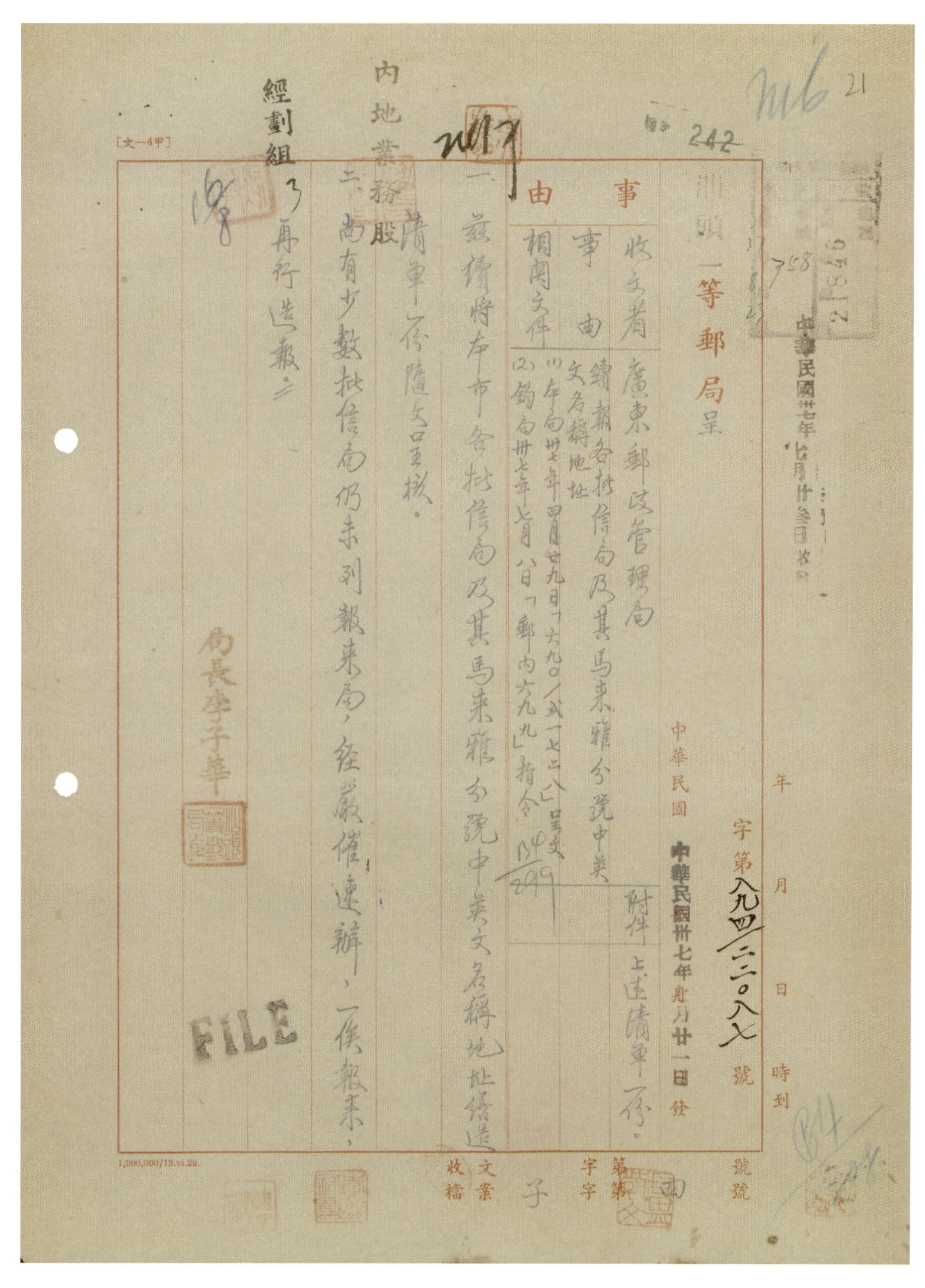

汕頭一等郵局呈

字第八九四／二二〇八七號

中華民國卅七年七月廿一日發

事由

收文者：廣東郵政管理局

事由：續報各批信局及其馬來雅分號中英文名稱地址

相關文件：(1)本局卅七年四月廿九日「六九〇／三一七二八」呈文 (2)鈞局卅七年七月八日「郵內六九九」指令

附件：上述清單一份。

一、茲續將本市各批信局及其馬來雅分號中英文名稱地址繕造清單一份隨文呈核。

二、尚有少數批信局仍未列報來局，經嚴催速辦，一俟報來，再行造報。

局長李子華

內地業務股

經劃組

FILE

广东邮政管理局局长黎仪燊关于迅将尚未列报之各批信局及其马来亚分号中英文名称地址查明续报给汕头一等邮局的指令（一九四八年八月二十三日）

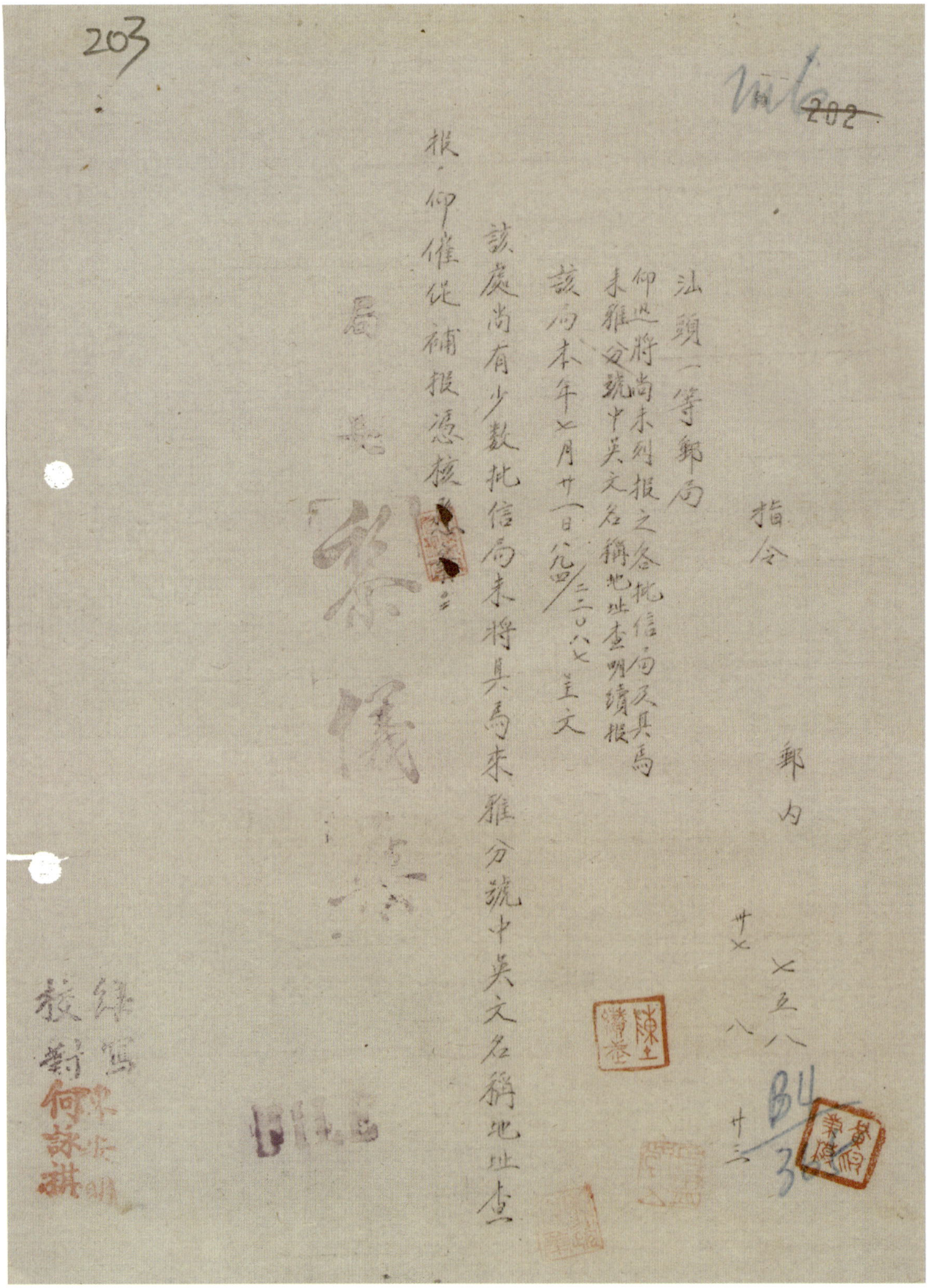

203

指令 郵內 七五八

汕頭一等郵局

仰迅將尚未列報之各批信局及其馬來雅分號中英文名稱地址查明續報

該局本年七月廿一日八四/二〇八七呈文

該處尚有少數批信局未將其馬來雅分號中英文名稱地址查報，仰催從補報憑核

局長 黎儀燊

廿七 八 廿三

繕寫 校對

广东邮政管理局关于函请查示福建邮区已呈准设立批信局分号之所在地名给福建邮政管理局的公函（一九四八年十月十六日）

公函　郵內　二九七

卅七　十　十六

福建郵政管理局

函請查示貴區已呈准設立批信局分號之所在地名

表一份

一、現本區批信局有聲請在貴區雲霄地方添設分號者，惟雲霄是否為貴區現已呈准設立批信局分號之所在地，即希查示，併請將貴區已呈准設立批信局分號所在地名之清表一份，惠予檢送，俾便辦理。

二、茲將本區已呈准設立批信局分號地名表一份，隨函附送，請查照。

廣東郵政管理局

繕寫　校對

福建邮政管理局关于函送福建邮区已有设立批信局总号或分号之所在地地名表给广东邮政管理局的公函（一九四八年十月二十七日）

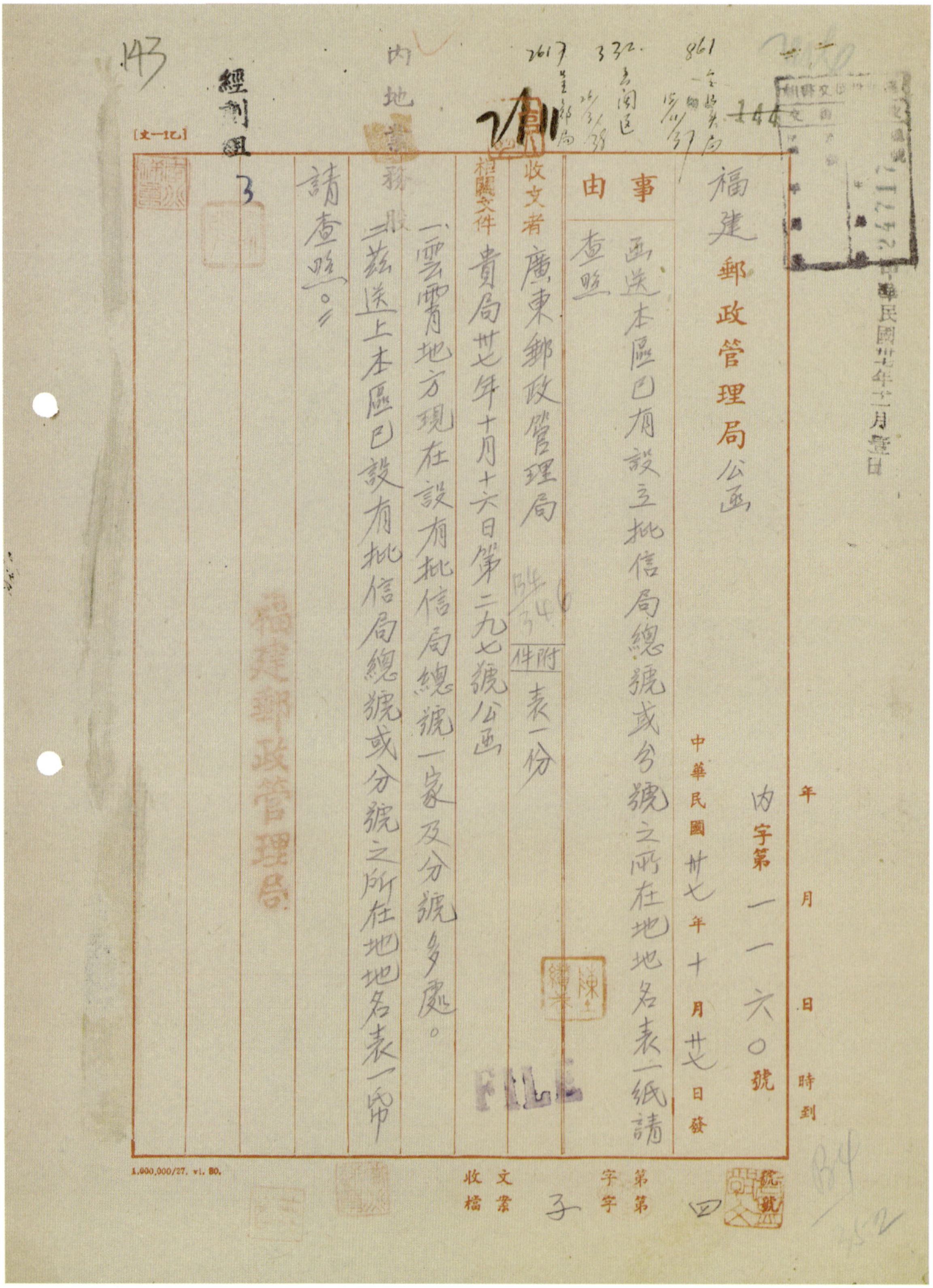

福建郵政管理局公函

内字第一一六〇號

中華民國卅七年十月廿七日發

事由：函送本區已有設立批信局總號或分號之所在地地名表一紙請查照

收文者：廣東郵政管理局

相關文件：貴局卅七年十月十六日第二九七號公函

附件：表一份

一、雲霄地方現在設有批信局總號一家及分號多處。

二、茲送上本區已設有批信局總號或分號之所在地地名表一份，請查照。

附：福建邮区已设有批信局分号地名表

144

~~145~~

[文一5甲]

福建郵區已設有批信局分號地名表

一、設有批信局總號及分號各地：

福州 廈門 晉江 東山 詔安 永春 洛陽橋 涵江 雲霄 西埔

二、設有批信局分號各地：

安海、龍溪、石碼、海滄 同安、金門、安溪、惠安、莆田 集美

漁溪 洪瀨 福清 龍巖 漳浦 上杭 六都 石獅 南平 峯市

華安 古田 閩清 永泰 長樂 仙遊 南靖 海澄 長泰 永定

屏南 永安 角美 南安 金井 馬巷 詩山 湖頭 德化 楓亭

浦南 鼓浪嶼 東石 白水營 金井鎮 浮宮 流傳 馬頭 源口

過水 東興鎮 新圩 坂里 鼎尾 四都墟 后垵埔 古盈 新市

第二頁

郵政公事用紙

100,000/13.Ⅱ.37.

（210×297公厘）

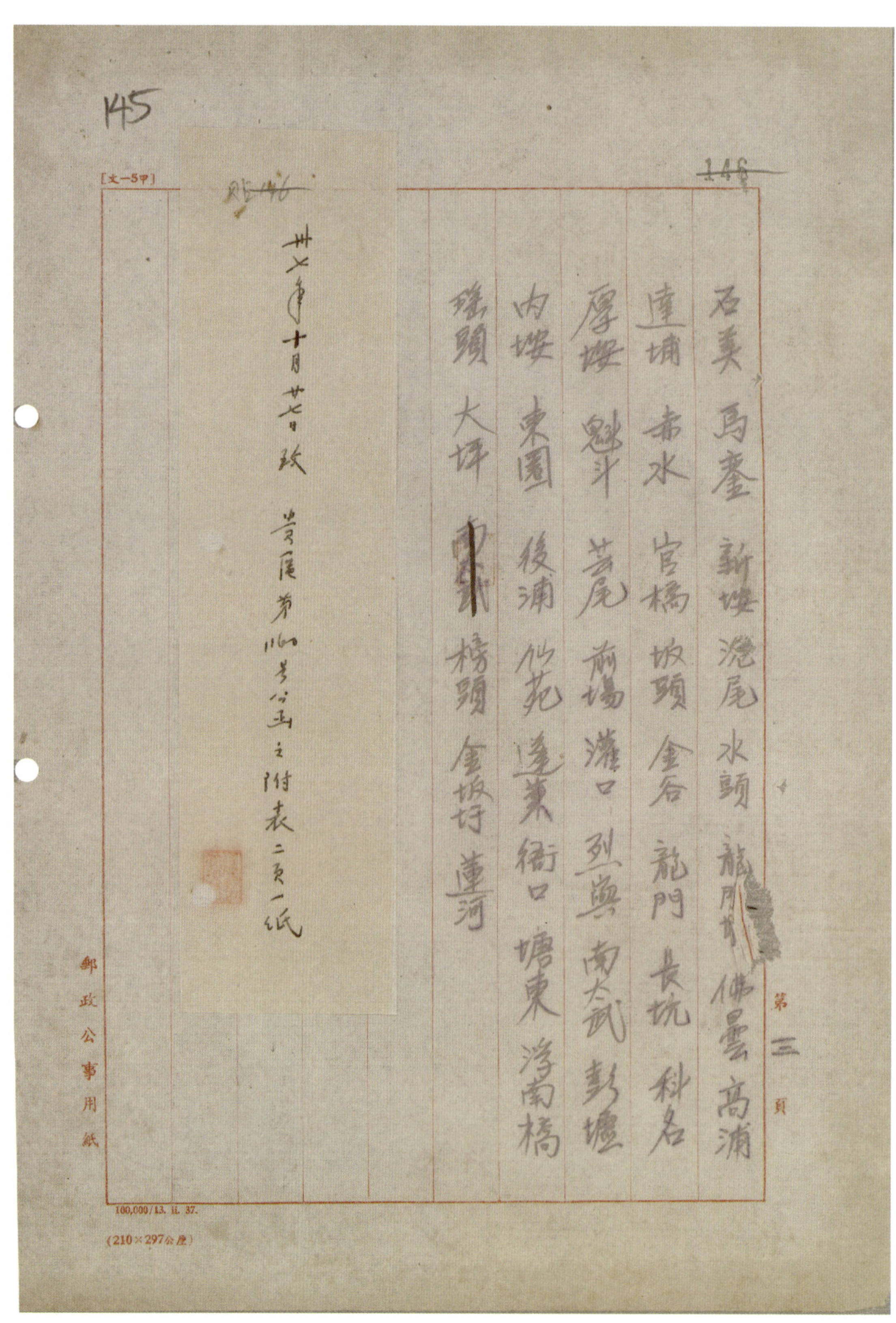
145

石美 馬鑾 新墟 澄尾 水頭 龍門圩 佛曇 高浦
達埔 赤水 官橋 坂頭 金石 龍門 長坑 科名
厚墟 魁斗 英尾 前場 灌口 烈嶼 南太武 彭墟
內墟 東園 後浦 仙苑 蓬萊 衛口 塘東 浮南橋
瑶頭 大坪 榜頭 金坂圩 蓮河

第三頁

卅七年十月廿七日致莆尾第1160號公函之附表二頁一紙

郵政公事用紙

汕头一等邮局关于续报批信局及其马来亚分号中英文名称地址致广东邮政管理局的呈（一九四八年十月二十一日）

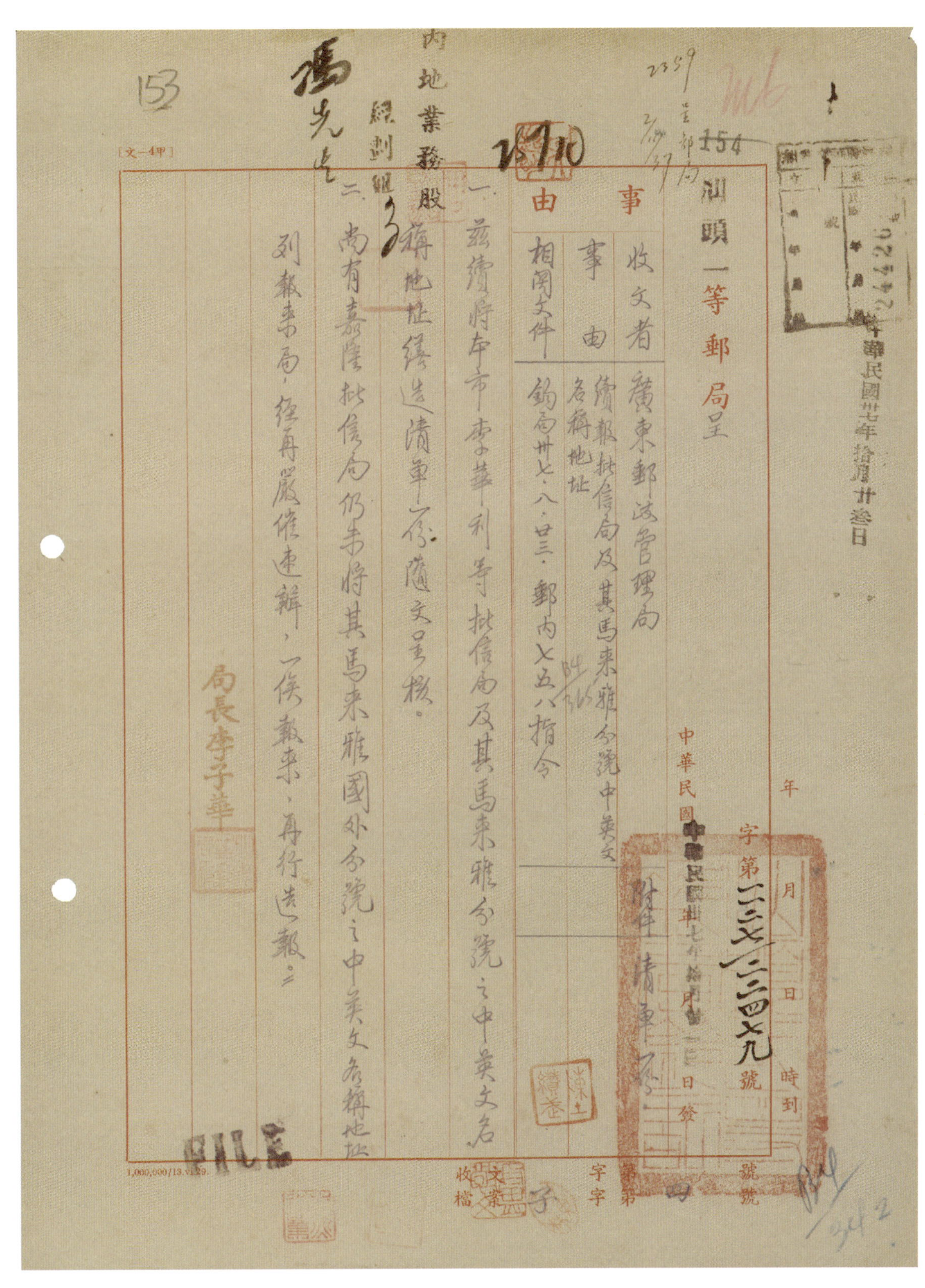

汕頭一等郵局呈

收文者：廣東郵政管理局

事由：續報批信局及其馬來亞分號中英文名稱地址

相關文件：鈞局卅七·八·廿三·郵內七五八指令

一、茲續將本市李華利等批信局及其馬來亞分號之中英文名稱地址繕造清單一份，隨文呈核。

二、尚有嘉隆批信局仍未將其馬來亞國外分號之中英文名稱地址列報來局，經再嚴催速辦，一俟報來，再行造報。

局長 李子華

附件：清單一份

字第二二三七 / 二四七九號

中華民國卅七年拾月廿三日

154

~~155~~

汕頭各批局及其馬來亞各分號中英文名稱及地址清單

批信局名稱及詳細住址	分號名稱及詳細地址	
李華利 汕頭新潮興街94號 Lee Hua Lee 94, Sin Teoh Hin Street Swatow.	周榮興 怡保 胡子太街 Tjioe Jong Hin Hoechitjai Street Ipoh	
鍾榮順 汕頭 鎮邦路50號 Chun Yeong Soon No.50 Tin Pan Road Swatow.	~~有豐 檳榔嶼波羅街197號 Yu Hong No.197 Polo Street Penang~~	~~榮豐 新嘉坡打錫街80號 Yong Hong No.80 Dasia Street Singapore~~
周生利 汕頭 永泰路41號 Chew Sen Lee 41 Yong Tai Road Swatow	周榮興 佩利克 胡子春街 Chow Yong Heng Wu Tzu Choon Street Perak (修正)	義利 檳榔嶼 打鐵街 Nghee Lee Blacksmith Street Penang (修正)
福茂 汕頭潮安街47號之3 Hoch Mou 3-47 Tioh An Street Swatow	德泰 新嘉坡廈门街130號 Tek Tai 130 Amoy Street Singapore	
勝發 汕頭昇平路96號 Sheng Huat No. 96 Seng Peng Road Swatow	鄭綿發 新嘉坡 馬車街16號 Tay Miang Huat No.16 Upper Circular Road Singapore.	

第　頁

155

~~156~~

汕頭各批局及其馬來亞各分號中英文名稱及地址清單

批信局名稱及詳細住址	分號名稱及詳細地址	
陳綿發 汕頭外馬路二九四號 Chen Mian Huat 294 Chun Chen Road Swatow	祥發 新加坡南加拿律六號 Sian Huat 6 South Canal Road Singapore	新發 新加坡南加拿律 Chop Shing Huat South Canal Road Singapore
復安 汕頭榮隆街六號 Hock Ann 6 Yuang Lung Street Swatow	復茂 新嘉坡新巴虱街 Chop Hock Moh New Market Street Singapore	
陳富通 汕頭至平路七一號 Chen Foo Tung 71 Che Ping Road Swatow	萬業公司 吉隆坡 Ban Giap Company No. 83 Cross Street Kuala Lumpur	梁典記 怡保墨非街 Leong Tian Kee No. 69 Befield Street Ipoh Perak
	德昌隆 芙蓉美珠律 Teck Cheong Loong No. 40 Birch Road Seremban	
光益 汕頭永和街八五號 Kwong Yick Bank 85 Yong Hua Street Swatow	瑞盛 新嘉坡大坡馬真律27號 SWEE SENG 27 Merchant Road Singapore	

第一頁

156

157

汕頭各批局及其馬來亞各分號中英文名稱及地址清單

批信局名稱 及詳細住址	分號名稱及詳細地址	
榮豐利 汕頭永興街13號 Yuan Hong Lee 13 Yong Hin Street Swatow	蔡誠美 柔佛 古樓埠 Tsai Cheng Mei Kulou, Johore	廣復興 新嘉坡大坡廈门街83號 Kwang Foo Hsing 83 Amoy Street Singapore
	匯通 廖内 新及 Hui Tung Singkep, Riouw	
陳四興 汕頭鎮邦路51號 Chen See Heng No. 86 Yong An Street Swatow	和裕 新嘉坡柔佛紉王街43號 Tan Hwa Joo Bros.,Co. 1-A Jalan Ah Fook Johore Bahru, Singapore	
啟峰棧 汕頭昇平十二橫街9號 Kee Fong Chang 9 Cross Street 13 Seng Peng Road Swatow	新峰棧 新嘉坡 新吧虱 Sin Fong Chang 34 New Bridge Road (1st Floor) Singapore	
福成 汕頭吉安街41號 Fock Seng Chong No. 41 Kiak Ann Street Swatow	成興 佩剌克太平峇東 Seng Hin Taiyring Perak	和成 佩剌克太平吉律吧咪頭 Hua Seng Taiyring Perak

第二頁

151

~~158~~

汕頭各批局及其馬來亞各分號中英文名稱及地址清單

批信局名稱及詳細住址	分號名稱及詳細地址	
源合興 汕頭昇平路196號 Guan Hap Hin. 196 Seng Peng Road Swatow	英發 ✓ 新嘉坡戲館街14號 Eng Huat 14, Carpenter Street Singapore	
理元 汕頭永和街83號 Lih Guan 83 Yong Hua Street Swatow	廣豐隆 ✓ 吧生港口直落牙弄律88號 Kwang Hong Long No.88 Teluk Gadong Rd., Port Swettenham, F.M.S.	
祥益 汕頭永和街85號二樓 Siang Yick 85 Yong Hua Street Swatow	孔明 ✓ 新嘉坡新巴虱四號 Kong Ming Chay 4 New Market Singapore	再益 ✓ 新嘉坡馬真律9號 Chye Yick 9 Merchant Road Singapore
	聯和 ✓ 新嘉坡二馬路63號 Lian Wah Co., 63 New Bridge Road Singapore	
廣順利 汕頭榮隆街廿二號 Kwang Soon Lee 22 Yeong Lung Street Swatow	春豐 ✓ 大吡叻安順連你申律二十號 Choon Hong No.20 Denison Road Telok Anson, F.M.S.	

第三頁

158

~~159~~

汕头各批局及其马来亚各分号中英文名称及地址清单

批信局名称及详细住址	分号名称及详细地址	
老億豐 汕頭安平路159號二樓 Low Aik Hong 159 Ann Peng Road Swatow	順合隆 新嘉坡大馬路 Soon Hap Lung High Street Singapore	中南 吉隆坡峇都律 Tiong Nam Budu Road Kuala Lumpur
	新發 新嘉坡啃加拿律 Chop Shing Huat South Canal Road Singapore.	廣利 新嘉坡馬車街 Chop Kwan Lee Upper Circular Road Singapore
宏通 汕頭永和街45號 Hong Tong 45 Yong Hua Street Swatow	天星 怡保列巡街63號 Thian Seng Co., No. 63 Leech Street Ipoh	同益興 麻剌甲板底街24號 Tong Eeh Heng No. 24 Kampong Pantei Malacca
	成吉行 檳榔嶼中街159號 Seng Keat Co., No.159 Beach Street Penang	豐順棧合記 怡保知里者街39號 Hong Soon Chan Hup Kee No.39 Treacher Street Ipoh
	豐順棧合記 安順太子街27號 Hong Soon Chan Hup Kee No.27 Prince Street Telok Anson, F.M.S.	友和樹膠行 麻六甲十字街100號 Yew Hwa Rubber Co., 100 First Cross Street Malacca

第四頁

159 ~~160~~

汕頭各批局及其馬來亞各分號中英文名稱及地址清單

批信局名稱 及詳細住址	分號名稱及詳細地址	
宏通	瑞記 金保毛椟路81號 （英文地址未詳）	
周生利 汕頭永泰路41號 Chew Sen Lee 41 Yong Tai Road Swatow.	周榮興 佩剌克湖子春街 Chew Yeong Heng Woo-Tjoo-Choon Street Perak	義利 椟榔嶼打铁街 Ngee Lee Breach Road Peneng

第五頁

广东邮政管理局关于续缴广东邮区批信局及其马来亚分号清表致交通部邮政总局的呈（一九四八年十一月二日）

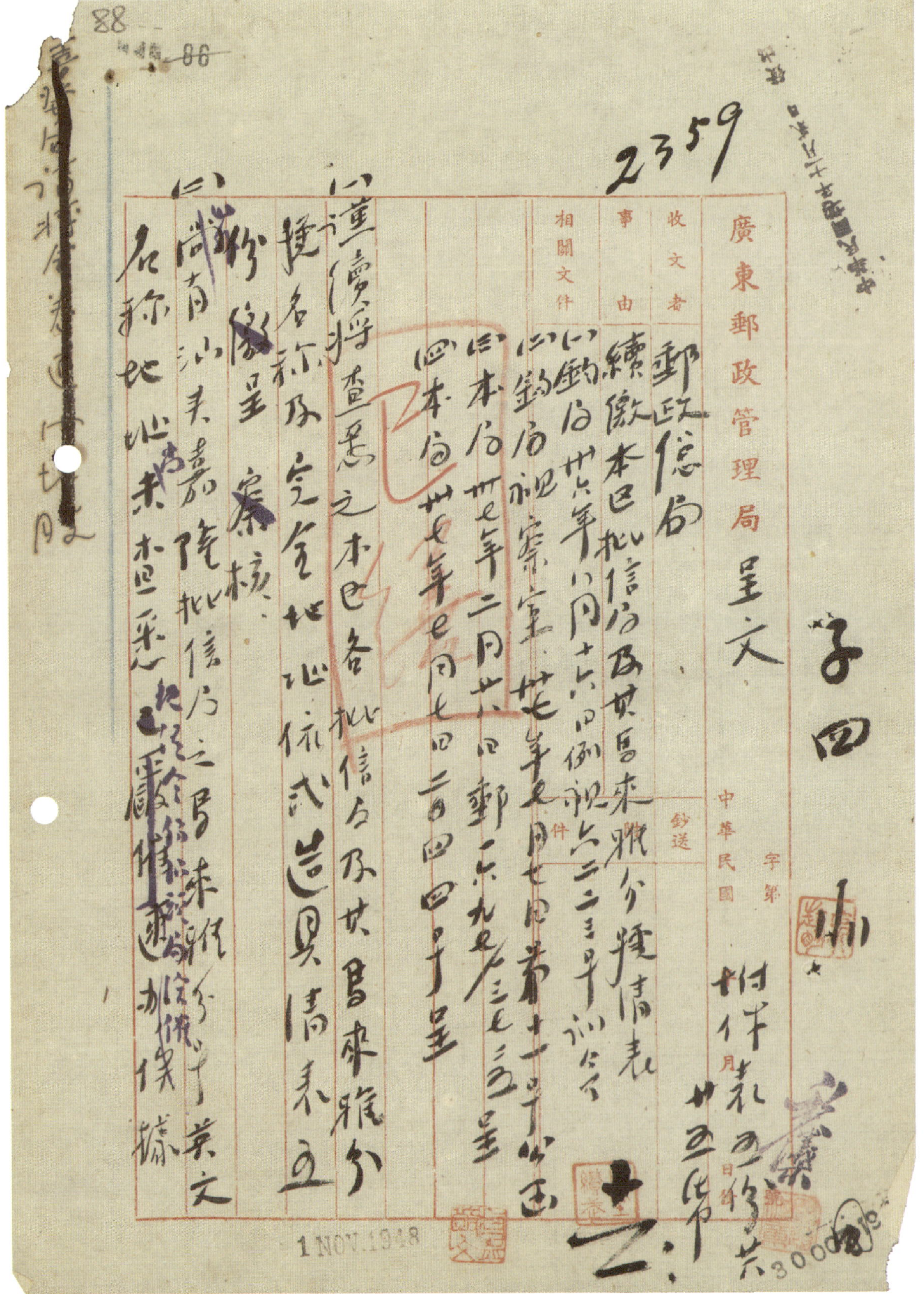

2359

廣東郵政管理局 呈文

中華民國 年 月 日 字第 號

附件：清表五份

收文者：郵政總局

事由：續繳本區批信局及其馬來雅分號清表

相關文件：
（1）鈞局卅六年八月十六日例郵六二三號訓令
（2）鈞局郵政案字卅七年七月七日第十一號公函
（3）本局卅七年二月廿六日郵一六九九/三七五三號呈
（4）本局卅七年七月七日第四四四號呈

謹將查悉之本區各批信局及其馬來雅分號名稱及完全地址依式造具清表五份，隨文賫呈鈞察核。尚有汕頭嘉隆批信局之馬來雅分號名稱地址未查悉，俟查明再行呈報。

1 NOV 1948

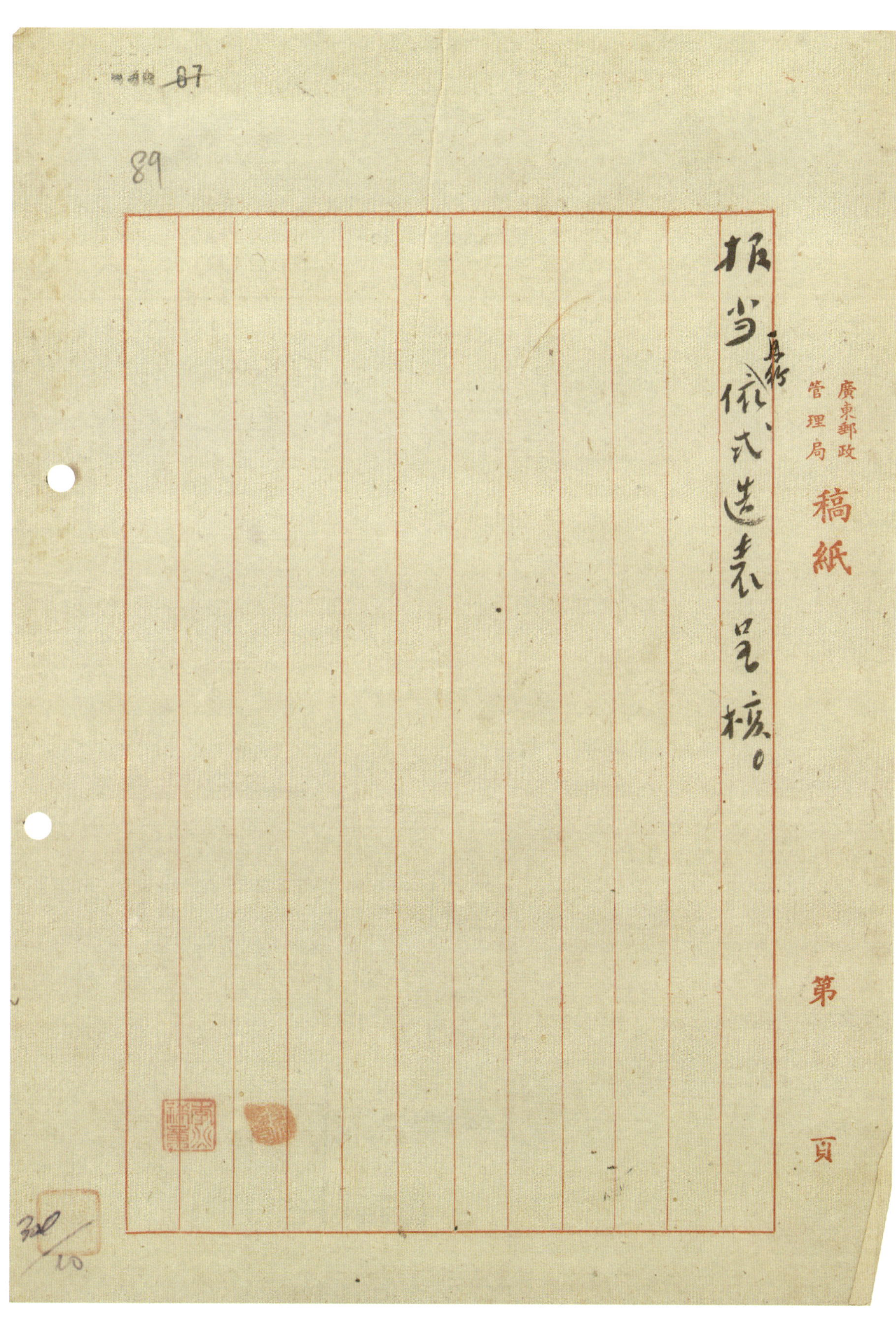
87
89
廣東郵政管理局
稿紙
拟当𠃉依式造表呈核。
第　頁

广东邮区批信局已呈准设立之国外分号清表（一九四八年十一月二十三日）

112

1948.11.23

廣東郵區批信局已呈准設立之國外分號清表

113

第一頁

國外批信局名稱	開設地點	國外分號名稱	開設地點
彭宗順	河婆	彭宗順	勿里洞
陳德興	梅縣	王泗記	怡保
		協發	怡保
		義順源	香港
		廣泰隆	仰光
		陳華興	盤谷
		海源通莊	仰光
熊增昌	梅縣	遠東公司	檳榔嶼
		紹安莊	香港
瑩記	梅縣	合記	怡保
		中原	孟加錫
		葉怡隆	勿里洞
		盛記	香港

國內批信局名稱	開設地點	國外分號名稱	開設地點
梁禎記	梅縣	羅進記	盤谷
陳富源	〃	陳富通	吧塔維亞
		陳富源	香港
		陳華興	盤谷
		西木莊	加爾各答
		廣興	仰光
		滙通公司	仰光
		東興公司	仰光
		溫紀華	仰光
		陳富源	新加坡
裕隆昌	合口圩	羅進記	盤谷
		公益	麻剌甲
		嘉興昌	〃

114

國內批信局名稱	開設地點	國外分棧名稱	開設地點
裕隆昌	余県	萬和堂	芙蓉
		天生堂	新加坡
饒興記	大埔	萬生棧（祥記）	吉隆坡
豐昌	松口	壇源公司	巴塔維亞
		豐昌	〃
謝均和	松口	英華公司	〃
		華豐泰	三寶壟
		南昌	〃
		華豐源	香港
鍾天華	松口	陳華興	盤谷
		振遠	〃
		陸潤記	八打威
		同益莊	香港

國內批信局名稱	開設地點	國外分棧名稱	開設地點
廣通莊	松口	順昌泰	香港
		王泗記	怡保
東南	文昌	東南	麻六甲
寶通	〃	寶通	新加坡
光亞	〃	光亞	〃
順成隆	〃	順成隆	〃
恆裕興	〃	恆裕興	〃
		〃	綿阿
		〃	麻六甲
		〃	吉隆坡
		永裕興	檳榔嶼
瓊寶通	文昌	瓊寶通	新加坡
恆裕興	嘉積	恆裕興	新嘉坡

第二頁

115

國內批信局分名稱	地點	開設國外分號名稱	開設地點
恒裕興	嘉積	恒裕興	麻六甲
		〃	繆阿雨
		〃	吉隆坡
		永裕興	檳榔嶼
		群華商	居鑾
新〃南	嘉積	德香園	怡保
		合豐公司（合記）	新嘉坡
同益	嘉積	信安	〃
		富裕	〃
		新同安	吉隆坡
		協興	怡保
謙和隆	嘉積	欽明	吉隆坡
		天成美	新加坡

國內批信局分名稱	地點	國外分號名稱	開設地點
[illegible]泰豐	嘉積	泰和豐	新加坡
		恒成	〃
匯安	嘉積	阜安	〃
		崇記	檳榔嶼
		錦和	麻六甲
		南興	吉隆坡
		南興昌	新加坡
匯通	嘉積	永利華	〃
		永泰	麻六甲
		世界旅店	芙蓉
		瓊源利	繆阿雨
		南興	吉隆坡
		群華商	居鑾

113

第三頁

116

國內批信局名稱	地點	國外分號名稱	開設地點
匯通	嘉積	共榮公司	芙蓉
		民安	新加坡
南通	嘉積	南同利	〃
		南安	〃
		四寶文	〃
		協和	〃
		南興昌	〃
華興	嘉積	益泰(合記)	〃
李益泰	嘉積	益泰	麻六甲
		益泰(聯記)	新加坡
陳益泰	嘉積	益和堂	〃
		廣泰	金寶
		萬興隆	新加坡

國內批信局名稱	地點	國外分號名稱	開設地點
福昌	海口	光亞公司	暹京
		普通公司	新加坡
		公昌	暹京
		源發興	〃
泰源豐	海口	普大公司	新加坡
匯通莊	〃	協和	〃
		四寶文	〃
		南安	〃
		南同利	〃
		恒成	〃
		泰和豐	〃
泰昌隆	海口	長安	〃
		順成隆	〃

档号：114

第四頁

117

國內批信局名稱	設地點	國外分號名稱	開設地點
泰昌隆	海口	光亞	新加坡
		東南	麻六甲
大西酒店	海口	恒裕興	香港
		〃	新加坡
		〃	吉隆坡
		〃	麻六甲
		〃	檳榔嶼
錦泰隆	海口	錦泰隆	新加坡
		德和昌	〃
永吉安本記	海口	永吉安本記	〃
		〃	暹京
和記	海口	和記	新加坡
阜成豐盛記	海口	三盛	〃

國內批信局名稱	設地點	國外分號名稱	開設地點
阜成豐盛記	海口	合成豐	暹羅
		三盛	安南
		廣發利	暹羅
泰南隆	海口	萬合豐	新加坡
		泰南隆	〃
		韓元利	暹京
美興	海口	美興	新加坡
		美興	吉隆坡
瓊匯通	海口	阜安	新加坡
		南興昌	〃
		錦和	麻六甲
		南興	吉隆坡
		崇記	檳榔嶼

115

第五頁

118

國內批信局名稱	開設地點	國外分號名稱	開設地點
錦和	僑口	裕盛	吉隆坡
		怡平	太平
聚合昌莊	僑口	豐盛（合記）	新加坡
		源盛	麻六甲
		同益興	〃〃
張晓記號	汕頭	張德豐	山口洋
		張晓通	古樓士乃埠
		黄德茂	新加坡
		南記	山口洋
		黄德茂	柔佛士乃埠
		廣濟生	居鑾
		劉義泰	佩剌克
嘉隆	汕頭	合興	香港

國內批信局名稱	開設地點	國外分號名稱	開設地點
嘉隆	汕頭	廣發興	新加坡
		昭富	山口洋
		錦記	勿里洞
		老成利	柔佛
		誠美	古來
		廣泰隆	蓬拉瓦克
		蔡東井	佩拉吉
		和和	通京
宏通	汕頭	中國銀行	新加坡
		〃〃	梹榔嶼
		〃〃	吉隆坡
		〃〃	新加坡大坡
		〃〃	怡保

第116 第六頁

119

國內批信局名稱	開設地點	國外分號名稱	開設地點	國內批信局名稱	開設地點	國外分號名稱	開設地點
宏通	汕頭	中國銀行	芙蓉			豐順棧合記	安順
		〃	小坡			協成春	峇眼
		永豐	吉隆坡			王松留	坤甸
		福春	塞加百特申吉賓街			李勝安	檳榔
		泉豐昌	塞加瓦			友和	麻剌甲
		華昌	吉冷丹			源盛	三寶瓏
		駿興祥	吉隆坡	信和成	汕頭	信和成	坤甸
		瑞泉	太平			和平	〃
		天星	怡保			吳長記	〃
		同益興	麻六甲			源合興	〃
		成吉行	檳榔嶼			林木榮	〃
		南洋貿易行	美里坡			興合	〃
		豐順棧合記	怡保			益民禮記	〃

第七十頁

120

國內批信局名稱地點		開設國外分號名稱	開設地點
信和成	汕頭	合和成	坤甸
		泰和隆	盤谷
陳協盛	汕頭	寬記	堤岸
		美珍	盤谷
廣源和	汕頭	美盛	〃〃
		讓記	堤岸
裕益	汕頭	許合安	薩拉瓦克
福興	汕頭	萬發	檳榔嶼
		振廣九	新加坡
		永新	棉蘭
		源記	金邊
		新裕興	仙達
		劉合盛	盤谷

國內批信局名稱	地點	開設國外分號名稱	開設地點
福興	汕頭	倪兩興	檳榔嶼
		德盛興	棉蘭
振豐盛	汕頭	興勝昌記	〃〃
		陳怡盛	〃〃
		陳源利	〃〃
		祥發	檳城
		振盛	盤谷
勝發	汕頭	倪兩發	棉蘭
		西發棧	日里民礼大街
		黃創成	日里吉打南大街
		李同春	坤甸
		裕成利	新加坡
		復源	〃〃

第卌八頁

12

國內批信局名稱	地點	聯號國外分號名稱	開設地點
勝發	汕頭	利華興	新加坡
		鼎盛	〃
		萬和成	〃
		新興	〃
		鄭綿春	吉隆坡
		綿南興	盤谷
		合成	北婆羅洲
		鄭綿發	新加坡
義發	汕頭	義瑞興	盤谷
		中南	新加坡
陳悅記	汕頭	永德盛	〃
		祥泰隆	〃
		南市	〃隆格萱

國內批信局名稱	地點	國外分號名稱	開設地點
榮成利	汕頭	永瑞成	薩拉瓦克
		泰山	〃
		陳悅記	盤谷
		陳美盛	堤岸
		悅記	香港
		華益	新加坡
		榮盛	〃
		榮順	散達坎
		達華	新加坡
		祥利	〃
		茂興利	〃
		祥發	香港
		達大	〃

第 頁

122

國內批信局名稱	開設地點	國外分號名稱	開設地點
榮成利	汕頭	永德成	庇能
		俟鴻盛	盤谷
		吳公興	堤岸
許福成	汕頭	許明發	盤谷
		泰興裕	〃
		繁榮	〃
合盛利	汕頭	常盛利	〃
		黃萼成	〃
		森源	新加坡
		鄭永和	坤甸
洪萬豐	汕頭	洪萬成	新加坡
		洪萬豐	檳榔嶼
		永合峰	吉礁

國內批信局名稱	開設地點	國外分號名稱	開設地點
		萬成興	堤岸
		洪萬發	盤谷
		萬豐隆	新加坡
		和合興	巴里檳蘭
		匯通	新加坡
榮大	汕頭	福利	香港
		榮大	〃
		致成	〃
		寶裕隆	散達坎
		永合安	堤岸
		張爲順	堤岸
		萬振	香港
		蔡添盛	盤谷

第120

第十頁

123

國內批信局名稱	開設地點	國外分號名稱	開設地點	國內批信局名稱	開設地點	國外分號名稱	開設地點
榮大	汕頭	盛順利記	盤谷			李福利	新加坡
		匯通	新加坡			周榮興	怡保
恒記	汕頭	恒記棧	檳榔嶼			継泰	堤岸
		天成	日里直名			金豐	〃〃
		光盛	日里棉蘭	光益	汕頭	孔明	新加坡
		倪雨發	〃〃			公發祥	〃〃
		徐倚隆	〃〃			大信	〃〃
		浩鳴	日里仙達			永桂合	坤甸
		存利棧	日里直名			瑞盛	新加坡
成昌利	汕頭	成昌利	盤谷			億豐	堤岸
李華利	汕頭	永南興	日里			伍東白	盤谷
		陳和昌	薩拉瓦克			吳嘉興	盤谷
		昌和	邦戛			同記	新加坡

第121頁

124

國內批信局名稱	開設地點	國外分號名稱	開設地點
光益	汕頭	裕泰	新加坡
有信	〃	有信	〃
光益裕	汕頭	仁友公司	坤甸
		再和成	新加坡
		萬益成	〃
		泰興	安南新州
		光益	峇吡
		和平	坤甸
		同信	香港
		吳長記	坤甸
		許順記	新加坡
		林永源	坤甸
		榮源	〃

國內批信局名稱	開設地點	國外分號名稱	開設地點
		坤發興	坤甸
		榮和	〃
		騰合	〃
源合興	汕頭	萬安	堤岸
		榮成	香港
		大元	盤谷
		英發	新加坡
		恒興	日里棉蘭
馬合豐	汕頭	鄭成豐	盤谷
		正基	〃
		原泰	堤岸
		繼泰	〃
		厚豐	檳榔嶼

第十二頁 122

125

國內批信局設立名稱	地點	國外分號名稱	開設地點
馬合豐	汕頭	炎豐	香港
		美光	堤岸
馬德發	汕頭	德順發	盤谷
		新昌	〃
福利	汕頭	福利	香港
		福成	新加坡
		茂利	盤谷
信大	汕頭	陳普通	新加坡、
		陳信裕	安南宅郡
		光信利	暹羅石龍
致盛	汕頭	致成	香港
		联興	盤谷
		孔明齋	堤岸

國內批信局設立名稱	地點	國外分號名稱	開設地點
祥益	汕頭	祥泰隆	新加坡
		裕豐利	新加坡
		茂興利	〃
		永萬源	〃
		孔明	新加坡
		恒豐	堤岸
		再益	新加坡
		聯和	〃
玉合	汕頭	玉合	堤岸
		陳寬記	〃
		德隆	金塔
		廣德發	撫州
		玉合	香港

第十三頁 123

126

國內批信局名稱	地點	國外分號名稱	開設地點
玉合	汕頭	許榮記	堤岸
裕大	〃〃	〃元盛	棉蘭
		集隆	散達埠
		永隆	香港
		順隆	新加坡
集興	汕頭	德隆	安南金塔
		源來	安南擺草
		中興	安南薄寮
榮豐利	汕頭	榮豐利	盤谷
		〃〃	香港
		蔡誠美	柔佛
		廣復興	新嘉坡
		匯通	寮內新文

國內批信局名稱	地點	國外分號名稱	開設地點
黄潮豐	汕頭	黄潮興	盤谷
		榮德春	〃
		泰源亨	〃
		松興春	〃
		義瑞興	〃
		永春祥	〃
		振潮興	〃
		裕豐	〃
啟峰棧	汕頭	永豐盛	金塔
		陳德華	盤谷
		啟峰棧	新加坡
		李同春	坤甸
		源合興	〃〃

124 第十四頁

127

國內批信局名稱	地点	開設國外分號名稱	開設地点
啟峰棧	汕頭	聲合議	堤岸
和興盛	〃	永南興	日里棉蘭
		和豐	梹榔嶼
		馬裕盛	盤谷
馬源豐	汕頭	協成豐	〃
		永順利	〃
		成昌利	〃
陳萬合	汕頭	陳明發	香港
		四春園	〃
		陳春盛	金塔
		陳成春	盤谷
		陳源興	日里棉蘭
老億豐	汕頭	致成	香港

國內批信局名稱	地点	開設國外分號名稱	開設地点
老億豐	汕頭	老億豐	香港
		順合隆	新加坡
		順合祥	金塔
		合昌	盤谷
		南昌合	〃
		耀華成	新加坡
		萬德祥	〃
		馬金峰	暹京
		萬振	香港
		中南	吉隆坡
		新人發	新加坡
		廣利	〃
利昌莊	汕頭	利昌	堤岸

第125頁

P8

國內批信局設名稱	開設地點	國外分號名稱	開設地點
協成興	汕頭	協成興	盤谷
		廣和成	〃〃
鄭順成利	汕頭	鄭成順利莊記	〃〃
振盛興	〃〃	振盛興	〃〃
		遠明	香港
成順利莊振	汕頭	成順利振莊	盤谷
宏信	〃〃	滿興	散蓬坊
		長興利	盤谷
同發利	汕頭	同發利	〃〃
		〃〃	香港
永安	汕頭	永安祥	新加坡
泰成昌	〃〃	泰記	盤谷
		南昌記合	〃〃

國內批信局名稱	開設地點	國外分號名稱	開設地點
泰成昌	汕頭	南亨春	盤谷
		陳振興	〃〃
		乾華隆	〃〃
理文	汕頭	永振發	盤谷
		廣豐隆	新加坡
和合祥	汕頭	和合祥	盤谷
廣順利	〃〃	廣順利	〃〃
		春盛昌	安順
鑫榮順	汕頭	順合春	盤谷
		永興盛	盤谷
		振通	堤岸
		永興盛	香港
陳炳春	汕頭	陳炳春	盤谷

第十六頁

129

129

國內批信局名稱	開設地點	國外分號名稱	開設地點
陳炳春	汕頭	陳嘉彰莊	香港
		陳炳春	新加坡
萬豐發	汕頭	萬成利	盤谷
		振華豐	〃
		廣合記	七克彥
		同春	坤甸
		永成豐	盤谷
		永興盛	〃
		黃合公司	坤甸
		吳長記	〃
		同春莊	〃
		仁友公司	〃
		忠合原芝	〃

國內批信局名稱	開設地點	國外分號名稱	開設地點
		人壽堂	坤甸
		鄭永和	〃
		德安堂	〃
		和豐公司	〃
		建豐公司	〃
		永桂合	〃
		黃坤合	〃
		真成禮記	〃
		永成發	〃
		鄭和發	〃
		林隆合	〃
		榮和公司	〃
		義瑞豐	盤谷

第七頁

130

國內批信局名稱地點	開設國外分號名稱	開設地點
萬豐發汕頭	正基	盤谷
	炳豐	〃〃
	廣順利	〃〃
	明興發	〃〃
	永合利	〃〃
	泰記	〃〃
	潮源興	〃〃
	層亞	〃〃
	僑亨	〃〃
潮利亨汕頭	潮利亨	梹榔嶼
	益安	堤岸
	永南興	日里棉蘭
	潮昌隆	香港

國內批信局名稱地點	開設國外分號名稱	開設地點
廣泰祥汕頭	廣潮盛	盤谷
	永大興	〃〃
萬興昌汕頭	萬興昌	〃〃
	裕豐	〃〃
	進興昌	〃〃
普通汕頭	吳泰安	〃〃
	常興泰	〃〃
	致成	香港
	永吉祥	新加坡
	鴻生	〃
復安汕頭	復安	香港
	復茂	新加坡
	中興	盤谷

第十頁

128

131

國外批信局名稱開設地點	國外分號名稱	開設地點
復安 汕頭	南昌隆	盤谷
	振泰豐	〃〃
	光華興	〃〃
	永泰祥	〃〃
福茂 汕頭	福記	香港
	集興	擺草
	德泰	新加坡
	〃〃	巴塔維亞
福成 汕頭	中興	盤谷
	榮泰昌	檳城
	〃〃	怡保
	光盛	吉礁
	成興	佛剌克

國內批信局名稱開設地點	國外分號名稱	開設地點
	和成	佛剌克
	榮泰昌	吉礁
四興 汕頭	承福興	梹榔嶼
	和裕	新加坡
	錦昌	日里仙達
	泰和興	新加坡
	源泰昌	盤谷
	明興棧	〃〃
捷成 汕頭	平平	盤谷
	再和成匯	新加坡
	萬義	〃〃
	振裕棧	麻六甲
	伯泉	芙蓉

第十三頁

132

國內批信局名稱	開設地點	國外分號名稱	開設地點
捷成	汕頭	廣潮昌	吉隆坡
		金成利	丁加奴關丹
		永順	〃〃
		南市	薩剌瓦克
		吳長記	坤甸
		李同春	〃
		源合興	〃
森春花	汕頭	昭昌	山口羊
		新成利	柔佛士乃
		榮昌	柔佛居鑾
		萬益祥	柔佛士乃
		茂利	柔佛古樓
		雙棧	薩拉瓦克

國內批信局名稱	開設地點	國外分號名稱	開設地點
		寶昌	柔佛居鑾
		新合和	麻六甲
		廣安隆	薩拉瓦克
張廣泉	汕頭	羅進記	盤谷
		德昌隆	芙蓉
		裕隆昌	香港
		土庫張	瓜哇萬隆
周生利	汕頭	周榮興	仰刺克
		義利	檳榔嶼
陳綿發	汕頭	再豐	香港
		祥發	新加坡
		美昌	盤谷
		新發	新加波

第三十頁 130

133

國內批信局設立名稱地點	國外分號名稱	開設地點
泉利汕頭	萬泰和記	新加坡
	志成莊	香港
	萬山棧	新加坡
	源利公司	〃
	合興隆	盤谷
	僑丙興	梹榔嶼
	協川公司	日里
	僑丙興	香港
陳長發汕頭	恒和	梹榔嶼
	萬泰昌茂德	〃
	寶隆	怡保
	錦彰	〃
	萬榮	盤谷

國內批信局設立名稱地點	國外分號名稱	開設地點
	耀華成	新加坡
	榮隆	香港
	源利隆	新加坡
	源豐發	盤谷
陳富通汕頭	陳富源	香港
	陳富通	巴達維亞
	陳富源	新加坡
	陳華興	暹羅越三飯
	陳富源	吉隆坡
	合興公司	仰光
	民族公司	〃
	匯通公司	〃
	紀華	〃

第廿一頁 134

134

國內批信局開設名稱地點	國外分號名稱	開設地點
汕頭	東興公司	仰光
	大興	暹羅白[illegible]大街
	萬業公司	吉隆坡
	華昌公司	巴達維亞
	廣美昌	〃〃
	榮興記	怡保
	德昌隆	芙蓉
	新昌隆	勞勿
	永德莊	巴達維亞
廣匯通汕頭	廣盛利	安南高棉
	廣復昌	新加坡
	榮盛利	暹羅三聘
嶺南成汕頭	嶺南益	佛剌克

國內批信局開設名稱地點	國外分號名稱	開設地點
	廣安隆	薩[illegible]克
	蔡益昌	〃〃
賴福記汕頭	賴福記	香港
	美華商行	盤谷

第十二頁

135

國內私信局名稱	開設地點	國外分號名稱	開設地點

國內私信局名稱	開設地點	國外分號名稱	開設地點

第 133 頁

广东邮区换发一九四八年度批信局执照清单（一九四八年十一月二十三日）

66

卅七年十一月廿二日邮内函已呈之附件

廣東郵區換發卅七年度批信局執照清單

1948年

67

廣東郵區換發三十七年度批信局執照清單

目次	批信局名稱	開設地點	國內外分號數目（國內）	國內外分號數目（國外）	國內外分號地點（國內）	國內外分號地點（國外）	國內外分號增減（國內）	國內外分號增減（國外）	卅六年度換發執照號碼	卅七年度執照號碼	備註
1	彭宗順	河婆		1		旬里洞			131	1	
2	泰南成	汕頭	1	14	汕頭	仰扣克、蘆拉瓦克		-11	129	2	查該局國外分號十一家於卅七年六月九日[illegible]（[illegible]）
3	穎福記	汕頭	2	2	松口、汕頭、廣州、興寧、梅縣	香港、暹谷	+3		136	3	查該局由梅縣遷汕頭[illegible]（[illegible]一件）
	廣德興	梅縣		6		怡保、香港、仰光、直羅			137	4	
5	能德昌	梅縣	1	2	汕頭	檳榔嶼、香港			133	5	

第一頁

68

廣東郵區接發三十七年度批信局執照清單

目次	批信局名稱	地點	分號數（國內）	分號數（國外）	國內分號地點	國外分號地點	國內外分號增減	三十六年度執照號碼	三十七年度執照號碼	備註
6	盛記	梅縣	4	4	廣州、上海、興寧、汕頭	怡保、[illegible]錫、勿里洞、香港		132	6	
7	梁穎記	梅縣	1	1	汕頭	盤谷		134	7	
8	陳富源	梅縣	2	9		吧[illegible]亞、新加坡、香港、盤谷、加爾各答、仰光		135	8	
9	[illegible]隆昌	畬坑	1	5	汕頭	盤谷、麻剌甲、芙蓉、新加坡		150	9	
10	鏡興記	大埔		1		吉隆坡		127	10	

中[illegible] 第二頁

69

廣東郵區換發二十七年度批信局執照清單

目次	11	12	13	14	15
批信局名稱	豐昌	謝均和	鍾天華	廣通源	東南
開設地點	松口	松口	松口	松口	文昌
國內分號數目			1	1	
國外分號數目	2	4	7	4	1
國內分號地點			汕頭	汕頭	
國外分號地點	吧嗱維亞	吧嗱維亞、三寶壟、香港	盤谷、八打威、香港。	香港、怡保	麻六甲
國內分號增減			+1		
國外分號增減			-3	-2	
廿六年度執照號碼	123	125	124	126	139
廿七年度執照號碼	11	12	13	14	15
備註			查信往鋪因外分號[illegible]國內分號一家（附呈理由書一件）	查信天探[illegible]負責人有主相[illegible]；户信往鋪因外分號二家（附呈理由書及保證切結各一件）	

67 第三頁

70

廣東郵區換發三十七年度批信局執照清單

目次	批信局名稱	開設地點	國內外分號數目	國內外分號地點	國內外分號增減號數	卅六年度執照號碼	卅七年度執照號碼	備註
16	寶通	文昌	1	新加坡		156	16	
17	光亞	文昌	1	新加坡		152	17	
18	順成隆	文昌	1	新加坡		155	19	據請將国外分號啓業人更換為王大猷（附呈理由書一件）
19	恒裕興	文昌	5	新加坡、彭亨、麻六甲、吉隆坡、檳榔嶼			37	執照於戰時遺失，據請該業補呈，鈞局卅六年十二月廿四日視字第六五〇號批令核准。
20	恒裕興	嘉積	6	新加坡、麻六甲、彭亨、吉隆坡、檳榔嶼、居鑾埠		141	39	

第四頁

71

廣東郵區核發二十七年度批信局執照清單

第五頁

目次	批信局名稱	開設地點	國內分號者數	國外分號者數	國內分號地點	國外分號地點	國內分號增減	國外分號增減	廿七年度執照號碼	廿六年度執照號碼	備註
21	新富南	嘉積		2		怡保、新加坡			142	40 ✓	
22	同益	嘉積		4		新加坡、吉隆坡、怡保			143	41 ✓	
23	謙和隆	嘉積		2		吉隆坡、新加坡			144	42 ✓	
24	黄泰豐	嘉積 [illegible]	3	2	嘉積、樂會、海口	新加坡			148	43 ✓	廿六、十七、自中原迁嘉積（見該局巾[illegible]一呈）
25	匯安號	嘉積 [illegible]	2	5	嘉積、海口	新加坡、檳榔嶼、麻六甲、吉隆坡			149	44 ✓	廿六、十一、廿六自中原迁嘉積（見巾呈[illegible]）

72

廣東郵區換發三十七年度批信局執照清單

次目	批信局名稱	開設地點	國內分號數目	國外分號數目	國內分號地點	國外分號地點	國內外分號增減	三十六年度執照號碼	三十七年度執照號碼	備註
26	匯通	嘉積	1	8	海口、廣州	新加坡、麻六甲、芙蓉、[illegible]、吉隆坡、居鑾	+1	145	48	
27	南通	嘉積	1	5	海口	新加坡		146	45	
28	[illegible]興隆	嘉積		1		新加坡		147	46	
29	李益泰	嘉積		2		麻六甲、新加坡		151	47	
30	福昌	海口		4		暹京、新加坡		157	31	

[illegible]第六頁

73

廣東郵區接發三十七年度批信局執照清單

第七頁

目次	批信局名稱	開設地點	國內分號數目	國外分號數目	國內外分號地點	國內外分號增減	卅八年度執照號碼	卅七年度執照號碼	備註
31	泰通	海口	4	1	國內：文昌；國外：新嘉坡		158	124	原營業人林[illegible]于[illegible]逝世，該信局改由林遠三[illegible]，查係實情（附呈理由書一件）
32	永源豐	海口	4		文昌·羅豆·抱羅·嗒市		159	33	
33	裕泰	海口	4		蓬萊·文昌·潮山·錦山		170	121	該信局營業人謝[illegible]更換為陳[illegible]，查其讓渡係實情（附呈理由書一件）
34	廣源	海口	5		羅豆·錦山·蓬萊·文昌·三江		160	35	
35	瓊盛	海口	3		澄邁金江市·定安·文昌舖前·嘉積·便文市	+2	161	21	

71

74

廣東郵區換發三十七年度批信局執照清單

目次	36	37	38	39	40
批信局名称	匯通莊	泰昌隆	大亞酒店	錦泰隆	永吉安本記
開設地點	海口	海口	海口	海口	海口
國内、國外分號數目	3　6	4	5　6	2　2	1　2
國内、國外分號地点	嘉積、中原市、海口、廣州、文昌；新嘉坡	新嘉坡、麻六甲	廣州、嘉積、便民市；香港、新嘉坡、吉隆坡、馬六甲、檳榔嶼、鍾瑞、鎮巴、便民市（文昌）	新嘉坡	便民市；新嘉坡、暹京
國内、國外分號增減	+3				
三十七年度執照號碼	162	163	164	165	166
三十六年度執照號碼	32 ✓	26 /	123 ✓	25	29 ✓
備註	聲請添設國内分號三處（附呈理由書一件）		聲請[illegible]（附呈說明書一件）		

第八頁

75

廣東郵區換發三十七年度批信局執照清單

項目	批信局名稱	開設地點	國內分號數目	國外分號數目	國內分號地點	國外分號地點	國內外分號增減	卅六年度執照號碼	卅七年度換發執照號碼	備註
41	和記	海口	2	1	文昌、白延市	新嘉坡		167	28	
42	阜成豐盛記	海口	6	5	文昌、三江市、湖山市、潭□、公坡市、蓬萊市	新嘉坡、暹羅、安南		168	34	
43	泰南隆	海口	2	3	大致坡、東路(□□)、便民市	新嘉坡、暹京		169	27	
44	泰興隆	海口	1		文昌			171	120	聲請將營業人符和鳴更換為張仙□查全該請核換執照(附呈理由書一件)
45	鴻泰豐記	海口	4		文昌、鋪前、蓬萊、潭門			243	30	

第九頁

註

76

廣東郵區換發三十七年度批信局執照續單

目次	46	47	48	49	50
批信局名稱	美興	瓊匯通	源昌盛	永茂祥	錦和
開設地點	海口	海口	海口	海口	海口
國內分號數目	1	2			1
國外分號數目	2	5	4		2
國內分號地點	便民市	中原市、嘉積			海口
國外分號地點	新嘉坡、吉隆坡	新嘉坡、麻六甲、吉隆坡、檳城	文島、三孖、錦山、濱豐		吉隆坡、太平
國內外分號增減					
卅六年度執照號碼	248	249	251	252	250
卅七年度執照號碼	20 ✓	24 ✓	23 ✓	22 ✓	18 ✓
備註					該號由海口遷海口市得勝沙路卅一號（附呈證明書及保證書各一件）

第十頁

77

廣東郵區接發三十七年度批信局執照請單

第十一頁

目次	51	52	53	54	55
批信局名稱	廣豐利	陳[illegible]嘉	聚合昌莊	張聯發泉昌	嘉隆
開設地點	海口	[illegible]	海口	汕頭	汕頭
國內分號數目	4	1	1	2	3
國外分號數目		3	3	7	9
國內分號地點	便民市、錦山市、林梧市、[illegible]、舖前市	海口	海口、廣州、嘉積	棉湖、河婆	河婆、揭陽
國外分號地點		新嘉坡、金寶	新嘉坡、麻六甲	山口洋、新嘉坡、柔佛、居鑾、[illegible]	香港、新嘉坡、山口洋、[illegible]、柔佛、[illegible]、進京
國內外分號增減			+1+1		
三十六年度執照號碼		140	154	128	130
三十七年度執照號碼	36 ✓	38 ✓	49 ✓	118 ✓	50 ✓
備註	執照遺失，經呈奉鈞局卅七年一月廿日郵視字第[illegible]號令核准補發	[illegible]	該號自本年起遷海口博愛路一七三號，請核發國內分號二家（附呈理由書二件）		請將營業人廖[illegible]更換為許[illegible]（附呈理由書一件）

75

78

廣東郵區接發（三七）年度批信局執照清單

次目	批信局名稱	開設地點	國內分號數目	國外分號數目	國內分號地點	國外分號地點	國內分號增減號數	國外分號增減號數	廿六年度執照號碼	廿七年度執照號碼	備註
56	宏通	汕頭	7	48	詔安、黄岡、揭陽、潮安、陸都、隆南山（潮陽）、澄洋、東隴、重[illegible]	新加坡、檳榔嶼、吉隆坡、[illegible]、[illegible]、太平、[illegible]、[illegible]、坤甸、[illegible]	-6+9	-24	172	53/	聲請註銷國內分號六家，國外分號廿四家（附呈理由書一件）
57	信和成	汕頭	5	9	揭陽、[illegible]、流沙	坤甸、盤谷	-4+2		138	51/	聲請註銷國內分號四家，[illegible]國內分號二家（附呈理由書一件）
58	陳協達	汕頭	1	2	鳳凰墟（饒平）	堤岸、盤谷			173	54/	
59	廣源和記	汕頭	8	2	饒平、黄岡、揭陽、鳳凰、潮陽	曼谷、堤岸	-5+2		174	125/	一、應國內[illegible]註銷執照一本[illegible]；聲請註銷國內分號五家，[illegible]二家（附呈理由書一件）；又請更換[illegible]
60	裕益	汕頭	12	1	[illegible]、潮安、[illegible]、黄岡、[illegible]、[illegible]、潮安、[illegible]	隆拉瓦克	-2+3		175	55/	聲請註銷國內分號二家，[illegible]三家（附呈理由書一件）

第十二頁

79

廣東郵區換發三十七年度批信局執照清單

目次	61	62	63	64	65
批信局名稱	福興	振豐盛	勝發	義發	陳悅記
開設地點	汕頭	汕頭	汕頭	汕頭	汕頭
國內分號數目	4	5	5	5	8
國外分號數目	8	5	14	2	8
國內分號地點	潮陽、揭陽、金甌、流沙	普寧、潮陽、陸豐、碣石、流沙	揭陽、東湖、桂嶺（普寧）、潮陽、流沙、潮安	揭陽、棉湖、潮陽、隆都	潮安、揭陽、潮陽、樟林、黃岡、棉湖、金石市、浮洋市
國外分號地點	檳榔嶼、新嘉坡、棉蘭、金邊、仙達、盤谷	棉蘭、檳城、盤谷	棉蘭、日里、坤甸、新嘉坡、吉隆坡、盤谷、婆羅洲	盤谷、新嘉坡	新嘉坡、薩拉瓦克、盤谷、堤岸、香港
國內分號增減		+1			
國外分號增減					
卅六年度執照號碼	176	177	178	179	180
卅七年度執照號碼	56	57	58	59	60
備註		查請添設國內分號一家（附呈理由書一件）	查該局營業人鍾鵠和更換為楊際中查照轉請換發執照（附呈理由書一件）		

第十三頁

80

廣東郵區換發三十七年度批信局執照清單

第十四頁

目次	批信局名稱	開設地點	國內分號數目	國外分號數目	國內分號地點	國外分號地點	國內外分號增減	換發三十七年度執照號碼		備註
66	榮成利	汕頭	8	11	潮陽、潮安、詔安、揭陽、饒平	新嘉坡、[illegible]、香港、[illegible]、盤谷、堤岸		181	61	
67	許福成	汕頭	7	3	黃岡、揭陽、潮陽、陸都、東隴、蓮陽	盤谷		182	62	
68	合盛利	汕頭	5	4	揭陽、棉湖、湯坑、潮安、潮陽	盤谷、新嘉坡、坤甸		183	63	
69	洪萬豐	汕頭	13	8	揭陽、棉湖、潮陽、潮安、黃岡、店仔頭、澄海、[illegible]、詔安、隆都、[illegible]埠	新嘉坡、檳榔嶼、吉礁、堤岸、盤谷、棉蘭		184	64	
70	榮大	汕頭		10		香港、[illegible]、堤岸、盤谷、新嘉坡		185	65	因該號遺失，曾請更換新章，本[illegible]查詢核示[illegible]情事（附呈理由書一件）

81

廣東郵區核發三十七年度批信局執照清單

目次	批信局名稱	開設地點	國內分號名數	國外分號名數	國內分號地點	國外分號地點	國內外分號增減號名	卅六年度執照號碼	卅七年度執照號碼	備註
71	恒記	汕頭	6	7	潮陽·揭陽·澄海·栢鎮·惠來·詔安	檳榔嶼·日里·直名·棉蘭·仙達		186	66	
72	成昌利	汕頭	1	1	成田	盤谷		187	67	
73	李華利	汕頭	9	7	成田·達濠·惠來·揭陽·棉湖·河婆·湯坑	日里·[illegible]·邦[illegible]·新嘉坡·怡保·堤岸		188	68	
74	光益	汕頭	13	10	潮安·潮陽·達濠·達陽·黃岡·隆都·揭陽·汕洋·意溪·東里	新嘉坡·坤甸·堤岸·盤谷		189	69	
75	有信	汕頭	7	2	潮陽·揭陽·達濠·潮安·棉湖·詔安·達陽·庵埠·汕洋·[illegible]鏡·華汕頭	新嘉坡·坤甸	18-2	190	70	申請添設國內分號八家，注銷一家（附呈說明書一件）

第十五頁

82

廣東郵區換發三十七年度批信局執照清單

次目	批信局名稱	開設地點	國內分號數目	國外分號數目	國內分號地點	國外分號地點	國內分號增減號數	國外分號增減號數	三十七年度換發執照號碼	三十六年度執照號碼	備註
76	光益裕	汕頭	12	13	澄海、詔安、達陽、揭陽、潮安、棉湖、潮陽、黃岡、炮台、達濠、店仔頭、鮀浦市、[illegible]洋市	新嘉坡、古南、新洲、峇眼、坤甸、香港	-2+3		191	71 ✓	聲請將鋪國內分號二家移設三家（附呈理由書一件）
77	源合興	汕頭	11	5	潮陽、澄海、揭陽、饒平、隆都、達濠、普寧、潮安、陳店、東里	堤岸、香港、盤谷、新嘉坡、棉蘭	+2		192	72 ✓	聲請將經營人陳梓良更換為章達人[illegible]，係該[illegible]情辭，又聲請添設國內分號二家（附呈理由書一件）
78	馬合豐	汕頭	7	7	成田、黃岡、潮陽、揭陽、汕頭	盤谷、堤岸、檳榔嶼、香港			193	73 ✓	
79	馬德發	汕頭	7	2	成田、潮陽、黃岡、梅塘、潮安、揭陽、店仔頭	盤谷			194	75 ✓	
80	福利	汕頭		3		香港、新嘉坡、盤谷			195	74 ✓	聲請將經營人黃六秋更換為[illegible]，[illegible]情辭（附呈理由書一件）

第十六頁

83

廣東郵區換發三十七年度批信局執照清單

目次	81	82	83	84	85
批信局名稱	信大	致盛	祥益	玉合	裕大
開設地點	汕頭	汕頭	汕頭	汕頭	汕頭
國內分號數目	5		13	11	4
國外分號數目	3	7	4	6	4
國內分號地點	埔塘·揭陽·棉湖·潮陽·金甌		潮安·潮陽·達濠·達陽·棠崗·陸都·揭陽·浮洋·意溪·東里·	潮陽·揭陽·潮安·達陽·饒平·黃岡·隆陽	潮安·潮陽·揭陽·惠來·
國外分號地點	新嘉坡·安南宅郡·暹羅石龍·	香港·盤谷·堤岸·新嘉坡	新嘉坡·堤岸·	堤岸·金塔·爛草·香港	棉蘭·散達坎·香港·新嘉坡
國內外分號增減					
三十六年度執照號碼	196	197	198	199	200
三十七年度執照號碼	76 ✓	77 ✓	78 ✓	79 ✓	80 ✓
備註					該局[illegible]情弊（附原抄呈一件）

中 第十七頁

84

廣東郵區接發三十七年度批信局執照清單

目次	批信局名稱	開設地點	國內分號數目	國外分號數目	國內分號地點	國外分號地點	國內分號增減	國外分號增減	卅七年度執照號碼	卅六年度執照號碼	備註
86	佳興	汕頭	7	3	潮陽、[illegible]隆、澄海、揭陽、饒平、達濠	金塔、[illegible]、蒲寮			201	81	
87	榮豐利	汕頭	10	5	揭陽、梅縣、興寧、昆明、棉湖、[illegible]境、潮陽、[illegible]隆、[illegible]山、河婆	盤谷、香港、柔佛、新嘉坡、[illegible]新及			202	82	
88	黃潮興	汕頭	14	9	庵埠、汕頭、潮陽、揭陽、潮安、澄海、蓮陽、饒平、[illegible]、黃岡、東里、樟林、[illegible]、湖下	盤谷		-1	203	83	暫請註銷國外分號一家（[illegible]）
89	啟峰棧	汕頭	8	6	揭陽、棉湖、潮陽、黃岡、蓮陽、澄海、潮安	金塔、盤谷、新嘉坡、坤甸、堤岸			204	84	
90	和興盛	汕頭	1	3	成田	棉蘭、檳榔嶼、盤谷			205	85	

第十八頁

85

廣東郵區换發三十七年度批信局執照清單

項目	91	92	93	94	95
批信局名稱	馬源豐	陳萬合	美億豐	利昌莊	協成興
開設地點	汕頭	汕頭	汕頭	汕頭	汕頭
國內分號數目	8	5	3	6	6
國外分號數目	3	5	13	1	2
國內分號地點	樟湖·揭陽·潮安·黄岡·潮陽 成田	大長隴·揭陽·潮陽·達濠·潮安	潮陽·潮安·澄海	潮安·潮陽·揭陽·達濠·詔安	黄岡·揭陽·潮陽·詔安·東隴 潮安
國外分號地點	盤谷	香港·金塔·盤谷·棉蘭	香港·新嘉坡·金塔·盤谷 吉隆坡	堤岸	盤谷
國內外增減分號					
卅七年度執照號碼	206	207	208	209	210
卅六年度執照號碼	86	87	88	89	90
備註					

中 第十九頁

86

廣東郵區核發三十七年度批信局執照清單

目次	批信局名稱	開設地點	國內外分號數目（國內）	國內外分號數目（國外）	國內外分號地點（國內）	國內外分號地點（國外）	國內外分號增減號數	三十六年度執照號碼	三十七年度執照號碼	備註
96	鄭成順利	汕頭	7	1	揭陽·澄海·潮安·關埠·潮陽·蓮陽·樟林·店市·庵山	盤谷	+9-5	91	211	聲請添設國內分號九家，註銷五家（附呈理由書一件）
97	振盛興	汕頭	5	2	澄海·揭陽·潮陽·黃岡·陷隍	盤谷·香港		92	212	
98	成順利振記	汕頭	8	1	樟林·隆都·店市·揭陽·潮陽·潮安·澄海·蓮陽·浦洲·浮山·詔安	盤谷	+9-6	93	213	聲請添設國內分號九家，註銷分號六家（附呈理由書一件）
99	宏信	汕頭	6	2	汕頭·潮陽·揭陽·潮安·饒平·陸豐	散達坎·盤谷	+4-3	94	214	聲請添設國內分號四家，註銷三家（附呈理由書一件）
100	同發利	汕頭	11	2	揭陽·[illegible]坑·潮陽·棉湖·潮安·黃岡·隆都·興寧·梅縣·陷隍	盤谷·香港		95	215	

卅年第二十頁

87

廣東郵區換發三十七年度批信局執照清單

批信局名稱	總號地點	分號數目 國內	分號數目 國外	國內分號地點	國外分號地點	國內外分號增減	卅六年度執照號碼	卅七年度執照號碼
101 永安	汕頭	15	1	潮陽、揭陽、詔安、饒平、蓮陽、潮安、東里、葫蘆市、[illegible]	新嘉坡		216	96
102 泰昌	汕頭	13	5	潮陽、潮安、揭陽、棉湖、[illegible]、惠來、澄海、黃岡、饒平、蓮陽	盤谷		217	97
103 理元	汕頭	4	2	成田、潮安、潮陽、揭陽	盤谷、新嘉坡		218	98
104 和合祥	汕頭	5	1	普寧、汫洲、蓮陽、揭陽、潮陽、黃岡	盤谷		219	99
105 廣順利	汕頭	6	2	澄海、潮陽、揭陽、饒平、詔安	盤谷、安順		220	100

備註

汕 第二十三頁

88

廣東郵區核發三十七年度批信局執照清單

目次	批信局名稱	總號地點	國內分號數目	國外分號數目	國內分號地點	國外分號地點	增減國內分號	增減國外分號	卅六年度執照號碼	卅七年度執照號碼	備註
106	鍾榮順	汕頭	6	6	揭陽、潮陽、隆都、普寧、潮安	盤谷、堤岸、香港		-2	221	119	聲請註銷國外分號二家（附呈理由書一件）
107	陳炳春	汕頭	6	4	潮陽、揭陽、潮安、饒平、黄岡、店市	盤谷、香港、新嘉坡	+1	-1	222	101	聲請添設國內分號一家，註銷國外分號一家（附呈理由書一件）
108	高豐發	汕頭	14	33	潮安、店市、意溪、浮洋、隆都、黄岡、南陽、澄海、隆城、揭陽、棉湖	盤谷、堤岸、坤甸			223	102	
109	潮利亨	汕頭	7	4	揭陽、潮陽、普寧、惠來	檳榔嶼、堤岸、棉蘭、香港	-2		224	103	聲請將營業人姓名更換及[illegible]分號二家，註銷國內分號二家（附呈理由書一件）
110	康泰祥	汕頭	6	2	高陂、大麻、大埔、百侯、湖寮、潮安	盤谷			225	104	

第二十二頁

89

廣東郵區換發三十七年度批信局執照清單

目次	批信局名稱	設局地點	國內外分局數目（國內）	國內外分局數目（國外）	國內外分號地點（國內）	國內外分號地點（國外）	國內外分號增減	三十六年度批照號碼	三十七年新發批照號碼	備註
111	東興昌	汕頭	10	3	隆都、黃岡、洪洲、潮陽、揭陽、內浮山、惠來、店市、澄海、棉湖	盤谷		226	105	
112	普通	汕頭	11	5	庵埠、潮陽、揭陽、蓮陽、[illegible]隍、隆都、浮洋、棉湖、葵潭、陸豐、黃岡	盤谷、香港、新嘉坡		227	106	
113	復安	汕頭	4	7	庵埠、潮陽、揭陽、棉湖、東隴、店市	香港、新嘉坡、盤谷	+5	228	107	暫請依該國內分號五處（附呈理由書一件）
114	福茂	汕頭		5		香港、[illegible]、新嘉坡、巴塔維亞、盤谷		229	108	
115	福成	汕頭	6	6	金邊、隆江、揭陽、潮陽	檳城、怡保、吉礁、[illegible]剌克		230	109	

中

第二十三頁

90

广东邮区接发三十七年度批信局执照清单

目次	批信局名称	总局地点	国内分号数目	国外分号数目	国内分号地点	国外分号地点	增加国内分号	增加国外分号	三十七年度执照号码	三十六年度执照号码	备注
116	四興	汕頭	3	6	潮陽、隆都、惠來。	柭榔嶼、新嘉坡、四[illegible]仙達、盤谷			231	110	
117	捷成	汕頭	13	12	大埔、大麻、[illegible]、高陂、松口、潮安、潮陽、揭陽、詔安、隆都、浮洋、[illegible]陽、南山	盤谷、新嘉坡、麻六甲、[illegible]、吉隆坡、[illegible]、[illegible]隆、[illegible]剌克、坤甸	+1		232	111	声请添设国内分号一家（附呈理由书一件）
118	森泰莊	汕頭	6	9	梅林老圩、揭陽、河婆、潮安、大坪、東海、梅林新圩	山口羊、柔佛、[illegible]、[illegible]克、麻六甲	+4		233	112	声请添设国内分号四家，又声请将[illegible]负责人[illegible]改为[illegible]森泰[illegible]（附呈理由书二件）
119	張廣泉	汕頭	3	4	會坑、梅縣、興寧	盤谷、[illegible]、香港、萬隆			234	113	
120	周生利	汕頭	7	2	潮陽、揭陽、澄海、[illegible]、惠來、[illegible]、惠隆	[illegible]剌克、檳榔嶼			235	114	

第二十四頁

91

廣東郵區接發三十七年度批信局執照清單

目次	121	122	123	124	125
批信局名稱	陳炳發	眾利	陳長發	陳宮通	廣匯通
開設地點	汕頭	汕頭	汕頭	汕頭	汕頭
國內分號數目	2	11	7	4	6
國外分號數目	4	8	9	20	3
國內分號地點	潮安、澄海	虎市、松口、大埔、三河壩、大麻、公[illegible]、高陂、梅縣、揭陽、潮陽	金甌、潮陽、隆江、揭陽、棉湖、南山	梅縣、興寧、上海、廣州	揭陽、河婆、棉湖、湯坑、潮陽
國外分號地點	香港、新嘉坡、盤谷	新嘉坡、香港、盤谷、檳榔嶼、[illegible]	檳榔嶼、怡保、盤谷、新嘉坡、香港	香港、巴達維亞、新嘉坡、越南、吉隆坡、仰光、[illegible]、怡保、[illegible]、勞勿	安南、高棉、新嘉坡、暹羅、三聯
國內分號增減					
國外分號增減				-2	
卅六年度執照號碼	236	237	238	153	
卅七年度執照號碼	135 /	116 /	117 /	52 /	122 /
備註	據請將舊章（陳在三更換為鄭倖元）（附鄭理由書一件）查與所請相符。		據請註銷國外分號二家（附呈理由書一件）		據匯通失業，業約於卅六年十二月卅一日[illegible]第六章[illegible]指令核准補發執照，[illegible]復業。

第二十五頁

92

廣東郵區換發三十七年度批信局執照清單

目次	批信局名稱	開設地點	國內外分號數目	國內外分號地點	國內外分號舊執照號碼	三十七年度執照號碼	備註
126	瓊寶通	文昌	1	新加坡		126	執照遗失，商請補發，奉鈞局卅七.九.廿六視七一七九指令核准。
127	三盛	海口	5	泛嶺、文昌、三江、[illegible]		127	執照遗失，奉[illegible]請補發，奉鈞局卅七年十月十二日視七[illegible]二五号指令核准補發。

第廿六頁

交通部邮政总局视察室关于请编造批信回批及邮资统计总表给广东邮政管理局的公函（一九四八年十二月二十二日）

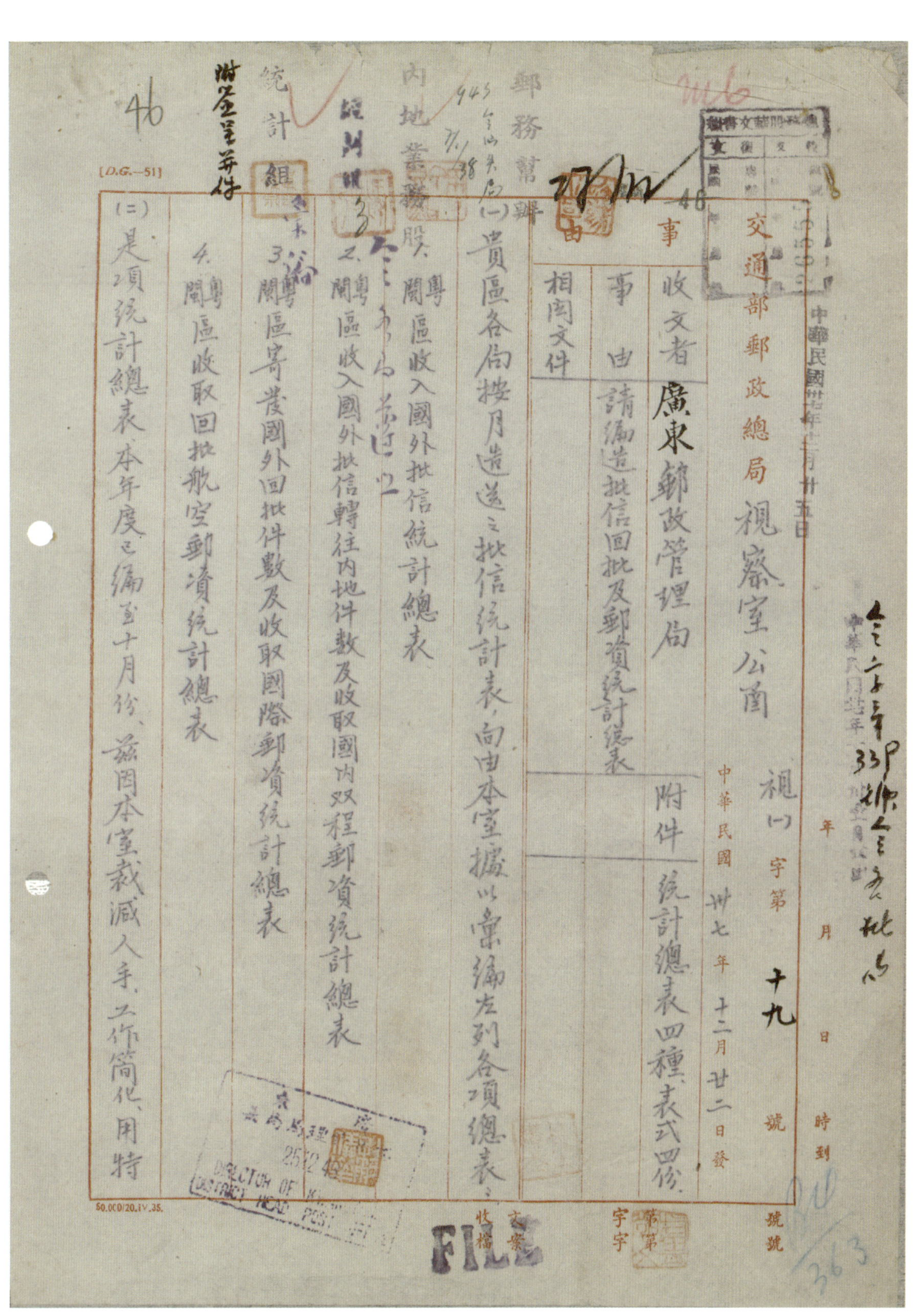

交通部郵政總局視察室公函

視(一)字第十九號

中華民國卅七年十二月廿二日發

收文者：廣東郵政管理局

事由：請編造批信回批及郵資統計總表

附件：統計總表四種，表式四份

相關文件：

(一)貴區各局按月造送之批信統計表，向由本室據以彙編左列各項總表：

1.粵區收入國外批信統計總表

2.粵區收入國外批信轉往內地件數及收取國內双程郵資統計總表

3.粵區寄發國外回批件數及收取國際郵資統計總表

4.粵區收取回批航空郵資統計總表

(二)是項統計總表本年度已編至十月份，茲因本室裁減人手、工作簡化，用特

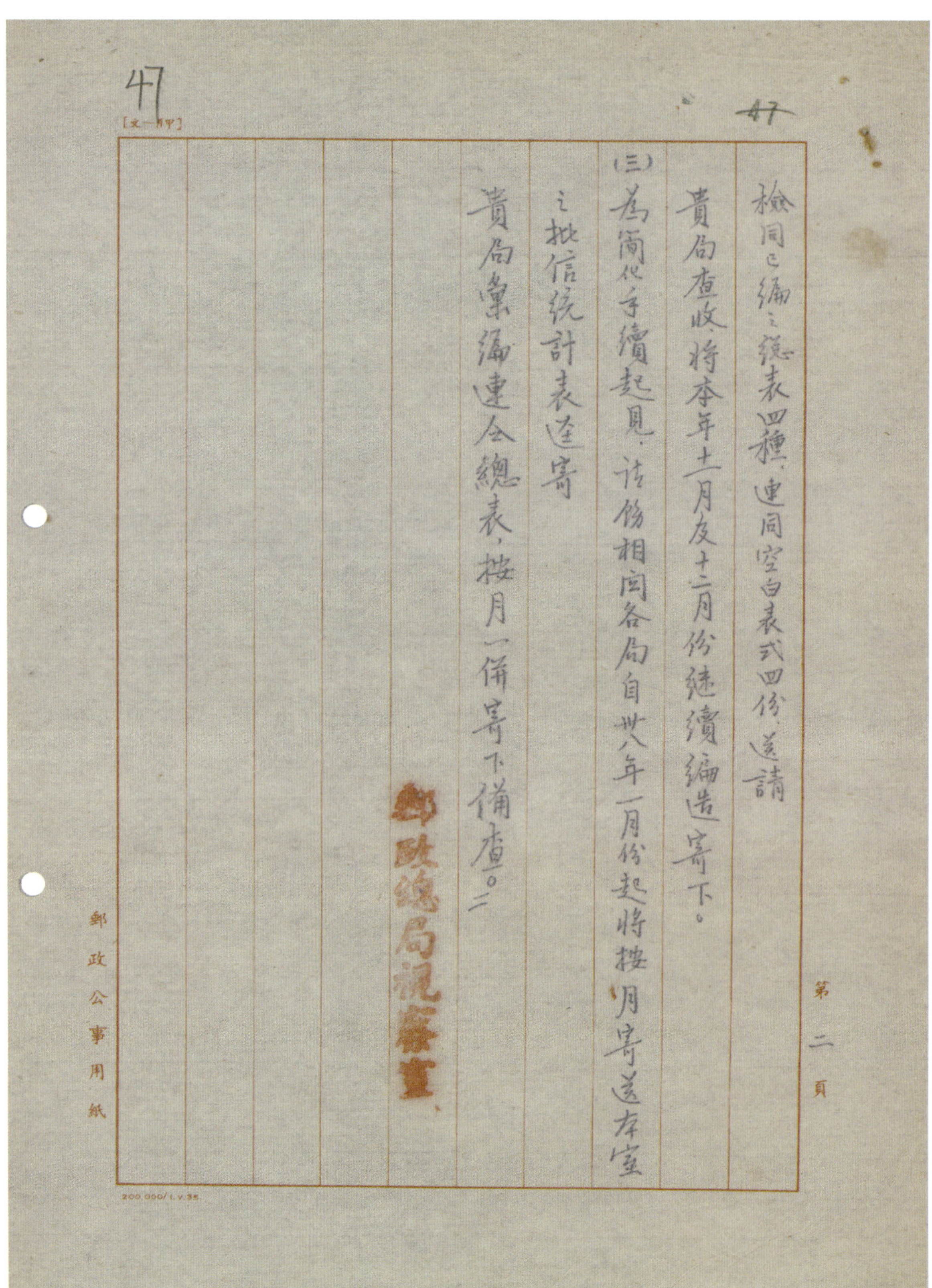

47

[文一ㄞ甲]

~~47~~

檢同已編之總表四種，連同空白表式四份，送請

貴局查收，將本年十一月及十二月份繼續編造寄下。

（三）為簡化手續起見，該飭相關各局自卅八年一月份起將按月寄送本室之批信統計表逕寄

貴局彙編，連同總表，按月一併寄下備查。二

郵政總局視察室

第二頁

郵政公事用紙

200,000/1.v.35.

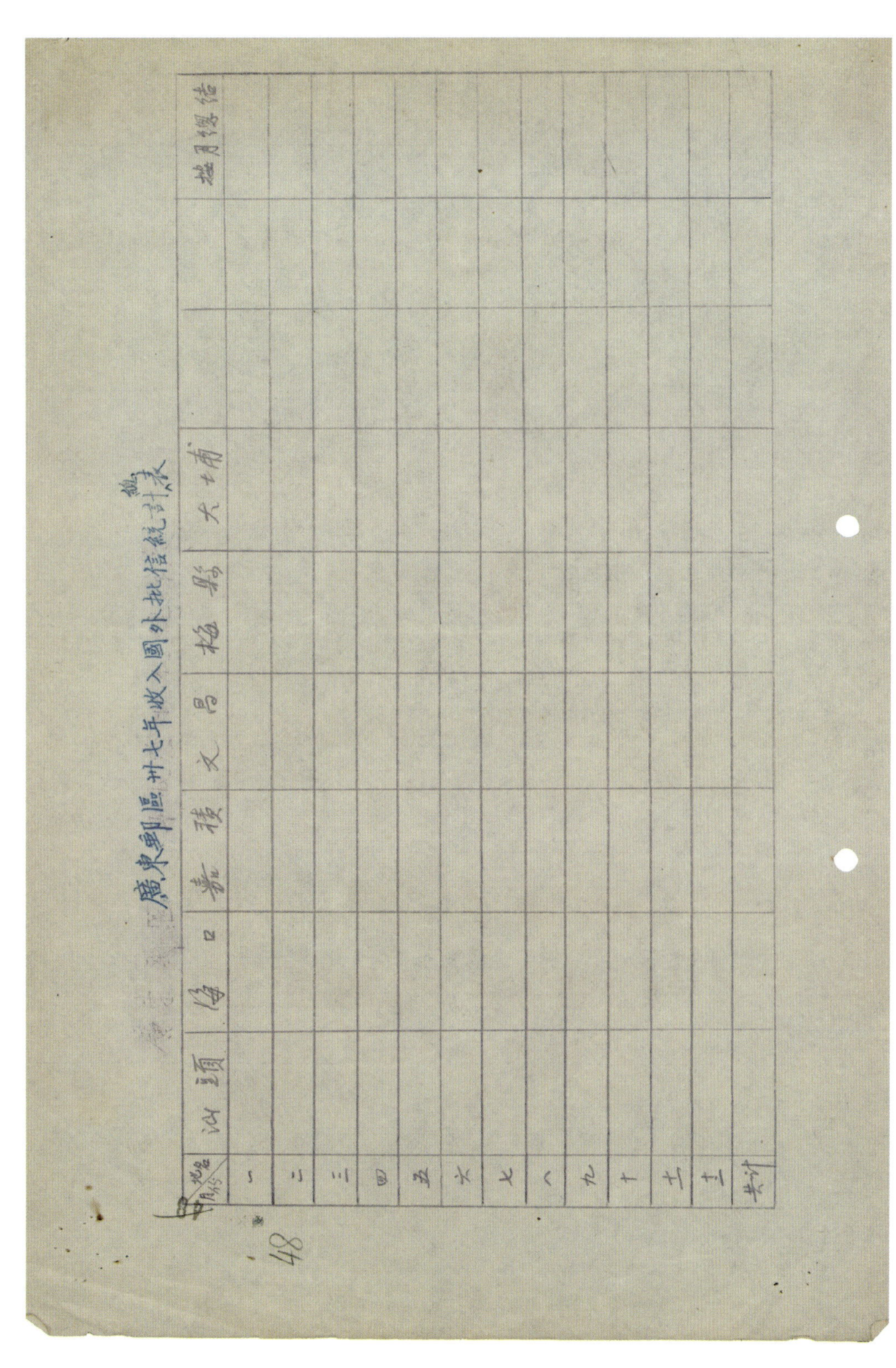

廣東郵區卅七年收入國外批信統計總表

月份/局名	汕頭	海口	嘉積	文昌	梅縣	大埔			越月撥結
一									
二									
三									
四									
五									
六									
七									
八									
九									
十									
十一									
十二									
共計									

48

附二：广东邮区一九四八年收入国外批信转往内地件数及收取国内双程邮资统计总表

廣東郵區卅七年收入國外批信轉往内地件數及收取國内双程郵資統計總表

月份	轉往内地 ＼ 地名	汕頭	海口	嘉積	文昌					摘月錄估
一	批信件數									
	雙程郵資									
二	批信件數									
	雙程郵資									
三	批信件數									
	双程郵資									
四	批信件數									
	双程郵資									
五	批信件數									
	双程郵資									
六	批信件數									
	双程郵資									
七	批信件數									
	双程郵資									
八	批信件數									
	双程郵資									
九	批信件數									
	双程郵資									
十	批信件數									
	双程郵資									
十一	批信件數									
	双程郵資									
十二	批信件數									
	双程郵資									
共计	批信件數									
	双程郵資									

49

附三：广东邮区一九四八年寄发国外回批件数及收取国际邮资统计总表

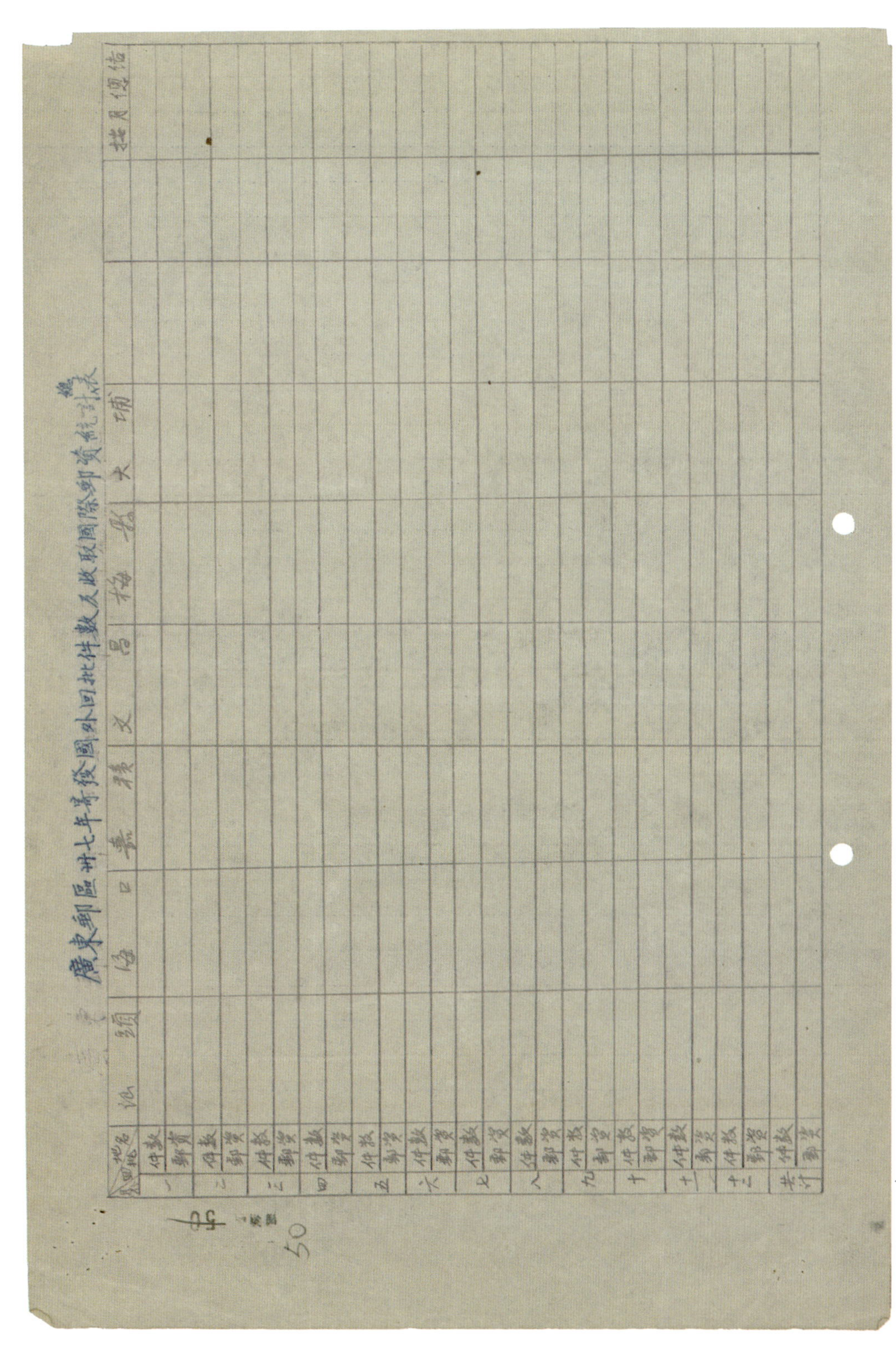

廣東郵區卅七年寄發國外回批件數及收取國際郵資總統計表

月份	地名	汕頭	海口	嘉積	文昌	梅縣	大埔			[illegible]
一	件數									
	郵資									
二	件數									
	郵資									
三	件數									
	郵資									
四	件數									
	郵資									
五	件數									
	郵資									
六	件數									
	郵資									
七	件數									
	郵資									
八	件數									
	郵資									
九	件數									
	郵資									
十	件數									
	郵資									
十一	件數									
	郵資									
十二	件數									
	郵資									
共計	件數									
	郵資									

附四：广东邮区一九四八年收取回批航空邮资统计总表

15

51

廣東郵區　　年收取回批航空郵資統計總表

地名／月份	汕頭	海口	嘉積	文昌	河婆				按月總結
一									
二									
三									
四									
五									
六									
七									
八									
九									
十									
十一									
十二									
共計									

28

27

廣東郵區一九四八年開發僑匯數目表

月份	件數	款數		備考
一月	4289	法幣 4,548,736,440	23	
二月	3587	〃 4,079,918,900	00	
三月	3533	〃 4,215,204,060	00	
四月	3556	〃 5,990,936,300	00	
五月	876	〃 2,277,413,235	00	
六月	150	〃 371,834,000	00	
七月	437	〃 6,384,000,250	00	
八月	710	〃 18,621,932,000	00	
九月	877	金圓券 29,815	00	
十月	1614	〃 103,900	32	
共計	法幣 17138 金圓券 2491	法幣 46,489,935,185 金圓券 133,715	23 32	

广东邮区核定批信局分号设立地点（一九四八年）

93 本已核定批信局分號設立地點（卅七年一月底以前核准者）

大埔
大長隴
三江（瓊山）
內溪山
白延市
洪洲
店仔頭
松口
東界（饒平）
東興
定安
南山（潮陽）
高陂
陸豐
翁田市
梅林
棉湖（普寧）
黃岡（饒平）
惠來
普寧
湖山
達濠（潮陽）
蓮陽（澄海）
演豐（瓊山）
興寧
潮安
樂會
[illegible]嶺
饒平

大麻
大致坡（瓊山）
中原（樂會）
文昌
汕頭
河婆·河婆上圩
金田
泥溝（普寧）
東里（澄海）
金石（潮安）
松下
梅市
炮台
浮洋（潮安）
埠塘
海口
菴埠
揭陽
隆江（惠來）
金坑
[illegible]坑
[illegible]埔市（普寧）
意溪
塘市
碣石
樟林
廣州
潮陽
鋪前（文昌）
錦山（文昌）
關埠（潮陽）

大坪
三河
公州
北灣
成田（潮陽）
店市
虎市
東隴（澄海）
東海（普寧）
金江市（[illegible]）
抱羅
便民市（文昌）
浮山
流沙（普寧）
梅縣
[illegible]
溜隍
隆都（饒平）
湖寮
[illegible]灘（文昌）
葫蘆市
圍壕
嘉積
鳳凰（饒平）
葵潭
澄海
鮀浦市
鍾瑞市（瓊山）
羅豆

陳[illegible]

91

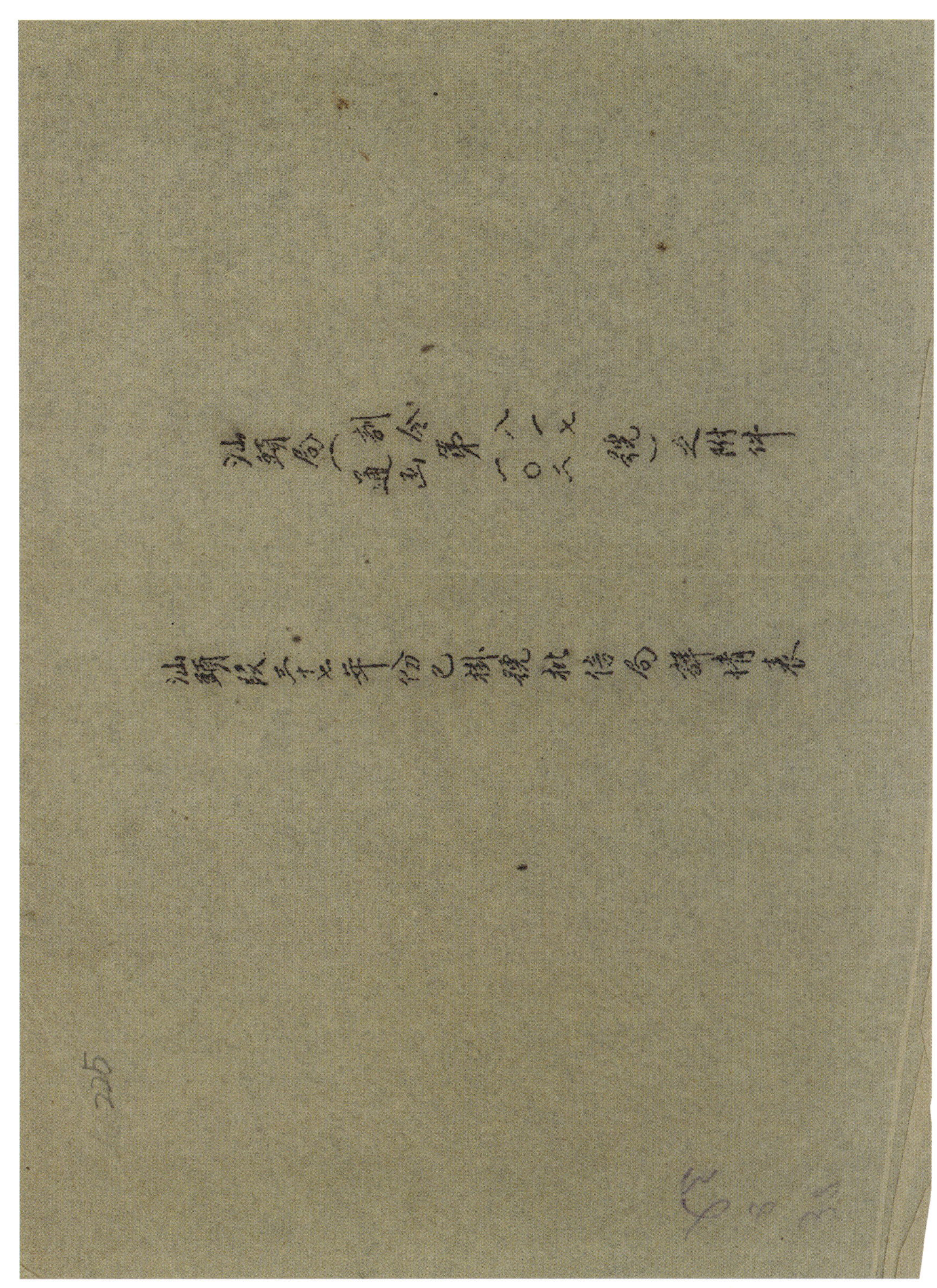

汕頭局（副局／通訊 第八一七／一〇二八號）之附件

汕頭段三十七年份已掛號批信局詳情表

~~218~~ 226

批信局名稱	開設地方	營業人姓名	分號名稱	開設地方	代理人姓名	執照號數
嘉隆	汕頭	許佩熾	榮合昌	河婆	李化初	五〇
			李裕昌	揭陽	李國仁	
			森豐	河婆	蔡熏華	
			合興	香港	蔡龍	
			廣復興	新嘉坡	蔡俊美	
			昭昌	山口羊	蔡昭	
			老成利	柔佛	蔡月初	
			錦記	勿里洞	蔡錦合	
			誠美	古樓	蔡錦標	
			廣安隆	薩拉瓦克	蔡渭亭	
			蔡東昇	佩剌克	蔡聘	
			和和	暹京	許培豐	
信和成	汕頭	林道謀	合和成	揭陽	林道謀	五一
			義發祥記合	揭陽	林權勇	
			永昌盛	普(游)寧	馬德三	
			信和成	坤甸	林貴權	
			和平	坤甸	林木水	
			吳長記	坤甸	吳之利	
			源合興	坤甸	許維仁	
			林木榮	坤甸	林木榮	
			興合	坤甸	林金泉	
			益成禮記	坤甸	林芝娘	
			合和成	坤甸	林道觀	
			泰和隆	盤谷	紀經才	
陳富通	汕頭	陳濟軒	陳富源	梅縣	陳勳章	五二

第一頁

批信局名稱	開設地方	營業人姓名	分號名稱	開設地方	代理人姓名	執照號數
宏通	汕頭	梁俊遠	陳富源	興寧	陳怡庭	
			陳富源	上海	陳福元	
			陳富源	廣州	陳展文	
			[illegible]富源	香港	陳國鈞	
			陳富通	巴達維亞	陳晃鈞	
			陳富源	新嘉坡	陳晃鈞	
			陳華興	暹羅	陳伋華	
			陳昌源	吉隆坡	陳晃鈞	
			慶興公司	仰光	李啟我	
			[illegible]發公司	仰光	朱康我	
			暹通公司	仰光	張啟田	
			紀華號	仰光	溫紀華	
			東興公司	仰光	藍敦如	
			大興號	暹羅	賴琮發	
			[illegible]公司	吉隆坡	夏柳如	
			[illegible]	巴達維亞	李友三	
			廖[illegible]	巴達維亞	廖玉屛	
			梁豐號	怡保	蕭育俊	
			德昌隆	芙蓉	陳春盛	
			新昌隆	勞勿	陳林盛	
			永德莊	巴達維亞	謝信初	
			許廣源	詔安	許鳳聲	五三
			許陶合	黄岡	許獻其	
			魏啟峯	揭陽	魏啟和	
			協成泰	潮安	李子清	
			潘合利	饒平（隆都）	潘貫衆	

第二頁

~~220~~ 228

批信局名稱	開設地方	經營人姓名	分號名稱	開設地方	經理人姓名	執照號數
			魏桂興	豐順（留隍）	魏平長	
			慶發	潮陽（[illegible]）	陳明石	
			茂生	潮安（[illegible]）	洪簡初	
			裕大	[illegible]（[illegible]）	林鑫池	
			中國銀行	新嘉坡	黃伯權	
			中國銀行	檳榔嶼	黃伯權	
			中國銀行	吉隆坡	張智	
			中國銀行	大坡	陸振興	
			中國銀行	怡保	甄潤珊	
			中國銀行	美[illegible]暮	熊志蒼	
			中國銀行	小坡	莊文剛	
			泉豐	吉隆坡	陳世飛	
			福春	塞加特中	李尚三	
			泉豐	塞加巴特	鄭其陞	
			華昌	吉冷丹	黃遠民	
			發興祥	吉隆坡	葉立基	
			瑞泉	太平埠	王振教	
			天星	怡保	鄭奕春	
			同益興	麻刺甲	武學五	
			成吉行	檳榔嶼	李清吉	
			南洋貿易行	[illegible]	陳木興	
			豐順棧合記	[illegible]	李伯濤	
			豐順棧合記	安順	李仲禮	
			聯記	金寶	李叔宏	
			協成泰	暹羅亞比丕	鄭金灶	
			王松發	坤甸	王傳政	
			李勝安棧	[illegible]蘭	李傳兵	

第三頁

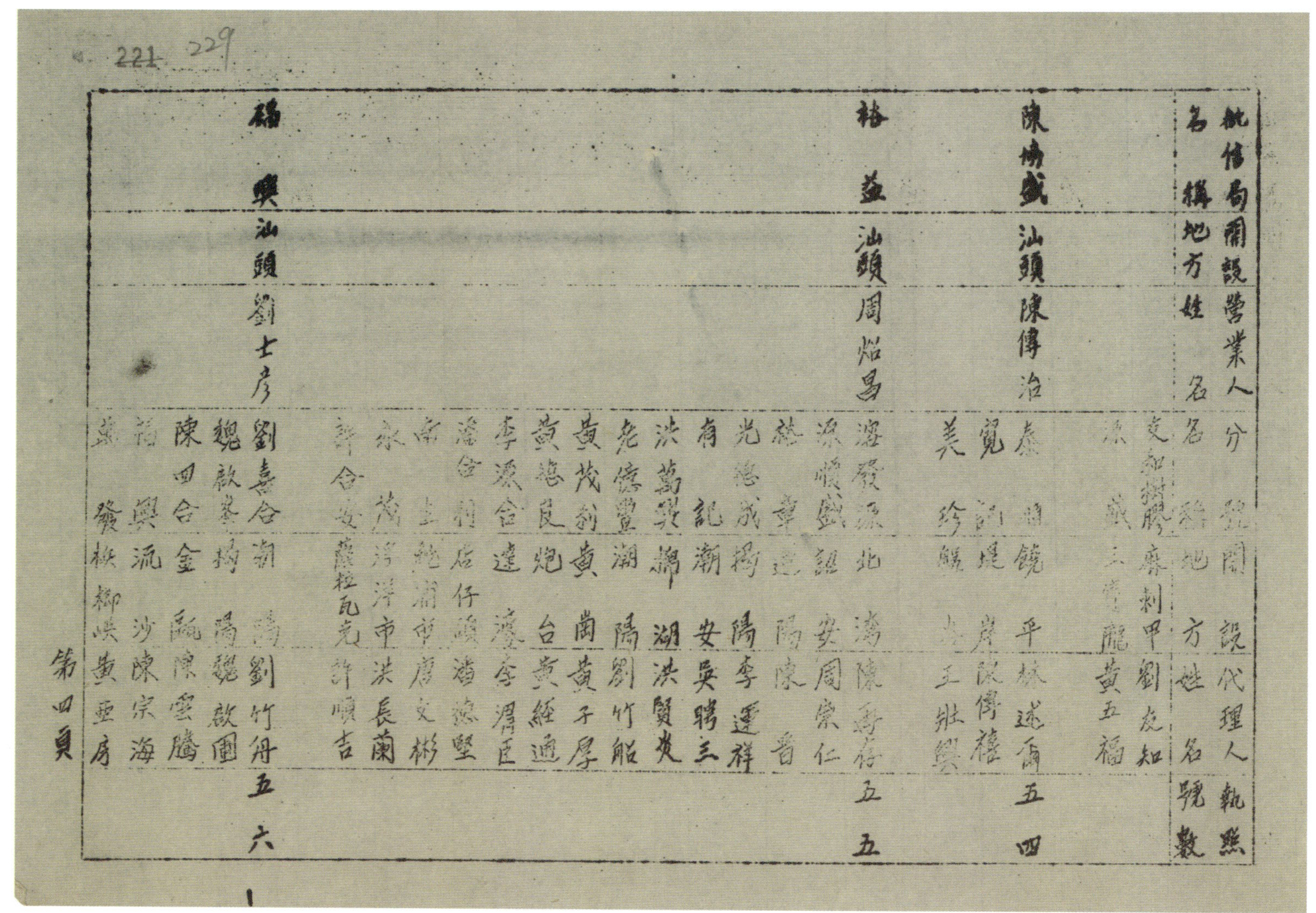

航信局名稱	開設地方	營業人姓名	分號名稱	分號開設地方	代理人姓名	執照號數
			支和榭膠	麻刺甲	劉友知	
			源成	三寶龍	黃五福	
陳協盛	汕頭	陳傳治	泰[illegible]	饒平	林述爾	五四
			寬[illegible]	堤岸	陳傳禧	
			美珍	[illegible]	王壯鑾	
林益	汕頭	周焰昌	源發源	北[illegible]	陳壽存	五五
			源順盛	[illegible]安	周崇仁	
			林章	達陽	陳晉	
			光德成	揭陽	李運祥	
			有記	潮安	吳騁三	
			洪萬發	綿湖	洪賢炎	
			危億豐	潮陽	劉竹船	
			黃茂利	黃岡	黃子學	
			黃德良	炮台	黃經通	
			李源合	達濠	李渭臣	
			潘合利	店仔頭	潘德堅	
			南生	鮀浦市	廖文彬	
			永茂	浮洋市	洪長蘭	
			許合安	薩拉瓦克	許順吉	
福興	汕頭	劉士彥	劉喜合	潮陽	劉竹舟	五六
			魏歆泰	揭陽	魏歆園	
			陳四合	金甌	陳雲騰	
			福興	流沙	陳宗海	
			黃發	樅鄉峽	黃亞房	

第四頁

222
230

批信局名稱	開設地方	營業人姓名	分號名稱	開設地方	代理人姓名	執照號數
泰豐成	汕頭	陳章武	張慶大	新嘉坡	黃啟平	五七
			永新	棉蘭	劉士城	
			源記	安南	許其極	
			新發興	仙達	黃克欽	
			劉合盛	盤谷	劉子澄	
			倪[illegible]興	檳城	倪宏樟	
			德盛河興	日里棉蘭	姚明盛	
			黃振興	普寧	黃賢章	
			陳榮豐	普寧	陳成剛	
			陳四合	潮陽	陳雲騰	
			陳特成	陸豐	陳進	
			鴻興[illegible]	碣石	秦士謀	
			永昌利	普寧（沙隴）	黃永禧	
			興盛昌記	日里棉蘭	黃捷石	
			陳怡盛	日里棉蘭	陳紅	
			陳源利	日里棉蘭	陳緒銳	
			祥發	檳城	黃鳳怡	
			振盛	盤谷	陳君良	
澄發	汕頭	楊啟中	鄭啟榮	揭陽	鄭啟圖	五八
			陳林茂	普寧	陳進	
			劉喜合	潮陽	劉德舟	
			陳聯豐	普寧（沙隴）	陳成剛	
			有德莊	潮安	許振豐	
			倪丙發	日里棉蘭	倪克炤	
			丙發棧	日里	倪保盛	
			黃創成	日里	黃玉柳	
			李同泰	坤甸	李春樹	

第五頁

~~223~~ 231

批信局名稱	開設地方	營業人姓名	分局名稱	分局開設地方	代理人姓名	執照號數
義豐	汕頭	余文仁	裕成利	新嘉坡	[illegible]雪[illegible]	五九
			復源利	新嘉坡	曾鍾明	
			利華興	新嘉坡	姚達泉	
			鼎盛	新嘉坡	蔡炳順	
			萬和成	新嘉坡	鄧銳劍	
			新興	新[illegible]坡	蔡培枝	
			鄭錦春	吉隆坡	鄭漢麒	
			錦潮興	暹谷	陳源錦	
			合成	[illegible]洲	劉玉波	
			鄭錦發	新嘉坡	鄭則光	
			總啟峰	揭陽	總啟圓	
			義發	揭陽	黃達陞	
			楊政記	棉湖	楊璧榮	
			劉喜合	潮陽	劉竹船	
			許福成	隆都	許舜勳	
			義錦興	盤谷	余文仁	
			中南	新嘉坡	陳一中	
陳悅記	汕頭	張禎祥	吳肖記	潮安	吳幼初	六〇
			魏啟峰	揭陽	魏啟和	
			劉喜合	潮陽	劉竹船	
			聚豐	樟林	黃傳經	
			黃茂元	黃岡	黃平傳	
			洪萬興	普寧（湖棉）	洪賢奕	
			福豐	潮安（百金）	張澄鏡	
			協成	潮安（徉潞）	李茂如	
			永德盛	新嘉坡	張禎美	
			祥泰隆	新嘉坡	張禎智	

第六頁

批信局名稱	開設地方	營業人姓名	分號名稱	地方	代理人姓名	執照號數
榮成利	汕頭	許行衡	劉嘉合	潮陽	劉竹船	六一
			黃德良	潮陽	黃經通	
			萬安	潮安	許文龍	
			協成	潮安	李茂如	
			許廣源	詔安	許國權	
			增發	揭陽	林徵修	
			俊發	揭陽	侯德煥	
			信昌	饒平	王昭平	
			華益	新嘉坡	劉炳岳	
			榮盛	新嘉坡	陳深溪	
			榮順	[illegible]	劉枚生	
			建華	新嘉坡	蔡建侯	
			祥利	新加坡	張壽仁	
			茂興利	新嘉坡	陳子吉	
			祥發	香港	姚慕秋	
			達大	香港	陳逸岩	
			永懋成	[illegible]柳峡	姚良河	
			侯鴻盛	盤谷	侯澤卑	
			吳公興	安南	吳文翰	
			南市	廣巴瓦克	許應勤	
			永瑞成	薩拉瓦克	林伯侯	
			泰山	薩拉瓦克	曾鐵山	
			陳悅記	盤谷	陳景雲	
			陳美盛棧	[illegible]	陳國盛	
			[illegible]記	香港	許煋照	
許福成	汕頭	許賀彬	余亨記	黃岡	余禧棠	六二
			魏啟峯	揭陽	魏啟圖	

第七頁

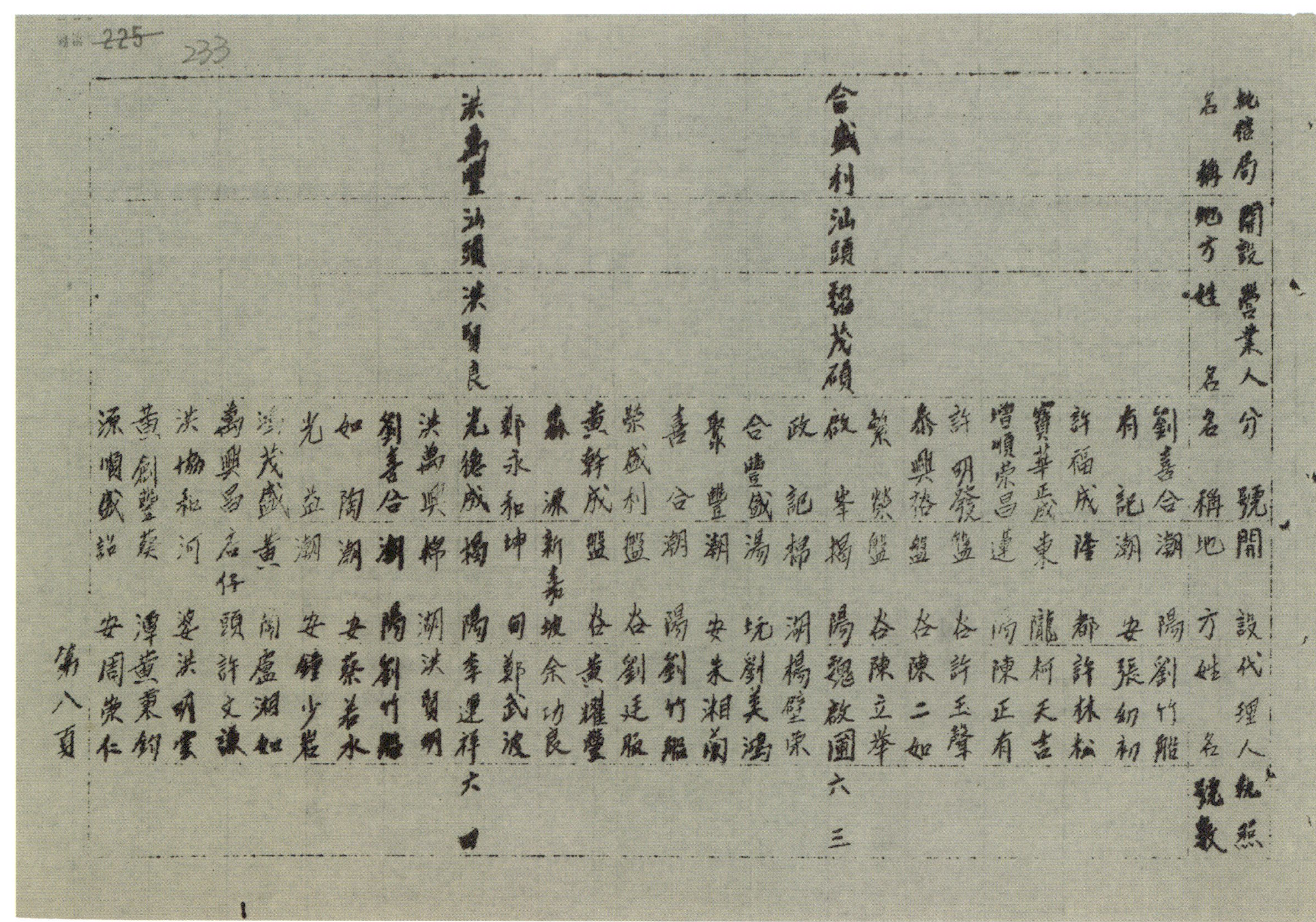
~~225~~ 233

批信局名稱	開設地方	營業人姓名	分號名稱	分號開設地方	分號代理人姓名	執照號數
合盛利	汕頭	魏茂碩	劉喜合	潮陽	劉竹船	六三
			有記	潮安	張紉初	
			許福成	隆都	許林松	
			寶華正盛	東隴	柯天吉	
			增順榮昌	達濠	陳正有	
			許明發	盤谷	許玉聲	
			泰興裕	盤谷	陳二如	
			繁榮	盤谷	陳立舉	
			啟峯	揭陽	魏啟圖	
			政記	棉湖	楊璧崇	
			合豐盛	湯坑	劉美鴻	
			聚豐	潮安	朱湘蘭	
			喜合	潮陽	劉竹船	
			榮盛利	盤谷	劉廷服	
			黃幹成	盤谷	黃耀豐	
			森源	新嘉坡	余功良	
洪萬豐	汕頭	洪賢良	鄭永和	坤甸	鄭武波	六四
			光德成	揭陽	李連祥	
			洪萬興	棉湖	洪賢明	
			劉喜合	潮陽	劉竹船	
			如陶	潮安	蔡若水	
			光益	潮安	鍾少岩	
			浮茂盛	黃岡	盧湖如	
			萬興昌	店仔頭	許文謙	
			洪協和	河婆	洪明雲	
			黃劍豐	葵潭	黃秉鈞	
			源順盛	詔安	周崇仁	

第八頁

批信局名稱	開設地址	營業人姓名	分號名稱	開設地址	代理人姓名	批照號數
			震東桂記	[illegible]暹	謝傳情	
			潘合利	店仔頭	潘和棣	
			黄德昌	[illegible]	黄經通	
			洪萬成	新嘉坡	洪[illegible]炎	
			洪萬豐	檳榔嶼	洪[illegible]生	
			永合峰	吉[illegible]	林炳釗	
			萬成興	堤岸	洪學曾	
			洪萬發	盤谷	洪賢生	
			萬豐隆	新嘉坡	林月舟	
			和合興	日里棉蘭	丘金[illegible]	
			滙通	新嘉坡	劉俠儂	
榮大	汕頭	蔡耀樓	福利	香港	謝少巖	六五
			榮大	香港	方寬叙	
			欽成	香港	葉學堃	
			寶裕隆	散達汶	沈光閣	
			永合安	堤岸	陳海[illegible]	
			張為順	堤岸	張為長	
			萬振	香港	李友海	
			蔡濟盛	盤谷	蔡九卿	
			成順利爵記	盤谷	鄭東爵	
			滙通	新嘉坡	曾子卿	
恒記	汕頭	林成德	四合	潮陽	陳雲騰	六六
			光德成	揭陽	李運祥	
			有信	澄海	[illegible]卿	
			永昌豐	梅縣	廖昌宣	
			裕源	惠來	陳智如	
			萬協元	詔安	黄平階	

第九頁

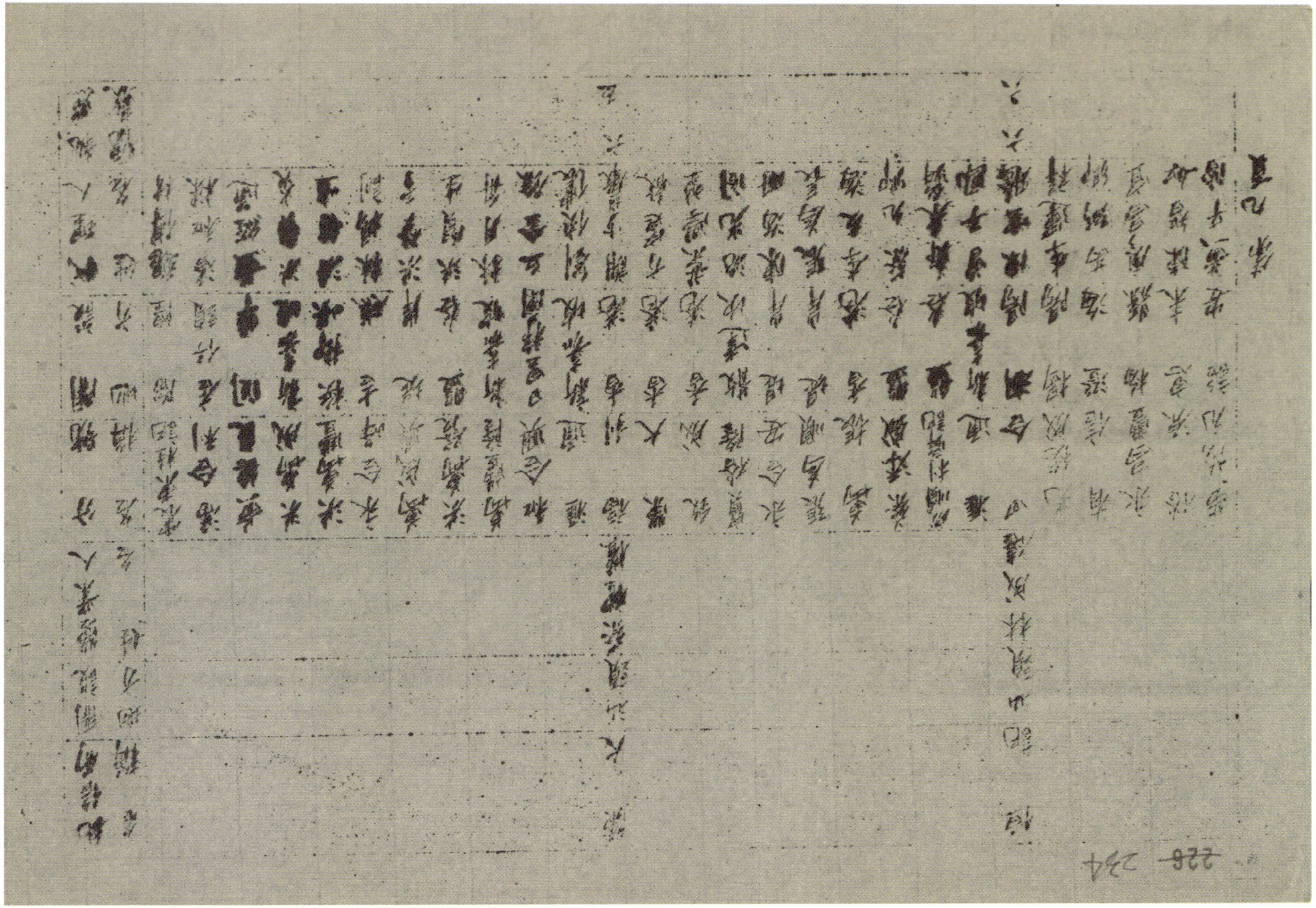

227 225

批信局名稱	開設地方	營業人姓名	分號名稱	開設地方	代理人姓名	總號數
成昌利	汕頭	蕭介珊	恒記棧	檳榔嶼	林德音	
			天成	日里	張壽三	
			元盛	日里	林桐材	
			倪而發	日里	倪克昭	
			徐海隆	日里	徐元彰	
			浩鴻	日里	陳寄仙	
			存利棧	日里	葉集順	
			成昌利	成田	馬煥京	六七
李華利	汕頭	李潤初	成昌利	盤谷	蕭卓珊	
			馬玉堂	成田	馬玉堂	六八
			豐源	達濠	陳獻廷	
			陳益隆	惠來	陳雲石	
			魏啟峯	揭陽	魏啟圖	
			黃德良	揭陽	黃興貞	
			政記	棉湖	楊璧榮	
			榮合興	河婆	李榮合	
			廣豐	湯坑	洪敬堂	
			繼泰	成田	馬成傳	
			永南興	日里	陳正興	
			陳和昌	蘆拉瓦克	陳森榮	
			昌和	邦戛	李應元	
			李福利	新嘉坡	李明初	
			周榮興	怡保	周德榮	
			繼泰	堤岸	馬成香	
			金豐	堤岸	連贊鴻	
[illegible]盛	汕頭	鍾少巖	如陶	潮安	蔡蒼水	六九
			壽合	潮陽	劉竹船	

第十頁

批信局名稱	開設地方	營業人姓名	分號名稱	開設地方	代理人姓名	執照號數
有信	汕頭	黄壽三	源合	達濠	李渭臣	
			增順榮昌	蓮陽	陳有顯	
			端孚	黄岡	余桂生	
			廣順	隆都	金振忠	
			光德成	揭陽	李運祥	
			啟峰	揭陽	魏啟圖	
			協成	浮洋	李楚謙	
			茂生	浮洋	洪長德	
			郎發利意	溪郎	郎映三	
			茂元	黄岡	黄勛玉	
			聚豐	東里	黄傳經	
			孔明	新嘉坡	廖永錫	
			公發祥	新嘉坡	曾傳義	
			大信	新嘉坡	蔡來鈿	
			永桂合	坤甸	鄭芳和	
			瑞盛	新嘉坡	陸兆初	
			億豐	堤岸	吳東琪	
			伍東白	盤谷	伍繼予	
			吳嘉興	盤谷	吳醉白	
			同記	新嘉坡	吳桂浩	
			裕泰	新嘉坡	李春培	
			老德豐	潮陽	劉竹船 又	
			啟峰	揭陽	魏啟和	
			德良	揭陽	黄經通	
			源合	潮陽	李偉臣	
			有記	潮安	張幼初	
			揚啟記	棉湖	楊璧棠	

第十一頁

批信局名稱	開設地方	營業人姓名	分號名稱	開設地方	代理人姓名	執照號數
光益裕	汕頭	周照秋	許廣源	詔安	許東鳳	七一
			集僑	達陽	陳偉	
			潘合利	店市	潘貴聚	
			李協成	浮洋	李茂如	
			森豐	陸豐	魏應元	
			信昌	饒平	王犹平	
			富通	汕頭	陳濟軒	
			有信	新嘉坡	黃芳生	
			仁友	坤甸	陳鴻惠	
			溶發源	北湾	陳丹存	
			源順盛	詔安	周崇仁	
			裕章	達陽	陳晉	
			光德成	揭陽	李運祥	
			有記	潮安	吳聘三	
			洪萬興	棉湖	洪賢炎	
			老億豐	潮陽	劉竹銘	
			黃茂利	黃岡	黃子厚	
			黃德良	炮台	黃經通	
			李源合	達濠	李渭臣	
			潘合利	店仔頭	潘德堅	
			南生	鮀浦市	唐文彬	
			永茂	浮洋市	洪長蘭	
			丹和成	新嘉坡	李應時	
			萬益成	新嘉坡	許惟德	
			泰興	安南	杜之漢	
			光昌	峇眼	陳國熙	
			和平	坤甸	林木水	

查

~~230~~ 238

批信局名稱	開設地方	營業人姓名	分號名稱	開設地方	代理人姓名	執照號數
源合興	汕頭	章達人	同信	香港	周昀昌	七二
			吳長記	坤甸	吳元利	
			許順記	新嘉坡	許榮龍	
			林永源	坤甸	林亞禧	
			榮源	坤甸	鄭梓謙	
			坤發興	坤甸	彭炎全	
			榮和	坤甸	林道香	
			騰合	坤甸	黃錦安	
			劉喜合	潮陽	劉竹船	
			陳四合	潮陽	陳雲騰	
			有信	澄海	萬獅卿	
			魏啟峰	揭陽	魏啟圖	
			合利	饒平	張景光	
			詹恒興	陷隆	詹正初	
			源合	達濠	李偉臣	
			許陶合	饒平	許四濱	
			裕興	普寧	陳毓山	
			集祥昌記	潮安	林悟如	
			乾元	陳店	蔡集标	
			榮昌隆	東里	陳斯仁	
			益大莊	潮安	郭炳賢	
			益安	安南	鍾岩	
			榮成	香港	何澍棠	
			大元	盤谷	蔡大宏	
			吳發	新嘉坡	黃英臣	
			恒興	日里	蔡仁國	
剑合豐	汕頭	馬文龍	協成豐	成田	馬燦彬	七三

第十三頁

~~231~~ 239

批信局名稱	開設地方	營業人姓名	分號名稱	開設地方	代理人姓名	執照號數
福利	汕頭	黃鴻清	黃茂元	黃岗	黃子厚	七四
			劉喜合	潮陽	劉竹船	
			魏啟峰	揭陽	魏啟圃	
			普通	汕頭	吳彩堂	
			潘合利	汕頭	潘法堅	
			陳協盛	汕頭	陳傳泊	
			協成豐	盤谷	馬君勇	
			正基	盤谷	馬賓秋	
			聚泰	堤岸	吳傳生	
			继泰	堤岸	馬晏昇	
			厚豐	梹榔嶼	蕭亮漢	
			炎豐	香港	蕭作藩	
			美光	堤岸	楊業城	
			福利	香港	謝蘭春	
			福成	新嘉坡	薛木本	
			茂利	盤谷	熊孝則	
馬德發	汕頭	馬星五	德順盛	成田	馬燦盛	七五
			劉喜合	潮陽	劉竹船	
			黃茂利	黃岗	黃子厚	
			啟峰	梅兜	魏啟圃	
			普通	潮安	吳彩堂	
			光德成	揭陽	李運祥	
			潘合利	店仔頭	潘和梾	
			德順盛	盤谷	馬鑑波	
			郭乾昌	盤谷	郭應開	
裕大	汕頭	陳讓銘	合成	埠塘	陳謙銘	七六
			光德成	揭陽	李運祥	

第十四頁

~~232~~ 240

執信局名稱	開設地方	營業人姓名	分號名稱	開設地方	代理人姓名	執照號數
致成	汕頭	鄭慶林	洪萬興	棉湖	洪賢羽	七七
			劉喜合	潮陽	劉竹船	
			陳四合	金甌	陳成安	
			陳普通	新嘉坡	陳崇翰	
			陳信裕	安南	陳容清	
			光信利	暹羅	蘇宗澤	
			致成	香港	陳子謙	
			聯興	盤谷	沈敬添	
			孔明齋	安南	陳漢林	
			祥泰隆	新嘉坡	張積美	
			永萬源	新嘉坡	房子英	
			裕豐利	新嘉坡	蔡米鈿	
			茂興利	新嘉坡	陳子群	
祥益	汕頭	鍾樹芳	如閣	潮安	蔡若水	七八
			喜合	潮陽	劉竹船	
			源合	達濠	李渭庭	
			增順榮昌	蓮陽	陳有顯	
			綿孚	黃岡	余桂生	
			廣順	隆都	余振忠	
			光德成	揭陽	李運祥	
			啟峰	揭陽	魏啟團	
			協成	浮洋	李楚謙	
			茂生	浮洋	洪長德	
			邱發利	意溪	邱映三	
			茂元	黃岡	黃勛玉	
			聚豐	東里	黃偉經	
			孔明	新嘉坡	廖永錫	

第十五頁

批信局名稱	開設地方	營業人姓名
玉合	汕頭	林癸
裕大	汕頭	李茂如

分號名稱	開設地方	代理人姓名	執照號數
恒豐	堤岸	吳君厚	
冉益	新嘉坡	鄭正美	
朕和	新嘉坡	王雨田	
喜合	潮陽	劉竹船	七九
啟峰	揭陽	魏啟圖	
有信	潮安	蕭衡卿	
信成	蓮陽	余斯耀	
萬隆	潮陽	陳開宗	
合利	饒平	潘和湯	
聚豐	潮安	朱湘蘭	
鴻茂盛	黃岡	盧湘如	
端孚	饒平	余桂生	
桂興	留隍	魏傳材	
集倫	蓮陽	陳烽	
玉合	安南	王克昌	
陳寬記	安南	陳傳德	
德隆	安南	郭鏡豪	
廣德發	安南	柯德彬	
玉合	香港	王允成	
許榮記	安南	許榮祖	
孚信	潮安	蕭易如	八〇
喜合	潮陽	劉竹船	
光德成	揭陽	周良	
益昌	惠來	陳銘經	
元盛	棉蘭	林梓桐	
集隆	新嘉坡	丘步雲	
永集隆	香港	丘金鐘	

第十六頁

~~234~~ 242

批信局名稱	開設地方	營業人姓名	分號名稱	開設地方	代理人姓名	執照號數
佳興	汕頭	林光茂	順隆	新嘉坡	周致松	八一
			劉喜合	潮陽	劉竹船	
			陳四興	潮陽	陳雲騰	
			詹恒亨	陶隍	詹正初	
			有信莊	澄海	萬弼鄉	
			魏啟峰	揭陽	魏啟圖	
			張合利	饒平	張景光	
			李源合	達濠	李偉臣	
			德隆	安南	郭鏡蓉	
			源来	安南	陳連偉	
			中興	安南	林如石	
榮豐利	汕頭	黃勤皺	榮豐利	揭陽	黃徽猷	八二
			榮豐利	梅縣	徐春苑	
			榮豐利	興寧	卓海鴻	
			榮豐利	昆明	徐瑞光	
			洪萬興	棉湖	洪贊明	
			黃協記	湯坑	黃元衡	
			劉喜合	潮陽	劉竹船	
			魏桂興	陶隍	魏偉材	
			信昌莊	浮山	王進發	
			廣滙昌	河婆	劉天津	
			榮豐利	盤谷	徐名譽	
			榮豐利	香港	徐名家	
			蔡誠美	柔佛	蔡誠輝	
			廣俊興	新嘉坡	蔡俊夫	
			通滙	廣州	張德進	
黃潮興	汕頭	黃善廷	廣順	庵仔頭	金振忠	八三

第十七頁

~~235~~ 243

批信局名稱	啟峰棧
開設地方	汕頭
營業人姓名	魏啟和

分號名稱	開設地方	代理人姓名
劉喜合	潮陽	劉竹館
魏啟峰	揭陽	魏啟圃
有記	潮安	張幼初
联順	澄海	許駿
增順榮昌	蓮陽	[illegible]孝烈
林順成	饒平	林藹創
許廣源	詔安	許鳳聲
濟豐祥	黃岡	何友仁
榮豐	東里	徐玉書
發利	松下	陳雲初
集信	東里	陳榮傑
鄭和記	樟林	鄭聚行
王廣合謹記	內浮山	王帆
黃潮和[illegible]	盤谷	黃順泰
榮德泰	盤谷	吳達經
[illegible]源亨	盤谷	陳畏三
松興泰	盤谷	黃景雲
義瑞興	盤谷	金德河
永泰祥	盤谷	陳松保
振潮興	盤谷	陳府猷
裕豐	盤谷	陳梓宏
啟峰	揭陽	魏啟圃
政記	棉湖	楊壁棠
喜合	潮陽	劉竹船
茂利	黃岡	黃子厚
信成	蓮陽	余斯耀
有記	澄海	萬猷卿

執照號數	八四

第十八頁

~~238~~ 244

批信局名稱	開設地方	營業人姓名	分號名稱	開設地方	代理人姓名	執照號數
			怡泰	潮安	張伯珊	
			陶合	黃岡	許一然	
			永豐發	安南	林君正	
			陳德華	盤谷	陳成煌	
			啟峰棧	新嘉坡	魏茂中	
			李同春	坤甸	李春樹	
			源合興	坤甸	許双順	
			馨合美記	安南	黃國珊	
和興盛	汕頭	馬東洲	馬泰盛	成田	馬育民	八五
			永南興	日里	李喬南	
			和豐	檳榔〃	李應南	
			馬泰盛	盤谷	馬定洲	
馬源豐	汕頭	馬君聲	政記	棉湖	楊壁東	八六
			啟峰	揭陽	魏啟峰	
			善通	潮安	吳彩堂	
			茂利	黃岡	黃子厚	
			嘉合	潮陽	劉竹船	
			協成豐	成田	馬燦銳	
			永順利	成田	馬松軒	
			成昌利	成田	蕭卓珊	
			協成豐	盤谷	馬燦銳	
			永順利	盤谷	馬松軒	
			成昌利	盤谷	蕭卓珊	
陳萬合	汕頭	陳開宗	陳萬合	大長隴	陳元禄	八七
			魏啟峰	揭陽	魏啟圖	
			劉嘉合	潮陽	劉竹船	

第十九頁

~~237~~ 245

批信局名稱	開設地方	營業人姓名	分號名稱	開設地方	代理人姓名	執照號數
老德豐	汕頭	劉宗道	萬泰莊	暹[illegible]	蔡子城	八八
			邱發利	潮安	邱卓民	
			陳明發	香港	陳家華	
			回春園	香港	方庭初	
			陳春盛	安南	陳炳光	
			陳成春	盤谷	陳家鐘	
			陳源興	日里	陳開珠	
			順裕發	潮陽	鄭和緯	
			福裕興	潮安	林楚明	
			順裕祥	澄海	李合賜	
			致成	香港	陳子謙	
			老億丰	香港	謝少岩	
			順合隆	新嘉坡	李宗饒	
			順合祥	安南	黃明興	
			合昌	盤谷	劉宗武	
			南昌合記	盤谷	劉宗武	
			耀華成	新嘉坡	陳朝發	
			萬德祥	新嘉坡	洪勝臣	
			馬金峰	暹京	馬伯達	
			萬振	香港	劉文俊	
			中南	吉隆坡	呂學文	
			新發	新嘉坡	楊卓光	
			廣利	新嘉坡	吳仰華	
利昌莊	汕頭	王炳南	有信	潮安	黃[illegible]卿	八九
			喜合	潮陽	劉竹船	
			毅峰	揭陽	魏啟國	
			信成	蓮陽	余斯耀	

246

~~238~~

批信局名稱	開設地方	營業人姓名	分號名稱	開設地方	代理人姓名	執照號數
協成興	汕頭	許漢平	桂昌	詔安	陳子丹	九〇
			聚豐	潮安	朱湘蘭	
			利昌	安南	王永	
			閏合	黃岡	許欽其	
			魏啟峰	揭陽	魏啟圖	
			劉喜合	潮陽	劉竹船	
			盧源莊	詔安	許鳳聲	
			協成興	東隴	黃潮存	
			有記莊	潮安	張幼初	
鄭順成利	汕頭	鄭舜之	協成興	盤谷	許經緯	九一
			廣和成	盤谷	許清福	
			魏啟峰	揭陽	魏啟和	
			洪萬豐	揭陽	洪賢良	
			有信	澄海	茹弼卿	
			益人	潮安	郭炳賢	
			老億豐	潮陽	劉竹船	
			黃德良	閔埠	黃經邁	
			集僑	蓮陽	陳焯	
			成豐	樟林	許錫河	
			廣順	庵市	金振忠	
			潘合利	庵市	潘貴聚	
			王信昌	浮山	王紹平	
振盛興	汕頭	黃慎一	鄭成順利盤記	盤谷	鄭舜之	九二
			振盛興	澄海	曾慎一	
			魏啟峰	揭陽	魏啟圖	
			泰成昌	潮陽	劉宗翰	
			黃茂利	黃岡	黃子彥	

第廿一頁

~~239~~ 247

批信局名稱	開設地方	營業人姓名	分號名稱	開設地方	代理人姓名	執照號數
			桂興	澄隍	胡傳材	
			振盛興	盤谷	曾壯吾	
			遠明	香港	曾益三	
成順利棧記	汕頭	鄭敦翰	和成	梓林	鄭國強	九三
			永發	隆都	陳端泰	
			潘合利	店市	潘貴聚	
			魏啟峰	揭陽	魏啟和	
			老億豐	潮陽	劉竹船	
			邱發利	潮安	邱國潘	
			有信	澄海	蔣衍卿	
			集僑	蓮陽	陳煒	
			合順	汫洲	林露貞	
			三元	浮山墟	沈新軒	
			許廣源	詔安	許鳳聲	
			成順利棧記	盤谷	陳府獅	
宏信	汕頭	蔣衍卿	有信	汕頭	蔣衍卿	九四
			老億丰	潮陽	劉竹船	
			啟峰	揭陽	魏啟和	
			德良	揭陽	黃經通	
			有記	潮安	蔡幼初	
			洋成	饒平	黃靜岩	
			林丰	陸丰	魏應元	
			潮興	敬達坎	潘賓庵	
			長興利	盤谷	林宗邑	
同發利	汕頭	羅名標	同發利	揭陽	羅舜福	九五
			義合泉	湯坑	羅必有	
			喜合	潮陽	劉竹船	

第廿二頁

批信局名稱	開設地方	營業人姓名	分號名稱	開設地方	代理人姓名	執照號數
永安	汕頭	周禮旋	洪萬興	棉湖	洪賢明	九六
			啟峰	揭陽	魏啟圖	
			普通	潮安	吳彩堂	
			黃茂利	黃岡	黃子厚	
			萬興昌	隆都	許文謙	
			同發利	興寧	徐百河	
			同發利	梅縣	徐海林	
			魏桂興	階湟	魏傳材	
			同發利	盤谷	羅仰藩	
			同發利	香港	張少謙	
			喜合	潮陽	劉竹船	
			洪萬興	揭陽	洪賢炎	
			許廣源	詔安	許粵聲	
			總良	潮陽	黃興貴	
			匯通盛	饒平	張少高	
			潘合利	饒平	潘海民	
			增順榮昌	澄海蓮陽	陳友顯	
			邱發利	潮安	邱步雲	
			同泰	澄海東里	黃傳鐘	
			光德成	揭陽	李運祥	
			如陶	潮安	蔡希水	
			有記	潮安	吳聘三	
			吳有記	葫蘆市	林碩之	
			永大	興寧	李筱梅	
			光盈裕	澄海東里	周以文	
			永安祥	新嘉坡	周壽昌	
泰成昌	汕頭	劉宗翰	劉喜合	潮陽	劉竹船	九七

第十三頁

249

私信局名稱	開設地方	營業人姓名	分號名稱	開設地方	代理人姓名	執照號數
理元	汕頭	馬承章	普通莊	潮安	吳彩堂	九八
			魏啟峰	揭陽	魏啟圖	
			洪萬興	棉湖	洪賢明	
			黃榮昌	潮陽	蕭來權	
			廖恒亨	陶隍	廖集秉	
			陳裕源	惠來	陳雲石	
			有信莊	澄海	蘇獅卿	
			魏桂興	陶隍	魏傳材	
			黃茂利	黃岡	黃千厚	
			潘合利	饒平	潘和梁	
			鄭發利	潮安	鄭映三	
			集倫	蓮陽	陳煒	
			泰記	盤谷	劉燕宜	
			南昌合記	盤谷	劉宗武	
			南亨泰	盤谷	林渭濱	
			陳振興	盤谷	陳振江	
			乾華隆	盤谷	曾寶全	
			永振發	成田	馬承章	
和合祥	汕頭	張伯文	普通	潮安	吳彩堂	九九
			喜合	潮陽	劉紹	
			啟峰	揭陽	魏啟圓	
			永振發	盤谷	馬仲樂	
			廣豐隆	新加坡	蕭錦楣	
			和合祥	普寧	沈志翔	
			榮昌	澄海	陳立欣	
			啟峰	揭陽	魏立圖	
			喜合	潮陽	劉竹淵	

陽蓮濠泥

第廿四頁

242
250

批信局名稱	開設地方	營業人姓名	分號名稱	分號開設地方	代理人姓名	執照號數
廣順利	汕頭	謝子和	陶合	饒平黃岡	許一熙	一〇〇
			和合祥	盤谷	張偉秋	
			廣順利	澄海	謝宝鑑	
			曾順榮昌	澄海	陳友顯	
			喜合	潮陽	劉竹船	
			啟峰	揭陽	魏啟圖	
			茂利	饒平	黃子厚	
			源順盛	詔安	周從仁	
			廣順利	盤谷	謝毅庵	
			春豐	安順	謝如秀	
陳炳春	汕頭	陳克俞	有記	潮安	張幼初	一〇一
			啟峰	揭陽	魏啟圖	
			喜合	潮陽	劉竹船	
			普合利	饒平	潘和棵	
			黃茂元	黃崗	黃子厚	
			廣順莊	庵市	金通孫	
			邱發利	潮安	邱國藩	
			陳炳春銀行	盤谷	陳克佳	
			陳嘉彰莊	香港	陳少光	
			陳炳春分行	新嘉坡	溫賢士	
萬豐發	汕頭	魏長榮	啟峰	揭陽	魏啟圖	一〇二
			政記	棉湖	楊壁榮	
			喜合	潮陽	劉竹船	
			茂利	黃岡	黃子厚	
			合豐盛	湯坑	劉鴻美	
			有信	澄海	黃衡卿	
			桂興	[illegible]隍	鄧偉材	

第廿五頁

243 251

總信局名稱	開設地方	營業人姓名

分號名稱	開設地方	代理人姓名	執照號數
普通	潮安	魏子庚	
陶合	黃岡	許一然	
福成	隆都	許再勵	
永興盛	流沙	林良乾	
郭發利	意溪	郭冠雲	
潘合利	庵市	潘和梁	
如陶莊	潮安	蔡若水	
東劉利	盤谷	劉廷脈	
振華豐	盤谷	郭卓然	
馨合美記	安南	黃國珊	
同春	坤甸	李春樹	
永成豐	盤谷	黃伯俠	
永興盛	盤谷	許聲育	
興合公司	坤甸	林時亨	
吳長記	坤甸	吳允利	
同[illegible]記	坤甸	李春茂	
仁友公司	坤甸	朱若洲	
忠合原[illegible]	坤甸	林源舉	
人壽堂	坤甸	鄭春源	
鄭永和	坤甸	鄭武浪	
德安堂	坤甸	鄭武俊	
和興公司	坤甸	吳濟松	
建豐公司	坤甸	鍾可繼	
永桂合	坤甸	鄭才和	
黃坤合	坤甸	黃積金	
益成元記	坤甸	林芝娘	
永成發	坤甸	林光明	

第廿六頁

批信局名稱	開設地方	營業人姓名	分號名稱	開設地方	代理人姓名	執照號數
			鄭和發	坤甸	鄭雅庄	
			林陞合	坤甸	林御廷	
			榮和公司	坤甸	林道香	
			義瑞興	盤谷	謝文粧	
			正基	盤谷	馬寶秋	
			炳合丰	盤谷	陳炳如	
			慶順利	盤谷	陳府弼	
			明興發	盤谷	吳辟白	
			永昌利	盤谷	杜武振	
			泰記	盤谷	胡湄生	
			潮源興	盤谷	丘建成	
			展豊	盤谷	盧位音	
			倫敦	盤谷	余作舟	
潮利亨	汕頭	陳子祿	魏啟峰	揭陽	魏啟圖	一〇三
			陳四合	潮陽	陳雲騰	
			劉喜合	潮陽	劉竹船	
			陳裕興	普寧	陳偉豪	
			陳裕源	惠來	陳雲石	
			潮利亨	椰嶼	陳見民	
			益安號	安南	連饒川	
			永南興	日里	李子南	
			潮興隆	香港	陳宏昌	
廣泰祥	汕頭	李垂海	余同裕	高坡	余晋宏	一〇四
			吳達興	大麻	吳举斋	
			饒源茂	大埔	饒仲斌	
			楊萬發	百侯	楊秉軒	
			吳合興	湖寮	吳紹炯	

第廿七頁

批信局名稱	開設地方	營業人姓名	分號名稱	開設地方	代理人姓名	執照號數
萬興昌	汕頭	許允一	廣泰祥	潮安	李日記	一〇五
			廣潮盛	盤谷	張熙達	
			永大興	盤谷	鐘厚初	
			萬興昌	隆都	許文謙	
			許開合	黃岡	許欽其	
			林大成	井洲	林大成	
			喜合	潮陽	劉竹船	
			啟峰	揭陽	魏啟國	
			王信昌	內洋山	王昭平	
			邱發利	意溪	邱卧雲	
			潘合利	庵市	潘法堅	
			振盛興	澄海	曾慎一	
			洪萬豐	棉湖	洪賢良	
			萬興昌	盤谷	許文珍	
			裕豐	盤谷	陳逸雲	
			進興昌	盤谷	陳錦進	
普通	汕頭	吳彩堂	如閣	潮安	蔡若水	一〇六
			劉喜合	潮陽	劉竹船	
			魏啟峰	揭陽	魏啟國	
			增順榮昌	達濠	陳友烈	
			桂興	留隍	魏偉材	
			廣順	隆都	金振忠	
			協成	浮洋	李楚謙	
			揚政記	棉湖	楊璧東	
			乾盛	庵埠	李魁標	
			興華	澄海	蔡蘭亭	
			茂利	黃岡	黃平階	

248 254

信局名稱	開設地方	營業人姓名	分號名稱	開設地方	營業人姓名	執照號數
復安	汕頭	黄逸民	吳泰安	盤谷	吳顯南	一〇七
			常丰泰	盤谷	陳德安	
			致成	香港	陳子謙	
			永吉祥	新嘉坡	陳銘松	
			鴻生	新嘉坡	盧永欽	
			益和	潮安	劉寬生	
			益興	潮陽	鄭卯雲	
			光德成	揭陽	李運祥	
			洪萬興	棉湖	洪齊光	
			魏啟峰	揭陽	魏啟和	
			劉喜合	潮陽	劉竹船	
			益大	潮安	郭炳賢	
			榮昌隆	東隴	陳斯仁	
			廣順	店市	金振忠	
			復安	香港	謝梅豐	
			復茂	新嘉坡	王依明	
			中興	盤谷	洪鐵澄	
			南昌隆	盤谷	陳培南	
			振泰丰	盤谷	陳遠三	
			光華興	盤谷	張耀坤	
			永泰祥	盤谷	陳松保	
福茂	汕頭	黄南和	福記	香港	李裕札	一〇八
			集興	安南	林廷傑	
			德泰	新嘉坡	林華民	
			德泰	巴達維亞	林順來	
			中興	盤谷	洪鐵澄	
福[illegible]	汕頭	黄日韓	東泰裕	金邊	陳景雲	一〇九

第廿九頁

247 255

批信局名稱	開設地方	營業人姓名	分號名稱	開設地方	代理人姓名	執照號數
			陳四合	金甌	陳雲騰	
			陳益隆	惠來	陳雲石	
			光德成	揭陽	李運祥	
			協潤興	揭陽	林道通	
			劉喜合	潮陽	劉竹船	
			榮泰昌德茂	棉城	陳玉如	
			榮泰昌恒記	怡保	陳玉文	
			光盛	吉礁亞	劉汗盛	
			成興	佩刺克	馬成源	
			和成	佩刺克	陳榮桂	
			榮泰昌	吉礁逕	陳景茂	
四興	汕頭	陳四合	四合	潮陽	陳雲騰	一一〇
			銘發	陸豐	葉芳輝	
			裕源	惠來	陳偉如	
			承福興	梹榔嶼	林為良	
			和裕	新嘉坡	陳趙順	
			錦昌	日里	陳四銀	
			添和興	新嘉坡	林為材	
			源泰昌	盤谷	王楚仁	
			明興發	盤谷	周燦如	
捷成	汕頭	李毓鑾	何添記	大埔	何鏡初	一二一
			吳添興	大麻	吳井言	
			公和榮記	恭洲	劉玉階	
			益和	高坡	何貴甫	
			廣恒豐	松口	黃志宏	
			有記	潮安	吳聘三	
			劉喜合	潮陽	劉竹船	

第三十頁

~~248~~ 256

批信局名稱	開設地方	營業人姓名	分號名稱	開設地方	代理人姓名	執照號數
森林春莊	汕頭	魏森泰	光德成	榕陽	卓運祥	一一二
			魏啟峰	揭陽	魏啟和	
			許為深	詔安	許子聲	
			廣順	隆都	金振忠	
			李協成	浮洋	李茂如	
			偉華	達濠	李森文	
			黃茂利	南山	黃勳玉	
			平平	盤谷	張遜之	
			再和成偉記	新嘉坡	李毓寬	
			萬益成	新嘉坡	李偉卿	
			振發棧	麻刺甲	沈棋茂	
			海泉	吴落	林寬炎	
			廣潮生	吉隆坡	陳錦鴻	
			金成利	丁加奴	廖文益	
			永順	丁加奴	陳家俊	
			南市	蘇刺瓦克	許應勤	
			吳長記	坤甸	吳元利	
			李同春	坤甸	李翼如	
			源合興	坤甸	許書賢	
			羅新發	梅林	羅勤洋	
			森榮	葵潭	魏文炳	
			榮合昌	河婆	李合榮	
			有信	潮安	蘇獅卿	
			啟峰	揭陽	魏啟圖	
			森元	大坪	魏文瀾	
			集成	葵潭	陳國才	
			成泰	東海	陳秀初	

第三十一頁

~~249~~ 257

批信局名稱	開設地方	營業人姓名	分號名稱	開設地方	代理人姓名	執照號數
張廣泉	汕頭	張嘯民	鄭明利	梅村[?]	曾福進	一一三
			成昌	東海[?]	傅于樑	
			昭昌[?]	山口	蔡灼然	
			新成利	柔佛	黃于松	
			東昌	柔佛	賴義昌	
			萬益祥	柔佛	黃勵事[?]	
			茂利	柔佛	黃日來	
			隆安棧	蘇拉巴兒[?]	洪賀	
			賀昌	柔佛	魏利寶	
			新合和	麻剌甲	李松清	
			廣安隆	蘇拉巴兒[?]	蔡溪雄	
			裕隆昌	峇坑[?]	張文泰	
			裕隆昌	梅務[?]	張敍文	
			張源隆	坤寧[?]	張進川	
			羅進記	盤谷	羅鑾南	
			德昌隆	芙蓉	吴炳安	
			裕隆昌	香港	張文泰	
			土庫張	八[illegible]	張志貞	
周生利	汕頭	周雲生	劉喜合	潮陽	劉竹船	一一四
			魏啟峰	揭陽	魏啟圃	
			洪萬興	揭陽	洪賢炎	
			有信	澄海	黃爵卿	
			黃茂利	普寧[?]	黃于學	
			陳捻源	惠來	陳銘經	
			詹恆亨	留隍	詹集衆	
			周榮興	佩利克[?]	周月波	
			義利	[illegible]	許達年	

第三十二頁

250 258

批信局名稱	開設地方	營業人姓名	分號名稱	開設地方	代理人姓名	執照號數
[illegible]錦發	汕頭	鄭漢亮	吳有記	潮安	黃幼初	一一五
			源隆	澄海	張文英	
			再丰	香港	黃芹生	
			祥發	新嘉坡	蔡仰三	
			美昌	盤谷	鄭鎮藩	
			新[illegible]	新嘉坡	楊卓光	
永利	汕頭	倪宏存	同興	[illegible]市	劉進如	一一六
			興利	松口	范宜洪	
			益成昌	大埔	劉達根	
			[illegible]發	三河	余昌文	
			吳達興	大麻	吳井言	
			公和發記	公洲	劉玉蔭	
			耀記	高陂	劉燮序	
			南生莊	梅縣	何柏生	
			信[illegible]	高陂	何肇甫	
			兩興	揭陽	許寶坤	
			慶[illegible]	潮陽	陳明石	
			萬泰和興記	新嘉坡	劉璧如	
			老成莊	香港	何啟慶	
			萬山棧	新嘉坡	何育鄉	
			源利公司	新嘉坡	劉東繼	
			合興鐵	盤谷	賴鎰	
			倪兩興	檳榔嶼	倪宏祥	
			協興公司	日里	黃鎰芳	
			倪兩興	香港	倪宏量	
炎發	汕頭	陳少懷	陳德發	金[illegible]	陳允貞	一一七
			陳四合	金[illegible]	陳雲騰	

第三十三頁

~~251~~ 259

批信局名稱	開設地方	營業人姓名	分號名稱	開設地方	營業人姓名	執照號數
振聯發源昌	汕頭	張鏡泉	劉喜合	潮陽	劉竹船	一一八
			陳益隆	隆江	陳雲石	
			光維成	揭陽	李還祥	
			洪萬丰	棉湖	洪賢明	
			陳慶發	南山	陳明石	
			池和	梹榔嶼	陳子鐸	
			榮泰昌隆號	梹榔嶼	陳玉如	
			寶隆	怡保	陳星達	
			錦彰	怡保	陳鍾源	
			繁榮	盤谷	陳漢瑜	
			耀華茂	新嘉坡	陳朝發	
			榮隆	香港	方錫鑒	
			源利隆	新嘉坡	劉文鎮	
			源豐發	盤谷	林永材	
			洪萬興	棉湖	洪賢明	
			張泉利	河婆	張振群	
			張德丰	山口羊	張竹如	
			張聯通	古禮士乃	張聯成	
			黃德茂	新嘉坡	黃炳南	
			黃德茂	柔佛	黃季貞	
			南記	山口羊	馮麟之	
			廣濟生	峇鑾	葉華森	
			劉義添	佩利允	劉士賢	
鍾榮順	汕頭	張雲	饒啟峰	揭陽	饒敘圖	一一九
			劉喜合	潮陽	劉竹船	
			存信	澄海	內鄉卿	
			永興欽	普寧	林良韜	

第三十四頁

批信局名稱	開設地方	營業人姓名	分號名稱	開設地方	代理人姓名	執照號數
廣滙通	汕頭	劉瑞春	鍾順	澄海	許品期	
			合利	潮安	潘守仁	
			順合春	盤谷	賴芳圃	
			永興盛	盤谷	張伯海	
			振通	安南	陳成康	
			永興盛	香港	張伯興	
			廣利源	揭陽	李如章	
			榮合東	河婆	李化初	
			洪萬丰	棉湖	洪賢明	
			合丰盛	湯坑	羅竟周	
			春合	潮陽	劉竹艇	
			泰亨	潮陽	陳光云	
			廣盛利	安南	黃雲才	
			廣復興	新嘉坡	蔡俊美	
			榮成利	暹羅	劉拱辰	
			廣滙源	勿里洞	劉子弘	
			致成	香港	陳子謙	
			羅華成	新嘉坡	陳朝發	

第三十五頁

广东邮政管理局局长黎仪燊关于汕头一等邮局按月造缴总局视察室之批信统计表应改寄广东邮政管理局统计组办理给汕头一等邮局的训令（一九四九年一月七日）

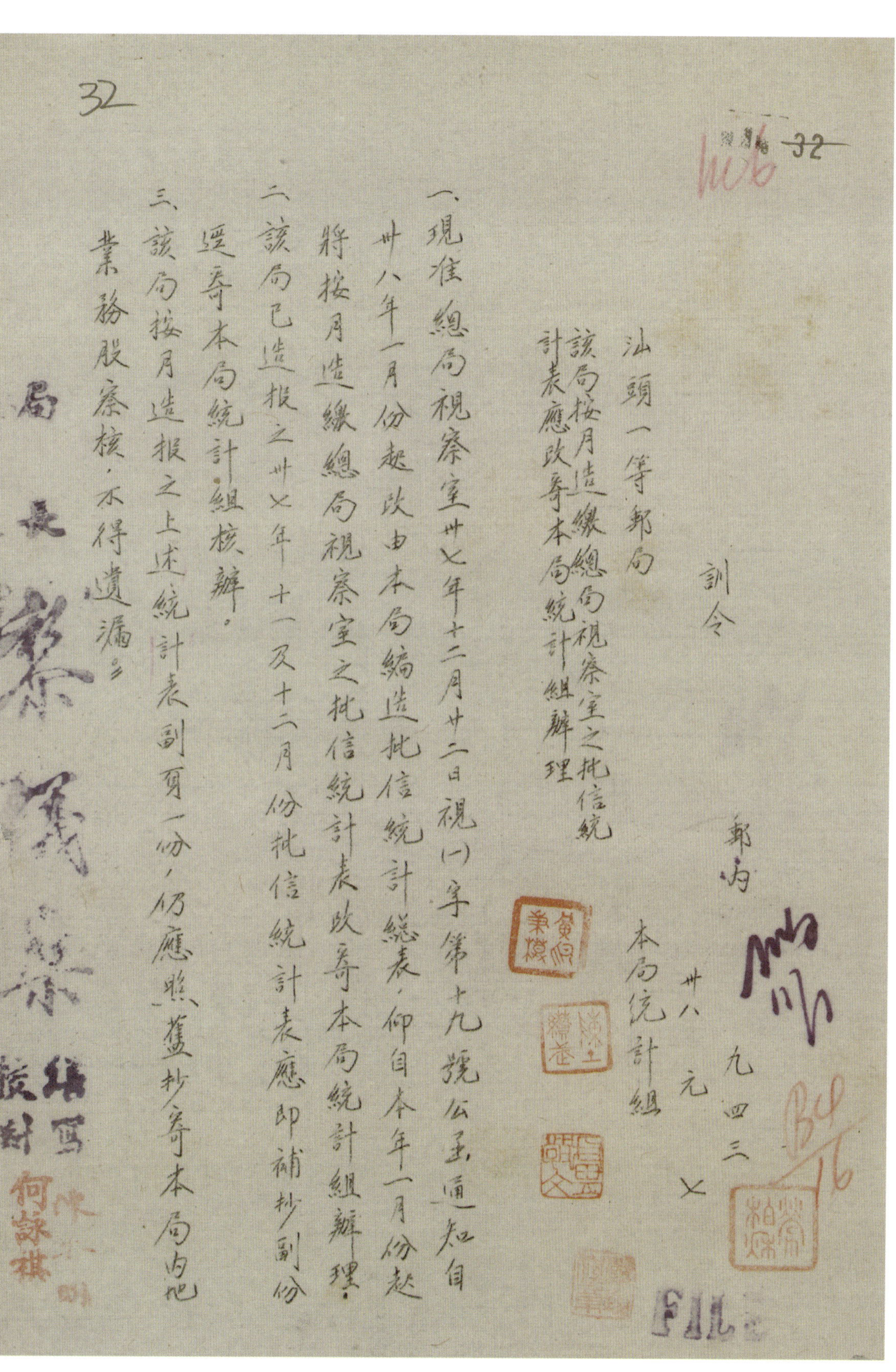

訓令

郵內 九四三

卅八 元 七

本局統計組

汕頭一等郵局

該局按月造繳總局視察室之批信統計表應改寄本局統計組辦理

一、現准總局視察室卅七年十二月廿二日視(一)字第十九號公函通知自卅八年一月份起改由本局編造批信統計總表，仰自本年一月份起將按月造繳總局視察室之批信統計表改寄本局統計組辦理。

二、該局已造報之卅七年十一及十二月份批信統計表應即補抄副份逕寄本局統計組核辦。

三、該局按月造報之上述統計表副頁一份，仍應照舊抄寄本局內地業務股察核，不得遺漏。

局長 黎儀燊

繕寫

校對 何詠棋

邮务视察员许耀宗关于视察惠阳二等邮局侨汇呈给广东邮政管理局的报告书（一九四九年一月二十八日）

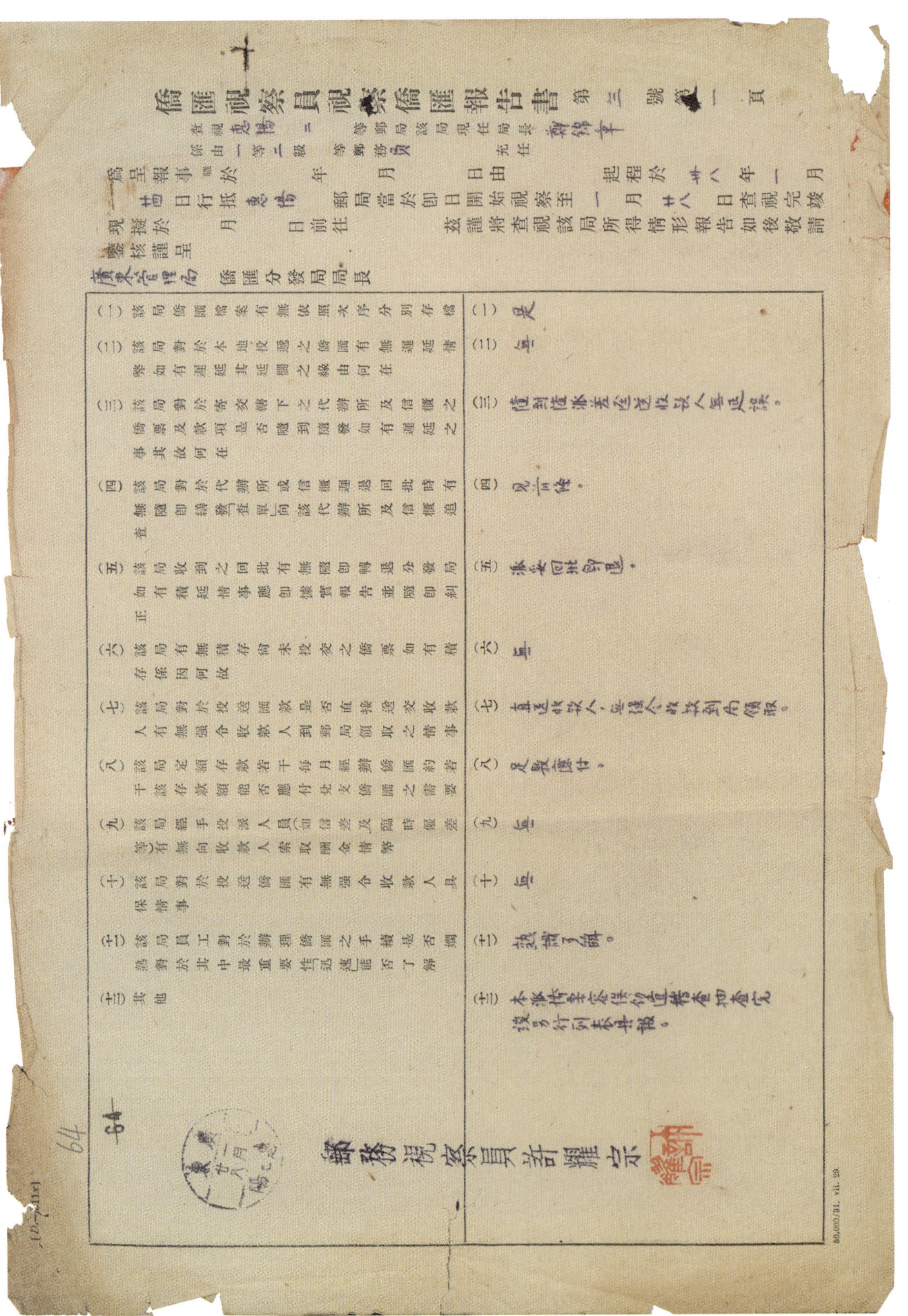

僑匯視察員視察僑匯報告書 第三號 第一頁

查視惠陽二等郵局 該局現任局長鄭錦辛
係由一等二級郵務員充任

爲呈報事 職於 年 月 日由 起程於卅八年一月
廿四日行抵惠陽郵局當於即日開始視察至一月廿八日查視完竣
現擬於 月 日前往 茲謹將查視該局所得情形報告如後敬請
鑒核謹呈
廣東管理局僑匯分發局局長

（一）該局僑匯檔案有無依照次序分別存檔	（一）是
（二）該局對於本地投遞之僑匯有無遲延情弊如有遲延其延擱之緣由何在	（二）無
（三）該局對於寄交轄下之代辦所及信櫃之僑票及款項是否隨到隨發如有遲延之事其故何在	（三）[illegible]
（四）該局對於代辦所或信櫃遲退回批時有無隨即繕發「查單」向該代辦所及信櫃追查	（四）見三條。
（五）該局收到之回批有無隨即轉退分發局如有積延情事應即據實報告並隨即糾正	（五）[illegible]
（六）該局有無積存尚未投交之僑票如有積存係因何故	（六）無
（七）該局對於投送匯款是否直接送交收款人有無强令收款人到郵局領取之情事	（七）直送收款人，無須令收款人到局領取。
（八）該局定額存款若干每月經辦僑匯約若干該存款額能否應付兌支僑匯之需要	（八）足敷應付。
（九）該局經手投派人員（如信差及臨時僱差等）有無向收款人索取酬金情弊	（九）無
（十）該局對於投送僑匯有無强令收款人具保情事	（十）無
（十一）該局員工對於辦理僑匯之手續是否熟識對於其中最重要性「迅速」能否了解	（十一）熟識了解。
（十二）其他	（十二）[illegible]

64

郵務視察員許耀宗

60,000/31. vii. 29.

广东邮政管理局关于惠阳分发局战前侨汇给蕉岭邮局的训令（一九四九年二月十一日）

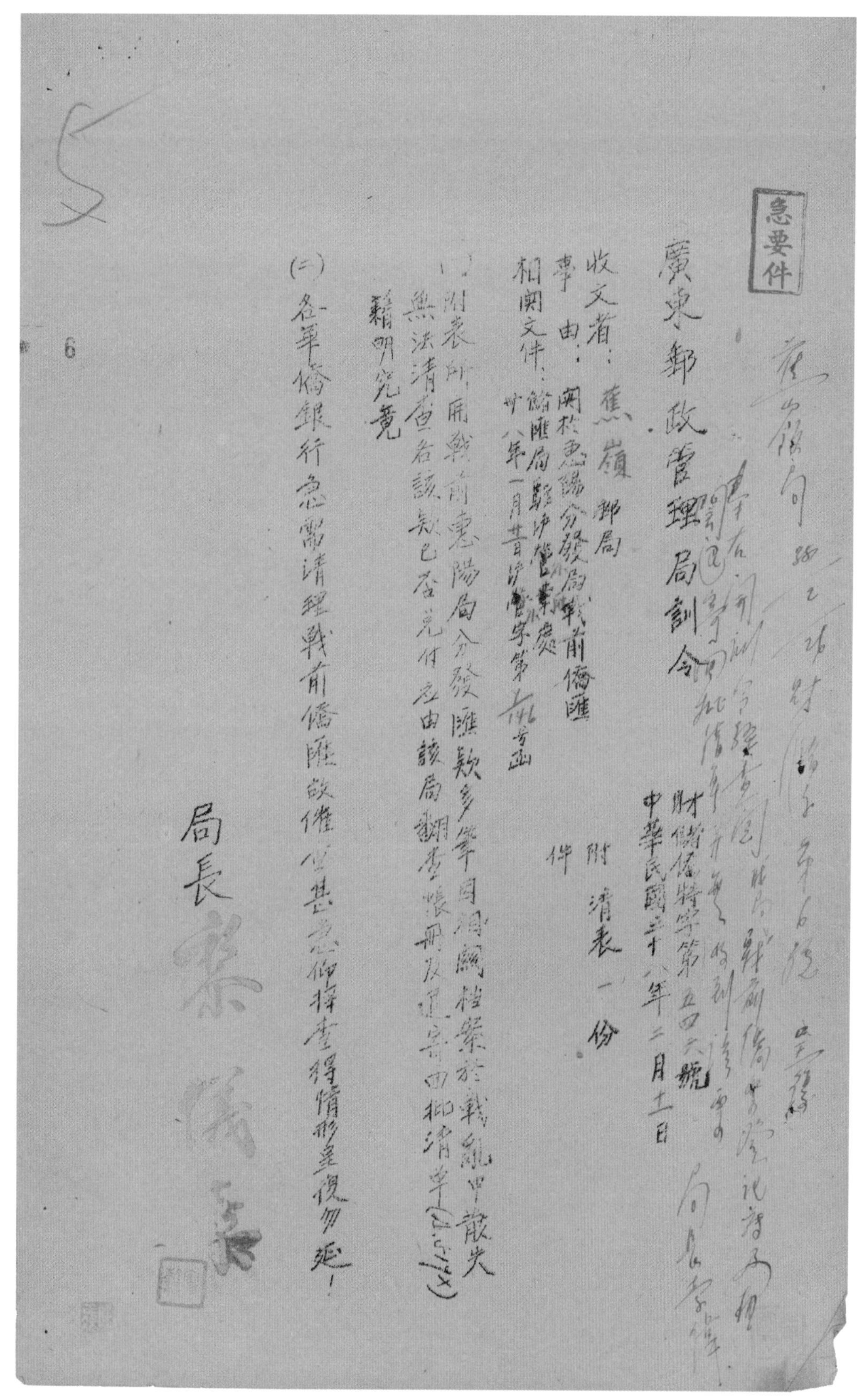

急要件

廣東郵政管理局訓令

收文者：蕉嶺郵局

事由：関於惠陽分發局戰前僑匯

相関文件：儲匯局駐汕僑匯處卅八年一月廿日汕僑字第[illegible]號函

(一)附表所開戰前惠陽局分發匯款多筆因有關檔案於戰亂中散失無法清查各該款已否兌付應由該局翻查帳冊及逕寄西聯清单(正本)藉明究竟

(二)各華僑銀行急需清理戰前僑匯故催促甚急仰将查得情形呈復勿延！

附件 清表一份

財儲僑特字第五四六號

中華民國三十八年二月十一日

局長 [illegible]

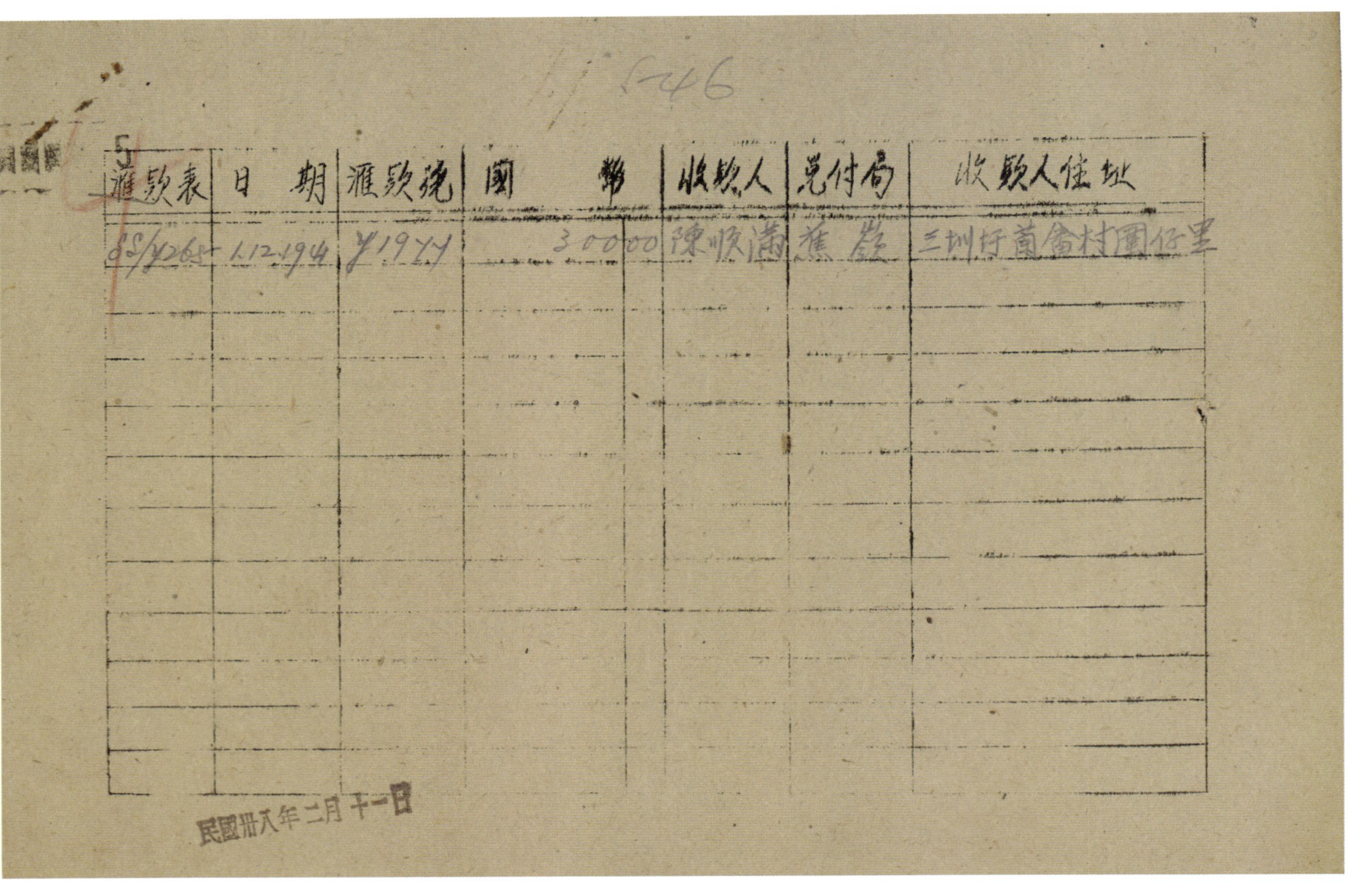

5

滙款表	日期	滙款號	國幣	收款人	兌付局	收款人住址
58/4265	1.12.1941	¥1977	30000	陳順滿	蕉嶺	三圳圩蘭會村圍仔里

民國卅八年二月十一日

附：广东邮政管理局关于惠阳分发局战前侨汇相关档案遗失令蕉岭邮局协查的汇款清表

广东邮政管理局储汇股关于惠阳分发局战前侨汇给湖南邮政管理局储汇股的公函（一九四九年二月十一日）

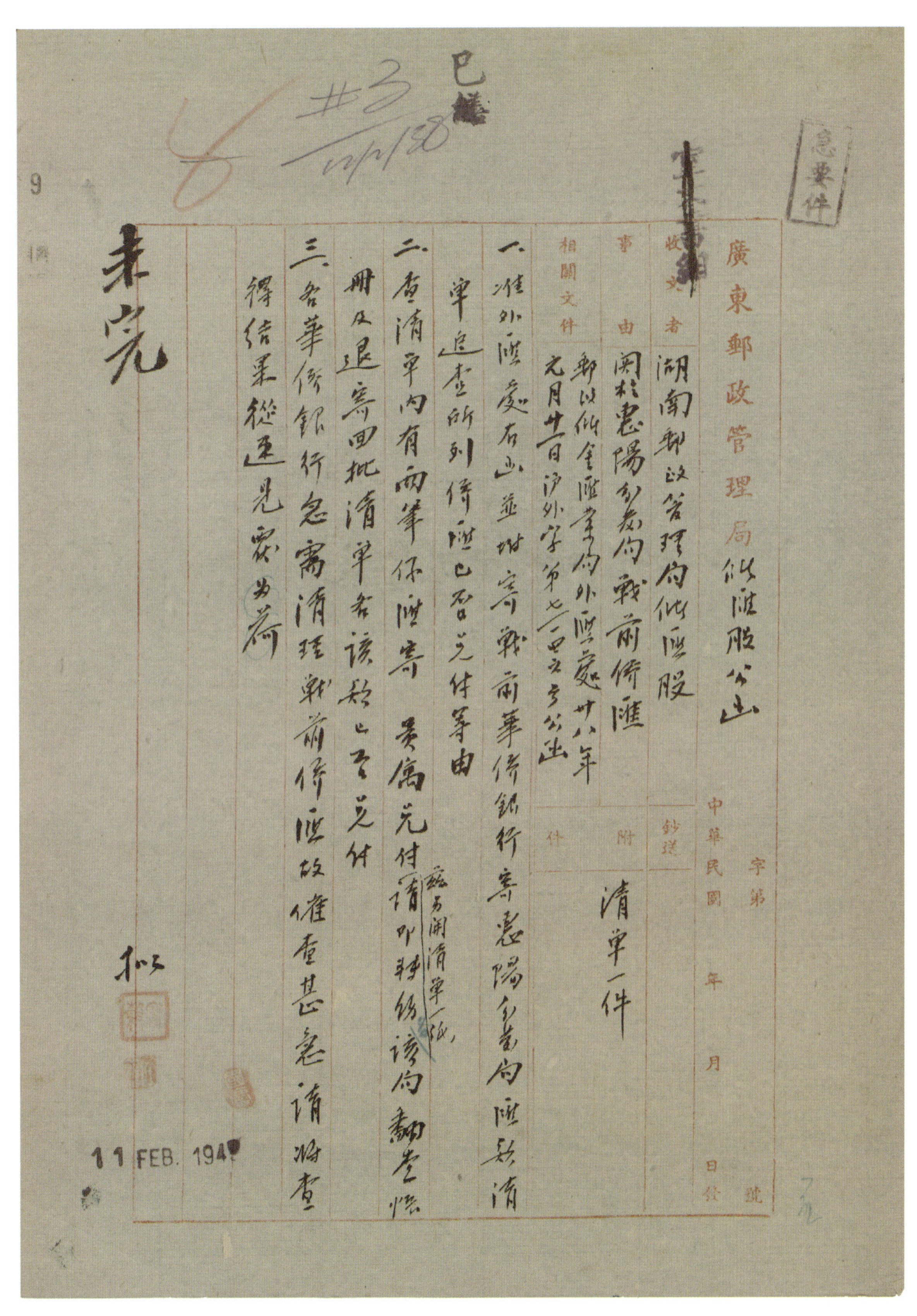

已繕

#3

急要件

廣東郵政管理局儲匯股公函

收文者：湖南郵政管理局儲匯股

事由：關於惠陽分發局戰前僑匯

相關文件：郵政儲金匯業局外匯處卅八年元月廿日滬外字第七一四六號公函

鈔送：

附件：清單一件

中華民國　年　月　日發　字第　號

一、准外匯處右函並附寄戰前華僑銀行寄惠陽分發局匯款清單，飭查所列僑匯已否兌付等由。

二、查清單內有兩筆係匯寄貴属兌付，請即轉飭該局翻查憑冊及退寄回批清單，看該款已否兌付。（隨函附清單一紙）

三、各華僑銀行急需清理戰前僑匯，故催查甚急，請將查得結果從速見覆為荷。

未完

擬

11 FEB. 1949

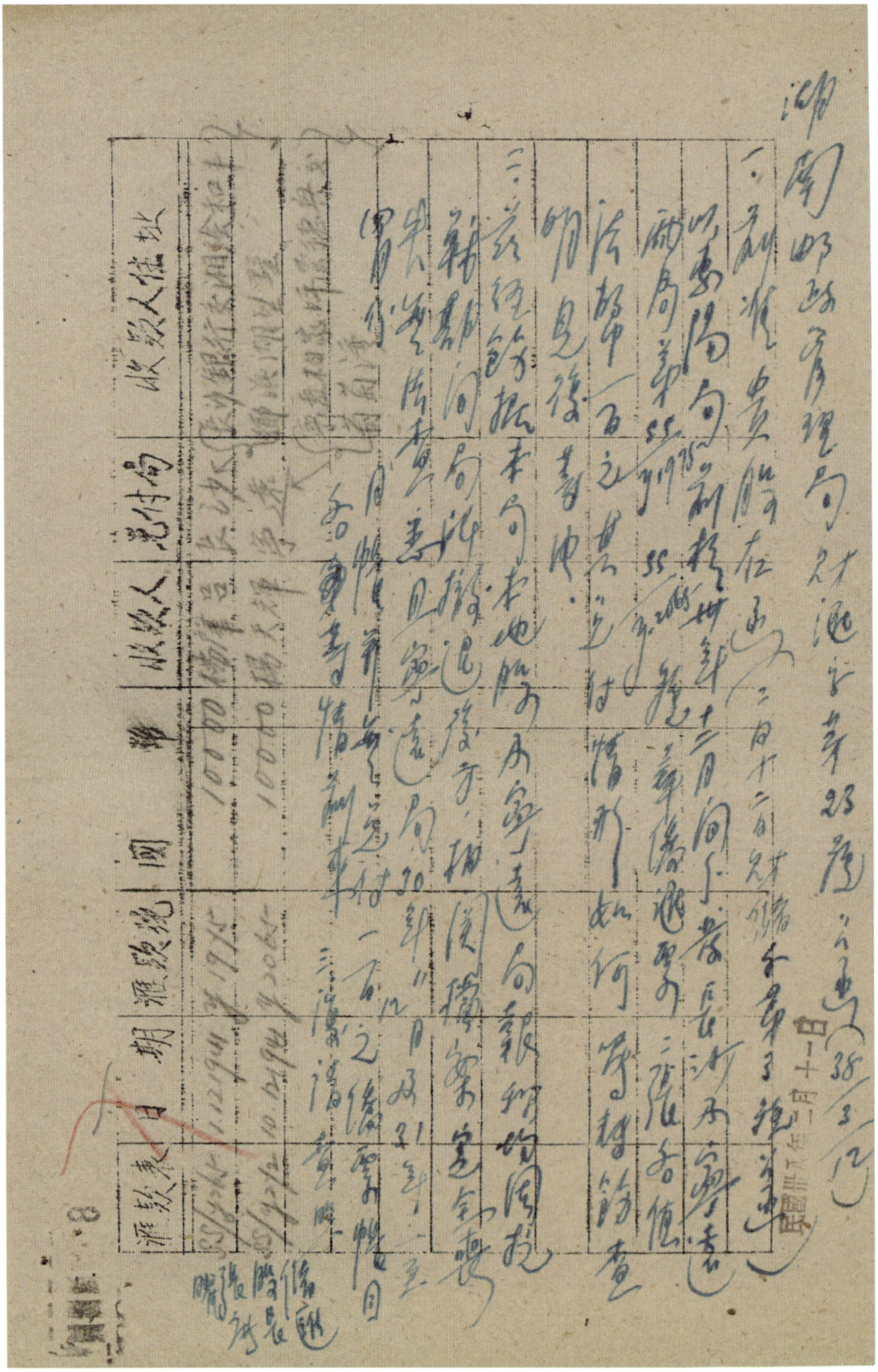

汇款表	日期	汇款号数	国币	收款人	兑付局	收款人住址
SS/9265	1.12.1941	第1975	100.00	杨肇昌	长沙	长沙银行交湘阴和丰乡洪湖里
SS/9212	10.12.1941	第2065	100.00	杨大祥	常德	常德相家坪宝德号交莉莉清

民國卅八年二月十一日

附：广东邮政管理局储汇股关于惠阳分发局战前侨汇相关档案遗失请湖南邮政管理局储汇股协查的汇款清表

广东邮政管理局关于惠阳分发局战前侨汇给三水邮局的训令（一九四九年二月十一日）

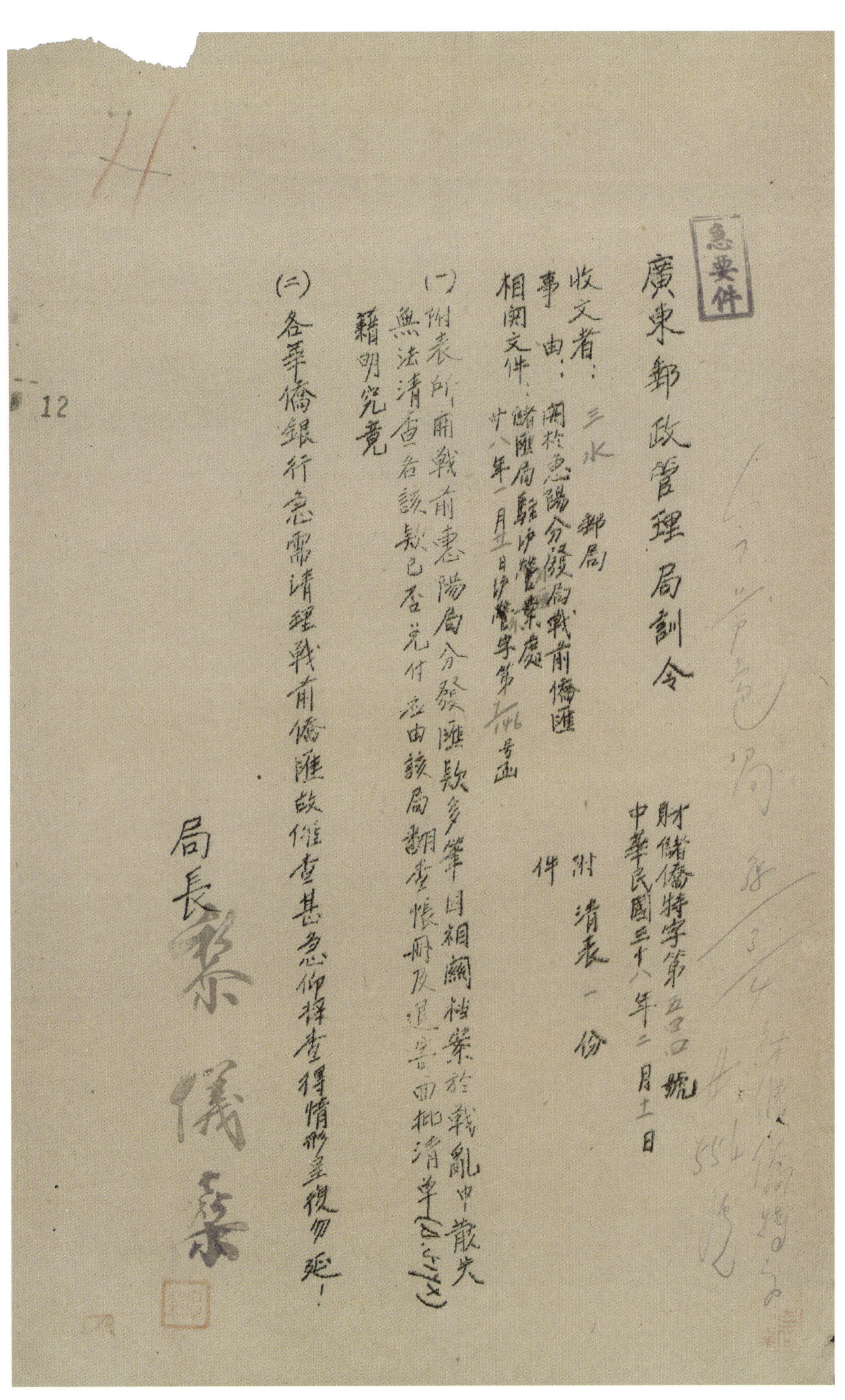

急要件

廣東郵政管理局訓令

財儲僑特字第五[illegible]號

中華民國三十八年二月十一日

附件　清表一份

收文者：三水郵局

事由：關於惠陽分發局戰前僑匯

相關文件：儲匯局駐沪營業處卅八年一月廿五日沪營字第746号函

（一）附表所開戰前惠陽局分發匯款多筆因相關檔案於戰亂中散失無法清查各該款已否兌付應由該局翻查帳冊及退書函批清单（[illegible]）藉明究竟

（二）各華僑銀行急需請理戰前僑匯故催查甚急仰將查得情形呈復勿延！

局長　蔡儀

附：广东邮政管理局关于惠阳分发局战前侨汇相关档案遗失令三水邮局协查的汇款清表

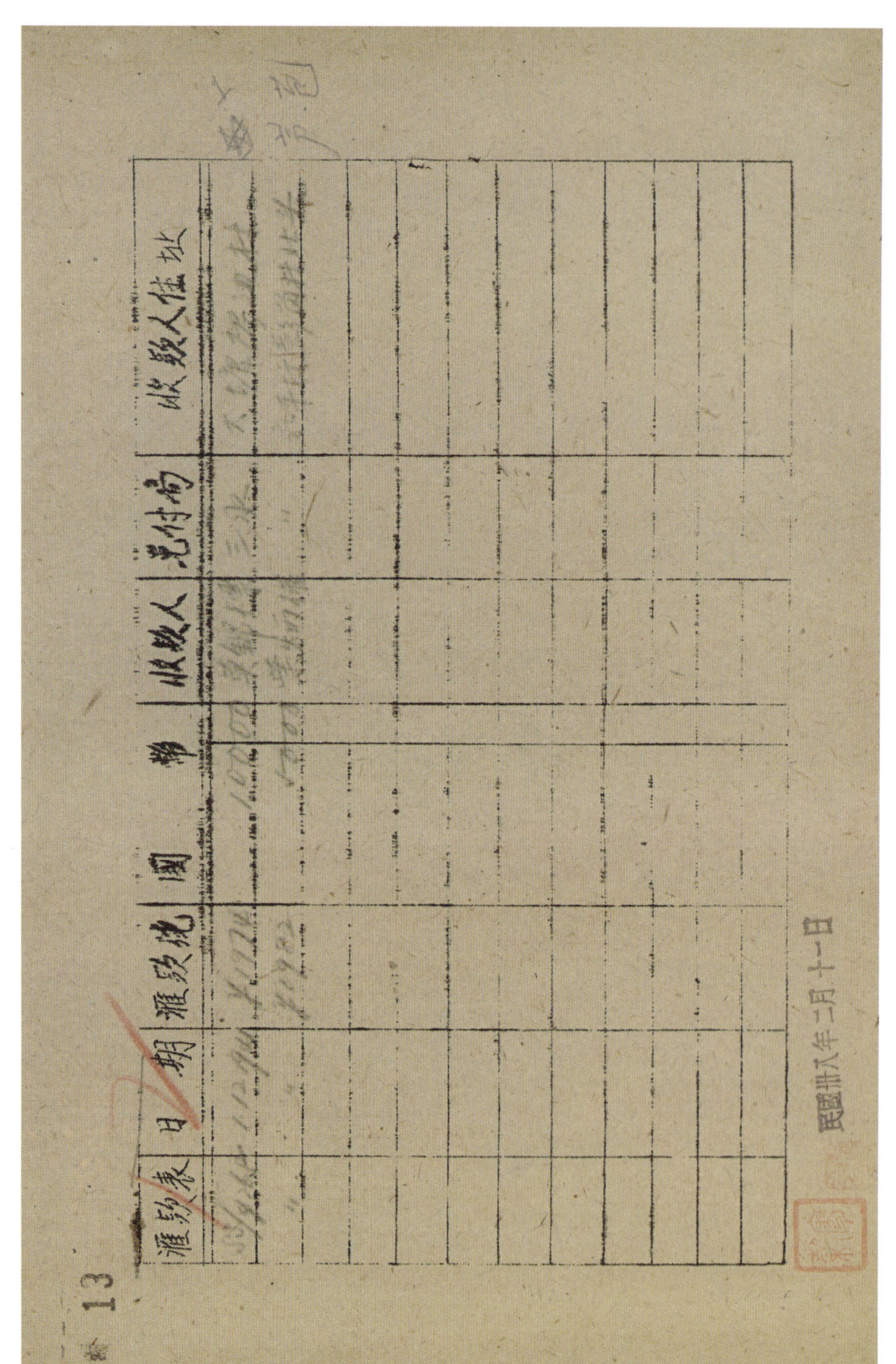

13

汇兑表	日期	汇兑号码	国币	收款人	兑付局	收款人住址
[illegible]	[illegible]	[illegible]	100.00	[illegible]	三水	[illegible]
[illegible]	〃	[illegible]	[illegible]	[illegible]	〃	[illegible]

民国廿八年二月十一日

广东邮政管理局关于惠阳分发局战前侨汇给潮安邮局的训令（一九四九年二月十一日）

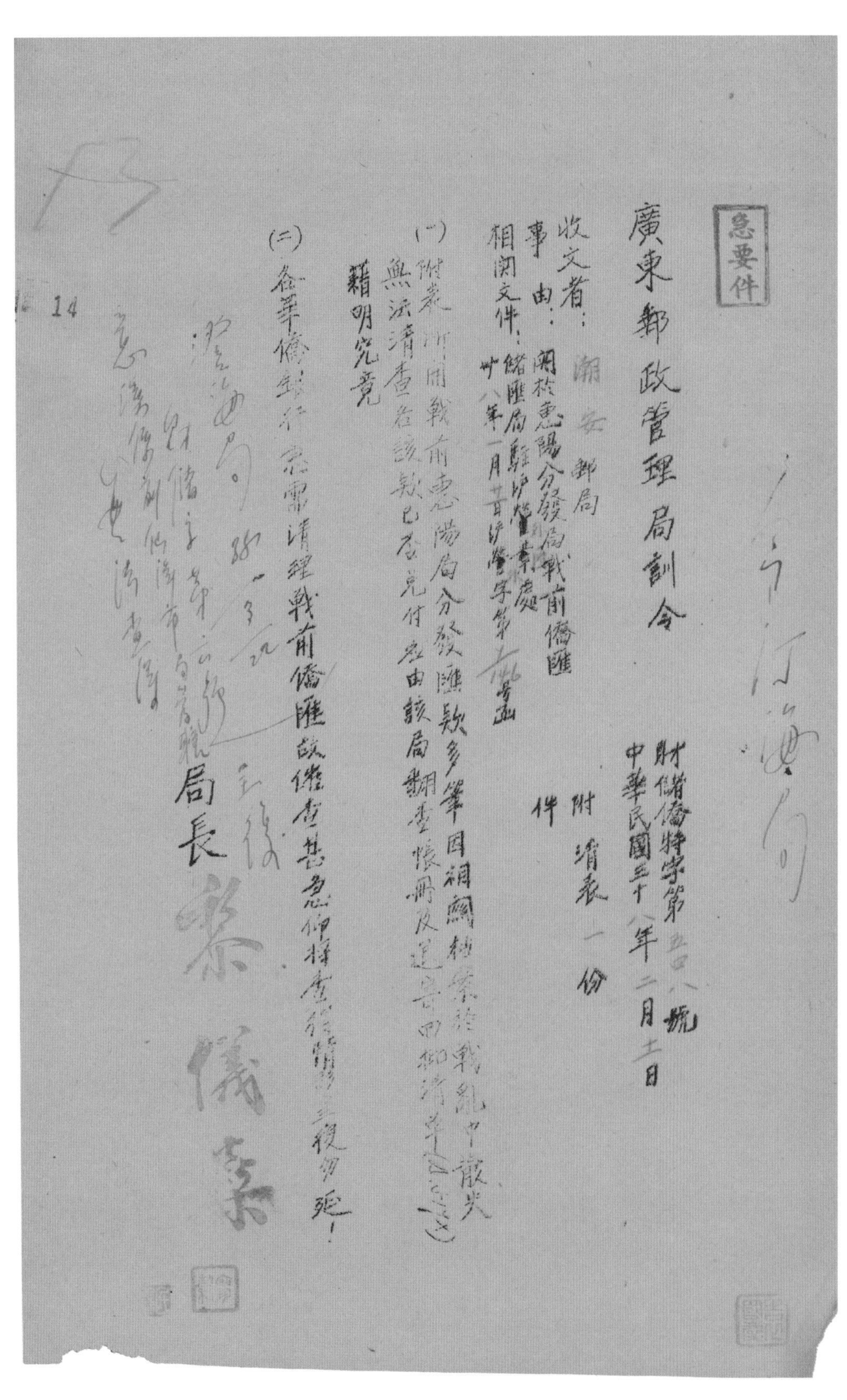

急要件

廣東郵政管理局訓令

財儲僑特字第五四八號

中華民國三十八年二月十一日

附件 清表一份

收文者：潮安郵局

事由：關於惠陽分發局戰前僑匯

相關文件：儲匯局駐汕管業處 卅八年一月廿日汕管字第六八六號函

(一) 附表所開戰前惠陽局分發匯款多筆因相關檔案於戰亂中散失無法清查各該款已否兌付應由該局翻查帳冊及逕寄回郵清單送局藉明究竟

(二) 各筆僑款存案需清理戰前僑匯故催查甚急仰將查復情形呈核勿延！

局長 蔡儀

附：广东邮政管理局关于惠阳分发局战前侨汇相关档案遗失令潮安邮局协查的汇款清表

汇款表	日期	汇款號碼	國幣	收款人	兑付局	收款人住址
[illegible]	1.12.1941	X1980	V2.00	刘来林	潮安	[illegible]

民國卅八年二月十一日

15

广东邮政管理局关于惠阳分发局战前侨汇给揭阳邮局的训令（一九四九年二月十一日）

急要件

廣東郵政管理局訓令

財儲僑特字第五四九號

中華民國三十八年二月十一日

收文者：揭陽郵局

事　由：關於惠陽分發局戰前僑匯

相關文件：儲匯局駐沪辦事處卅八年一月廿日沪儲僑字第六八[illegible]函

附　清表　一份

(一)附表所列我前惠陽局分發匯款多筆因相關檔案於戰亂中散失無法清查若該款已否兑付應由該局翻查帳冊及退寄回批清單藉明究竟

(二)各華僑銀行亦紛紛請理戰前僑匯故催查甚急仰詳查得情形呈覆勿延！

局長

附：广东邮政管理局关于惠阳分发局战前侨汇相关档案遗失令揭阳邮局协查的汇款清表

17 滙款表	日期	滙款號	國幣	收款人	兌付局	收款人住址
S8/[illegible]/11	8.12.1941	42062	110.00	[illegible]	揭[illegible]	[illegible]
S8/[illegible]/11	〃	42063	100.00	[illegible]	〃	[illegible]

民國卅八年二月十一日

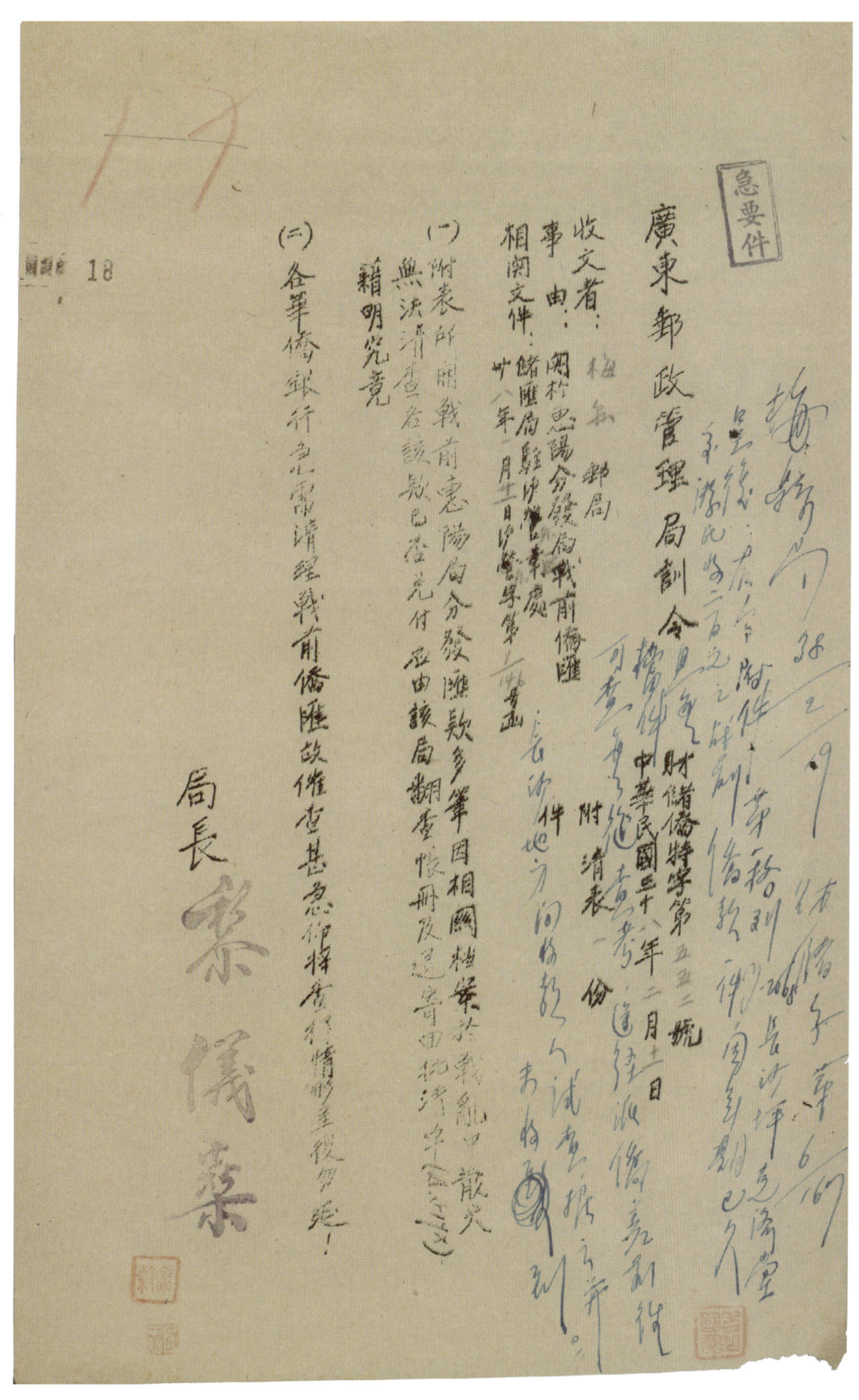

急要件

廣東郵政管理局訓令

財儲僑特字第五五二號

中華民國三十八年二月十一日

收文者：梅縣郵局

事由：關於惠陽分發局戰前僑匯

相關文件：儲匯局駐汕僑業處卅八年一月廿一日汕僑業第一四六號函

附件：清表一份

（一）附表所開戰前惠陽局分發匯款多筆因相關檔案於戰亂中散失無法清查各該款已否兌付應由該局翻查帳冊及退寄回批清單（[illegible]）藉明究竟

（二）各華僑銀行急需清理戰前僑匯故催查甚急仰將查核情形呈覆勿延！

局長 黎傑儀

附：广东邮政管理局关于惠阳分发局战前侨汇相关档案遗失令梅县邮局协查的汇款清表

19

匯款表	日期	匯款號	國幣	收款人	兑付局	收款人住址
SS/4215	18.12.1941	3/2068	200.00	游汉	梅县	長沙坪[illegible]
SS/4224	26.12.1941	3/2070	10.00	李绍秋	〃	隆文[illegible]

民國卅八年二月十一日

广东邮政管理局关于惠阳分发局战前侨汇给四会邮局的训令（一九四九年二月十一日）

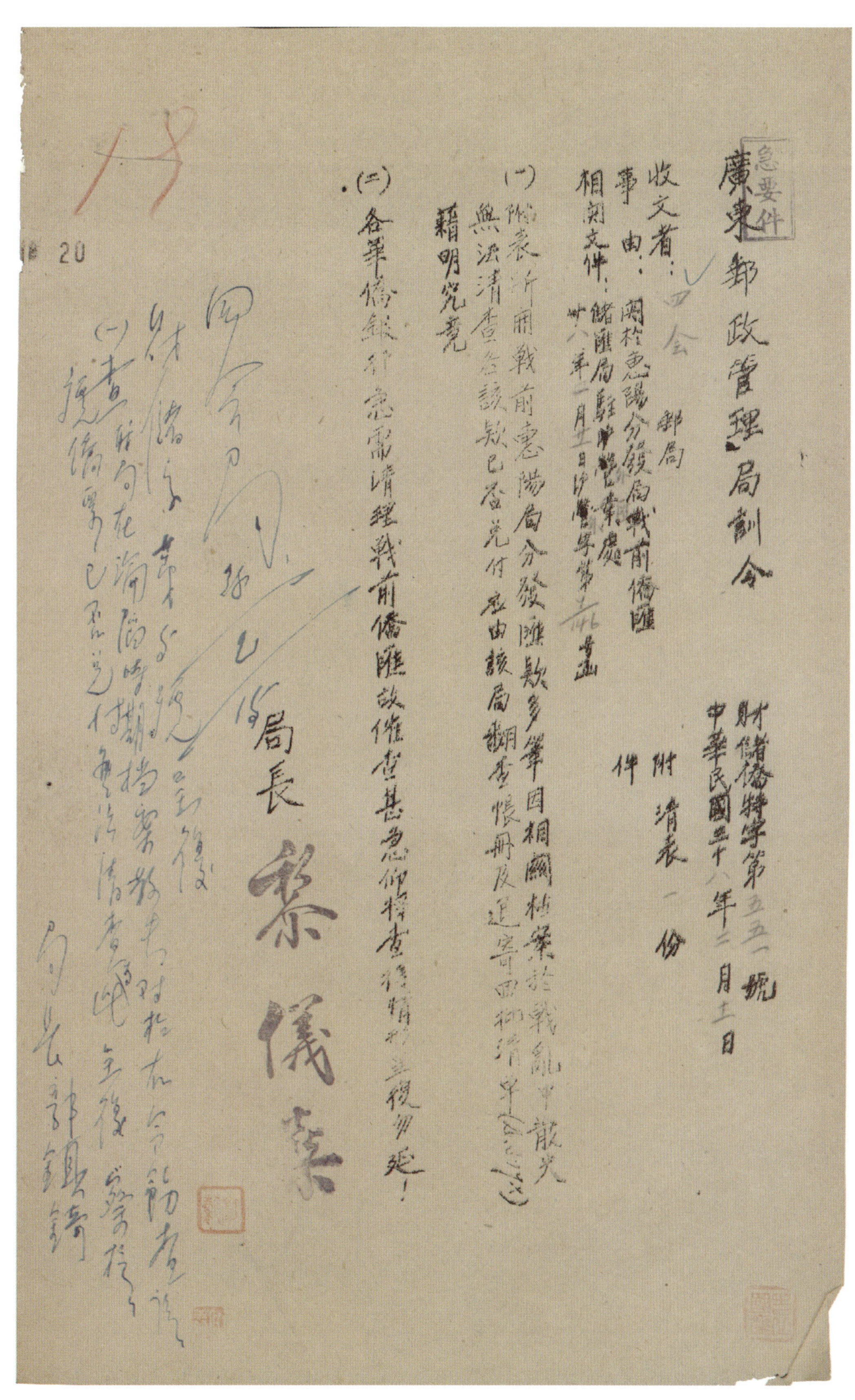

急要件

廣東郵政管理局訓令

財儲僑特字第五五一號

中華民國三十八年二月十一日

收文者：四会郵局

事由：關於惠陽分發局戰前僑匯

附件：清表一份

相關文件：儲匯局駐申辦事處卅八年一月十一日滬僑字第146號函

(一)附表所開戰前惠陽局分發匯款多筆因相關檔案於戰亂中散失無法清查，各該款已否兌付，應由該局翻查帳冊及逕寄回執清單答復，藉明究竟。

(二)各華僑匯款亟需清理戰前僑匯故催查甚急，仰特查復精確並復勿延！

局長 黎儀燊

附：广东邮政管理局关于惠阳分发局战前侨汇相关档案遗失令四会邮局协查的汇款清表

21

滙款表	日期	滙款號	國幣	收款人	兌付局	收款人住址
SS/[illegible]	17.12.1941	¥2066	100.50	彭[illegible]	四会	大北路滙興銀舖轉

民國卅八年二月十一日

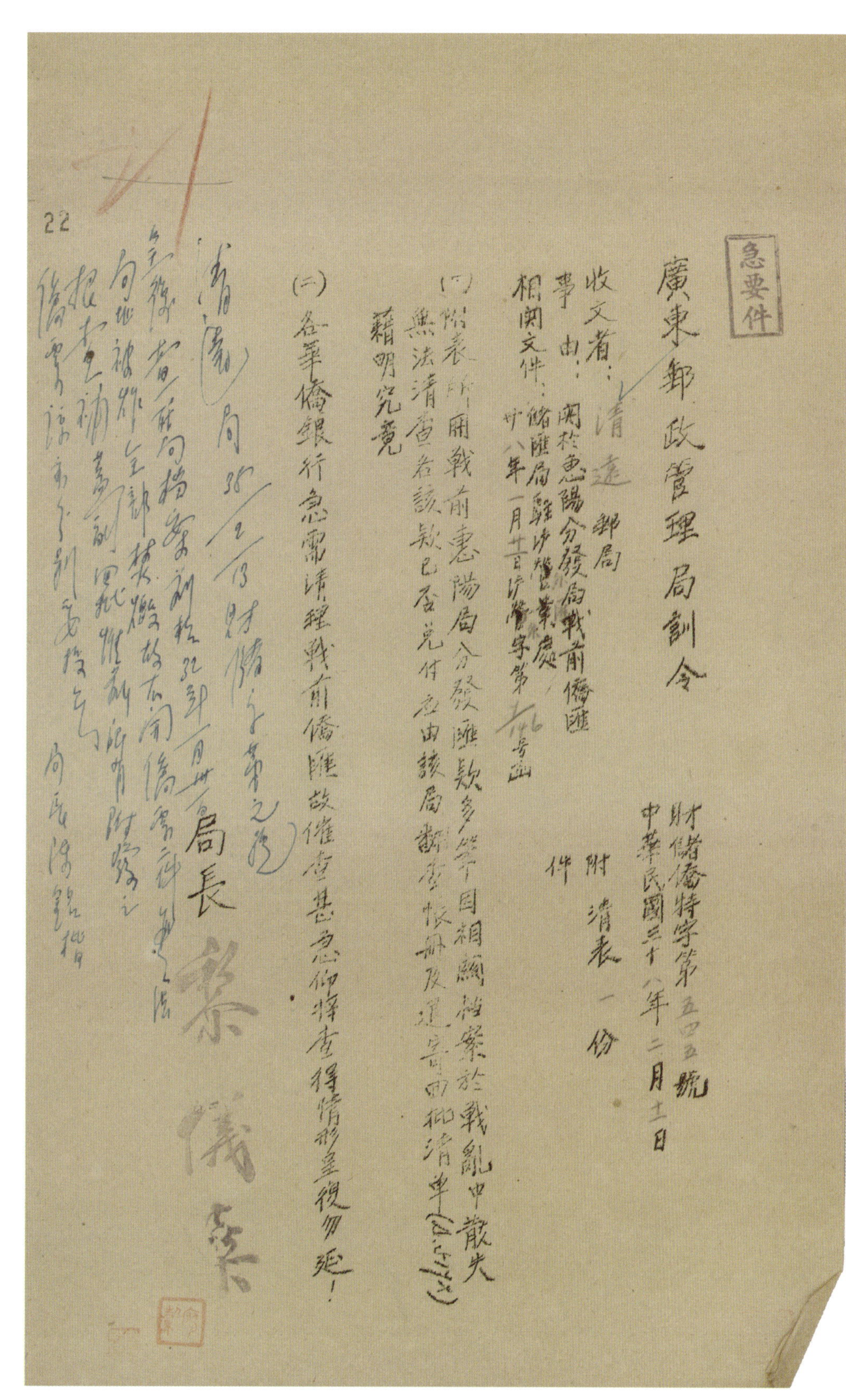

急要件

廣東郵政管理局訓令

財儲僑特字第五四五號
中華民國三十八年二月十一日
附 清表一份 件

收文者：清遠郵局

事由：關於惠陽分發局戰前僑匯

相關文件：儲匯局駐沙營業處卅八年一月廿三日滬營字第七四六號函

(一) 附表所開戰前惠陽局分發匯款多筆，因相關檔案於戰亂中散失，無法清查各該款已否兌付，應由該局翻查帳冊及遺留函卷清單（以上三），藉明究竟。

(二) 各華僑銀行急需清理戰前僑匯，故催查甚急，仰將查得情形呈復勿延！

局長

附：广东邮政管理局关于惠阳分发局战前侨汇相关档案遗失令清远邮局协查的汇款清表

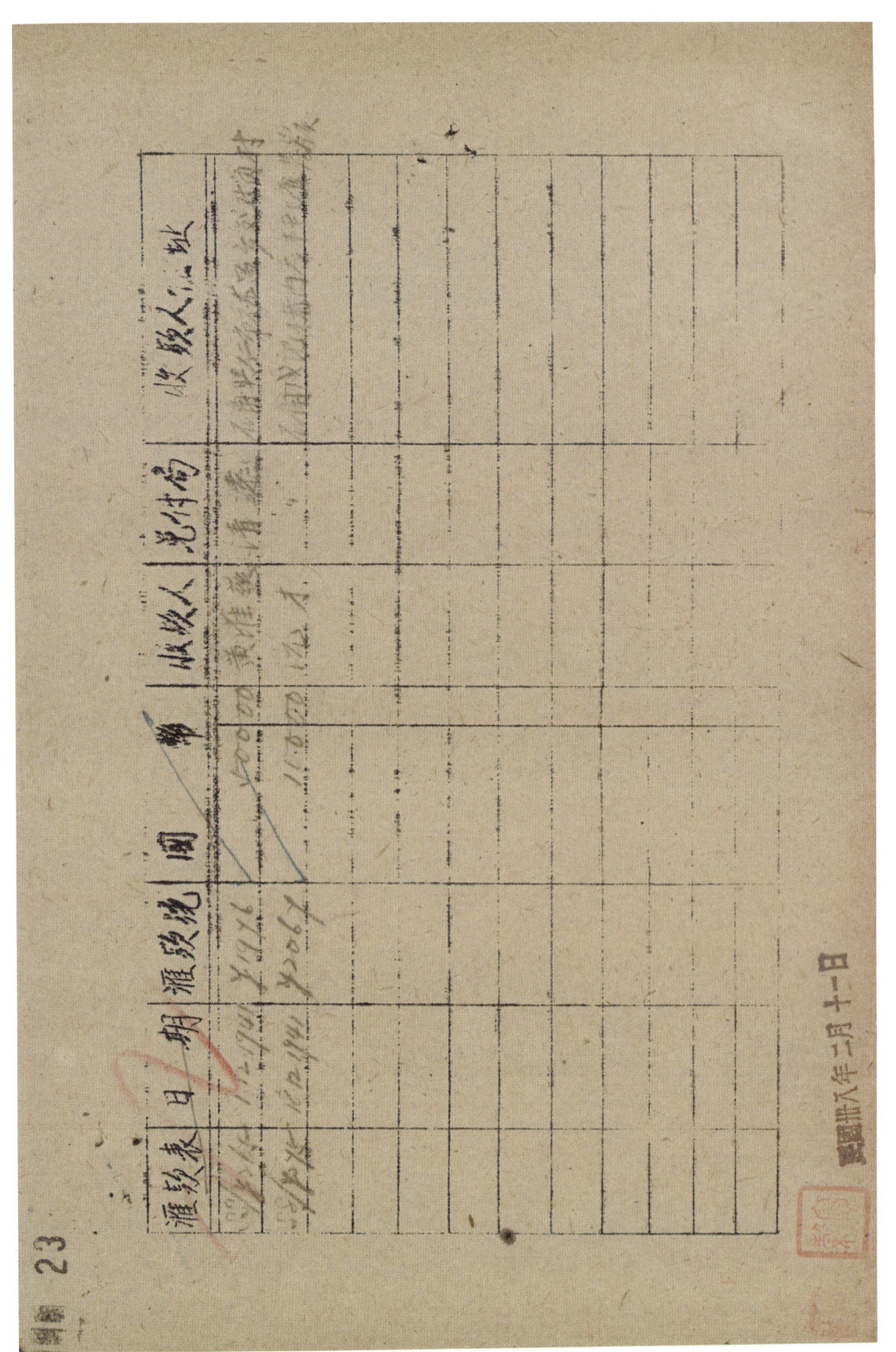

23

汇款表	日期	汇款号	国币	收款人	兑付局	收款人住址
[illegible]	[illegible]-1941	39476	500.00	黄维钦	清远	[illegible]
[illegible]	[illegible]-1941	40067	110.00	[illegible]		[illegible]

民国卅八年二月十一日

广东邮政管理局关于惠阳分发局战前侨汇给芦苞邮局的训令（一九四九年二月十一日）

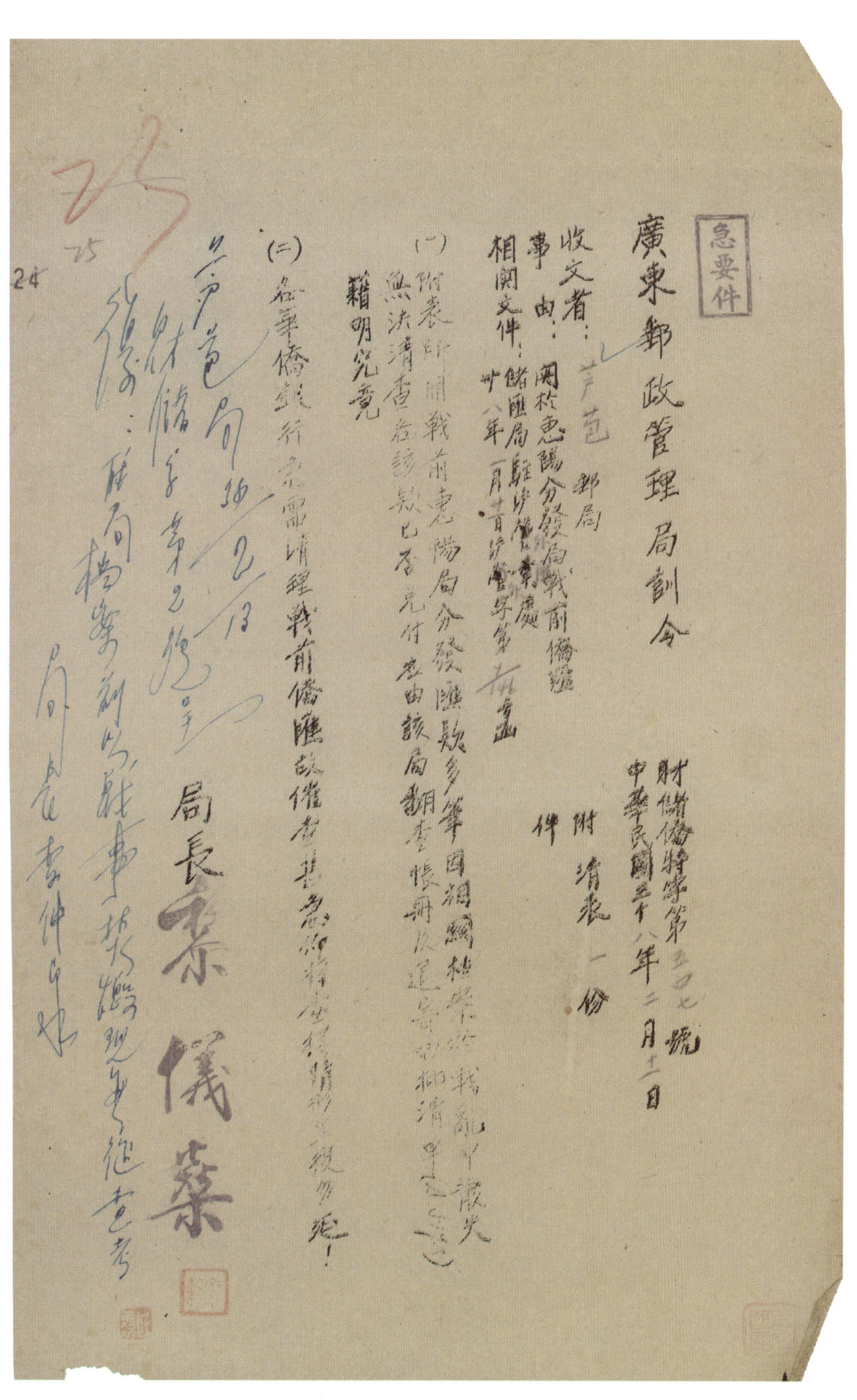

急要件

廣東郵政管理局訓令

財儲僑特字第五四七號
中華民國三十八年二月十一日

附件 清表一份

收文者：芦苞郵局
事由：關於惠陽分發局戰前僑匯
相關文件：儲匯局駐滬儲匯業務處卅八年一月十二日滬儲字第116函

(一)附表所開戰前惠陽局分發匯款多筆因閩粵桂等省於戰亂中散失無法清查者，該款已否兌付，應由該局翻查帳冊及匯票存根抄清單(送局)，藉明究竟。

(二)各華僑銀行來電請理戰前僑匯，故催查甚急，仰將存根情形呈報勿延！

局長 黎儀燊

附：广东邮政管理局关于惠阳分发局战前侨汇相关档案遗失令芦苞邮局协查的汇款清表

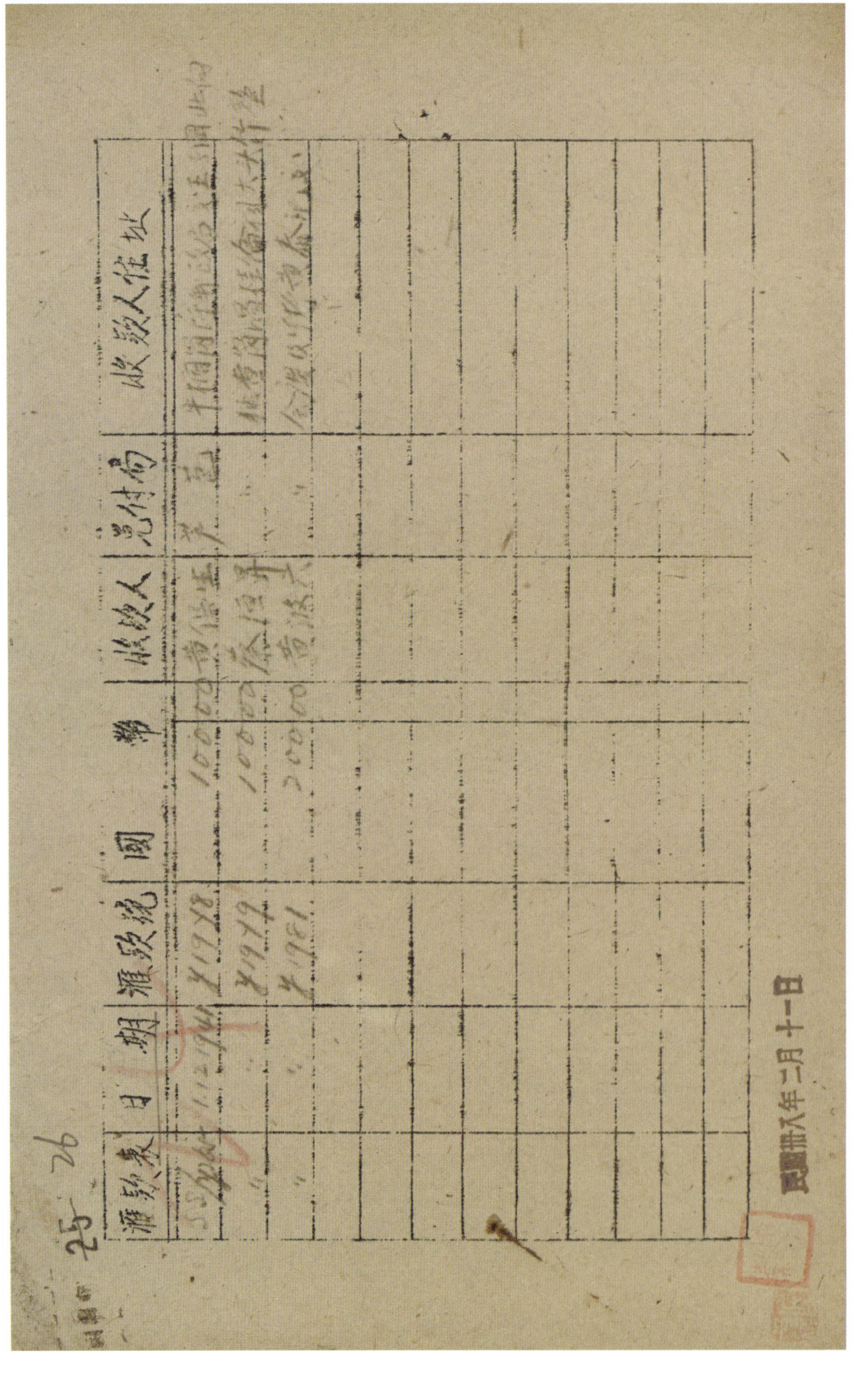

25 26

滙欵表	日期	滙欵號	國幣	收欵人	兑付局	收欵人住址
55/2066	1.12.1941	Y1978	100.00	[illegible]	芦苞	[illegible]
〃	〃	Y1979	100.00	[illegible]	〃	[illegible]
〃	〃	Y1981	200.00	[illegible]	〃	[illegible]

民國卅八年二月十一日

广东邮政管理局关于惠阳分发局战前侨汇给潮阳邮局的训令（一九四九年二月十一日）

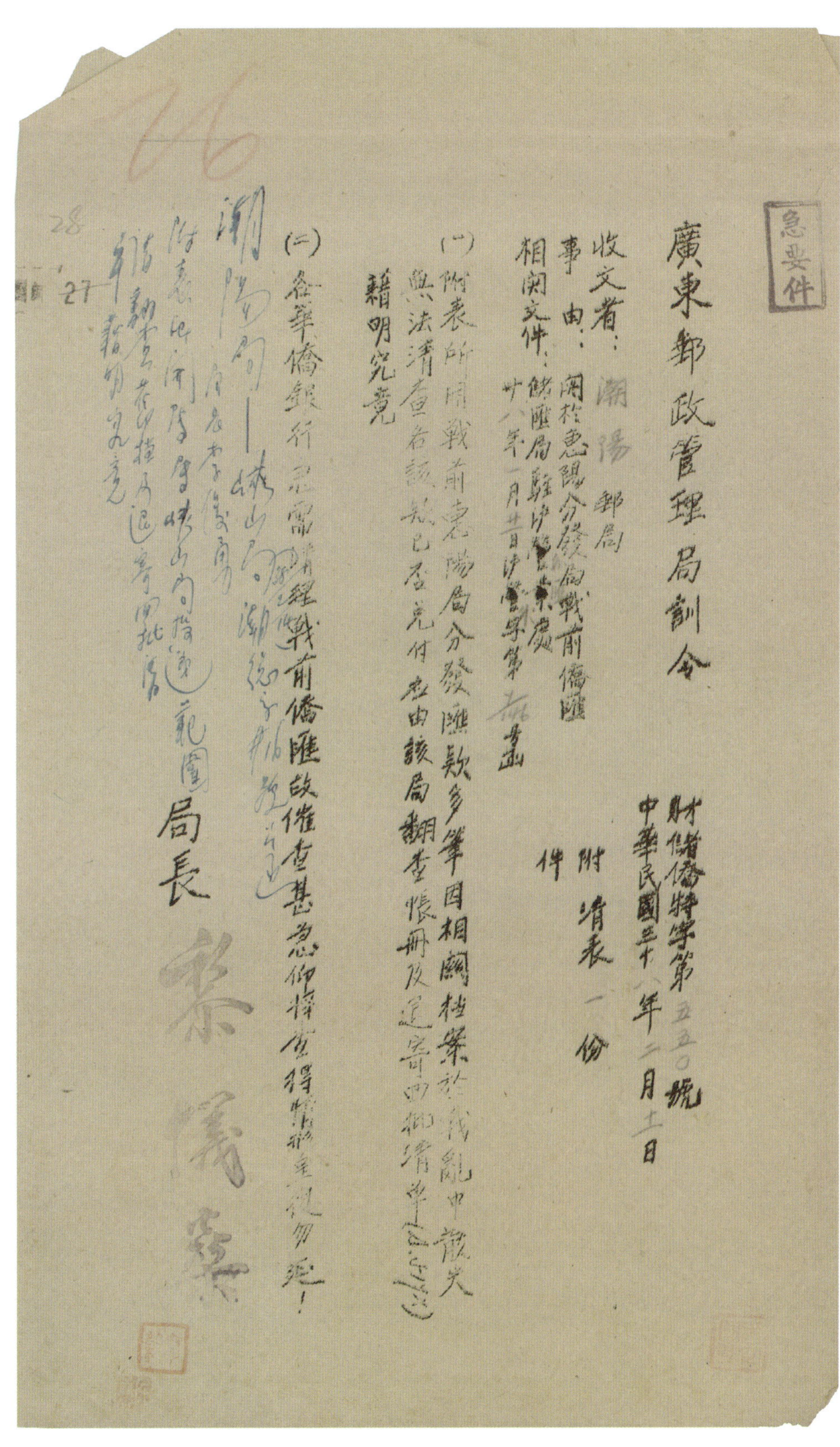

急要件

廣東郵政管理局訓令

財儲僑特字第五五〇號
中華民國三十八年二月十一日

附件 附 清表 一份

收文者：潮陽郵局
事由：關於惠陽分發局戰前僑匯
相關文件：惠陽分發局駐汕辦事處卅八年一月廿日汕字第[illegible]號函

（一）附表所開戰前惠陽局分發匯款多筆因相關檔案於戰亂中散失無法清查各該款已否兌付應由該局翻查帳冊及退寄回和清單[illegible]藉明究竟

（二）查華僑銀行急需清理戰前僑匯故催查甚急仰將查得情形呈復勿延！

局長 黎[illegible]

附：广东邮政管理局关于惠阳分发局战前侨汇相关档案遗失令潮阳邮局协查的汇款清表

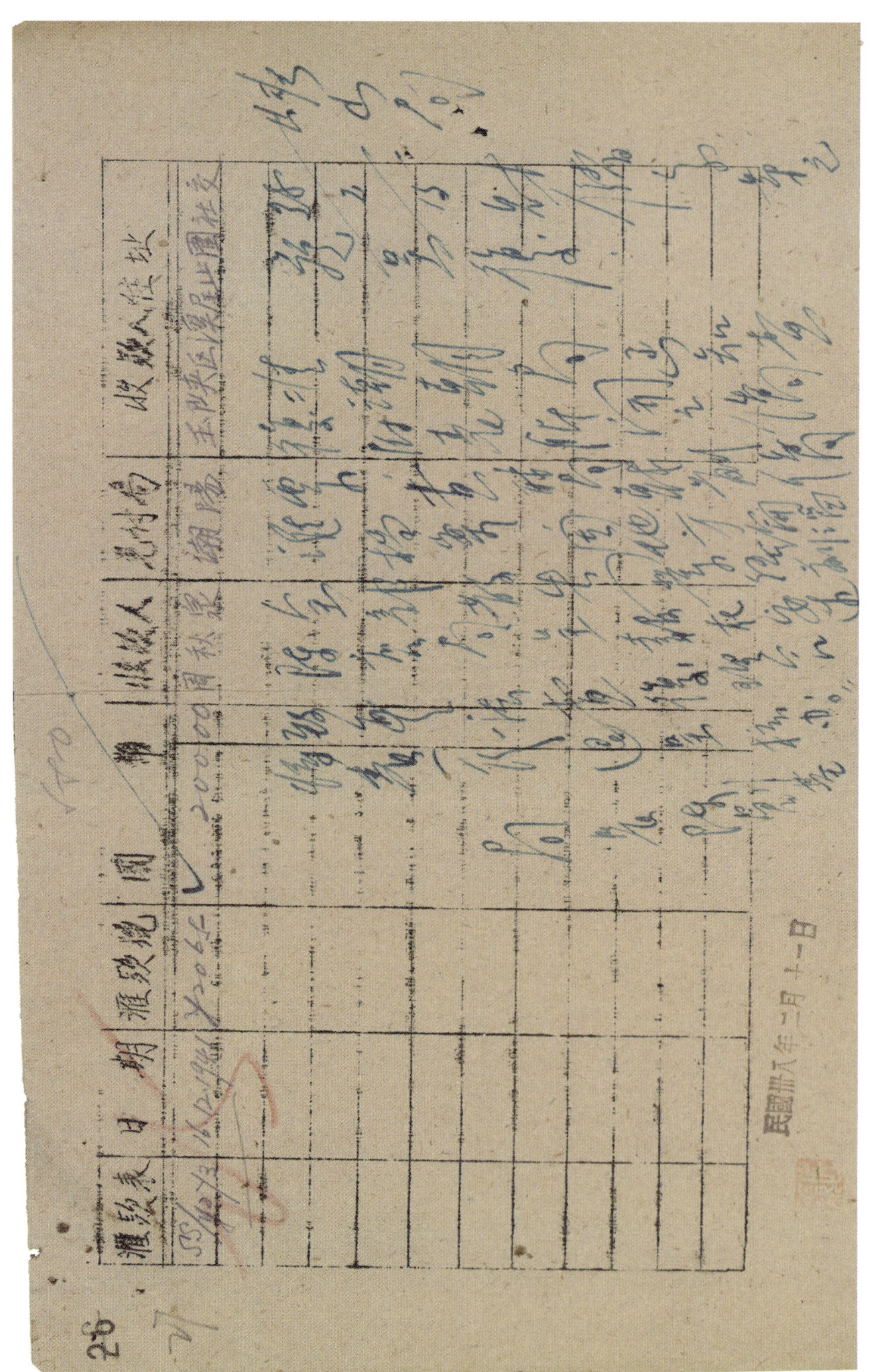

匯款表	日期	匯款號碼	國幣	匯款人	寄付局	收款人住址
53/40/13	16/12/1941	20065	200.00	周秋泉	潮陽	玉峽區溪尾鄉上圍社交

民國卅八年二月十一日

广东邮政管理局关于惠阳分发局战前侨汇给松口邮局的训令（一九四九年三月三日）

廣東郵政管理局訓令

財儲僑特字第五五三號

中華民國三十八年三月三日

收文者：松口郵局

事由：關於惠陽分發局戰前僑匯

附件：清表一份

相關文件：儲匯局驗付處卅八年二月十一日驗付字第146號函

(一) 附表所開戰前惠陽局分發匯款多筆因相關檔卷於戰亂中散失無法清查各該款已否兌付應由該局翻查帳冊及退匯西報清單藉明究竟

(二) 各華僑銀行急需清理戰前僑匯故催查甚急仰將查得情形並復勿延！

局長 黎儀燊

附：广东邮政管理局关于惠阳分发局战前侨汇相关档案遗失令松口邮局协查的汇款清表

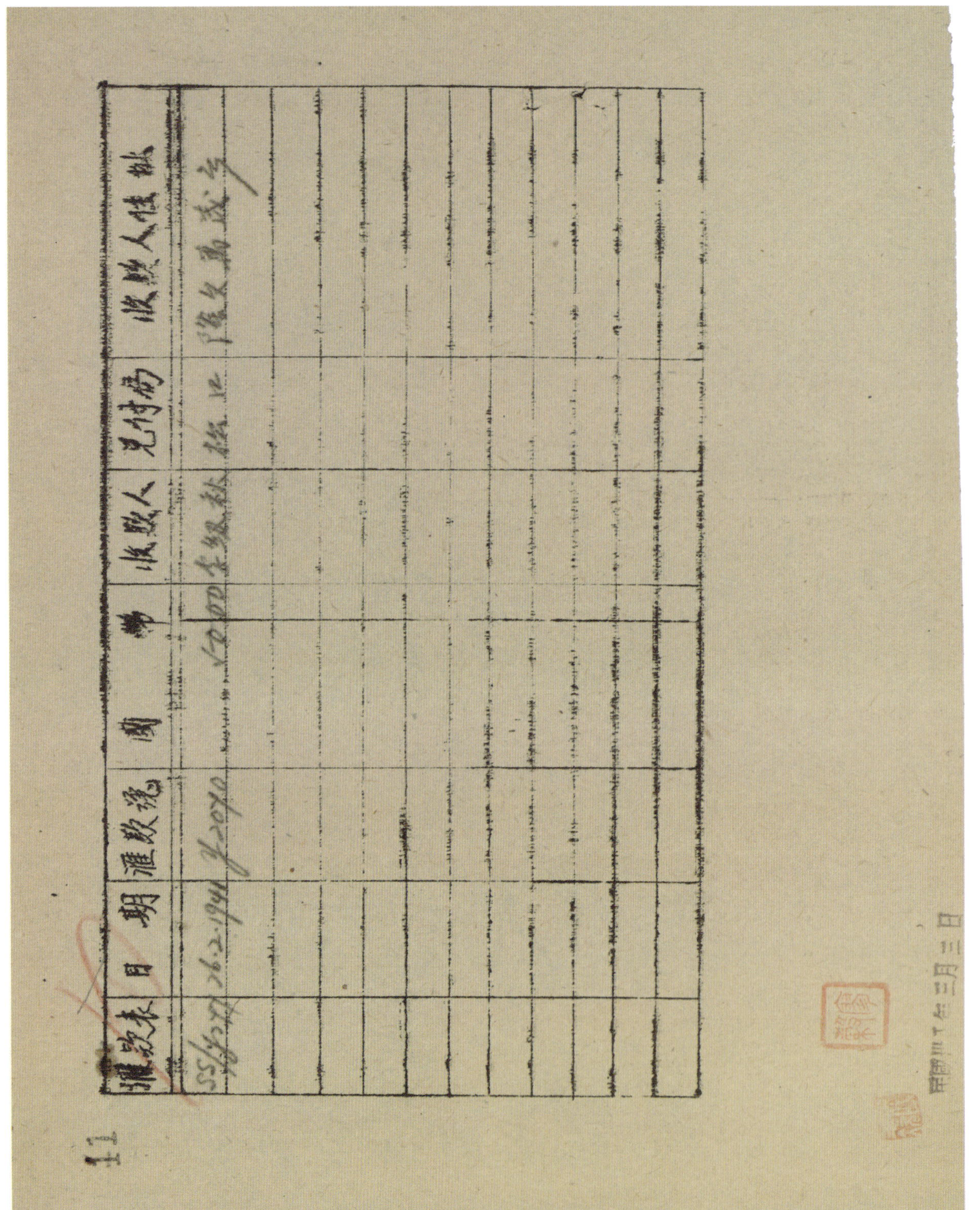

匯款來[illegible]	日期	匯款號	國幣	收款人	兌付局	收款人住址
55/[illegible]	26.2.1941	[illegible]-2070	10.00	[illegible]	松口	[illegible]

广东邮政管理局关于惠阳分发局战前侨汇给蕉岭、揭阳邮局的训令（一九四九年三月三日）

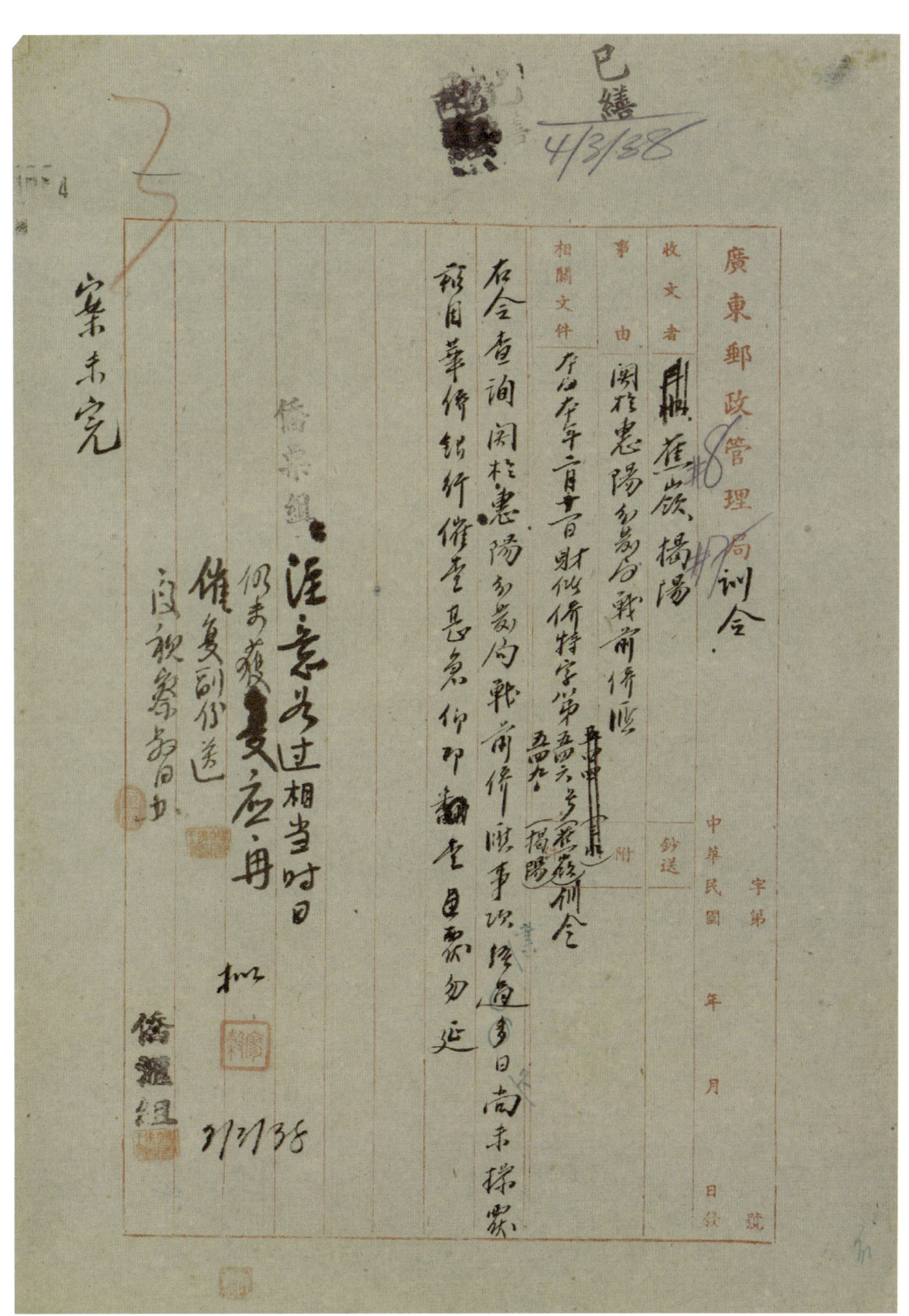

已繕 4/3/38

廣東郵政管理局訓令

收文者：蕉嶺、揭陽

事由：関於惠陽分局戰前僑匯

相關文件：本局本年一月廿二日財仙僑特字第五四六号（蕉嶺）、五四九号（揭陽）訓令

右令查詢関於惠陽分局向戰前僑匯事項經過多日尚未採取

該項華僑銀行僑匯是否急仰即翻查具報勿延

字第 號

中華民國 年 月 日發

附

鈔送

僑匯組：注意：此是过相当时日仍未獲复，应再催复，副份送稽核組查照。

擬

僑匯組

3/3/38

案未完

广东邮政管理局关于惠阳分发局战前侨汇给芦苞邮局的训令（一九四九年三月四日）

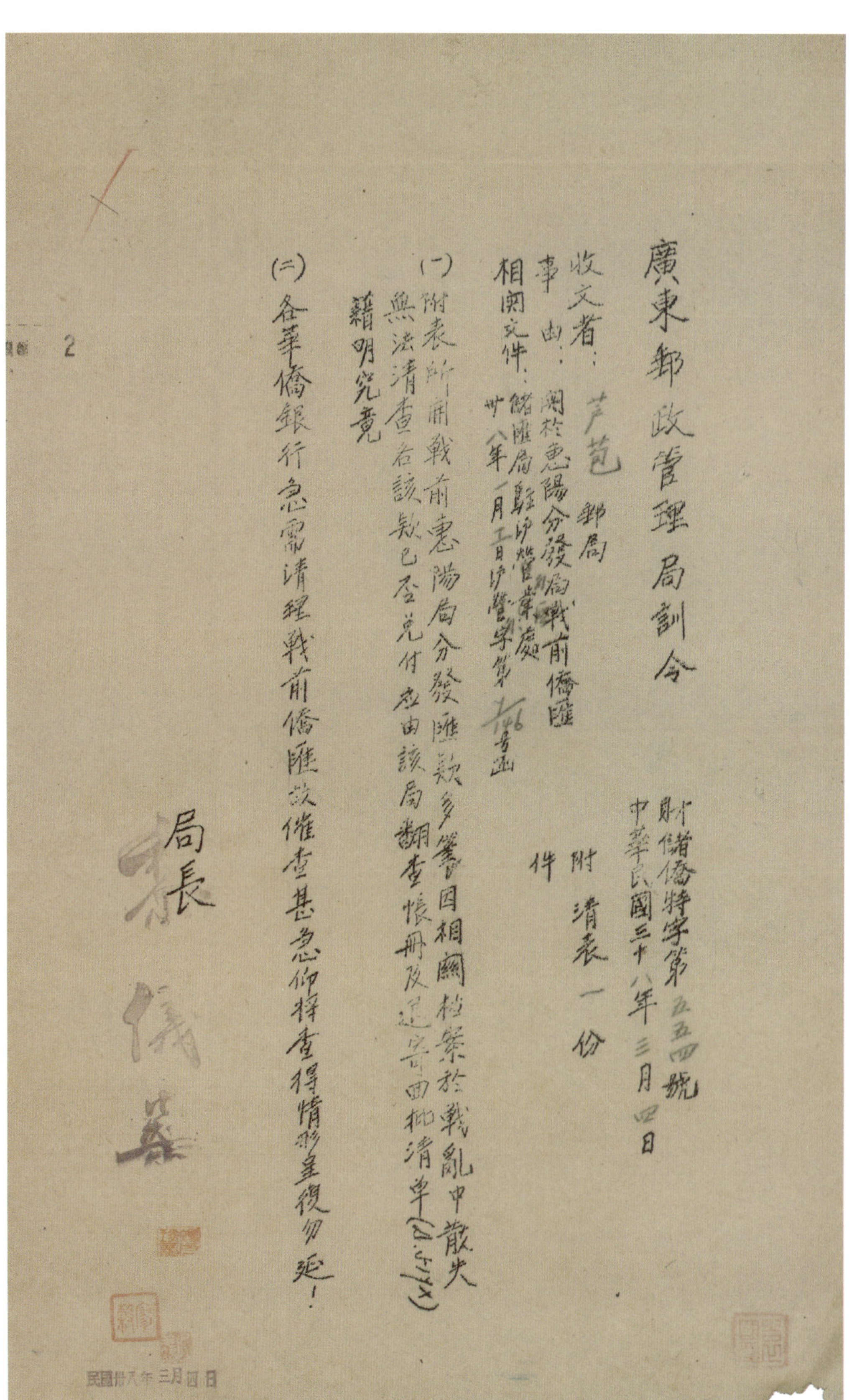

廣東郵政管理局訓令

收文者：芦苞郵局

事由：關於惠陽分發局戰前僑匯

相關文件：儲匯局駐沪營業處卅八年一月五日沪營字第[illegible]號函

附件：清表一份

儲僑特字第[illegible]號

中華民國三十八年三月四日

（一）附表所開戰前惠陽局分發匯款多筆，因相關檔案於戰亂中散失，無法清查，右該款已否兌付，應由該局翻查帳冊及退寄回批清單（[illegible]）藉明究竟。

（二）各華僑銀行急需清理戰前僑匯，故催查甚急，仰將查得情形呈復勿延！

局長 [illegible]

民國卅八年三月四日

附：广东邮政管理局关于惠阳分发局战前侨汇相关档案遗失令芦苞邮局协查的汇款清表

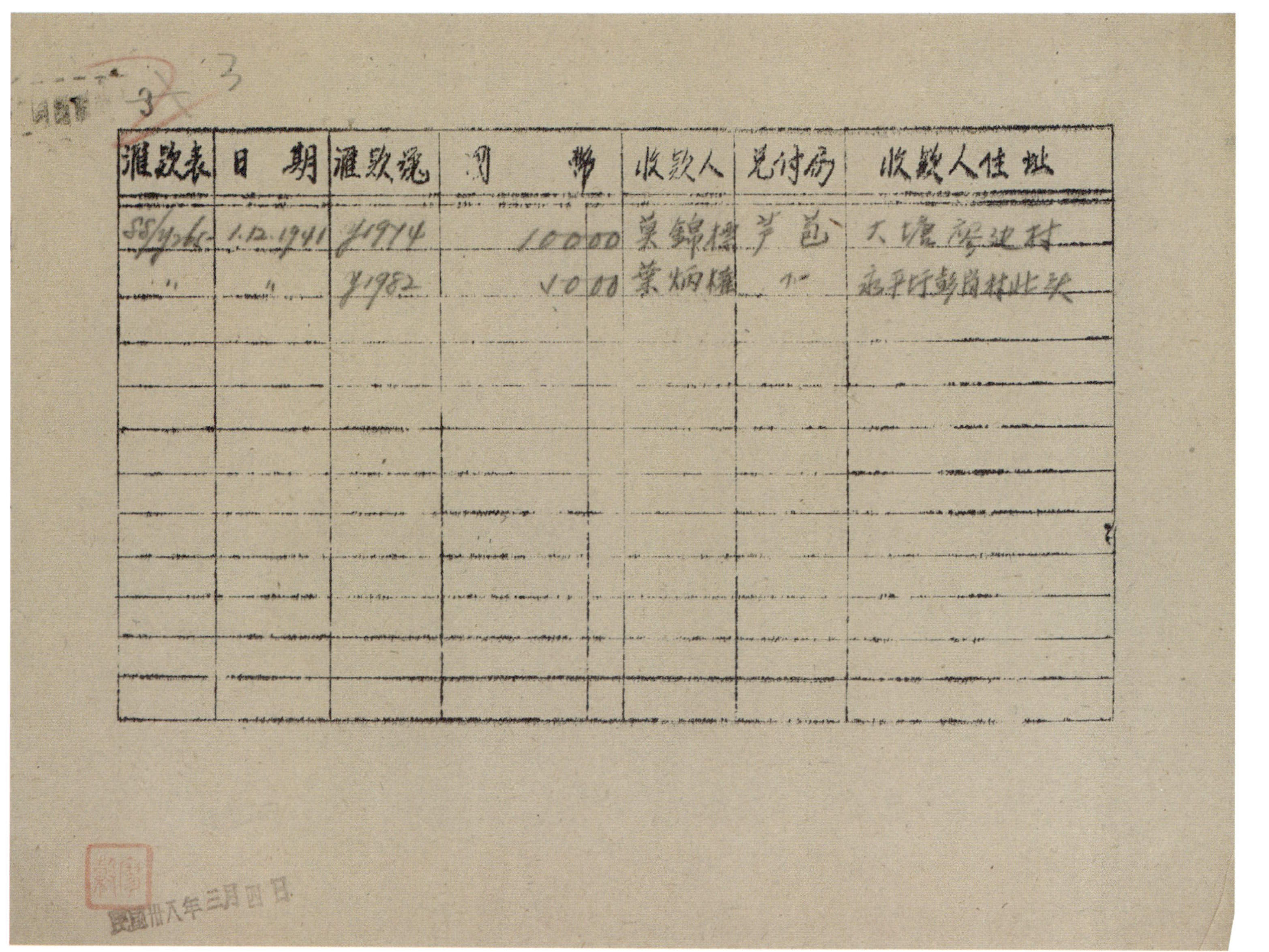

滙款表	日期	滙款號	國幣	收款人	兑付局	收款人住址
SS/4261	1.12.1941	Y1974	100.00	葉錦標	芦芭	大塘[illegible]边村
〃	〃	Y1982	10.00	葉炳權	〃	永平圩彭岗林北块

邮务视察员骆润福查前惠阳分发局战前未了侨汇详情表（一九四九年四月十六日）

70

郵務視察員駱潤福查前惠陽分發局戰前未了僑匯詳情表（參照滬外匯處38/2/24滬外字32/166公函辦理）

匯款表	日期	匯款号	國幣	收款人	兑付局	收款人住址	備註
SN/F 263	24-11-1941	F 2205	50.00	姜基母	芦苞	芦苞圩華鎮坊興仁里	據視察員駱潤福38/4/10視字第1/38號呈稱：查芦苞局各舊檔案於32年撤退至四會江谷，代辦同年該處事變發生大火各檔被焚一空（見芦苞局35年2月12日財僑字第三号呈）本表所列僑票當時有無收兑過確無從根查
〃 265	26-11-1941	〃 2230	60.00	黄嘉桐	〃	〃〃迎龍街安慶里三号	
SN/F 263	24-11-1941	F 2207	100.00	杜有根	西南	三水西南楊梅圩譚泰号	據視察員駱潤福38/4/10視字第1/38號呈稱：經督率該局長翻閱各舊檔遍查不見有關僑匯檔案，該局所稱僑匯舊檔已於戰時失去，當属實情，本表所列各僑票當時有無收兑過現無法根查
〃 265	26-11-1941	〃 2231	150.00	永洪家下	〃	〃〃〃〃中山中路人和号轉	
〃 268	29-11-1941	〃 2249	50.00	李蓮	〃	〃〃〃〃有利成魚店交	
〃 269	1-12-1941	〃 2258	50.00	歐陽賀秀	〃	〃〃〃〃崗头鄉洗家	
〃 270	2-12-1941	〃 2272	150.00	譚裕滔	〃	〃〃譚基居仁里17号	
〃 〃	〃	〃 2267	50.00	蘇連娣	廣利	廣利市丹桂坊黄元章	據視察員駱潤福38/4/10視字第1/38號呈稱：經督率該局長翻查各僑匯舊檔確無收過該号僑票

民國卅八年四月十六日

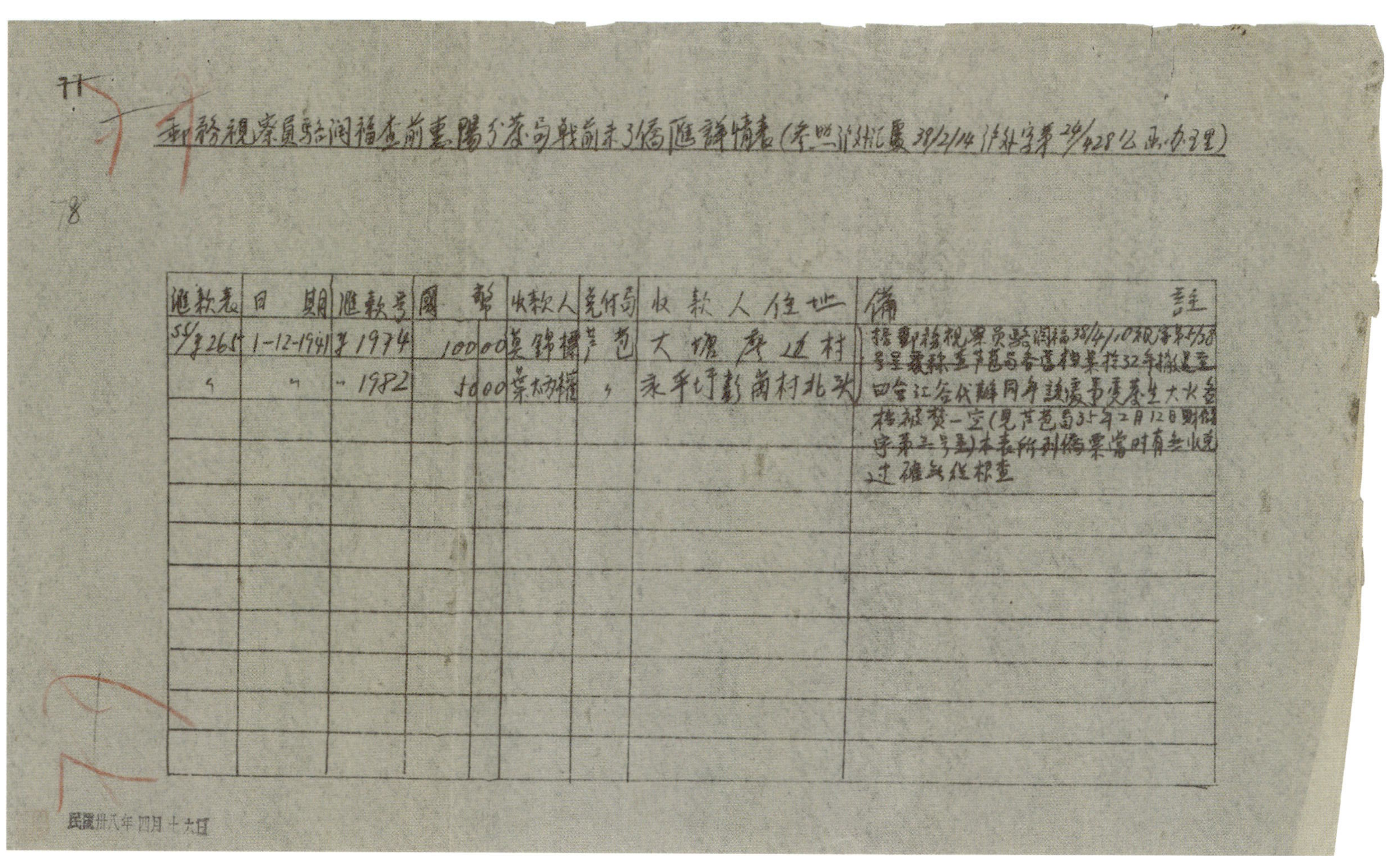

77

邮务视察员骆润福查前惠阳分局战前未了侨汇详情表（参照沪外汇处38/2/14沪外字第24/428公函办理）

78

汇款表	日期	汇款号	国币		收款人	兑付局	收款人住址	备注
55/第265	1-12-1941	第1974	100	00	莫锦标	芦苞	大塘唐边村	据邮务视察员骆润福38/4/10视字第538号呈覆称查芦苞局香港档案於32年搬运至四会江谷代办所同年该处事变发生大火全档被焚一空（见芦苞局35年2月12日财字第三号函）本表所列侨票当时有无兑过确无从根查
〃	〃	〃1982	50	00	叶炳权	〃	永平圩彭岗村北头	

民国卅八年四月十六日

邮务视察员龙炽辉查前惠阳分发局战前未了侨汇详情表（一九四九年四月十六日）

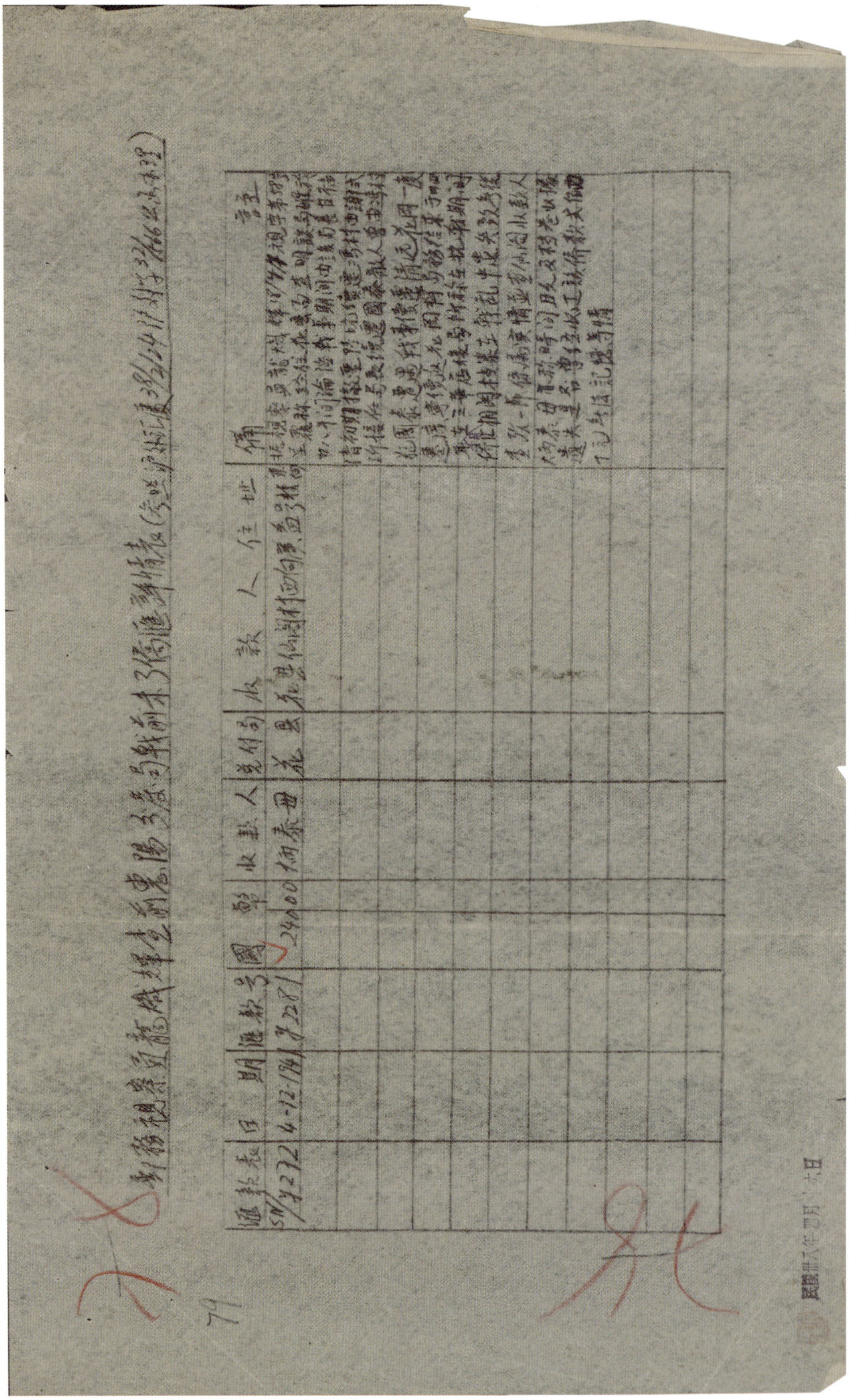

78

邮务视察员龙炽辉查前惠阳分发局战前未了侨汇详情表（参照沪汇处38/3/24汇发字32/466公函办理）

79

汇款表	日期	汇款号	国币	收款人	兑付局	收款人住址	备注
SN/4232	4-12-1941	4228	240.00	何泰母	花县	花县仙阁村西向第五号楼	据视察员龙炽辉38/4/4视字第58号呈称：[illegible]

96

民国卅八年四月十六日

邮务视察萧啸农复查前惠阳分发局战前未了侨汇详情表（一九四九年五月二十四日）

郵務視察蕭嘯農複查前惠陽分發局戰前未了僑匯詳情表（沪[illegible]字第32/566號公函）

匯款表	日期	匯款號	國幣	收款人	兌付局	收款人住址	視察員複查情形
SNy268	29-11-1941	y2252	210.00	羅學文	畲坑	畲坑市松仁街	查該局兌付僑票存根並無發現該件
〃270	2-12-1941	2260	300.00	刘彬荣	〃	水[illegible]下街中和泰號	仝上
〃	〃	2270	100.00	謝[illegible]	梅縣	梅縣南口堡車坡鄉田心謝屋	遍查該局檔案並無該件下落
SNy268	29-11-1941	2253	200.00	黃漢華	興寧	興寧南門外黃向圍	仝上　收款人[illegible]未收到該件
〃	〃	2256	170.00	黃二嫂	〃	〃坭陂市東山寺梅子樹下	仝上　〃
〃y272	4-12-1941	2279	130.00	古[illegible]盛	〃	〃下堡回元堂	仝上　〃
〃y265	26-11-1941	2235	240.00	郭[illegible]	大埔	大埔虎市[illegible]	該局[illegible]僑匯檔案不齊無法根查
〃y270	2-12-1941	2263	150.00	張广和	〃	〃大麻上街黃[illegible]	仝上
〃	〃	2271	100.00	何健瑞	〃	〃松里上坑仔克昌公祠	仝上
〃y12	29-1-1942	53	100.00	刘文榕	〃	〃公[illegible]村[illegible]	仝上
〃y269	1-12-1941	2257	300.00	文表母	三河壩	三河壩[illegible]	遍查該局兌票存根並無發現該件
〃y268	29-11-1941	2255	170.00	邱[illegible]	丙村	丙村市堡[illegible]	遍查惠陽分發局寄該局匯票清單並無該件下落
〃272	4-12-1941	2280	100.00	藍[illegible]坤	五華	五華[illegible]	[illegible]僑匯檔案不存[illegible]
〃260	26-11-1941	2234	100.00	廖家仁	湖寮	湖寮長教[illegible]四背高石	遍查該局兌票存根並無發現該件
〃272	4-12-1941	2275	100.00	黃[illegible]	〃	〃山[illegible]下沙[illegible]	仝上
〃270	2-12-1941	2261	100.00	刘[illegible]	松口?	[illegible]	遍查該局檔案並無該件下落

MAY 24 1949

79

81

邮务视察萧啸农及李恒作复查前惠阳分发局战前未了侨汇详情表（一九四九年六月十八日）

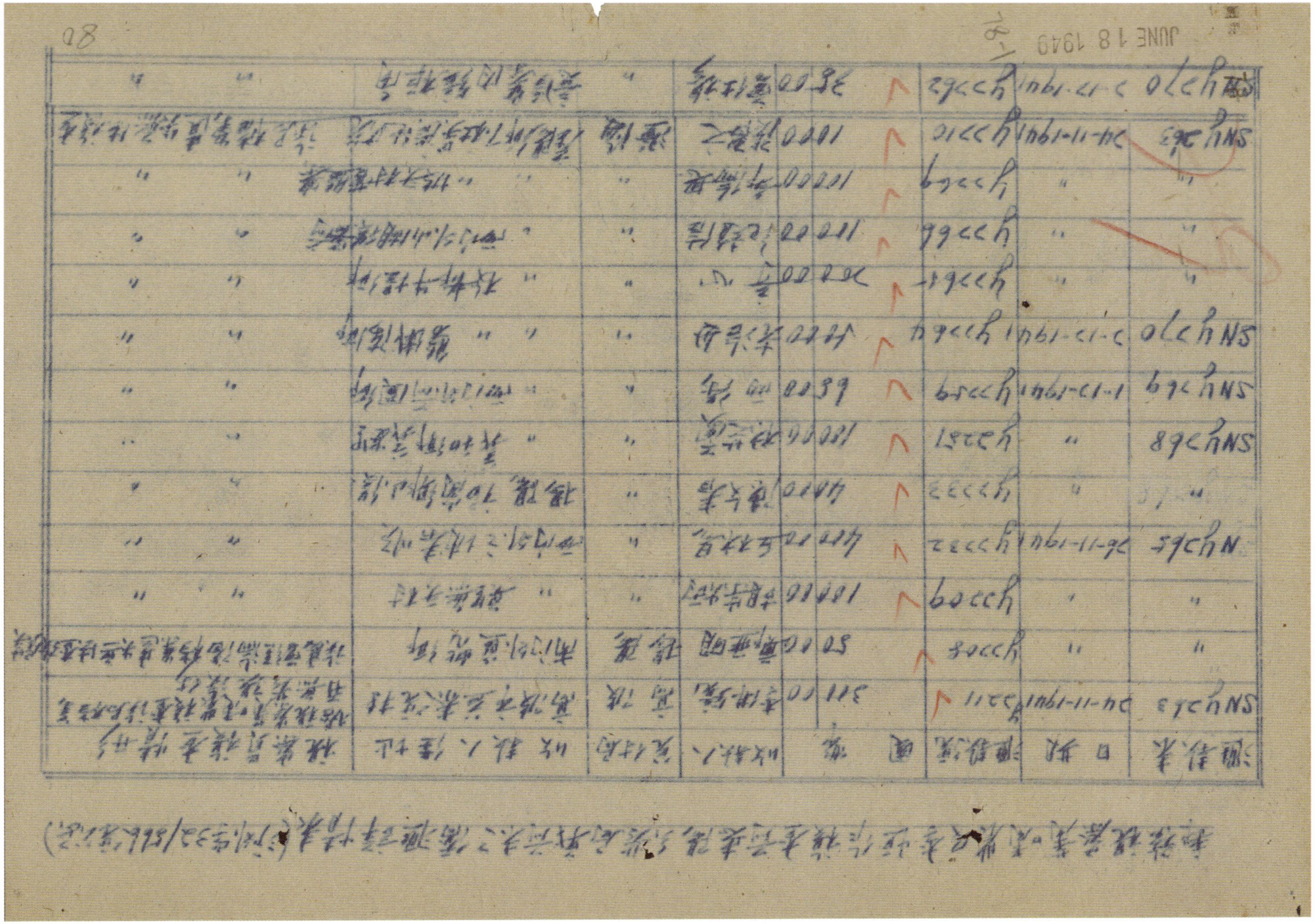

郵務視察蕭嘯農及李恒作複查前惠陽分發局戰前未了僑滙詳情表（[illegible]32/566[illegible]）

滙款表	日期	滙款號	國幣	收款人	兑付局	收款人住址	視察員複查情形
SNY213	24-11-1941	Y2211	311 00	李佛鏡	高陂	高陂市益泰[illegible]	據視察員[illegible]複查該局稱[illegible]
〃	〃	Y2208	50 00	鄭亞明	揭陽	南门外[illegible]	該局[illegible]
〃	〃	Y2209	100 00	胡宗[illegible]	〃	〃 [illegible]村	〃 〃
SNY265	26-11-1941	Y2232	400 00	丘林[illegible]	〃	西门外[illegible]	〃 〃
〃	〃	Y2233	40 00	陳文春	〃	揭陽 [illegible]	〃 〃
SNY268	〃	Y2251	100 00	林[illegible]	〃	〃 [illegible]	〃 〃
SNY269	1-12-1941	Y2259	65 00	[illegible]	〃	〃 西门[illegible]	〃 〃
SNY270	2-12-1941	Y2264	[illegible]	[illegible]	〃	〃 〃 [illegible]	〃 〃
〃	〃	Y2265	200 00	[illegible]心	〃	〃 [illegible]	〃 〃
〃	〃	Y2266	100 00	[illegible]	〃	〃 [illegible]	〃 〃
〃	〃	Y2269	100 00	[illegible]	〃	〃 〃 [illegible]	〃 〃
SNY263	24-11-1941	Y2210	10 00	[illegible]之	[illegible]	[illegible]	[illegible]
SNY270	2-12-1941	Y2262	35 00	[illegible]	〃	[illegible]	〃 〃

JUNE 18 1949 78-1 80

邮务视察骆润福复查前惠阳分发局战前未了侨汇详情表（一九四九年七月十八日）

邮務視察駱潤福複查前惠陽分發局戰前未了僑滙詳情表（沪外字3/566號公函）

滙款表	日期	滙款號	國幣	收款人	兑付局	收款人地址	視察員複查情形
SN/9263	24-11-41	9 2207	100 00	程有根	西南	三水楊梅村祥發號	查西南局僑滙舊檔已于戰時散失，本表所列僑票當時有無收兑過，現確無從根查。
SN/9265	26-11-41	9 2231	150 00	宋供	〃	三水西南中山中路人和號樓	
SN/9268	29-11-41	9 2249	50 00	李連	〃	三水西南有利咸魚店交	
SN/9269	1-12-41	9 2258	50 00	歐陽賀香	〃	三水西區㘭頭鄉洗家	
SN/9270	2-12-41	9 2272	150 00	譚紹福	〃	三水潭基仁里十七號	

82

JULY 18 1949

邮務視察駱潤福複查前惠陽分發局戰前未了僑匯詳情表（沪外字34/428諸公函）

匯款表	日期	匯款號	國幣	收款人	兑付局	收款人住址	視察員複查情形
SS/Y260	25-11-41	Y1908	30.00	周五弟母	西南	三水周頭村大生堂交高門楼	查西南局僑匯舊檔已于戰時散失，本表所列僑票當時有無收兑過，現難無從根查。
SS/Y260	25-11-41	Y1912	320.00	潘潤林	〃	三水白水塘村西頭中二德	
SS/Y262	27-11-41	Y1937	200.00	冼春洸	〃	三水周頭鄉仁里巷	
SS/Y267	3-12-41	Y2009	160.00	伍彥甫	〃	三水十保五甲伍崀西村二号	
SS/Y267	3-12-41	Y2011	50.00	潘焕忠母	〃	三水永清鄉上浦村中美堂	
SS/Y270	6-12-41	Y2054	200.00	劉積成	〃	三水永清鄉淮新村華賢里	
SS/Y270	6-12-41	Y2055	50.00	陳靡氏	〃	三水古明江村社鴻理	

MAY 18 1949

67

邮务视察李志雄复查前惠阳分发局战前未了侨汇详情表（一九四九年七月十八日）

郵務視察李志雄複查前惠陽分發局戰前未了僑滙詳情表（列外字24/4283公函）

滙款表	日期	滙款號	國幣	收款人	兑付局	收款人住址	視察員複查情形
SS/y260	25-11-41	y 1896	200.00	彭國華	曲江	曲江河边路至厲社彭一飛交	曲江、清遠、樂昌三局之檔案確在战時被焚，業經各該局呈報有案，而收款人又已他往，代收商店亦已歇業，致無法查詢等情。
〃	〃	y 1915	100.00	劉式雄	曲江	韶關廣東省銀行信托部黃榮昭	
〃	〃	y 1905	50.00	黃桂蓉	清遠	清遠城維西里一西安鋪	
〃	〃	y 1913	20.00	林俊生	清遠	〃〃界牌石巷林村	
SS/y261	〃	y 1919	60.00	鍾謙崇	〃	〃界牌村洪屋李家彩村	
〃	〃	y 1920	70.00	李東海	〃	〃〃界牌村洪屋李坦水村	
SS/y264	29-11-41	y 1970	500.00	林成婦	〃	〃〃迴岸界牌村洪屋	
SS/y260	25-11-41	y 1906	100.00	李迎悟	樂昌	樂昌北鄉振濟委員會	

66

JULY 18 1949

邮务视察骆润福复查前惠阳分发局战前未了侨汇详情表（一九四九年八月十八日）

郵務視察駱潤福複查前惠陽分發局戰前未了僑滙詳情表（沪外字24/428號公函）

滙款表	日期	滙款號	國幣	收款人	兑付局	收款人住址	視察員複查情形
SS/Y259	24-11-41	Y 1891	100 00	陳氏祖母	廣利	廣利沙浦村元亨号	[illegible]
SS/Y260	25-11-41	〃 1909	100 00	葉姓妹母	〃	廣利萬利昌号	
SS/Y263	28-11-41	〃 1949	200 00	蔡陶氏	〃	高要下達墟生之堂交大姉	
SS/Y267	3-12-41	〃 2007	300 00	英金召	〃	高要廣利南洋伯館張[illegible]	
SS/Y270	6-12-41	〃 2048	200 00	區醇母	〃	高要廣利樂天福号交田头鄉	

財儲32号卷2018/35

AUG 18 1949

邮务视察员李恒作复查前惠阳分发局战前未了侨汇详情表（一九四九年九月二日）

郵務視察員李恒作複查前惠陽分發局戰前未了僑滙詳情表（沪外忠32/(76)）

滙款表	日期	滙款号	國幣	收款人	兑付局	收款人地址	視察員複查情形
SN/y 263	26-11-41	y2203	55.00	郭铁	普寧	龍八区王竹[illegible]鄉	該局相關檔案確於抗戰期間地方淪陷時散失無法根查
〃	〃	y2204	350.00	方天芸	〃	〃〃百里[illegible]圩	
〃	〃	y2206	10.00	辛[illegible]母	〃	〃〃十八鄉[illegible]	
SN/y 268	28-11-41	y2250	100.00	陳大宏	〃	〃〃[illegible]鄉[illegible]	
SN/y 270	2-12-41	y2268	100.00	吳[illegible]祖母	〃	〃〃塘[illegible]鄉西门外	
SN/y 268	28-11-41	y2254	100.00	郭田[illegible]	棉湖	棉湖鄉大[illegible]内	仝上
SN/y 272	4-12-41	y2275	300.00	李端清	〃	〃〃天主堂内17号	
SN/y 272	4-12-41	y2276	106.00	楊世[illegible]	〃	〃〃南山[illegible]鄉上[illegible]	
SN/y 13	26-1-42	y 52	1500.00	陳荣钧	澄平	澄平上[illegible]成[illegible]店	迴查相關檔案并無該案入帳目

75

SEP. 2 1949

76

郵務視察李頂作複查前惠陽分發局戰前未了僑匯詳情表（沪外函 24/428）

匯款表	日期	匯款號	國幣	收款人	兑付局	收款人地址	視察員複查情形
SN/y264	25-11-41	y2220	70.00	陳捷楨	澄海	澄海蓮陽鄉下社吴厝池	相關檔案確於淪陷時遺失無法根查
SS/y260	25-11-41	y1898	100.00	鄭耀榮	揭陽	揭邑地美都双港鄉	相關檔案確於淪陷時全部遺失無法根查
SS/y267	3-12-41	y2013	100.00	葉氏母	〃	〃〃西门外[illegible]藥房	
SS/y270	6-12-41	y2057	800.00	林春璋	〃	〃〃桐坑光记號	
SS/y270	6-12-41	y2059	30.00	黃道來	〃	〃〃地道[illegible]村	
SN/y264	25-11-41	y2219	250.00	陳徐	〃	〃〃西门外潭角[illegible]	
SN/y264	25-11-41	y2225	50.00	楊臨負	〃	〃〃[illegible]部洋[illegible]西面	
SN/y264	〃	y2227	10.00	林阿平	〃	〃〃西门外[illegible]	
SN/y264	〃	y2228	20.00	唐亞坤	〃	〃〃西门外[illegible]	
PE/y510	3-12-41	yA1663	500.00	林如東	〃	〃〃錢坑頂石鄉	
SN/y264	25-11-41	y2222	100.00	江眠昭	潮安	潮安[illegible]上[illegible]鄉	遍查該局相關檔案并無該票入口命目
SN/y270	2-12-41	y2262	35.00	曾仁樗	〃	高[illegible]内[illegible]	
SS/y260	25-11-41	y1918	50.00	余近放	潮陽	潮陽直浦[illegible]	該局有關檔案無存無法根查
SS/y266	2-12-41	y1997	150.00	陳舌水	〃	[illegible]	
SN/y264	25-11-41	y2221	100.00	徐恭母	平遠	[illegible]中街头	遍查相關局檔并無[illegible]
SS/y270	6-12-41	y2060	140.00	林竹之	棉湖	棉湖广泰	該局相關檔案確係於抗戰[illegible]淪陷時散失無法根查

存備 [illegible] 3/9/38

68

SEP. 2 1949

99

郵務視察李恒作複查前惠陽分發局戰前未了僑滙詳情表（[illegible]）

滙款表	日期	滙款簿	國幣	收款人	兌付局	收款人住址	視察員複查情形
PE/Y508	2-12-41	YA 1456	5.00	蔡礼聰	陽江	丰順湯坑心上大湖圳	該局相關帳冊均已遺失無從核查
1Y260	25-11-41	Y 1911	100.00	彭華耀	丰順	丰順湯坑龍崗市	該局所存僑滙檔案確無各該僑滙節目
1Y260	25-11-41	Y 1912	100.00	刘化母	〃	丰順隔陞市東聯鄉長田村	
1Y507	1-12-41	Y 1764	250.00	丘河順	〃	丰順隔陞市	
1Y508	2-12-41	YA 1459	100.00	楊成旺	〃	丰順湯田圩大竹窩…	

SEP. 10 1949

对侨43 2.

69

89

邮务视察李恒作复查前惠阳分发局战前未了侨汇详情表（一九四九年九月十日）

邮务视察骆润福复查前惠阳分发局战事未了侨汇详情表（一九四九年十月十四日）

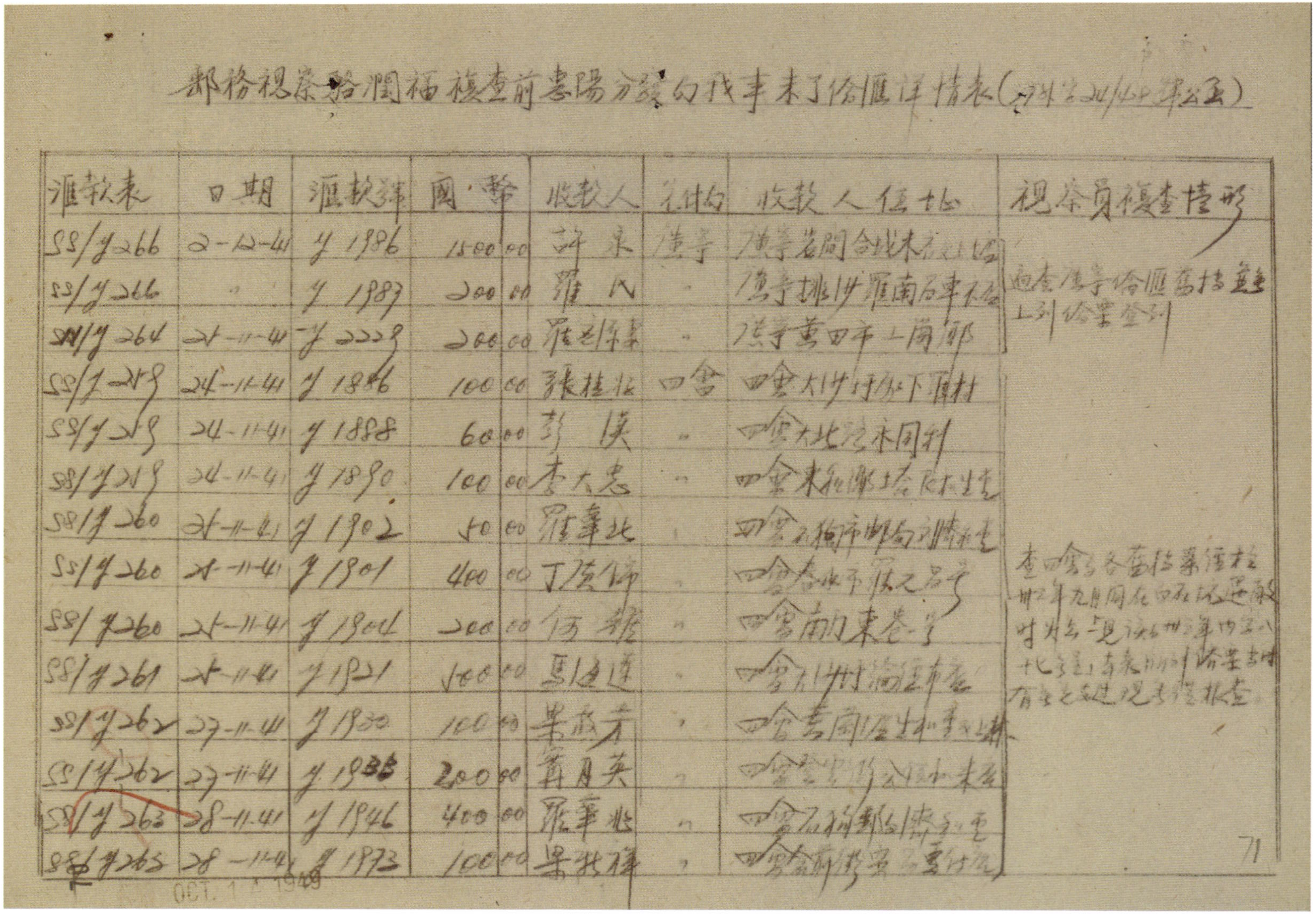

郵務視察駱潤福複查前惠陽分發局戰事未了僑匯詳情表（[illegible]）

匯款表	日期	匯款號	國幣		收款人	[illegible]	收款人住址	視察員複查情形
SS/Y266	2-12-41	Y 1986	1500	00	許來	[illegible]	[illegible]	函查[illegible]僑匯[illegible]上列給案[illegible]
SS/Y266	〃	Y 1983	200	00	羅八	〃	[illegible]	
SS/Y264	24-11-41	Y 2229	200	00	羅[illegible]	〃	[illegible]	
SS/Y259	24-11-41	Y 1886	100	00	張桂枝	四會	四會大沙[illegible]	
SS/Y259	24-11-41	Y 1888	60	00	彭[illegible]	〃	四會大北[illegible]同利	
SS/Y259	24-11-41	Y 1890	100	00	李大忠	〃	四會[illegible]	
SS/Y260	24-11-41	Y 1902	50	00	羅華比	〃	四會[illegible]	查四會各[illegible]
SS/Y260	24-11-41	Y 1901	400	00	丁[illegible]	〃	四會[illegible]	
SS/Y260	25-11-41	Y 1904	200	00	何[illegible]	〃	四會南[illegible]	
SS/Y261	25-11-41	Y 1921	100	00	馬[illegible]	〃	四會[illegible]	
SS/Y262	27-11-41	Y 1930	100	00	畢啟芳	〃	四會[illegible]	
SS/Y262	27-11-41	Y 1938	200	00	[illegible]月英	〃	四會[illegible]	
SS/Y263	28-11-41	Y 1946	400	00	羅華[illegible]	〃	四會[illegible]	
SS/Y265	28-11-41	Y 1973	100	00	畢[illegible]祥	〃	四會[illegible]	

OCT. 1 4 1949

71

郵務視察駱潤福複查前惠陽分發向我未了僑匯詳情表（[illegible]）

匯款表	日期	匯款號	國幣	收款人	兑付局	收款人住址	
SS/Y266	2-12-41	Y1889	50.00	鍾培	四會	四會地豆村澤昌蘇杞	查四會局各舊挂號係於卅三年九月間由白石坑遇敵時失去，是該局卅三年内寄入十七號。本表所列僑案，當時有無送交，过退多待根查。
SS/Y266	2-12-41	Y1995	500.00	鄧鑑彬	〃	四會塔崀村松生麩官田枝	
SS/Y270	6-12-41	Y2012	100.00	潘森	〃	四會新隆墟何培記	
SS/Y270	17-12-41	Y2066	100.00	彭啟宜	〃	四會大北路匯豐長	
PE/Y506	29-11-41	Y1758	100.00	邱金來	〃	四會塔崀虎背塘	
PE/Y506	29-11-41	Y1761	200.00	楊氏	〃	四會東門外	
PE/Y506	29-11-41	Y1762	210.00	王鳳娣	〃	四會黃亭石閘	
PE/Y508	2-12-41	YA1650	100.00	吳月娣	〃	四會江谷村仁壽里	
PE/Y509	2-12-41	Y1771	200.00	吳彩英	〃	四會江谷村州塞	
PE/Y511	3-12-41	Y1736	100.00	黃土水	〃	四會陶鋪彩保記林	

七

72

邮务视察萧啸农复查前惠阳分局战事未了侨汇详情表（一九四九年十月十四日）

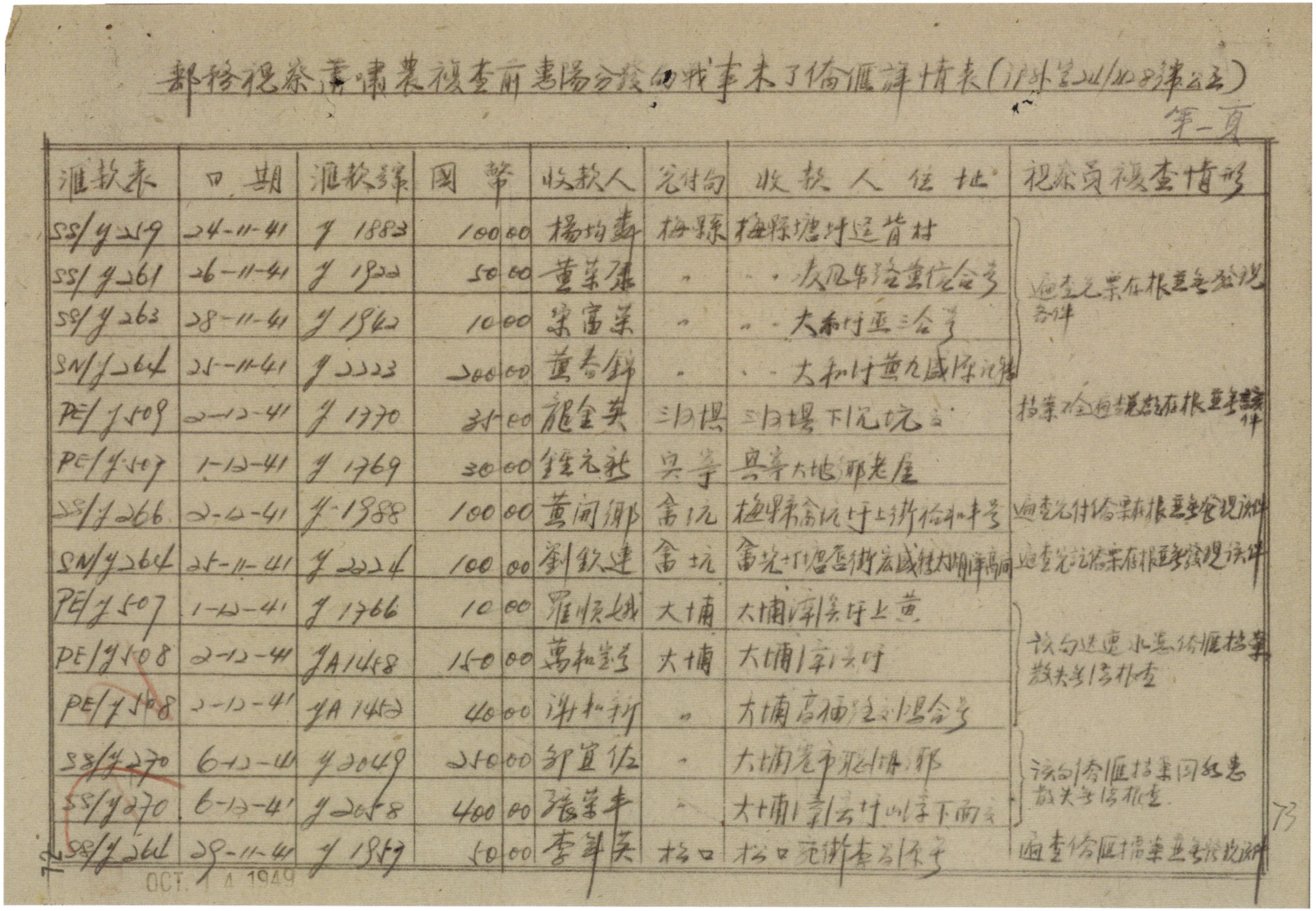

邮务视察萧啸农复查前惠阳分局战事未了侨汇详情表（沪外字24/1028号公函）

第一页

汇款表	日期	汇款号	国币	收款人	兑付局	收款人住址	视察员复查情形
SS/Y219	24-11-41	Y 1883	100 00	杨均寿	梅县	梅县塘坑逕背村	遍查兑票存根并无发现各件
SS/Y261	26-11-41	Y 1922	50 00	黄荣康	〃	〃〃大凡第路黄信合号	
SS/Y263	28-11-41	Y 1962	10 00	宋富荣	〃	〃〃大和圩亚三合号	
SN/Y264	25-11-41	Y 2223	200 00	黄春锦	〃	〃〃大和圩黄九盛隆记号	
PE/Y509	2-12-41	Y 1770	35 00	龙金英	三河坝	三河坝下沉坑乡	档案不全遍搜存根并无发现该件
PE/Y507	1-12-41	Y 1769	30 00	钟元新	兴宁	兴宁大地乡老屋	
SS/Y266	2-12-41	Y 1988	100 00	黄同乡	畲坑	梅县畲坑圩上街裕和丰号	遍查兑付侨票存根并无发现该件
SN/Y264	25-11-41	Y 2224	100 00	刘钦达	畲坑	畲坑圩[illegible]	遍查兑付侨票存根并无发现该件
PE/Y507	1-12-41	Y 1766	10 00	罗顺娥	大埔	大埔漳溪圩上黄	该局迭遭水患侨汇档案散失无从补查
PE/Y508	2-12-41	YA1458	150 00	万松宝	大埔	大埔[illegible]	
PE/Y508	2-12-41	YA 1452	40 00	谢松行	〃	大埔高陂[illegible]合号	
SS/Y270	6-12-41	Y 2049	250 00	邹宜佑	〃	大埔[illegible]	该局侨汇档案因敌患散失无从补查
SS/Y270	6-12-41	Y 2058	400 00	张荣丰	〃	大埔[illegible]	
SS/Y266	29-11-41	Y 1857	50 00	李年英	松口	松口[illegible]	遍查侨汇档案并无发现该件

72

73

OCT. 14 1949

郵務視察肅處複查前惠陽分發局戰事未了僑匯詳情表（1/務字24/408；第23區）

第二頁

匯款表	日期	匯款號碼	國幣	收款人	兌付局	收款人住址	視察員複查情形
S8/Y264	29-11-41	Y1849	30.00	楊業兆	松口	松口國光中學初中部	迭查僑匯檔案並無發見此件
S9/Y264	25-11-41	Y2215	500.00	黃萬東	〃	松口隆文圩協盛杉號	

74

邮务视察俞景濂复查前惠阳分发局战事未了侨汇详情表（一九四九年十月十四日）

郵務視察俞景濂複查前惠陽分發局戰事未了僑匯詳情表（附[illegible]字24/408號公函）

匯款表	日期	匯款號碼	國幣	收款人	兌付局	收款人住址	視察員複查情形
SS/Y266	2-12-41	Y 2003	50.00	何澤九	惠陽	惠州汝湖鄉[illegible]	惠陽局相關檔案被毀，該項僑匯已否兌付無從查悉。
SS/Y267	2-12-41	Y 2015	150.00	曾白新	〃	惠陽[illegible]橋合益利號	
PE/Y506	28-11-41	Y 1359	50.00	陳法松	惠陽	惠陽下渡村	
PE/Y508	2-12-41	YA 1447	100.00	鄒天松	〃	惠州[illegible]	
PE/Y508	2-12-41	YA 1443	500.00	朱春芬	〃	惠州三[illegible]新村[illegible]	
PE/Y507	1-12-41	Y 1363	40.00	朱亞祥	淡水	惠陽白花村[illegible]	
SS/Y260	25-11-41	Y 1895	54.00	蔡[illegible]	常平	東莞常平村上村[illegible]	常平局檔案散失不全，該項僑匯檔案翻查不着，故已否兌付無從查悉。
SS/Y260	25-11-41	Y 1903	300.00	羅達駒	〃	東莞常平[illegible]	

广东邮区储汇寿险业务概况报告并改进侨汇意见（一九四九年十一月三十日）

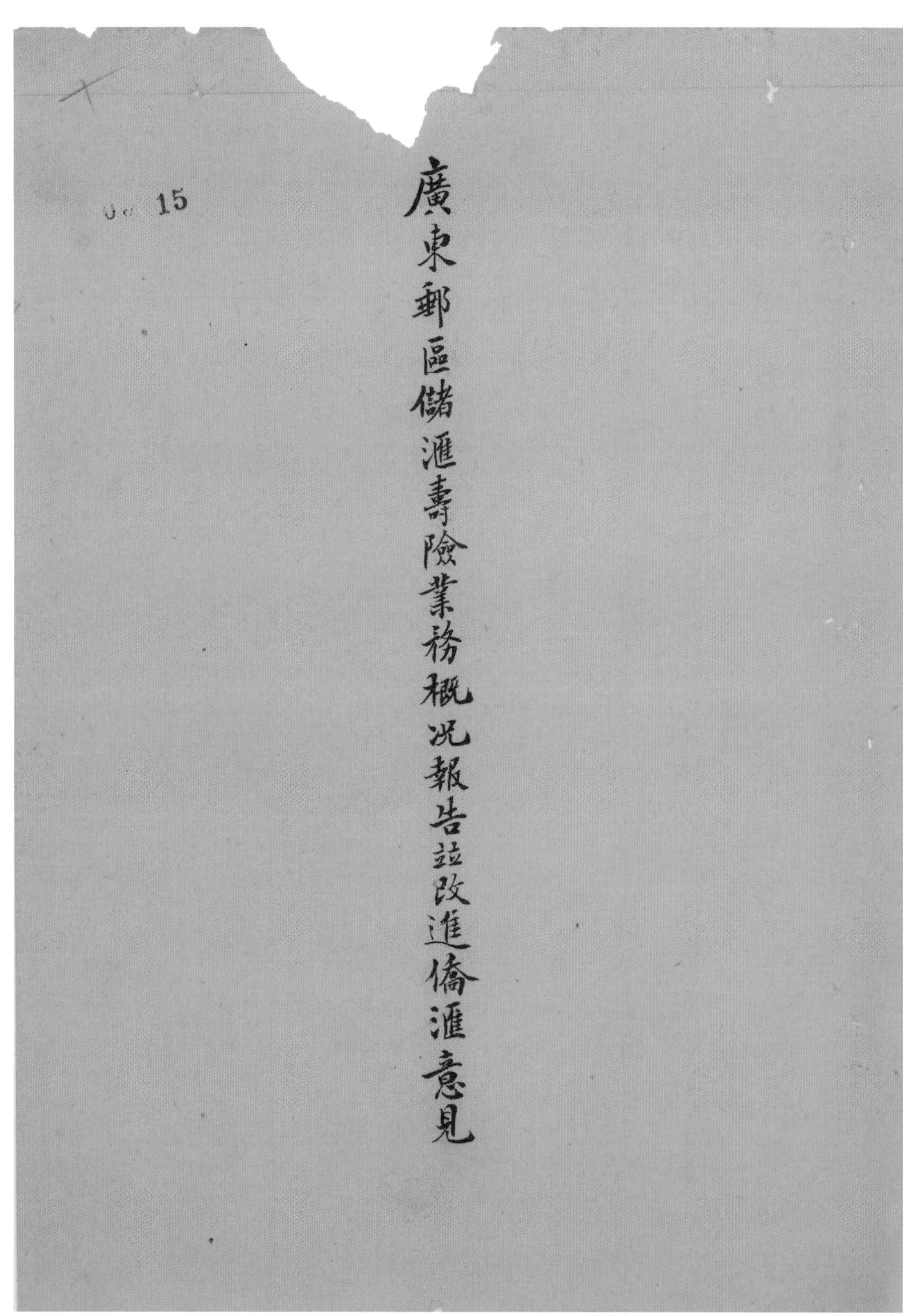

16甲

儲金業務概況

本區儲金業務，原頗發達，但自去年九月份以後，因偽金圓券開始崩潰以後，人民對偽幣之信仰，完全喪失，儲金業務為之急激下降，一年以來，均在半停頓中。本區自解放後，儲金業務暫停辦理。茲將本區各種儲金本年十個月與去年十個月存提款額，列表附閱。

郵政公事用紙　第　頁

300,000/13.vi.29.

00 18

廣東郵區各種儲金今年十個月與去年十

1948年 1－10月

月份	提款	存款	结餘	提款次數	存款次數	户數
1	法幣 16,448,188,212·18	20,463,022,397·62	7,426,852,628·42	2,493	2,254	49,760
2	" 21,636,748,301·88	24,102,303,757·64	9,892,408,084·18	2,057	1,811	49,826
3	" 29,747,632,457·05	40,350,734057·92	20,495,509,685·05	1,575	1,475	50,103
4	" 55,024,755,090·07	49,133,680,571·93	14,604,435,166·91	2,673	1,829	50,235
5	" 98,762,762,089·23	102,206,310,738·36	18,047,983,816·04	4,597	2,116	50,206
6	" 138,589,919,820·49	172,548,060,582·83	52,006,124,578·38	6,417	3,477	50,165
7	" 119,550,136,608·94	129,986,062,720·26	62,442,050,689·70	2,793	1,952	50,192
8	金圓券 85,642·74	97,584·18	32,755·48	3,223	1,367	50,233
9	" 136,936·31	217,347·49	113,166·66	1,928	1,082	50,330
10	" 187,564·02	290,493·69	216,096·33	555	921	50,521
共計	法幣 479,760,142,579·84	538,790,174,826·56		28,311	18,294	50,521
	金圓券 410,143·07	605,425·36				

儲金组组長 ________ 儲滙股股長

個月存款提款款額及次數比較表

1949年 1－10月

提款	存款	結餘	提款次數	存款次數	户數
金圓券 5,502,602.33	5,818,108.59	1,145,210.88	649	619	50,770
〃 23,536,958.04	34,345,689.96	11,953,942.80	364	707	50,919
〃 59,846,163.20	109,742,106.91	61,849,886.51	426	801	50,905
〃 230,838,372.67	334,104,903.03	165,116,416.87	314	583	50,919
〃 1,592,071,847.44	19,391,862,079.74	17,964,906,649.17	175	304	50,922
〃 29,718,989,908.99	286,180,236,871.33	274,426,153,611.51	36	87	50,924
銀圓 493.83	10,032.03	10,087.15	29	47	50,925
〃 19,117.16	14,354.64	5,324.63	24	21	51,006
〃 13,769.31	14,124.73	5,680.05	41	26	51,007
〃 8,120.78	22,120.36	19,679.63	39	78	51,042
金圓券 31,630,785,852.67	306,056,109,759.56		2,097	3,273	51,042
銀圓 41,501.08	60,631.76				

財務幫辦

17〔文一5甲〕

匯兑業務狀況

（一）本省解放以前一二年間因一般情形比較北方各地安定，廣州汕頭為華南商業重鎮，各省多來採辦貨物，游資大量南流，又以梅縣、興寧一帶東江地方旅外人士甚衆，贍家匯款極多，故匯兑方面，向為匯入兑超，尤以對滬、蘇、贛、桂等區為甚，而則因申匯低跌（即在解放後之今日由穗經由商業行號匯申、京、津、漢等地每千元仍須貼水二三百元不等）郵局難與商業行莊作有利競爭，無法攬收外匯款，結果致使本區匯兑資金異常短絀，本局為適應當時情況，除請外匯各局嚴限匯粵限額外，又求自力更生，謀取省內匯兑之發展，擇省內商業繁盛及交通便捷地點，如汕頭、曲江、海口、湛江市、南雄等地儘量互攬大宗匯款，利用交通工具之利便，以低廉成本運現博取優厚之匯水利潤，在

第　頁

郵政公事用紙

200.000/1.v.29.

19

[文一5甲]

當時偽政權時期，金融紊亂，幣值極不穩定，故當時匯兑業務情况難以匯兑數額作具體比較，惟本年三四月間，全區各局開發及兑付匯票張數均達六萬張之最高紀錄，其發達情形，可以概見。附列本區上半年及本年一至十月份匯兑概况表，以資比較。

(二)匯兑業務之發達有助於各地物資交流，對於促進發展生產，關係亦鉅，故本局今後除對各種匯票業務迅速恢復辦理，以利溝通各地金融便利人民外，對省內大宗匯兑，仍將根據以前經驗，尋求發展，一面期望 部局對基金一項多予協濟，以資週轉。

郵政公事用紙　　第　頁

200,000/1. v. 29.

21

1948年	開	發		兌	付
月份	張數	匯款	匯費	張數	款額
一月	45496	31,901,016,528.00	1,330,875,292.00	49702	32,390,554,800.00
二月	50898	35,164,773,100.00	1,632,176,028.00	60377	48,128,170,400.00
三月	33327	49,452,749,500.00	2,516,618,162.00	45090	52,605,991,100.00
四月	46413	60,878,121,279.84	3,009,677,616.90	53317	84,869,793,951.20
五月	49470	129,302,990,000.00	6,944,706,900.00	56137	122,305,773,500.00
六月	60666	176,710,235,600.00	9,760,161,830.00	68486	198,157,694,600.00
七月	51835	238,845,379,600.00	13,815,021,700.00	59737	260,569,492,200.00
八月	50162	G.Y.139,035.37	G.Y.7,435.86	55144	G.Y.136,628.66
九月	54271	G.Y.352,858.34	G.Y.17,877.06	62175	G.Y.289,573.63
十月	48841	G.Y.723,228.06	G.Y.31,601.82	60822	G.Y.646,725.10
總計	491379	722,255,265,607.84 G.Y.1,215,121.77	39,009,237,528.90 G.Y.56,914.74	570987	799,027,470,551.20 G.Y.1,072,927.39

匯兌組組長

20

92	1,633,735,000.00	9,653,000.00	380	1,670,960,300.00	841	23,704,592,700.00
78	2,343,769,000.00	17,152,700.00	317	2,847,224,860.00	743	21,330,442,400.00
62	2,594,336,000.00	30,038,800.00	139	1,998,491,800.00	789	51,363,916,700.00
88	2,230,522,719.00	35,908,328.00	200	2,362,963,822.10	668	77,435,236,600.00
92	4,484,556,975.00	86,678,000.00	164	5,457,333,549.00	975	179,564,958,400.00
107	7,129,439,993.00	144,631,000.00	205	7,659,142,993.00	926	158,431,698,000.00
164	10,530,018,800.00	243,569,000.00	216	10,198,502,300.00	1148	444,310,020,000.00
225	G.Y.8,481.46	G.Y.146.35	277	G.Y.6,239.62	754	G.Y.99,643.48
350	G.Y.31,816.87	G.Y.501.56	400	G.Y.34,168.44	777	G.Y.157,012.69
431	G.Y.40,235.32	G.Y.701.66	485	G.Y.44,356.07	1081	G.Y.647,074.57
1683	30,946,378,487.00 G.Y.80,533.65	567,620,828.00 G.Y.1,349.57	2683	32,194,619,624.10 G.Y.84,764.13	8702	956,140,864,800.00 G.Y.903,730.74

儲滙股股長

542,001,500.00	657	9,613,301,834.00	13	23,385,000.00	87	118,909,700.00	2,248,242.00	10	15,629,000.00
467,633,600.00	1096	30,770,596,200.00	41	76,889,900.00	86	157,217,300.00	1,651,248.00	14	16,720,400.00
1,157,541,900.00	966	42,156,839,372.00	27	118,576,900.00	51	105,123,400.00	2,227,100.00	27	54,126,900.00
1,453,083,000.00	931	82,243,108,100.00	19	107,084,000.00	118	302,645,300.00	10,973,900.00	21	107,551,000.00
4,594,462,500.00	960	113,040,802,008.00	10	185,620,000.00	140	647,236,800.00	20,370,000.00	19	330,444,960.00
5,150,410,000.00	1359	207,171,866,000.00	10	100,865,000.00	93	700,402,400.00	27,258,000.00	26	376,925,000.00
29,442,957,000.00	1175	217,127,718,000.00	22	443,339,800.00	68	554,054,000.00	15,081,000.00	34	631,687,000.00
G.Y.7,524.40	945	G.Y.123,170.83	13	G.Y.229.59	64	G.Y.453.82	G.Y.19.71	24	G.Y.154.16
G.Y.3,468.20	777	G.Y.268,219.78	14	G.Y.1,617.95	53	G.Y.1,087.63	G.Y.39.17	12	G.Y.100.16
G.Y.9,371.71	1064	G.Y.307,131.04	15	G.Y.600.52	114	G.Y.6,237.75	G.Y.128.91	17	G.Y.157.13
42,808,089,500.00 G.Y.20,364,31	9930	702,124,231,514.00 G.Y.698,521.65	184	1,055,760,600.00 G.Y.2,448.06	674	2,585,588,900.00 G.Y.7,779.20	79,809,490.00 G.Y.187.79	204	1,533,084,260.00 G.Y.411.[illegible]5

財務部[illegible]

104,051.28	1257	12,200,922.23	1,012,406.51	971	7,312,425.47	28	87,88050	27	4,992.86	304.05	7	871.10
34,264,480.50	1148	67,620,211.63	4,348,548.95	961	57,254,887.24	14	343,540.00	13	9,643.83	149.50	2	356.33
4,284,729.98	603	123,105,547.13	7,951,045.00	521	153,780,604.33	33	1,106,680.00					
321,212,574.51	427	1,828,590,087.34	128,252,859.00	409	1,302,174,893.43	11	5,625,570.00	3	18,749.00	1,200.00		
4,243,300,340.00	238	2,471,958,237.00	2,100,905,110.00	1456 *1	3,410,986,677.00 *400.00	10	542,894,100.00	3	7,847.00	2,781.00		
3,251,773,400.00	*2	133,286,900,000.00 *2,016.00	72,018,000.00 *222.10	7 *9	1,821,900,000.00 *3,300.00	*7	513,233,000,000.00 *155.00	1	27,000.00	5,940.00		
2,511,509,200.00				1	400,000,000.00							
*0.01	*37	*1,999.00	*89.58	*56	*6,719.00	*29	*902.32	1	*35.00	*1.86		
*2,678.00	*78	*4,979.00	*148.71	*72	*5,806.00	*7	*121.40					
*2,902.38	*80	*5,527.00	*157.05	*72	*11,123.46	*8	*271.48					
10,366,448,776.27 *5,580.39	3883	7,790,375,005.33 *14,523.00	2,314,487,919.46 *615.44	3225	67,153,409,487.47 *27,348.46	152	13,783,057,770.50 *1,480.20	48	68,232.69 *35.00	10,374.55 *1.86	9	1227.43

22 21

廣東郵區1949年一月至十月匯兌業務概況表

1949年	小額匯票					高額匯票				
	開發			兌付		開發				
月份	張數	匯款	匯費	張數	款額	張數	匯款	匯費	張數	
一月	59262	11,969,118.63	1,148,728.12	65935	9,634,674.64	38	74,572.55	2,905.50	125	
二月	46644	34,843,190.32	3,662,549.29	61099	21,187,659.95	56	511,287.75	5,674.50	147	
三月	36518	111,871,645.59	10,466,029.50	43069	96,249,165.40	146	5,144,646.60	349,839.00	146	
四月	28910	689,576,132.59	48,645,429.94	34418	1,113,873,142.41	98	38,765,317.00	1,400,393.00	191	
五月	17694	10,497,801,274.00	863,274,331.00	14831	4,866,569,761.00	136	2,889,079,884.00	164,014,200.00	106	
六月	*135 1097	*1,477.00 5,923,205,730.00	*196.56 581,016,515.00	*95 1101	*981.00 4,379,473,849.00	50	3,561,750,200.00	211,014,000.00	38	
七月	*1008 534	*12,457.00 2,077,588,255.00	*860.36 249,441,937.00	*746 94	*9,884.36 3,471,605,340.00	22	2,066,580,000.00	289,056,000.00	33	
八月	*2576	*34,189.40	*2,239.08	*2375	*34,672.49				1	
九月	*3620	*58,457.21	*3,377.84	*3245	*58,89031				2	
十月	*2467	*46,366.63	*2,615.16	*2960	*56,433.90	*3	*2,219.00	*40.95	*11	
總計	200465	19,346,855,346.13 *152,947.24	1,757,655,519.92 *9,289.00	229968	13,958,593,592.40 *160,862.06	549	8,561,905,907.90 *2,219.00	665,843,012.00 *40.95	800	

註 凡有*者係銀元本位 其餘係金圓匯票

匯兌組組長

儲匯股股長

〔文一5甲〕

僑匯業務狀況

一、本區在未解放前，僑匯分發局計有廣州汕頭江門海口四處，現祇有廣州及汕頭兩處，因海口尚未解放，江門分發局於本年九月裁撤，所轄局所歸併廣州分發局管內。

二、本區開發小額僑匯計本年一月至十月為三、一四三件（見附表）與上年同期開發一九、六二九件（見附表）比較本年所辦僑匯數量減退六倍有餘，其衰落之主要原因為此時期內，偽國民政府屢續發行偽法幣偽金圓券偽銀圓券等貨幣，其價值逐日低落，而偽中央銀行公佈之兌換牌價與市上黑市價率，大相懸殊，海外僑胞為切身利害關係，寧將匯款改匯香港，轉返家鄉，經由郵局之僑匯，遂至一蹶不振。

第一頁

郵政公事用紙

24 23

[文—5甲]

第二頁

三、廣州自解放後，因交通多未恢復，南洋一帶之外匯比率尚無正式規定，該地帶之華僑銀行與本局尚無聯系，故本局僑匯迄未恢復，至本市國泰銀行及私人銀行，亦未辦理僑匯業務。

四、在解放前，汕頭經辦僑匯數量大約及本局所辦者七成之數，該地有批信局一一六間，亦辦理僑匯業務，惟匯款回批經郵局寄遞，該項郵資為數不菲，自解放後，汕頭軍管會已制定「汕頭僑批管理暫行辦法」施行，批信局將所收僑匯按當日牌價售給中國人民銀行汕支行（中國銀行專辦售結外匯）同時批信局將批信向銀行支行加蓋「僑匯免税」印戳，因牌價適合商情，售給僑匯頗具成績，關於汕段內現可投派僑匯的地方有潮安、澄海、饒平、潮陽、普寧、揭陽、惠來、海豐、陸豐、豐順等縣。附汕頭軍管會「公佈汕頭僑批管理暫行辦法」抄本一份

郵政公事用紙

200,000/1.v.29.

25

24

[文—5甲]

關於僑匯意見

（甲）請開辦原幣僑匯以維僑眷利益案

理由：多數僑胞因以往外幣步步高漲，在原地交匯時所訂之匯率與兌款時外幣之市價相差過遠，乃轉購港幣或金單以免虧損，此為僑匯逃港之原因。若能開辦原幣僑匯，實為最合理之對策。

辦法：（一）由原承匯銀行以原日交匯外幣數目開列匯票上，所收匯水亦同樣開列，以便清算。

（二）由分發局按所在地外幣對人民幣之市價兌換率，加列應兌人民幣數目（內應扣除由分發局開至兌付局之匯水），然後分發各兌付局照兌。

郵政公事用紙

第一頁

200,000/1.v.29.

26 25

[文—5甲]

(乙)關於僑匯款項，擬迅予調撥並預撥僑匯基金，以資適應案

理由：查僑匯業務之萎縮，實由於兌付遲緩，而兌付遲緩，實由於儲匯局對於僑匯款項，未能迅速調撥，以致協款不繼，頭寸短絀，在管理局方面，因協款不足，且屢遭愆期，故領到後，轉發各局備兌，已需相當時日，更因不能如數協足當局，有時又因銀行拒收大宗匯款（如東莞等地）致不能盡量匯撥，復至一批僑款尚未清兌，而另一批又接踵繼至，愈積愈多，延緩更甚，為改善起見，擬採下列辦法。

辦法：(一)於收到銀行寄來僑匯清單後或通知書後，即照數(調)撥各匯局頭寸，以便轉協應兌。

(二)請撥付僑匯基金與匯局及分局，再由匯局及分局以適當數目預

郵政公事用紙　第二頁

200,000/1. v, 29.

27 26

[文—5甲]

付準備局（目前交通未便，治安欠佳，運現困難，而由銀行匯駁，則以頭寸關係，每不能即兌，故必須預付準備局一部，以便隨時就近補充兌付局基金）及兌付局，此項基金指定為備兌僑票之用，嚴令各兌付局票到即派，並隨即將核派數目報請準備局補回已派差額，長期保持原有預發基金之數，各準備局及匯局分局亦應同樣辦理，隨時請協補充。

（三）東江潮汕一帶各準備局所需僑款，因匯撥困難，擬請仍照向例由香港分局運現至汕頭局轉協，以資快捷。

第三頁

郵政公事用紙

200,000/1. v. 29.

邮务视察骆润福复查前惠阳分发局战前未了侨汇详情表（一九四九年）

郵務視察駱潤福複查前惠陽分發局戰前未了僑滙詳情表（滬字24/428號公函）

第一頁

滙款表	日期	滙款號	國幣		收款人	兌付局	收款人住址	視察員複查情形
SS/Y270	6-12-41	Y2053	1,011	10	冼耀南	高要	高要金洲圩蟠龍村南社	高要局卅五年以前存檔業已散失無存所列僑票當時有無收兌過確無法根查
PE/Y505	29-11-41	YA1445	21	10	劉振堯	〃	高要禄步華廣圩北斗村東埠頭	
PE/Y508	2-12-41	YA1455	125	10	鄧熙炳	〃	〃 〃 泰成圩新泰號	
SS/Y260	25-11-41	Y1910	100	00	羅興發	芦苞	清遠下西角羅屋村	查芦苞局舊檔前於卅四年戰事緊張時移存四會各代辦所因同年該處事變發生大火所有移存之檔案均被焚去業經該局於卅五年二月駁復字第三號呈呈報有案故本表所列各僑票當時有無收兌過確無法根查
SS/Y261	25-11-41	Y1923	50	00	莫仲佐	芦苞	三水永安鄉蓮塘村北社	
SS/Y261	25-11-41	Y1924	100	00	董帶好	〃	三水永平圩何發東	
SS/Y261	25-11-41	Y1925	300	00	徐嬌	〃	三水永寧鄉華田村南頭	
SS/Y261	25-11-41	Y1927	300	00	黃桂嬌	〃	三水永寧鄉華田村	
SS/Y262	27-11-41	Y1929	300	00	蔡廷槐	〃	三水芦苞圩独樹崗	
SS/Y262	27-11-41	Y1931	100	00	謝紹成	〃	三水芦苞大宜崗前巷	
SS/Y262	27-11-41	Y1932	300	00	寫亞順	〃	花縣達坊鄉叢珍茶樓	
SS/Y262	27-11-41	Y1934	30	00	李浩琼	〃	三水芦苞丰田七约東大二巷	
SS/Y262	27-11-41	Y1935	100	00	譚廷俊	〃	三水芦苞新譚基叢桂里	
SS/Y262	27-11-41	Y1938	400	00	紀膳喜	〃	三水芦苞李洲生記曹福基	
SS/Y262	27-11-41	Y1939	70	00	黃伯張	〃	三水永寧鄉華田村南向	
SS/Y259	24-11-41	Y1878	110	00	黃樹保	〃	三水永治鄉陆唐边村	
SS/Y259	24-11-41	Y1879	300	00	李秀山	〃	三水永寧鄉華田村	
SS/Y259	24-11-41	Y1880	50	00	謝廣森	〃	花縣赤坭圩張廣生号	

第二頁

滙款表	日期	滙款號	國幣	收款人	兑付局	收款人住址	稽察員複查情形
SS/Y259	24-11-41	Y1884	100.00	林焯華	芦苞	花縣白泥連塘鄉	仝上
SS/Y259	24-11-41	Y1885	50.00	黄福	〃	三水永平妙坑中心社	
SS/Y259	24-11-41	Y1887	200.00	蔡庶全	〃	三水芦苞独樹崗恒昌号	
SS/Y259	24-11-41	Y1889	100.00	林清有	〃	清遠下石角民安市其昌号	
SS/Y259	24-11-41	Y1892	100.00	徐善享	〃	花縣三華村市頭德生堂	
SS/Y260	24-11-41	Y1894	100.00	黄焕	〃	花縣赤泥圩南田村	
SS/Y260	24-11-41	Y1897	100.00	駱宜本	〃	花縣白泥連塘鄉茗珍樓	
SS/Y260	24-11-41	Y1899	100.00	余渔化	〃	三水芦苞會成街[illegible]	
SS/Y260	24-11-41	Y1900	150.00	譚立休	〃	三水芦苞大布村	
SS/Y260	24-11-41	Y1907	100.00	葉學閒	〃	三水永洛鄉永平圩上村	
SS/Y266	2-12-41	Y1992	50.00	鄧焯	〃	三水永寧鄉華田村	
SS/Y266	2-12-41	Y1993	100.00	葉耀樵	〃	三水永平鄉赤坎南下村	
SS/Y266	2-12-41	Y1995	100.00	麥鉄興	〃	三水芦苞鄉滿塘村西邊巷	
SS/Y266	2-12-41	Y2000	100.00	刘光善	〃	三水永寧鄉永豐莊灣蒲崖村	
SS/Y266	2-12-41	Y2001	30.00	盧權洪	〃	三水芦苞大田頭	
SS/Y266	2-12-41	Y2002	100.00	陳波	〃	清遠下石角百昌号	
SS/Y267	3-12-41	Y2004	120.00	莫超	〃	三水芦苞永平圩蛤塘村	
SS/Y267	3-12-41	Y2008	70.00	曹新	〃	三水芦苞崗頭南大二巷	
SS/Y267	3-12-41	Y2012	110.00	蔡偕章	〃	三水樹湧鄉和昌號利家村	
SS/Y267	3-12-41	Y2014	100.00	胡松洪	〃	三水芦苞上梁塘村仙寨	

63

第三頁

匯款表	日期	匯款號	國幣	收款人	爰付局	收款人住址	視察員複查情形
SS/y270	6-12-41	y2050	120.00	葉巧玲	芦苞	三水大塘下坊村前街北頭巷	
SS/y270	6-12-41	y2057	50.00	韓彬	〃	三水芦苞石頭江村基頭巷	
SS/y270	6-12-41	y2061	200.00	蔡凌林	〃	三水芦苞独樹崗恒昌號	
SS/y264	29-11-41	y1958	100.00	任柳棠	〃	花縣赤泥圩悅來之評發米	
SS/y264	29-11-41	y1960	100.00	周琼閒	〃	花縣赤泥圩万盛街橫巷	
SS/y264	29-11-41	y1962	120.00	刘模芳	〃	三水永寧鄉永豐品至李屋村	
SS/y264	29-11-41	y1964	200.00	潘仕林	〃	三水東區花湖圩合記号	
SS/y264	29-11-41	y1963	110.00	莫崇佳	〃	三水永寧鄉鈴塘村北頭村搭	
SS/y264	29-11-41	y1965	150.00	潘杞瑞	〃	三水芦苞下塘東向	仝上
SS/y264	29-11-41	y1966	500.00	盧陵華	〃	三水芦苞大晏之二巷	
SS/y264	29-11-41	y1969	200.00	駱詩薏	〃	三水芦苞湖圩佐秀卷之大富村	
SS/y264	29-11-41	y1971	100.00	蔡氏	〃	花縣炭步鄉向交如意祥號	
SS/y264	29-11-41	y1972	120.00	葉佳泉	〃	三水芦苞楼崗底南向中巷	
SS/y266	2-12-41	y1985	100.00	劉瑞好	〃	三水芦苞刘金長岸村北巷	
SS/y266	2-12-41	y1990	400.00	關三妹	〃	三水芦苞独樹崗村生昌號	
SS/y266	2-12-41	y1991	100.00	蔡佐韶	〃	三水芦苞独樹崗恒昌號	
SS/y262	27-12-41	y1940	400.00	林有佑	〃	三水大塘林仁厚里	
SS/y262	27-12-41	y1941	110.00	楊亞四氏	〃	三水芦苞長岸村蒋基村邊巷	
SS/y263	28-12-41	y1943	400.00	陳景珍	〃	三水芦苞底雅崗林東北横新屋	
SS/y263	28-12-41	y1945	150.00	蔡閔志	〃	三水芦苞葉洲村北向中巷	

64

67

第四頁

滙款表	日期	滙款號	國幣	收款人	分發局	收款人住址	稽察員複查情形
58/y263	28-11-41	y1948	50.00	葉玉桐	芦苞	三水芦苞東河永經鄉桂崗南豐社	仝上
58/y263	28-11-41	y1950	100.00	鄧甫机	〃	三水芦苞馬石崗下社榮祥里	
58/y263	28-11-41	y1951	120.00	莫艳張	〃	三水永亭鄉草田村黄閩閣	
58/y263	28-11-41	y1952	300.00	詹潤荟	〃	三水芦苞欧边前巷	
58/y263	28-11-41	y1953	200.00	冼二婚	〃	三水獨樹崗鄉巾 澗營	
58/y263	28-11-41	y1954	100.00	黄有玲	〃	三水芦苞虎眼崗上村	
58/y263	28-11-41	y1955	200.00	潘新有	〃	三水大塘圩	
58/y264	28-11-41	y1956	100.00	葉日桐	〃	三水芦苞葉崗北向中閘庵	
58/y263	24-11-41	y2205	50.00	善基田	〃	三水芦苞圩華縯坊奥仁里	
58/y265	26-11-41	y2230	60.00	黄嘉桐	〃	三水芦苞迎龍街安懿里	

65

广东邮区一九四九年开发侨汇数目表（一九四九年）

29 78

廣東郵區一九四九年開發僑匯數目表

月份	件數	款數		備考
一月	1300	金圓券 689,057	02	
二月	766	〃 1,678,157	30	
三月	605	〃 5,805,457	35	
四月	270	〃 14,811,140	00	
五月	153	〃 267,315,880	00	
六月	40	〃 262,085,000	00	
七月	7	〃 100,800,000	00	
八月	無	無		
九月	2	銀圓券 42	85	
十月	無	無		
共計	金圓券 3141 銀圓券 2	金圓券 653,184,691 銀圓券 42	67 85	

汕头段一九四九年份已挂号批信局详情表（一九四九年）

汕頭段三十八年份已掛號批信局詳情表

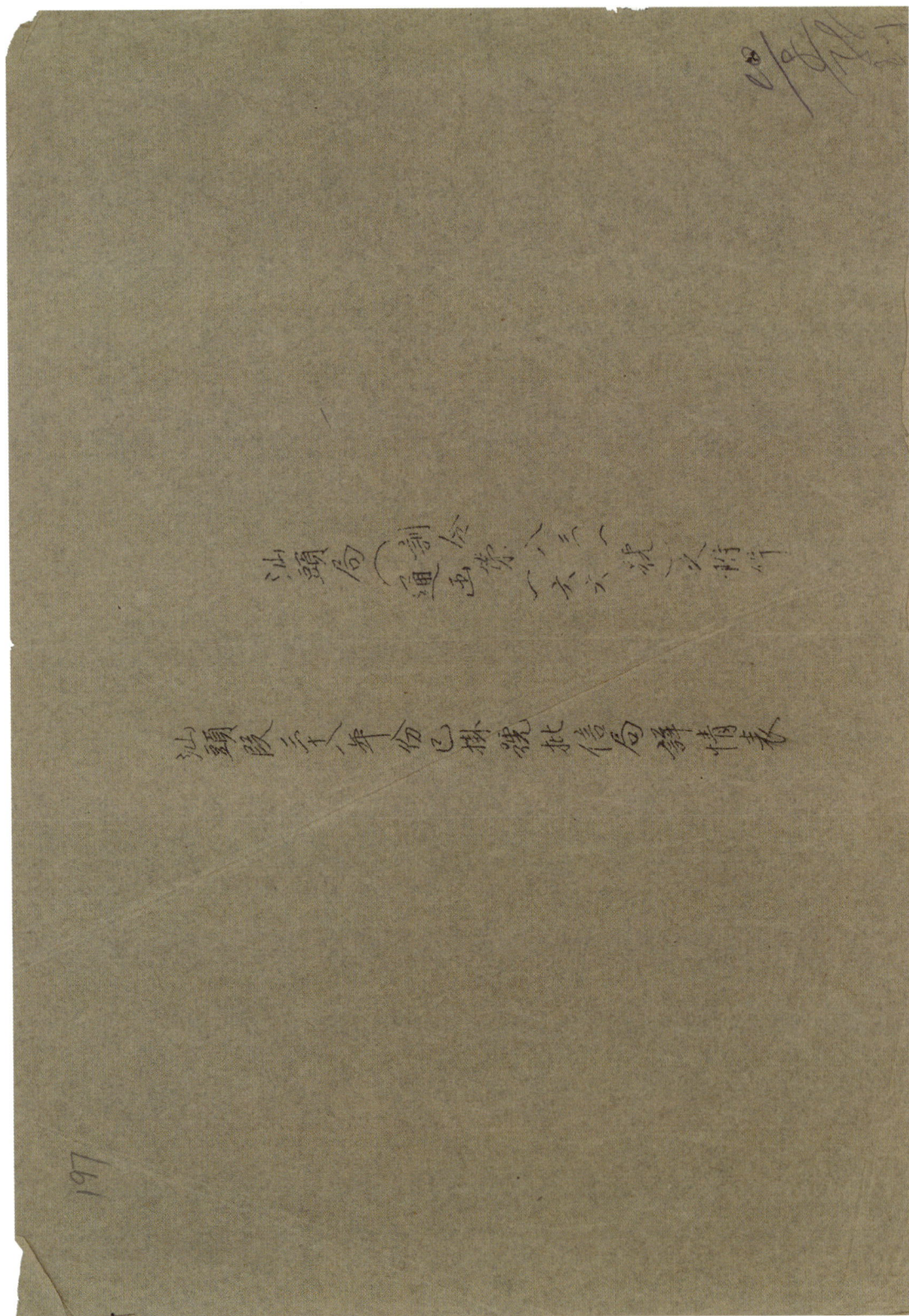

编号 ~~191~~ 198

批信局名稱	地方	營業人姓名	執照號碼
賴福記	汕頭	謝誠豐	二八
鍾孚順	汕頭	張伯興	二九
張[illegible]發號	汕頭	張鏡榮	三十
長發	汕頭	陳明石	三八

分號名稱	批局地方	代理人姓名
大豫	松口	李英
福記	梅縣	黃開明
福記	興寧	林李勝
福記	廣州	孫隆安
賴福記	香港	賴沅華
美華商行	盤谷	陳特華
魏啟峯	揭陽	魏啟圖
劉喜合	潮陽	劉竹船
有信	澄海	苏錫卿
永興盛	普寧	林良乾
增順	澄海	許品期
合利	潮安	潘守仁
順合泰	盤谷	賴芸圃
永興盛	盤谷	張伯海
永興盛	香港	張永光
棣通	隄岸	陳成康
洪萬興	棉湖	洪賢明
張泉利	河婆	張振群
張德豐	山口羊	張竹如
張聯通	古樓士乃	張聯成
黃德茂	新嘉坡	黃炳南
黃德茂	柔佛	黃李貞
南記	山口羊	馮麟之
廣濟生	居鑾	葉華霖
劉義泰	佩劉克	劉士賢
陳務發	金甌	陳允貞
陳四合	金甌	陳雲騰
劉喜合	潮陽	劉竹船
陳炎隆	陵江	陳雲石
光德成	揭陽	李逢祥
洪萬豐	棉湖	洪賢明
陳慶發	南山	陳明石

一頁

(49)

199

192

信局名址	設關地方	營業人姓名	分號名稱	設關地方	代理人姓名	執照號數
			旭和	檳榔嶼	陳子鐸	
			萬泰昌德茂	檳榔嶼	陳玉如	
			寶隆	怡保	陳星遠	
			錦彰	怡保	陳鍾源	
			繁榮	盤谷	陳漢瑜	
			維華成	新嘉坡	陳朝發	
			榮隆	香港	方錫堅	
			源利隆	新嘉坡	劉文鎮	
			源豐發	盤谷	林永材	
泉利	汕頭	沈宗香	同興	[illegible]市	劉進和	三六
			興利	松口	范宜洪	
			益成昌	大埔	劉達根	
			增發	三河	余呂文	
			吳達興	大麻	吳井喜	
			公和發記	公州	劉玉階	
			維記	高陂	劉燮臣	
			南生茂	梅縣	何柏生	
			信泰	高陂	何奪甫	
			兩興	揭陽	許實坤	
			慶發	潮陽	陳明石	
			萬泰和記興	新嘉坡	劉鑾和	
			志成公茂	香港	何啟慶	
			萬山樓	新嘉坡	何育卿	
			源利公司	新嘉坡	劉東維	
			合興盛	盤谷	賴鑛	
			僑兩興	檳榔嶼	倪宏楫	
			協川公司	日里	黃毓芳	
			僑兩興	香港	倪宏量	
僑得發	汕頭	鄭漢亮	吳有記	潮安	黃幼和	三六
			源隆	澄海	張文英	
			再豐	香港	黃喬生	
			祥慶	新嘉坡	蔡衍三	
			美昌	盤谷	鄭鎮藩	
			新發	新嘉坡	楊卓光	

批信局名稱	開設地方	營業人姓名
有信	汕頭	黄孝康
周生利	汕頭	鄭志道
張廣泉	汕頭	張[illegible]氏
森春莊	汕頭	魏森泰

分號名稱	開設地方	代理人姓名	批款號數
光億豐	潮陽	[illegible]竹船	四八
啟峰	揭陽	魏啟扣	
德良	揭陽	黄經通	
源合	潮陽	李偉庭	
有記	潮安	張幼初	
楊致記	棉湖	[illegible]紫秀	
許齋源	詔安	許東風	
集僑	蓮陽	陳偉	
潘合利	店市	潘貴聚	
李協成	浮洋	李茂如	
森豐	陸豐	魏應元	
信昌	饒平	王炤平	
富通	汕頭	陳濟軒	
有信	新嘉坡	黄芹生	
仁友公司	坤甸	陳鴻惠	
劉喜合	潮陽	劉竹城	四九
魏啟峰	揭陽	魏啟國	
洪萬興	揭陽	洪賢炎	
有信	澄海	苟鄉卿	
黄茂利	黄崗	黄手厚	
陳裕源	惠來	陳銘鍾	
詹恒亨	[illegible]隍	詹集秉	
周榮興	佛利光	周月波	
義利	檳榔嶼	許達年	
谷隆昌	畲坑	張文泰	五〇
裕隆昌	梅縣	張啟文	
張濚隆	興寧	張雍川	
羅進記	鹽谷	羅燮南	
德昌隆	芙蓉	吳炳安	
裕隆昌	香港	張文泰	
土庫張	[illegible]吐	張志貞	
有信	潮安	苟鄉卿	
啟峯	揭陽	魏啟圖	五一
集成	葵潭	陳國才	
成泰	東海	陳秀初	

三頁

~~194~~ 201

批信局名稱	開設地方	營業人姓名	分號名稱	開設地方	代理人姓名	執照號數
捷成	汕頭	李毓鎣	鄭明利	梅林	鄭福進	五六
			羅新發	梅林	羅勤得	
			森榮	葵潭	魏文炳	
			榮合昌	河婆	李合榮	
			森元	大平	魏文潤	
			成昌	東海	傅子標	
			昭昌	山口寨	蔡灼然	
			新成利	柔佛	黄子松	
			榮昌	柔佛	賴義昌	
			萬益祥	柔佛	黄萬事	
			茂利	柔佛	黄日東	
			惟安棧	薩拉瓦克	洪賀	
			寶昌	柔佛	魏利寶	
			新合和	麻六甲	李松清	
			廣安隆	薩拉瓦克	蔡漢雄	
			何添記	大埔	何鏡初	
			吳達興	大麻	吳井含	
			公和發記	茶州	劉玉階	
			益和	高陂	何貴甫	
			廣恒豐	松口	黄志宏	
			有記	潮安	吳聘三	
			劉喜合	潮陽	劉竹船	
			光德成	揭陽	李連祥	
			魏啟峰	揭陽	魏啟松	
			許廣源	詔安	許鳳修	
			廣順	隆都	全旅忠	
			李協成	浮洋	李茂如	
			偉彝	蓮陽	李泰文	
			黄茂利	嵩山	黄勳玉	
			平平	盤谷	張運之	
			再和成偉記	新加坡	李毓寬	
			萬益成	新加坡	李僑卿	
			振發棧	麻剌甲	沈恭茂	
			海泉	美莪	陳寬英	
			廣潮生	吉隆坡	陳錦鴻	

四頁

202

195

批信局名稱	開設地方	營業人姓名	分號名稱	開設地方	代理人姓名	執照號數
			金成利	丁加奴	廖文益	
			永順	丁加奴	陳家俊	
			南帝	蔴柆巴克	許應勤	
			吳長記	坤甸	吳元利	
			李同春	坤甸	李翼如	
協成興	汕頭	許漢平	源合興	坤甸	許書賢	五三
			陶合	黃崗	許獻其	
			魏啟峰	揭陽	魏啟圖	
			劉魯合	潮陽	劉竹昭	
			廣源莊	詔安	許鳳聲	
			協成興	東隴	黃潮存	
			有記	潮安	張幼初	
			益大莊	潮安	郭炳賢	
			利發隆	饒平	林思章	
			益發莊	澄海	李樹楷	
			協啟興	盤谷	許經緯	
			廣和成	盤谷	許濟福	
廣源和記	汕頭	陳傳儒	豐盛泰記	饒平	潘斐英	五四
			祥盛	惠來	丕圖樑	
			啟峰	揭陽	魏啟圖	
			敦古齋	饒平	陳書材	
			壽合	潮[illegible]	劉德船	
			美盛	盤谷	蔡志集	
			穫記	提岸	陳光	
廣進通	汕頭	陳友臣	廣利源	揭陽	李加章	五五
			葉合昌	河婆	李化初	
			洪萬豐	棉湖	洪賢明	
			合豐盛	湯坑	羅堯周	
			喜合	潮陽	劉竹船	
			泰亨	潮陽	陳光云	
			廣盛利	安南	黃雲才	
			廣復興	新加坡	蔡俊秉	
			榮欽利	暹羅	劉拙宸	
四興	汕頭	陳四合	四合	潮陽	陳雲騰	五六

五頁

203
~~196~~

批信局名稱	開設地方	營業人姓名	執照號數
福成	汕頭	黄日輝	五七
福茂	汕頭	黄南和	五八
復安	汕頭	黄逸民	五九

分號名稱	開設地方	代理人名稱
鋐發	陸豐	葉芳輝
裕源	惠來	陳傳如
承福興	檳榔嶼	陳為良
和裕	新加坡	陳趙順
錦昌	日里	陳四銀
添和興	新加坡	林為材
源泰昌	曼谷	王燮仁
明興發	曼谷	周燦如
涼泰裕	金甌	陳景昌
陳四合	金甌	陳雲騰
陳益隆	隆汶	陳雲石
光德成	揭陽	李逢祥
馮淳興	揭陽	林道通
劉喜合	潮陽	劉竹船
榮泰昌德發	檳榔嶼	陳玉如
榮泰昌恒記	怡保	陳玉文
光盛	吉礁	劉漢盛
成興	佩刺克	馬成源
和成	佩刺克	陳榮桂
榮泰昌	吉礁	陳景茂
集興	擺寧	林廷集
德泰	新嘉坡	林芳民
德泰	巴塔維亞	林順來
中興	盤谷	洪鐙澄
福記	香港	謝梅賞
益和	潮安	劉寬先
益成	潮陽	鄭仰雲
光德成	揭陽	李逢祥
洪鑽興	棉湖	洪爵光
魏啟華	揭陽	魏啟和
劉喜合	潮陽	劉竹船
益大	潮安	郭炳賢
榮昌隆	東隴	陳斯仁

六頁

批信局名稱	開設地方	營業人姓名	執照號數
壽通	汕頭	吳彩堂	六〇
萬興昌	汕頭	許允一	六八

分號名稱	開設地方	代理人姓名
廣順	店市	金根忠
後安	香港	謝梅薰
後茂	新嘉坡	王佑明
南昌隆	盤谷	陳培南
根泰豐	盤谷	陳遜三
永泰祥	盤谷	陳松保
劉喜合	潮陽	劉竹船
如陶	潮安	蔡若水
魏啟峰	揭陽	魏啟國
增順榮昌	邊陽	陳友烈
桂興	陽陸	魏偉材
廣順	隆都	金棣忠
協成	浮洋	李斐謙
楊政記	棉湖	楊璧棠
乾盛	菴埠	李翘樟
興華	澄海	蔡蘭亭
茂利	黃岡	黃平階
吳泰安	盤谷	吳顯南
常豐泰	盤谷	陳德安
致成	香港	陳子謙
永吉祥	新加坡	陳銘松
鴻生	新加坡	房永欽
萬興昌	隆都	許文謙
許陶合	黃岡	許獻其
林大成	汫洲	林大成
喜合	潮陽	劉竹船
啟峰	揭陽	魏啟國
王信昌	內緣山	王昭平
鄭發利	意溪	鄭朗雲
潘合利	店市	潘法堅
標盛興	澄海	曹鎮一
洪萬豐	棉湖	洪賢良
萬興昌	盤谷	許文珍
裕豐	盤谷	陳逸雲
進興昌	盤谷	陳錦進

七頁

~~188~~ 205

批信局名稱	開設地方	營業人姓名	分號名稱	開設地方	代理人姓名	執照號數
廣泰祥	汕頭	李星海	余同裕	高陂	余晋宏	六二
潮利亨	汕頭	陳子餘	吴達興	大麻	吴拳藩	六三
萬豐發	汕頭	魏長榮	饒潭茂	大埔	饒仲斌	六四
			楊萬成	百侯	楊榮軒	
			吴合興	湖寮	吴緒炯	
			廣泰祥	潮安	李日記	
			廣潮盛	盤谷	張熙達	
			永大興	盤谷	鍾學初	
			魏啟峰	揭陽	魏啟圓	
			陳四合	潮陽	陳雲騰	
			劉壽合	潮陽	劉竹船	
			陳裕興	普寧	陳偉豪	
			陳裕源	惠來	陳雲石	
			潮利亨	檳榔嶼	陳見民	
			益安饒	堤岸	連饒川	
			永南興	棉蘭	李子南	
			潮興隆	香港	陳宏昌	
			啟峰	揭陽	魏啟圖	
			政記	棉湖	楊熊榮	
			喜合	潮陽	劉竹船	
			茂利	黃岡	黃子孚	
			合豐盛	湯坑	劉鴻美	
			有信	澄海	萬謝鄉	
			桂興	陽隍	魏偉村	
			普通	潮安	魏子庚	
			陶合	黃岡	許一然	
			福成	隆都	許再勵	
			永興盛	流沙	林良乾	
			鄭發利	意溪	鄭卧雲	
			潘合利	店市	潘和渠	
			如陶莊	潮安	蔡嘉水	
			榮盛利	盤谷	劉廷脈	
			振華豐	盤谷	鄭卓然	
			蔡合美記	堤岸	黃國淵	
			周春	坤甸	李春樹	

八頁

~~199~~ 206

信局名稱	開設地方	營業人姓名
陳炳春	汕頭	陳克俞

分號名稱	開設地方	代理人姓名	執照號數
永成豐	鹽谷	黃伯俠	
永興盛	鹽谷	許聲育	
興合公司	坤甸	林時亨	
吳長記	坤甸	吳元利	
同春菲記	坤甸	李春茂	
仁友公司	坤甸	朱君洲	
忠合泰茂	坤甸	林澤峰	
人壽堂	坤甸	鄭清源	
鄭永和	坤甸	鄭武波	
德安堂	坤甸	鄭武俊	
和興公司	坤甸	吳清松	
達豐公司	坤甸	鍾可徒	
永桂合	坤甸	鄭才和	
黃坤合	坤甸	黃積金	
益成禮記	坤甸	蘇芝根	
永成發	坤甸	林克明	
鄭和發	坤甸	鄭雅在	
林陞合	坤甸	林御廷	
榮和公司	坤甸	林道香	
義錦興	鹽谷	謝文粒	
正基	鹽谷	馬寶秋	
炳合豐	鹽谷	陳炳如	
慶順利	鹽谷	陳府彩	
明興發	鹽谷	吳醉白	
永昌利	鹽谷	杜式根	
泰記	鹽谷	胡涓生	
潮潒興	鹽谷	丘建成	
展豐	鹽谷	盧位香	
倫穀	鹽谷	余作丹	
宵記	潮安	張幼初	六五
啟峯	揭陽	魏啟園	
喜合	潮陽	劉竹昭	
透合利	饒平	潘和樑	

九頁

~~200~~ 207

批信局名稱	開設地方	營業人姓名	執照號數
廣順利	汕頭	謝子和	六六
和合祥	汕頭	張伯文	六七
理元	汕頭	馬承章	六八
泰成昌	汕頭	劉宗翰	六九

分號名稱	開設地方	代理人姓名
黃茂元	黃岡	黃子厚
廣順莊	店市	余通籍
邱發利	潮安	邱鳳藩
陳炳春	盤谷	陳克佳
陳亮彰莊	香港	陳少光
陳炳壽合行	新嘉坡	溫賢書
廣順利	澄海	謝寶徵
增順[illegible]	澄海	陳友鏘
喜合	潮陽	劉竹船
啟峰	揭陽	魏啟圓
茂利	饒平	黃子厚
源順盛	詔安	周從仁
廣順利	盤谷	謝毅庵
春豐	安順	謝次秀
和合祥	普寧	張志翔
榮昌	澄海	陳立欽
啟峰	揭陽	魏立圓
喜合	潮陽	劉竹船
陶合	黃岡	許一然
和合祥	盤谷	張奕生
永振發	成田	馬承章
善通	潮安	吳彩堂
喜合	潮陽	劉　船
啟峰	揭陽	魏啟圓
永振發	盤谷	馬仲瀾
廣豐隆	新加坡	蕭錦福
劉喜合	潮陽	劉竹船
魏啟峰	揭陽	魏啟圓
洪萬興	棉湖	洪賢明
黃榮昌	潮陽	黃來耀
陳裕源	惠來	陳雲石
有信莊	澄海	萬錫卿
黃茂利	黃岡	黃子厚

十頁

No. ~~201~~ 208

批信局名稱	開設地方	營業人姓名	執照號數
永安	汕頭	周禮俊	七〇
周發利	汕頭	羅舜枝	七一

分號名稱	開設地方	代理人姓名
魏桂興	陽隍	魏傳材
集隆	蓮陽	陳燁
協成泰	潮安	李謀碁
陳四合	潮陽	陳雲臨
泰紀	盤谷	劉燕庚
南多合記	盤谷	劉宗武
南亨泰	盤谷	林渭瀚
陳裕興	盤谷	陳錄玖
乾華隆	盤谷	曾憲奎
喜合	潮陽	劉竹船
洪萬興	揭陽	洪賢英
許廣源	詔安	許鳳聲
德良	潮陽	黃興貞
滙通盛	饒平	張廿萬
濤合利	饒平	潘法民
增順昌	澄海	陳友瀛
鄭發利	潮安	鄭步雲
同泰	澄海	黃偉鍾
光德成	揭陽	李達祥
如陶	潮安	蔡若水
有記	潮安	吳聘三
英有記	葫蘆市	林碩之
和安	興寧	李筱梅
光益裕	澄海	周以文
永安祥	新加坡	周壽昌
同鑫利	揭陽	羅舜福
義合泉	湯坑	羅必有
壽合	潮陽	劉竹丹
瑞萬興	棉湖	洪賢明
啟峰	揭陽	魏啟圖
壽通	潮安	吳新堂
黃茂利	黃岡	黃子學
萬興昌	隆都	許文謙
同發利	興寧	徐名河
同發利	梅縣	徐海林
魏桂興	陽隍	魏傳材

十一頁

202
209

批信局名稱	開設地方	營業人姓名	執照號數
宏信	汕頭	黃壽三	七八
成順利批局	汕頭	鄭國賢	七六
振盛興	汕頭	曾慎一	七四
鄭成順利	汕頭	鄭舜之	七五

分號名稱	開設地方	代理人姓名
同發利	暹谷	羅佑藩
同發利	香港	張廿謙
有信	汕頭	高濟鄉
啟峯	揭陽	魏啟和
總良	揭陽	黃經通
有記	潮安	張紉初
孚成	饒平	黃靜岩
森豐	陸豐	魏應元
老德豐	潮陽	劉竹韶
德潮興	散達坝	潘賢庵
長興利	暹谷	林宗邑
和成	樟林	鄭國強
永發	隆鄉	陳瑞泰
德合利	店市	潘貴聚
魏啟峯	揭陽	魏啟和
老億豐	潮陽	劉竹船
郊發利	潮安	郊國藩
有信	澄海	芮謝鄉
集僑	蓮陽	陳禧
合順	汫洲	林藹貞
三元	澪山埕	洪新軒
許廣淳	詔安	許鳳聲
成順利批號	盤合	鄭國賢
振盛興	澄陽	曾慎一
魏啟峯	揭陽	魏啟圃
泰成合	潮陽	劉榮翰
黃發利	黃崗	黃了厚
林興	隍	魏偉林
振啟興	暹谷	曾壯吾
達明	香港	曾益元
魏大峯	揭陽	魏啟和
鄧大	潮安	鄭炳賢
集僑	蓮陽	陳煒
潘合利	店市	潘貴聚
洪萬豐	揭陽	洪賢良

十二頁

~~203~~ 210

批信局名稱	批信局地方	營業人姓名	執照號數
利昌莊	汕頭	王炳南	七六
陳萬合	汕頭	陳開宗	七七
馬源豐	汕頭	馬忍聲	七八
和興盛	汕頭	馬東洲	七九

分號名稱	分號地方	代理人姓名
老德豐	潮陽	劉竹船
成豐	樟林	許錫河
王信昌	浮山	王昭平
有信	澄海	馮璐卿
黄德良	[illegible]華	黄經通
廣順	店市	金振忠
鄭發順利	盤谷	鄭爵之
有信	潮安	萬璐卿
喜合	潮陽	劉竹船
啟峯	揭陽	魏啟圍
信成	蓮陽	余斯雄
桂昌	詔安	陳子丹
聚豐	潮安	宋湘蘭
利昌	堤岸	王永
陳萬合	大長隴	陳元標
魏啟峯	揭陽	魏啟圍
劉喜合	潮陽	劉竹船
萬泰莊	達濠	蔡子成
鄭發利	潮安	鄭卓民
陳明發	香港	陳家華
田春國	香港	方庭初
陳春盛	金諸	陳炳堯
陳成春	盤谷	陳家鏡
陳源興	棉蘭	陳開珠
政記	棉湖	楊璧東
啟華	揭陽	魏啟峰
善通	潮安	吳彬堂
茂利	黄岡	黄子厚
喜合	潮陽	劉竹船
暢成豐	成田	馬燦銑
永順利	成田	馬松軒
成昌利	成田	蕭卓珊
協成豐	盤谷	馬燦銑
永順利	盤谷	馬松軒
成昌利	盤谷	蕭卓珊
馬泰盛	潮陽	馬育民

十三頁

211

批信局名稱	開設地方	營業人姓名	分號名稱	開設地方	代理人姓名	執照號數
啟峯棧	汕頭	魏啟和				八〇
黄潮興	汕頭	黄善鏗				八一
			永南興	棉蘭	李藹南	
			和豐	檳榔嶼	李應南	
			馬泰盛	盤谷	馬定洲	
			啟峰	揭陽	魏啟圃	
			政記	棉湖	楊璧葉	
			喜合	潮陽	劉竹銘	
			茂利	黄岡	黄子厚	
			信成	達陽	余斯權	
			有信	澄海	苟鴻鄉	
			怡泰	潮安	張柏珊	
			陶合	黄蘭	許一然	
			永豐發	金塔	林居正	
			陳總華	盤谷	陳成煌	
			啟峯棧	新嘉坡	魏茂中	
			李同春	坤甸	李春樹	
			源合興	坤甸	許双順	
			馨美紀	堤岸	黄團珊	
			廣順	店仔頭	金振惠	
			劉喜合	潮陽	劉竹船	
			魏啟峯	揭陽	魏獻圓	
			有紀	潮安	張幼初	
			聯順	澄海	許驄	
			增順榮昌	蓬陽	陳友烈	
			林順成	饒平	林藹創	
			許廣源	詔安	許鳳聲	
			濟亨發	黄岡	陳澤波	
			集信	東隴	陳榮杰	
			濟亨發	東隴	陳億潇	
			振盛興	澄海	曾煥一	
			黄天興	潮安	黄景如	
			黄潮興	盤谷	黄順泰	
			榮德泰	盤谷	吳達經	
			泰源亨	盤谷	陳長六	
			松興泰	盤谷	黄慕雲	
			義瑞興	盤谷	余德河	

十四頁

批信局名稱	開設地方	營業人姓名	分號名稱	開設地方	代理人姓名	執照號數
榮豐利	汕頭	黄勤敏				八六
佳興	汕頭	林光茂				八三
裕大	汕頭	李茂如				八四
			永泰祥	盤谷	陳松保	
			振潮興	盤谷	陳府鏐	
			裕豐	盤谷	陳梓宏	
			榮豐利	揭陽	黄纖猷	
			榮豐利	梅縣	徐春苑	
			榮豐利	興寧	卓海鴻	
			榮豐利	昆明	徐端芳	
			洪萬興	樟湖	洪賢明	
			黄協記	湯坑	黄元衡	
			劉壽合	潮陽	劉竹船	
			魏桂興	留隍	魏偉材	
			信昌茂	浮山	王進貴	
			廣滙易	河婆	劉天津	
			榮豐利	盤谷	徐名鰲	
			榮豐利	香港	徐名宏	
			蔡鐵美	柔佛	蔡鍼輝	
			廣綫興	新加坡	蔡俊美	
			滙通號	賽內	張竹廷	
			劉喜合	潮陽	劉竹船	
			陳四興	潮陽	陳雲騰	
			詹恒李	[illegible]	詹正初	
			有信莊	澄海	萬獅鄉	
			魏啟峰	揭陽	魏啟圖	
			張合利	饒平	張景光	
			李添合	達濠	李偉良	
			德隆	金塔	郭鏡落	
			源來	鑑草	陳達偉	
			中興	濤寮	林如石	
			華信	潮安	黄易加	
			益昌	惠來	陳銘綠	
			嘉合	潮陽	劉竹船	
			光德成	揭陽	周良	
			元盛	棉蘭	林梓桐	
			順隆	新加坡	周致松	
			集隆	散達坎	丘步雲	

十五頁

~~206~~ 213

批信局名稱	開設地方	營業人姓名	執照號數
玉合	汕頭	林癸	八五
祥益	汕頭	鍾樹芳	八六

分號名稱	開設地方	代理人姓名
永集隆	香港	丘金鍾
喜合	潮陽	劉竹船
信成	蓮陽	余斯[illegible]
聚豐	潮安	朱湘蘭
桂興	[illegible]隍	魏傳材
啟華	揭陽	魏啟國
萬隆	潮陽	陳開宗
鴻茂盛	黃岡	盧湘如
集僑	蓮陽	陳[illegible]
有信	潮安	[illegible]鄉卿
合利	饒平	潘和梁
端泰	饒平	余桂朱
玉合	堤岸	王克昌
廣德發	[illegible]華	柯德裕
陳寬記	堤岸	陳傳禧
玉合	香港	王克成
德隆	金塔	郭鏡森
許榮記	堤岸	許榮祖
如陶	潮安	蔡若水
增順榮昌	蓮陽	陳育顯
光德成	揭陽	李運溢
茂先	浮洋	洪長總
聚豐	東[illegible]	黃傳維
喜合	潮陽	劉竹船
端年	黃岡	余桂生
啟泰	揭陽	魏啟國
鄭發利	意溪	鄭映三
深合	達濠	李渭匡
廣順	隆都	金振忠
協興	浮洋	李楚謙
茂元	黃岡	黃勳禾
孔明	新加坡	廖永錫
聯和	新加坡	王雨田
恒豐	堤岸	吳恩厚
正益	新加坡	鄭丘英

214

207

批信局名稱	開設地方	營業人姓名	執照號數
致盛	汕頭	鄭應朴	八七
信大	汕頭	陳錸銘	八八
馬德發	汕頭	馬星五	八九
福利	汕頭	黃鴻清	九〇
馬合豐	汕頭	馬文龍	九一

分號名稱	開設地方	代理人姓名
致成	香港	陳子謙
祥泰隆	新加坡	張禎美
茂興利	新加坡	陳子辟
聯興	盤谷	沈敬添
永萬源	新加坡	房子英
孔明齋	堤岸	陳漢林
裕豐利	新加坡	蔡朱鈿
合成	埠塘	陳謙銘
劉壽合	潮陽	劉竹船
光德成	揭陽	李運祥
陳田合	金甌	陳成安
洪萬興	棉湖	洪賢明
黃德良	關埠	黃經通
陳番通	新加坡	陳容清
陳信裕	宅郎	陳棠翰
洸信利	暹羅石龍	蘇宗澤
德順盛	成田	馬燦盛
啟峯	梅兜	魏啟國
潘合利	店仔頭	潘和標
劉壽合	潮陽	劉竹船
普通	潮安	吳彩堂
黃茂利	黃崗	黃子厚
光德茂	揭陽	李運祥
德順盛	盤谷	馬鑑波
鄭乾昌	盤谷	郭應開
福利	香港	謝蘭春
福成	新加坡	薛本本
茂利	盤谷	熊孝則
協茂豐	成田	馬燦彬
魏啟峯	揭陽	魏啟國
陳協盛	汕頭	陳傳治
黃茂元	黃岡	黃子厚
普通	汕頭	吳彩堂
劉壽合	潮陽	劉竹船
潘合利	汕頭	潘法堅
協成豐	盤谷	馬君勇

十七頁

~~208~~ 215

批信局名稱	開設地方	營業人姓名	執照號數
源合興	汕頭	章達人	九六
光益裕	汕頭	周燕秋	九三

分號名稱	開設地方	代理人姓名
繼泰	堤岸	馬昙昇
美光	堤岸	楊業城
正基	盤谷	馬寶秋
厚豐	檳榔嶼	蕭亮漢
黎泰	堤岸	吳傳史
英豐	香港	蕭作藩
劉喜合	潮陽	劉崇士
魏啟華	揭陽	魏啟圖
源合	達濠	李偉臣
集祥昌記	潮安	林悟如
益大莊	潮安	郭炳賢
陳四合	潮陽	陳雲騰
合利	饒平	張景光
許閣合	饒平	許泗濱
乾元	陳店	蔡集標
利發隆	饒平	林恩章
有信	澄海	翁璐鄉
詹恒興	留隍	詹正初
裕興	普寧	陳毓山
榮昌隆	東里	陳斯仁
益發莊	澄海	李樹楷
益安	堤岸	鍾言
英發	新加坡	黃英臣
榮成	香港	何溯棠
恒興	棉蘭	蔡仁國
大元	盤谷	蔡大宏
潞發源	北灣	陳再存
光德成	揭陽	李運祥
老億豐	潮陽	劉竹船
李源合	達濠	李渭臣
永茂	浮洋市	洪長蘭
源順娍	詔安	周崇仁
有記	潮安	吳聘三
黃茂利	黃崗	黃子厚
潘合利	店仔頭	潘德堅
禧大	東隴	林鍾池（金）
裕章	蓮陽	陳晉

十八頁

批信局名稱	開設地方	營業人姓名	編號數
光益	汕頭	鍾少君	九四

分號名稱	分號開設地方	代理人姓名
洪萬興	棉湖	洪賓英
黃德良	炮台	黃經通
南生	鋭浦市	唐文樹
再和成	新加坡	李應疇
光昌	峇眼	陳國熙
吳長記	坤甸	吳元利
榮源	坤甸	鄭梓鏘
騰合	坤甸	黃錦安
萬益成	新加坡	許惟德
和平	坤甸	林木水
許順記	新加坡	許棠龍
坤發興	坤甸	彭炎全
泰興	新洲	杜之漢
同信	香港	周炳昌
林永源	坤甸	林亞禧
榮和	坤甸	林道香
如陶	潮安	蔡若水
喜合	潮陽	劉竹船
源合	達濠	李渭臣
增順榮昌	蓮陽	陳育類
錦孚	黃崗	余桂生
廣順	隆都	余振忠
光德成	揭陽	李運祥
啟華	揭陽	魏啟周
協盛	洋洋	李楚謙
茂生	澤洋	洪長德
邱鑫利	意溪	邱映三
茂元	黃崗	黃勛志
黎豐	東里	黃傳經
孔明	新加坡	廖永錫
公發祥	新加坡	曾傳義
大信	新加坡	蔡宋鈿
永合	坤甸	鄭芳和
瑞桂盛	新加坡	陸兆初
億豐	堤岸	吳秉祺

十九頁

№ 210 217

批信局名稱	開設地方	營業人姓名	執照號數
李華利	汕頭	李潤初	九五
成昌利	汕頭	蕭介卿	九六
恒記	汕頭	林成禧	九七

分號名稱	開設地方	代理人姓名	執照號數
伍秉白	盤谷	伍維予	
吳嘉興	盤谷	吳鏻白	
同記	新加坡	吳桂浩	
裕泰	新加坡	李春培	
馬玉棠	成田	馬玉堂	
豐源	達濠	鄭猷廷	
陳多隆	惠來	陳雲石	
魏啟峰	揭陽	魏啟濟	
黃德良	揭陽	黃興員	
政記	棉湖	楊肇榮	
榮合興	河婆	李榮合	
廣豐	湯坑	洪敬堂	
繼泰	成田	馬成傳	
永南興	日里	陳正興	
陳和昌	蘇拉巴亞	陳森榮	
昌和	坪濠	李應元	
李福利	新加坡	李明初	
周榮興	怡保	周德榮	
繼泰	堤岸	馬成香	
金豐	堤岸	連贊游	
成昌利	成田	馬蝶京	
成昌利	盤谷	蕭卓卿	
四合	潮陽	陳雲騰	
光德成	揭陽	李運祥	
有信	澄海	芮鄧卿	
永昌豐	梅縣	廖昌宜	
裕源	惠來	陳智如	
黃茂元	詔安	黃平階	
恒記棧	梹榔嶼	林德音	
天成	日里	張魯三	
元盛	日里	林桐材	
倪雨發	日里	倪克昭	
徐海隆	日里	徐元彰	
浩鳴	日里	陳寄仙	
存利棧	日里	葉集順	

二十頁

211 218

批信局名稱	開設地方	營業人姓名	分號名稱	開設地方	代理人姓名	執照號數
華大	汕頭	蔡禮穫	福利	香港	謝廿岩	九八
			華大	香港	方憲聲	
			致成	香港	葉學葵	
			寶裕隆	散達坎	沈光闊	
			進通	新加坡	曾子鳳	
			永合安	堤岸	陳海珊	
			成順利記莊	盤谷	鄭來舜	
			張為順	堤岸	張為長	
			萬振	香港	李友海	
			蔡添鳳	盤谷	蔡允卿	
			光德成	揭陽	李運祥	
洪萬豐	汕頭	洪賢良	洪萬興	棉湖	洪賢明	九九
			劉喜合	潮陽	劉竹船	
			鴻茂盛	黃岡	盧湘如	
			萬興昌	店仔頭	許文謙	
			洪協和	河婆	洪明雲	
			黃創豐	葵潭	黃秉鈞	
			譚順盛	詒安	周崇仁	
			潘合利	店仔頭	潘和標	
			董德良	菴埠	董經通	
			震東棧記	[illegible]隍	魏偉材	
			如陶	潮安	蔡若水	
			光益	潮安	鍾廿岩	
			振華豐	潮安	陸肅臣	
			行萬成	新加坡	洪賢炎	
			洪重豐	檳榔嶼	洪哲生	
			萬成興	堤岸	洪夢予	
			洪萬發	盤谷	洪賢生	
			永合峰	吉礁	林楊釗	
			萬豐隆	新加坡	林月舟	
			和合興	棉蘭	丘金餘	
			進通	新加坡	劉俠儂	
			啟華	揭陽	魏啟圖	
			黎豐	潮安	宋湘蘭	
			踐記	棉湖	楊璧棠	
合盛利	汕頭	魏茂績				一〇〇

廿一頁

~~212~~ 219

批信局名稱	開設地方	營業人姓名	執照號數
許福成	汕頭	許質彬	一〇一
榮成利	汕頭	許衍衡	一〇六
陳悅記	汕頭	張禎祥	一〇

分號名稱	分號開設地方	代理人姓名
喜合	潮陽	劉竹船
合豐盛	湯坑	劉鴻來
榮盛利	盤谷	劉廷服
鄭永和	坤甸	鄭武波
黃幹成	盤谷	黃耀豐
森源	新加坡	余功良
余亨記	黃岡	余禮棠
有記	潮安	張幼初
協順榮昌	蓮陽	陳正有
魏啟峰	揭陽	魏啟圖
許福成	隆都	許林松
劉喜合	潮陽	劉炘船
寶華正成	東隴	柯天吉
許明發	盤谷	許金聲
泰興裕	盤谷	陳二如
繁榮	盤谷	陳玉峯
劉喜合	潮陽	劉竹船
協成	潮安	李茂如
俊發	揭陽	侯德俊
黃德良	潮陽	黃綏通
許應祿	詔安	許鳳聲
信昌	饒平	王昭平
萬安	潮安	許文龍
增發	揭陽	林徵修
華發	新加坡	劉炳葛
達華	新加坡	蔡達侯
祥發	香港	姚慕秋
僑鴻盛	盤谷	侯澤軍
榮盛	新加坡	陳漾漢
祥利	新加坡	張壽仁
達大	香港	陳逸岩
吳公興	堤岸	吳文翰
榮順	[illegible]達山	劉枚生
茂興利	新加坡	陳子孝
永德成	檳榔嶼	姚負河
吳有記	潮安	吳幼初

廿八頁

~~213~~ 220

信局名稱	開設地方	營業人姓名	執照號數
義發	汕頭	余文仁	一〇四
勝發	汕頭	張厥中	一〇五

分號名稱	開設地方	代理人姓名
聚豐	樟林	黄傳鉄
福豐	潮安	張燈鏡
魏啟華	揭陽	魏啟和
黄茂元	黄岡	黄平傳
協成	潮安	李茂如
劉壽合	潮陽	劉竹船
洪萬興	棉湖	洪麗英
永德盛	新加坡	張禎美
永瑞茂	薩拉瓦克	林伯僚
陳美盛	堤岸	陳國盛
祥泰隆	新加坡	張禎智
泰山	薩拉瓦克	曾鐵山
悦記	香港	許惟裕
南市	薩拉瓦克	許應勤
陳悦記	盤谷	陳景雲
魏啟峯	揭陽	魏啟圃
劉喜合	潮陽	劉竹船
義發	揭陽	黄連陞
許福成	隆都	許再勵
楊政記	棉湖	楊鑾荣
義瑞興	盤谷	余文仁
中南	新加坡	陳一中
魏啟峯	揭陽	魏啟圃
陳科成	普寧	陳進
劉喜合	潮陽	劉德舟
陳聯豐	流洲坪	陳成剛
有信	潮安	許根豐
祐成利	新加坡	黄雪山
復琼	新加坡	曾昭明
利華興	新加坡	姚連泉
鼎盛	新加坡	蔡炳順
萬和成	新加坡	鄭鏡劍
新興	新加坡	蔡培枝
鄭錦春	吉隆坡	鄭漢麒
錦潮興	盤谷	陳漂鋒
合成	北婆羅洲	劉玉波

廿三、

~~214~~ 221

批信局名稱	開設地方	營業人姓名	分號名稱	開設地方	代理人姓名	執照號數
振豐盛	汕頭	陳朝封	鄭得發	新加坡	鄭則光	一〇六
			黃振興	普寧	黃賢章	
			陳瑞豐	普寧	陳成剛	
			陳四合	潮陽	陳雲騰	
			陳科成	陸豐	陳逵	
			鴻興號	碣石	秦士謀	
			永昌利	流沙圩	黃永禧	
			陳源利	日里	陳緒說	
			祥發	檳榔嶼	黃鳳怡	
			振盛	盤谷	陳君良	
福興	汕頭	劉士堯	劉壽合	潮陽	劉竹船	一〇七
			魏啟峰	揭陽	魏啟圖	
			陳四合	金跋	陳雲騰	
			福興	流沙	陳宗海	
			萬合發	檳榔嶼	黃亞房	
			振慶大	新加坡	黃啟平	
			永新	棉蘭	劉士城	
			瑞記	金邊	許其極	
			新發興	仙達	黃克欽	
			劉合盛	曼谷	劉子滢	
			倪兩興	振城	倪宏楫	
			德盛河興	棉蘭	姚明盛	
裕益	汕頭	周烱昌	瑞發源	北濠	陳再存	一〇八
			光德成	揭陽	李運祥	
			光億豐	潮陽	劉竹船	
			李源合	達濠	李渭臣	
			永茂	浮洋市	洪長蘭	
			源順盛	谿安	周棠仁	
			有記	潮安	吳騁三	
			黃茂利	黃岡	黃子厚	
			潘合利	店仔頭	潘德堅	
			裕大	東隴	林鑫池	
			裕章	蓮陽	陳香	
			洪萬興	棉湖	洪賢炎	
			黃德良	炮台	黃經通	

~~215~~ 222

批信局名稱	開設地方	營業人姓名	執照號數
陳協盛	汕頭	陳傳治	一〇九
宏通	汕頭	陳作定	一一〇

分號名稱	開設地方	代理人姓名
南發	鮑浦市	唐文彬
許合安	薩拉孔克	許順吉
泰順	饒平	林述爾
寬記	堤岸	陳律禧
美珍	盤谷	王壯興
許廣源	詔安	許鳳聲
協成泰	潮安	李子清
慶發	潮陽	陳明石
茂生	浮洋	洪簡初
許陶合	黃岡	許獻其
潘合利	隆都	潘貴聚
孫大	東隴	林鑫池
魏啟峰	揭陽	魏啟和
魏桂興	豐順	魏平枝
人安	雲霄	陳錫光
中國銀行	新加坡	黃伯權
中國銀行	檳榔嶼	黃伯權
中國銀行	吉隆坡	張智
中國銀行	大坡	陸振興
中國銀行	怡保	甄潤姍
中國銀行	芙蓉	熊志蒼
中國銀行	小坡	莊文剛
泉豐	吉隆坡	陳世飛
福春	塞加瓦特	李向三
泉豐	塞加風	鄭其陞
華昌	吉打	黃逸民
發興祥	吉隆	千立基
瑞泉	太平埠	六敬
天星	怡保	鄭亞
同益興	麻剌甲	黃學五
啟吉行	檳榔嶼	李靖吉
南洋貿易行	美里坡	陳木興
豐順棧合記	怡保	李伯濤
豐順棧分記	安順	李仲禮
協茂泰	峇眼亞笠	鄭金灶
王松昌	坤甸	王傳政
李勝安	棉蘭	李學其

廿三

批信局名稱	開設地方	營業人姓名	分號名稱	開設地方	代理人姓名	執照號數
陳富通	汕頭	陳薇軒	大和樹膠	麻剌甲	劉友知	（壹）
			源盛	三寶隴	黃玉福	
			陳富源	梅縣	陳勤爭	
			陳富源	興寧	陳怡庚	
			陳富源	上海	陳福元	
			陳富源	廣州	陳展文	
			陳富源	香港	陳國鈞	
			陳富通	巴達維亞	陳冕鈞	
			陳富源	新加坡	陳冕鈞	
			陳華興	暹谷	陳攸華	
			陳富源	吉隆坡	陳晃鈞	
			應興公司	仰光	李啟我	
			民發公司	仰光	朱壽我	
			進通公司	仰光	張啟田	
			紀華號	仰光	溫紀華	
			東興公司	仰光	盧教如	
			大興號	暹谷	賴蘇發	
			萬業公司	吉隆坡	吳柳如	
			隆集公司	巴達維亞	李友三	
			廖義合	巴達維亞	廖玉屏	
			梁興記	怡保	蕭育俊	
			德昌隆	芙蓉	陳春盛	
			新昌隆	勞勿	陳林盛	
			永德莊	巴達維亞	謝信初	
嘉隆	汕頭	許佩織	榮合昌	河婆	李代初	（一三）
			李裕昌	揭陽	李國仁	
			森豐	河婆	蔡薰華	
			合興	香港	蔡龍	
			廣復興	新加坡	蔡俊美	
			昭昌	山口洋	蔡昭	
			老成利	柔佛	蔡月初	
			歸記	勿里洞	蔡錦合	
			誠美	古來	蔡錦樑	
			廣安隆	薩拉瓦克	蔡渭亭	
			蔡永昇	佩拉克	蔡聘	
			和和	暹京	許培豐	

廿六頁

批信局名稱	開設地方	營業人姓名	分號名稱	開設地方	代理人姓名	執照號數
泰南成	汕頭	陳錫達	泰利豐	汕頭	蔡煥臣	一一四
			泰南益	佩剌克	蔡 楷	
			廣安隆	蓬柆乞克	蔡調亭	
			泰益昌	蓬柆乞克	蔡超之	

北海、琼州、汕头、潮州邮局呈民局及巡城马调查表

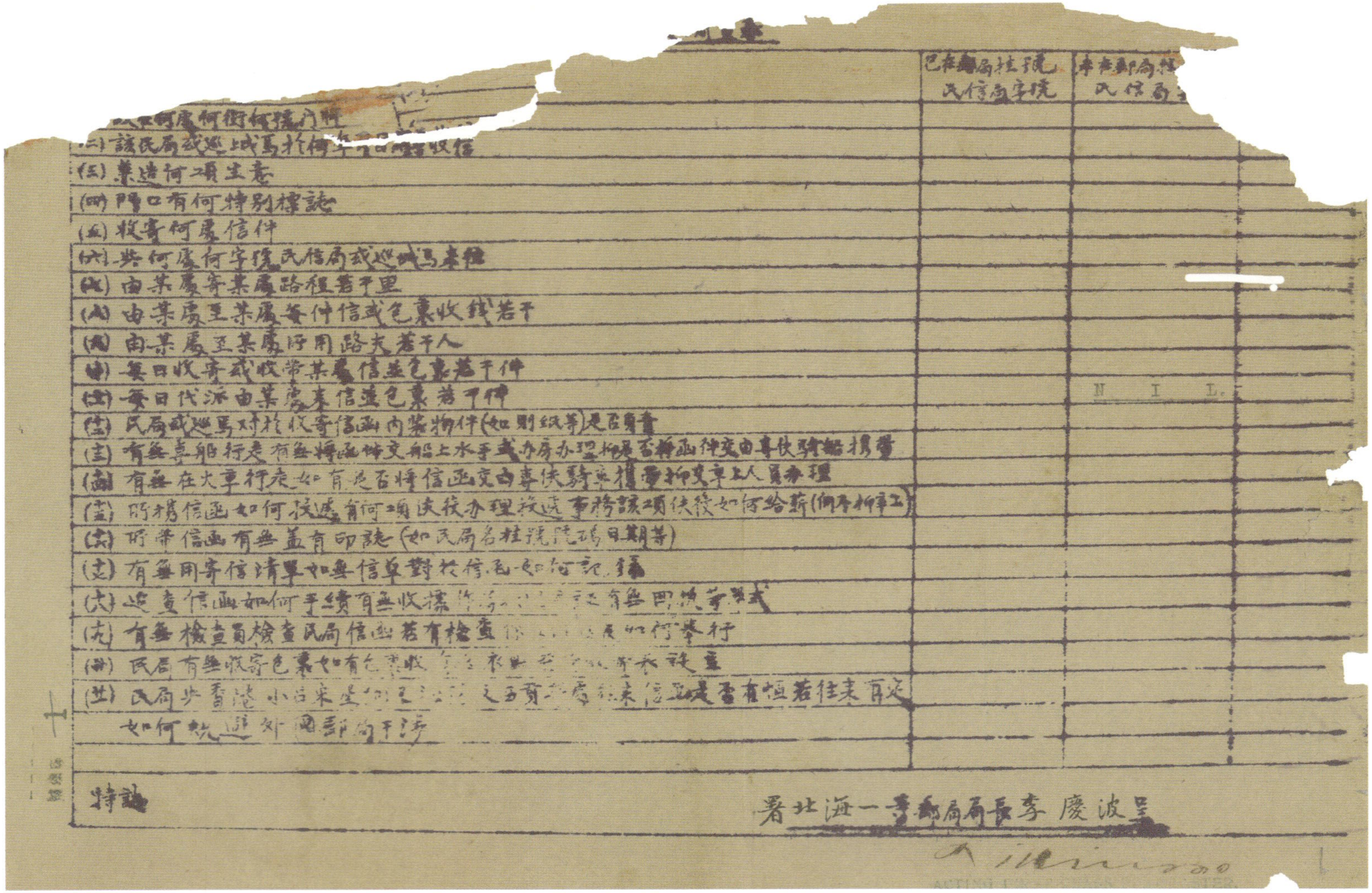

	已在郵局掛號民信局字號	未在郵局掛號民信局字號
（一）……何處何街何號門牌		
（二）該民局或巡城馬於何年[illegible]收信		
（三）兼營何項生意		
（四）門口有何特別標誌		
（五）收寄何處信件		
（六）與何處何字號民信局或巡城馬來往		
（七）由某處寄某處路程若干里		
（八）由某處至某處每件信或包裹收錢若干		
（九）由某處至某處須用路夫若干人		
（十）每日收寄或收帶某處信並包裹若干件		N I L.
（十一）每日代派由某處來信並包裹若干件		
（十二）民局或巡馬對於收寄信函內裝物件（如鈔紙等）是否負責		
（十三）有無輪船行走 有無將函件交船上水手或办房办理 抑是否將函件交由專伕騎馬携帶		
（十四）有無在火車行走 如有是否將信函交由專伕騎乘携帶抑交車上人員办理		
（十五）所携信函如何投遞 有何項伕役办理投遞事務 該項伕役如何給薪（例如[illegible]）		
（十六）所帶信函有無蓋有印誌（如民局名稱號碼日期等）		
（十七）有無用寄信清單 如無信單對於信函如何記錄		
（十八）送交信函如何手續 有無收據[illegible]有無回執等式		
（十九）有無檢查員檢查民局信函 若有檢查[illegible]如何舉行		
（二十）民局有無收寄包裹 如有包裹[illegible]設立		
（廿一）民局與香港[illegible]如何執遞 外國郵局干涉		

特註

署北海一等郵局局長李慶波呈

民局及巡城馬調查表

	已在郵局掛號民信局字號	未在郵局掛號民信局字號	巡城馬姓名
(一) 設在何處何街何號門牌			
(二) 該民局或巡城馬於何年月日開業收信			
(三) 兼營何項生意			
(四) 門口有何特別標誌			
(五) 收寄何處信件			
(六) 與何處何字號民信局或巡城馬來往			
(七) 由某處寄某處路程若干里			
(八) 由某處至某處每件信或包裹收錢若干			
(九) 由某處至某處所用路夫若干人			
(十) 每日收寄或收帶某處信並包裹若干件			
(十一) 每日代派由某處來信並包裹若干件			
(十二) 民局或巡城馬對於收寄信函內裝物件(如銀紙等)是否負責			
(十三) 有無專船行走有無將函件交船上水手或賬房辦理抑是否將函件交由專伕騎船携帶			
(十四) 有無在火車行走如有是否將信函交由專伕騎車携帶抑交車上人員辦理			
(十五) 所携信函如何投遞有何項伕役辦理投遞事務該項伕役如何給薪(例如按件工)			
(十六) 所帶信函有無蓋有印誌(如民局名稱號碼日期等)			
(十七) 有無用寄信清單如無信單對於信函如何記錄			
(十八) 遺失信函如何手續有無收[illegible]等[illegible]之證有無回執等單式			
(十九) 有無檢查員檢查民局信函若[illegible]何人及如何舉行			
(二十) 民局有無收寄包裹如有包裹收寄[illegible]其收費表詳述			
(廿一) 民局與香港小[illegible]來往[illegible]及海防及西貢等處往來信函是否有恒若往來有定如何規避外國郵局干涉			

特論

某郵局局長　　呈

民[illegible]調查表

	已在[illegible]局挂號民信局字號	未在郵局挂號民信局字號	巡城[illegible]姓名
(一) 設在何處何街何號門牌 海口	光福興3.	資發利1	
(二) 該民局或巡城馬於何年月日開始收信		泰豐盛1	
(三) 兼造何項生意 滙兑		泰源豐1.	
(四) 門口有何特別標誌 掛木招牌		錦泰和1.	
(五) 收寄何處信件 (1)暹羅(2)星架坡(3)香港及汕頭		錦裕泰1.	
(六) 與何處何字號民信局或巡城馬來往 同一名稱之字號		永源豐1	
(七) 由某處寄某處路程若干里		楊和盛1.	
(八) 由某處至某處每件信或包裹收錢若干 (1)及(2)不收費(3)每件信及銅仙三枚至五枚		鴻安泰1	
(九) 由某處至某處所用路夫若干人		裕民生1.	
(十) 每月收寄或帶某處信並包裹若干件 二十件至四百件		永興隆1.	
(十一) 每月代派由某處來信並包裹若干件 二十件至四百件		同泰興1.	
(十二) 民局或巡馬對於收寄信函內裝物件(如財紙等)是否負責 不負責		振源利1.	
(十三) 有無專船行走有無將函件交船上水手或帳房办理抑或是否將函件交由專伕號船携帶 否		永興利1.	
(十四) 有無在火車行走如有是否將信函交由專伕騎車携帶抑交車上人員办理 否		泰安1.	
(十五) 所攜信函如何投遞有何項民伕办理投遞事務該項[illegible]如何給薪(僱本行工)	專伕辦理	恒豐泰1	
(十六) 所帶信函有無蓋有印誌(如民局名柱號號碼日期等) 蓋民局書柬及編列號數		瓊源昌1.	
(十七) 有無用寄信清單如無信單對於信函如何記錄		永吉安本記1.2.	
(十八) 追查信函如何手續有無收據作[illegible]之証有無回執等單式		瓊源通1.2.	
(十九) 有無檢查員檢查民局信函[illegible]有[illegible]係在何處及如何舉行[illegible] 否		順豐隆1.2.	
(二十) [illegible]有無收寄包果如有包裹收寄無[illegible]收費表取票否		普通1.2.	
(廿一) [illegible]由香港小呂宋星加坡海防及西貢等處往來[illegible]往來有之		和記1.2.	
如何規避外國郵局干涉		巨昌2.	
		榮安泰記2.	

特論

瓊州一等郵局局長[illegible]

3 1907—1927年

中

民局及巡城馬調查[illegible]

		已在郵局掛號之民信局牌號	未在郵局掛號民信局牌號	巡城馬姓名
一	汕頭打索街第廿五號	全太洽		
二	前清光緒十二年開办			
三	無			
四	無			
五	收寄上海信件包裹無收			
六	與上海全太洽往來			
七				
八	由上海寄至汕頭信件每件收三分			
九	在本市收派信件用夥伴三人			
十	每日逢船期收信約五十件			
十一	每日逢船期代派上海至汕頭信約五十件			
十二	收寄信件內如有匯單遺失不負責成			
十三	上海信件照例交大船办房			
十四	夥伴代收派信件照給月資			
十五	無			
十六	無			
十七	信件往來有清單			
十八	代派裝有匯單信函，有蓋部存據			
十九	無			
廿	〃			
廿一	〃			
	〃			

特註：汕頭本埠無路馬所有路馬的由内地而來

汕[illegible]一等郵局副郵務長巴連第 [illegible] 4

民局及巡城馬[illegible]表

○		已在郵局掛号民信局字号	未在郵局掛号民信局字号	巡城馬姓名
一	汕頭鎮升街第五號	陳源記		
二	前清光緒十三年開办			
三	無			
四	門口有招牌			
五	收寄香港信件包裹無收			
六	與香港怡與號往来			
七				
八	由香港至汕頭信件每件收二分			
九	在本市收派信件用夥伴三人			
十	每日進船期收寄香港信約五十件			
十一	每日進船期代派汕頭信約五十件			
十二	收帶信件內有匯單遺失不負責成			
十三	無			
十四	〃			
十五	夥伴代收派信件照給月資			
十六	無			
十七	信件往来有信簿			
十八	無			
十九	〃			
廿	〃			
廿一	〃			
	〃			
	特誌			

汕頭一等郵局副郵務長巴建第 呈

5

民局及巡城馬調[查]表

○		已在郵局掛號民信局字號	未在郵局掛號民信局字號	巡城馬姓名
一	汕頭鎮邦街第五號	裕興福		
二	前清光緒十九年開辦			
三	無			
四	〃			
五	收寄上海信件包裹無收			
六	與上海裕興福往來			
七				
八	由上海至汕頭信每件收四分			
九	在本市收派信件用夥伴一人			
十	每日逢船期收寄上海信約三十件			
十一	每日逢船期代派汕頭信約三十件			
十二	收寄信件內裝有匯單遺失不負責成			
十三	無			
十四	上海信件照例交火船辦房			
十五	夥伴代收派信件照給月資			
十六	無			
十七	信件往來有清單			
十八	無			
十九	〃			
廿	〃			
廿一	〃			
	〃			
	特誌			

汕頭一等郵局副郵務長 巴達第 [illegible] 呈

6

—8—

民局及巡城馬調查表

		已在郵局掛號民信局字號	未在郵局掛號民信局字號	巡城馬姓名
一	汕頭永平馬路第廿六號	茂昌號		
二	前清光緒十九年開办			
三	兼做磁器生理			
四	門口有招牌			
五	收寄香港上海廈門信件包裹無收			
六	與香港新瑞隆上海茂昌廈門老億豐號往來			
七				
八	由上海至汕頭信每件收四分廈門信收三分香港信收二分			
九	在本市收派信件用夥伴六人			
十	每日逢船期收寄香港上海廈門信約共三百件			
十一	每日逢船期代派香港上海廈門至汕頭信約共三百件			
十二	收帶信件內裝有匯單或提單遺失不負責成			
十三	上海信件照例交水船办房其餘概由郵局寄遞			
十四	無			
十五	夥伴代收派信件照給月資			
十六	無			
十七	信件往來有清單			
十八	無			
十九	〃			
廿	〃			
廿一	〃			
	〃			
	特志			

汕頭一等郵局副郵務長巴連第 呈

17

民局及巡城馬調查表

		已在郵局掛號民信局字號	未在郵局掛號民信局字號	巡城馬姓名
一	汕頭至平馬路第廿六號	全昌仁		
二	前清光緒十九年開辦			
三	無			
四	〃			
五	收寄上海蕪湖漢口信件包裹無收			
六	與上海福興康蕪湖全昌仁漢口福興允等號往來			
七				
八	由上海至汕頭信每件收四分蕪湖信收五分漢口信收五分			
九	在本市收派信件用夥伴二人			
十	每日進船期收寄上海蕪湖漢口信約共五十件			
十一	每日進船期代派上海蕪湖漢口至汕頭信約共五十件			
十二	收帶信件內裝有滙單或票根遺失不負責成			
十三	上海信件照例交火船水房廿餘根由郵局寄運			
十四	無			
十五	夥伴代收派信件無給月資			
十六	無			
十七	信件往來有清單			
十八	如有滙單信件由收件人簽部存據			
十九	無			
廿	〃			
廿一	〃			
	〃			
	特誌			

汕頭一等郵局副郵務長巴建第 呈

8

民局及[illegible]城馬調查表

		已在郵局掛號民信局字號	未在郵局掛號民信局字號	巡城馬姓名
一	汕頭至平馬路第廿五號	福興康		
二	前清光緒十九年開辦			
三	無			
四	門口有招牌			
五	收寄上海蕪湖漢口福州廈門等處信件包裹各收			
六	與上海福興康蕪湖全昌仁漢口福興允福州福興康廈門福興康等號往來			
七				
八	由上海蕪湖漢口福州廈門至汕頭信每件收三分			
九	在本市收派信件用夥伴五人			
十	每日逢船期收寄上海蕪湖漢口福州廈門信約共八十件			
十一	每日逢船期代派上海蕪湖漢口福州廈門至汕頭信約共八十件			
十二	收帶信件內裝有匯单或票根遺失不負責成			
十三	上海信件照例交火船办房貼稅由郵局寄遞			
十四	無			
十五	夥伴代收派信件照給月資			
十六	無			
十七	信件往來有信簿			
十八	無			
十九	〃			
廿	〃			
	〃			
	特誌			

汕頭一等郵局副郵務長 巴連第 呈

9

民局及巡城馬調查表

		已在郵局掛號民信局字號	未在郵局掛號民信局字號	巡城馬姓名
一	汕頭至平馬路第卅五號	老福興		
二	前清光緒十三年開辦			
三	無			
四	門口有招牌			
五	收寄上海 香港信件包裹各收			
六	與上海老福興香港新瑞隆兩號往來			
七				
八	由上海香港至汕頭信每件收二分			
九	在本市收派信件用四人			
十	每日逢船期收寄香港上海信約共一百二十件			
十一	每日逢船期代派香港上海至汕頭信約共一百二十件			
十二	收寄信件向裝有[illegible]單或票根遺失免負責成			
十三	上海信件照例交伙船辦房其餘概由郵局寄遞			
十四	無			
十五	信件由夥伴收派照給月資			
十六	無			
十七	信件往來有信單			
十八	無			
十九	〃			
廿	〃			
	〃			
	特誌			

汕頭一等郵局副郵務長 巴連第 呈

10

民局及巡城馬調查表

	已在郵局掛號民信局字號	未在郵局掛號民信局字號	巡城馬姓名
(一) 汕頭永順街第二號	協興昌		
(二) 民國五年開办			
(三) 無			
(四) 〃			
(五) 收寄福州厦門香港上海漢口等处信件包裹無收			
(六) 與福州協興昌厦门協興昌香港怡興上海協興昌漢口協興昌各號往来			
(七)			
(八) 由福州厦门香港上海漢口至汕頭信件每件收三分惟漢口信收六分			
(九) 在本市收派信件用伙伴五人			
(十) 每日逢船期收寄福州厦门香港上海漢口信約共一百件			
(十一) 每日逢船期代派福州厦门香港上海漢口至汕头信約共一佰件			
(十二) 收帶信件内装有匯单如有遗失不負責成			
(十三) 上海信照例交寄火船如[illegible]信件由郵局寄遞			
(十四) 無			
(十五) 夥伴收派信件照給月薪			
(十六) 無			
(十七) 信件往来皆有清单			
(十八) 如有匯单信件取回收条作為投到之據			
(十九) 無			
(廿) 〃			
(廿一) 〃			
特誌			

汕頭一等郵局副郵務長　巴連第　呈

11

民局及巡城马调查表

	已查封局牌号民信局字号	未查封局牌号民信局字号	巡城马姓名
(一) 汕头镇升平街打铁巷第一百六十七号	森昌盛		
(二) 前清光绪十一年开办			
(三) 無			
(四) 门口有招牌			
(五) 收寄香港上海信件包裹各收			
(六) 与香港新瑞隆上海森昌盛号联络往来			
(七)			
(八) 由香港寄汕头信每件收二分上海信收四分			
(九) 在本市收派信件用五人			
(十) 每日进船期收寄香港上海信约共八十件			
(十一) 每日进船期代派由香港上海到汕头信约共八十件			
(十二) 無			
(十三) 上海信照例交火船办房带给由邮局寄递			
(十四) 無			
(十五) 夥伴收派信件照给月资			
(十六) 無			
(十七) 信件往来有凭单			
(十八) 無			
(十九) 〃			
(廿) 〃			
(廿一) 〃			
持誌			

民局及巡城马[illegible]查表

	已在邮局挂号民信局字号	未在邮局挂号民信局字号	巡城马姓名
(一) 汕头永顺街第二号	太古盛		
(二) 民国元年开办			
(三) 无			
(四) 门口有招牌			
(五) 收寄香港上海厦门福州汉口等处信件包头免收			
(六) 与香港谢福记上海太古盛厦门太古盛福州协兴号汉口协兴号等号往来			
(七)			
(八) 由香港厦门至汕头信每件收三分上海信收四分福州信收四分汉口信收六分			
(九) 在本市收派信件用五人			
(十) 每日逢船期收寄香港上海厦门福州汉口等处信件约共一百五十件			
(十一) 每日逢船期代派由香港上海厦门福州汉口至汕头信约共一百五十件			
(十二) 收带信件由号备[illegible]单如有遗失不负责任			
(十三) 上海信照例交[illegible]船[illegible]房货物[illegible]由邮局寄递			
(十四) 无			
(十五) 邮件收派信件照给用资			
(十六) 无			
(十七) 信件往来皆有注簿			
(十八) 无			
(十九) 〃			
(廿) 〃			
(廿一) 〃			
(廿二)			
特誌			

汕头。[illegible]副邮务长巴达第 呈

13

民局及巡城马调查表

	已在邮局挂号民信局字号	未在邮局挂号民信局字号	巡城马姓名
（一）汕头吉安街第二号	太古昌		
（二）前清光绪廿五年开办			
（三）　无			
（四）　〃			
（五）收寄香港 厦门 福州等处信件包裹无收			
（六）与香港怡兴 厦门老福兴 福州福兴隆等号往来			
（七）			
（八）由香港厦门至汕头信每件收三仙福州信收四仙			
（九）在本市收派信件用三人			
（十）每日逢船所收寄香港厦门福州信约共七十件			
（十一）每日逢船所代派香港厦门福州至汕头信约共七十件			
（十二）收带信件内尝有汇单如有遗失不负责任			
（十三）　无			
（十四）　〃			
（十五）雇伙收派信件照给月资			
（十六）　无			
（十七）　〃			
（十八）　〃			
（十九）　〃			
（廿）　〃			
（廿一）　〃			
（廿二）			
特志			

汕头一等邮局副邮务长巴连年　呈

14

民局及巡城马调查表

	已在邮局挂号民局字号	未在邮局挂号信局字号	巡城马姓名
(一) 汕头延寿街第四号	德利		
(二) 前清光绪元年开办			
(三) 无			
(四) 门口有招牌			
(五) 收寄潮州信件包头[illegible]			
(六) 与潮州德利号往来			
(七) 由潮州至汕头一百二十里			
(八) 由潮州至汕头信每件收三分			
(九) 在本市收派信件用四人			
(十) 每日收寄潮州信约二百五十件			
(十一) 每日代派潮州至汕头信约二百五十件			
(十二) 信内汇单如有遗失可负责[illegible]			
(十三) 无			
(十四) 〃			
(十五) 寄件收派信件照给回资			
(十六) 无			
(十七) 有汇单信件由收信人盖印存根			
(十八) 无			
(十九) 〃			
(廿) 〃			
(廿一) 〃			
特志			

汕头一等邮局副邮务长 [illegible] 呈

15

民局及巡城馬調查表

	已在郵局掛號民局字號	未在郵局掛號民信局字號	巡城馬姓名
(一) 汕頭德里街第七號	鍾記		
(二) 前清光緒十三年開辦			
(三) 兼售火船票			
(四) 門口有招牌			
(五) 收寄香港 廈門 福州 上海 等地信件包裹各收			
(六) 與香港新瑞隆廈門通商福州老福興上海正和協等號往來			
(七)			
(八) 由香港上海寄汕頭信每件收三分廈門信收三分福州信收四分			
(九) 在本市收派信件用四人			
(十) 每日進船時收寄香港廈門福州上海信約共六十件			
(十一) 每日進船時代派由香港廈門福州上海至汕頭信約共六十餘件			
(十二) 收寄信件內裝有匯單如有遺失只負責賠			
(十三) 上海信件無任何方法將其掛號仍由郵局寄遞			
(十四) 無			
(十五) 郵件收派信件無給月資			
(十六) 無			
(十七) 信件往來有清單			
(十八) 無			
(十九) 〃			
(廿) 〃			
(廿一) 〃			
特誌			

汕頭一等郵局副郵務長乜連第 呈

16

民局及巡城马调查表

	已在邮局挂号民信局号数	未在邮局挂号民信局字号	巡城马姓名
（一）汕头镇邦街第卅六号	松兴公记		
（二）前清光绪十二年开办			
（三）兼售火船票并汇			
（四）门口有招牌			
（五）派寄上海、香港、厦门、福州、汉口、镇江等处信件包封多少			
（六）与上海松兴、香港怡兴、厦门松兴、福州全太福、汉口福兴允、镇江松兴等号往来			
（七）			
（八）由上海、香港至汕头信每件收二分，厦门、福州收三分，汉口、镇江收五分			
（九）在本市用伙伴六人收派信件			
（十）每日由邮局收寄上海、香港、厦门、福州、汉口、镇江等处信件约共一百五十件			
（十一）每日由邮局收派由香港、上海、厦门、福州、汉口、镇江到汕头信约共一百五十件			
（十二）信内汇单、货单如有遗失不负责任			
（十三）上海信件照例交轮船由局带，如被扰由邮局寄递			
（十四）~~伙伴收派信件照给月资~~ 无			
（十五）伙伴收派信件照给月资			
（十六）无			
（十七）信件系来有清单			
（十八）无			
（十九）〃			
（廿）〃			
（廿一）〃			
（廿二）〃			
特誌			

汕头一等邮局副邮务长巴连第 呈

17

民局及巡[illegible]马调查表

	已在邮局挂号民信局名称	未在邮局挂号民信局名称	巡城马姓名
(一) 汕头福音里第七号	正和协		
(二) 前清光绪十二年开办			
(三) 无			
(四) 门口有招牌			
(五) 收寄香港上海厦门福州等处信件包裹多收			
(六) 与上海正和协为联号与厦门正和协福州协兴号为代结算			
(七)			
(八) 由上海寄汕头信每件收四分，由港收二分，福州厦门收三分			
(九) 夥伴二人收派本市信件			
(十) 每日觅船只收寄香港上海厦门福州等处信约共六十件			
(十一) 每日遇船只代派由香港上海厦门福州等处至汕头信约共六十件			
(十二) 信内汇单如有遗失不负责成			
(十三) 上海信照例交轮船水手带回投由邮局寄递			
(十四) 无			
(十五) 夥伴的薪俸信件照给月资			
(十六) 无			
(十七) 信件往来有清单			
(十八) 无			
(十九) 〃			
(廿) 〃			
(廿一) 〃			
特志			

汕头一等邮局副邮务长巴查华 呈

18

19

	已在郵局掛號民信局字號	未在郵局民信局
(一) 在何處何街何號門牌	潮州開元街第廿四號	
(二) 該局或巡城馬於何年月日開手收信	光緒卅 在郵局掛號	
(三) 兼造何項生意	無	
(四) 門口有何特别標誌	潮汕德利信局	
(五) 收寄何處信件	汕頭	
(六) 與何處何字號民信局或巡城馬來往	汕頭德利	
(七) 由某處寄某處路程若干里	潮州至汕頭九十里	
(八) 由某處至某處每件信或包裹收錢若干	汕頭寄信每件收銅仙八枚 不收包裹	
(九) 由某處至某處計用路夫若干人	由郵局遞寄	
(十) 每日收寄或收帶某處信並包裹若干件	信叁拾件許不收包裹	
(十一) 每日代派由某處來信並包裹若干件	信叁百餘件無包裹	
(十二) 民局或巡馬對於收寄信函內裝物件（如刈紙等）是否負責	人力難施則不負責	
(十三) 有無專船行走有無將函件交船上水手或办房办理抑是否將函件交由專伕騎船携帶	無	
(十四) 有無在火車行走如有是否有將信函交由專伕騎車携帶抑交車上人員办理	無	
(十五) 所携信函如何投遞有何項伕役办理投遞事務該項伕役如給薪（俱錢抑辛工）	日派兩次用夫役弍名每名月給大洋八角	
(十六) 該帶信函有無蓋有印誌（如民局名掛號號碼日期等）	無	
(十七) 有無用寄信清單抑無信單對於信函如何記錄	有總單言明所附之信若干件	
(十八) 追查信如何手續有無收批作為投遞之証有無回執等單式	無	
(十九) 有無檢查員檢查民局信函若有檢查係在何処及如何舉行	如有檢查則在郵局內查驗	
(廿) 民局有無收寄包裹如有包裹收有無依照重量收費表設立	無	
(廿一) 民局與香港小呂宋星嘉坡海防及西貢等處往來信函是否有恒若往來有定如何規避外國郵局干涉	無外洋往來信件	

特誌

潮州二等郵局局長 [illegible] 呈

~~13~~
[文一5乙]

12

廣東郵區瓊崖段各批信局一覽表

第一頁

批信局名稱	開設地方	舊執照號數	分號或聯號號數	分號或聯號地點
陳益泰	嘉積	二	四	海口　新嘉坡（三）　金寶
黃泰豐	中原	四	六	嘉積　樂會　海口　新嘉坡（三）
恒裕興	嘉積	一一	六	新嘉坡　麻剌甲　繆阿爾　吉隆坡　檳榔嶼　居鑾
謙和隆	嘉積	四一	二	吉隆坡　新嘉坡
東源隆	長坡市	四五	六	嘉積　新嘉坡（三）　檳榔嶼　麻剌甲
源裕盛	嘉積	四六	一	檳榔嶼
新富（南）	嘉積	四七	二	怡保　新嘉坡
華興	嘉積	五九	一	新嘉坡
同益	嘉益	六〇	一	怡保

郵政公事用紙

3,600,000/13.vi.29.

13

李益泰	嘉積	六二	二	麻剌甲 新嘉坡
南通	嘉積	六七	七	新嘉坡(五) 安順 堤羅
匯安	中原	一一八	七	嘉積 海口 新嘉坡(三) 檳榔嶼 麻剌甲 吉隆坡
東南	文昌	五八	一	麻剌甲
積寶通	文昌	六三	二	新嘉坡 檳榔嶼
錦和	文昌	六四	二	新嘉坡 丁加奴
恒裕興	文昌	六六	五	新嘉坡 檳榔嶼 繆阿爾 麻剌甲 吉隆坡
廣源	海口	五	五	羅豆 霹山 菠羅 文昌 三江
匯通	海口	六	八	嘉積 中原 新嘉坡(五)
福昌	海口	七	四	曼谷(三) 新嘉坡

第二頁

15

14

[文一5乙]

泰源豐	海口	八	五	文昌（四）新嘉坡
永源豐	海口	九	四	文昌羅豆菠羅塔市
源昌盛	海口	一九	四	文昌三江錦山演豐

郵政公事用紙

第二頁

3,600,000/13.vi.29.

140

~~143~~

廣東郵區各批信局及其馬來雅分號中英文名稱及地址清表

批信局名稱及地址	分號名稱及地址	
普通 汕頭永和街109號 Po Thong, 109 Yong Hwa Street, Swatow.	永吉祥 新嘉坡奄巴沙球膠律35號 Yong Kiat Siang, 35 Upper Circular Road, Singapore.	鴻生 新嘉坡二馬路81號 Hong Say 81 New Bridge Road Singapore.
光益裕 汕頭永泰街34號 Kwang Yak Joo 34 Yong Thye Street, Swatow.	萬益成 新嘉坡馬車街一號 Buan Yak Seng 1 Upper Circular,Road, Singapore.	再和成 新嘉坡二馬路33號 Chye Hwa Seng, 33, New Bridge Road, Singapore.
	許順記 新嘉坡本教街11號 Koh Soon Kee, 11, New Market Road, Singapore.	
洪萬豐 汕頭永安街53號 Ann Buan Hong, 53, Yong On Street, Swatow.	洪萬成 新嘉坡本教街85號 Ann Buan Seng, 85, New Market Road, Singapore.	萬豐隆公司 新嘉坡振興街16號 Buan Hong Long & Co. 16, Chin Hin Street, Singapore.
	匯通信局 新嘉坡十八間後38號 Kway Thong Seng Kok, 38 Circular Road, Singapore.	洪萬豐 檳城打鐵街263號 Ann Buan Hong, 263, Beach Street, Penang.

第一頁

~~144~~
141

批信局名稱及地址	分號名稱及地址	
陳炳春 汕頭潮安街17號 Tan Peng Choon, 17, Teo Ann Street, Swatow.	陳炳春星洲分行 新嘉坡哨嘉拿律5號 The Tan Peng Choon Singapore Branch Office, 5, South Canal Road, Singapore.	
恒記 汕頭怡安街7號 Heng Kee, 7, Yee Ang Street, Swatow.	恒記棧 檳榔嶼港仔口街67號 Heng Kee Chan, 67, Beach Street, Penang.	
信大 汕頭永泰路128號 Sin Tai, 128,Yong Tai Road, Swatow.	普通莊 新嘉坡小坡梧槽律217號 Poh Hong Chang 217, Rochore Road, Singapore.	
有信 汕頭永和街68號 Yew Sin, 68, Yong Hwa Street, Swatow.	有信 新嘉坡二馬路新巴剎腳38號 Yew Sin Chang, 38, New Bridge Road, Singapore.	
榮成利 汕頭永和街68號 Yong Seng Lee, 68, Yong Hua Street, Swatow.	茂興利 新嘉坡十八間後88號 Moh Heng Lee 88 & 89, Circular Road, Singapore.	祥利 新嘉坡二馬路鈕吻里芝律79號 Siang Lee, 79, New Bridge Rd., Singapore.

第二頁

~~145~~
142

批信局名稱及地址	分號名稱及其地址	
榮成利	達華 新嘉坡小坡三馬路奎因街61號 Tat Wah, 61, Queen Street, Singapore.	榮成 新嘉坡皇家山脚青橋頭渥律3號 Yong Seng, 3, Oro Road, Singapore.
	華益禮記 新嘉坡十八間後35號 Wah Yak Loy Kee 35, Circular Road, Singapore.	永德成 檳城高淵横街128號 Eng Teik Seng, 128, Pangkalan Rawa Road, Nibong Tebal, P.W.
永安 汕頭永和街99號 Yong An, 99, Yong Hua Street, Swatow.	永安祥 新嘉坡粮米朱律街39號 Yong Ann Siang, 39, New Bridge Road, Singapore.	
福成行 汕頭吉安街41號 Fock Sang Chong, 41, Kiat Ann Street, Swatow.	榮泰昌 檳城高樓仔6號 Eng Thye Cheang 6, Acheen Street Ghaut Penang.	榮泰昌恒記 怡保老街塲列治街4號 Eng Thye Cheang, Hen Kee, 4, Leech Street, Ipoh, Malaya
	榮泰昌 馬來亞吉礁羅士打大街30號 Eng Thye Cheang, 30, Pekan China Alorstar, Kedah, Malaya.	

第三頁

~~148~~

143

批信局名稱及地址	分號名稱及地址	
捷成 汕頭昇平路123號 Tsieh Cheng 123, Seng Ping Road, Swatow.	再和成偉記 新嘉坡粮米律33號 Chye Hwa Seng Wee Kee 33, New Bridge Road Singapore.	萬益成 新嘉坡馬車街一號 Ban Yak Seng, 1, Upper Circular Road, Singapore.
	振發棧 麻剌甲板底街40號 Chan Wat Chang 40, Pan Tai Street, Malacca.	海泉 芙蓉美芝律152號 Hai Chua, 152, Birch Road, Seremban.
	廣潮生 吉隆坡哥洛士打街55號 Kwang Teow Seng 55, Cross Street, Kuala Lumpur.	金成利 丁加奴關丹大街4號E Keng Seng Lee, 4-E Main Street, Kuantan.
	永順 丁加奴關丹緬街40/44號 Yong Soon, 40-42-44, Main Street, Kuantan.	
勝發 汕頭昇平路96號 Sheng Huat, 96, Seng Peng Road, Swatow.	裕成利 新嘉坡馬真律56號 Joo Seng Lee, 56, Merchant Road, Singapore.	萬和成 新嘉坡馬真律9號 Buan Hua Seng, 9, Merchant Road, Singapore.

第四頁

~~147~~
144

批信局名稱及地址	分號名稱及地址	
勝發	鼎盛 新嘉坡粮米未律58號 Tia Seng, 58, New Bridge Road, Singapore.	利華興 新嘉坡粮米未律77號 Lee Hua Heng, 77, New Bridge Road, Singapore.
	復源 新嘉坡沙球勝律8號 Hock Guan & Co., 8, Circular Road, Singapore.	新興 新嘉坡淡濱泥士律3/208號 Sin Heng, 3/208, Tampenis Road, Singapore.
	鄭綿春 吉隆坡指天街35號 Tay Miang Choon, 35, Foch Avenue, Kuala Lumpur.	
悦記 汕頭永安街34號 Juat Kee 34, Yung An Street, Swatow.	祥泰隆 新嘉坡大坡潮州街8號 Siang Thye Long 8, Teo Chew Street, Singapore.	永德盛 新嘉坡大坡潮州街13號 Yong Teck Seng, 13, Teo Chew Street, Singapore.
潮利亨 汕頭杉排路口54號 Teoh Lee Hing, 54, Sam Pai Street, Swatow.	潮利亨合記 吡能緞羅申街308號 Teoh Lee Hing Hop Kee, 308, Beach Street, Penang.	

第五頁

~~148~~
145

批信局名稱及地址	分號名稱及地址	
光益 汕頭永和街85號 Kwong Yick 85, Yung Hua Street, Swatow.	孔明齋 新嘉坡新巴刹4號 Kong Ming Chay 4, New Market, Singapore.	公發祥 新嘉坡二馬路新巴刹腳18號 Kong Huat Siang, 18, New Bridge Road, Singapore.
	大信 新嘉坡大坡馬真律27號 Tai Sin 27, Merchant Road, Singapore.	同記 新嘉坡漆木街47號 Thong Kee Sen Chek, 47, South Bridge Road, Singapore.
李華利 汕頭新潮興街94號 Lee Hoa Lee, 94, Sing Tioh Heng St., Swatow.	李福利 新嘉坡敬昭街27號 Lee Hock Lee 27, Keng Cheow Street, Singapore.	
義發 汕頭安平路42號 Ngi Huat, Ann Ping Road, Swatow.	中南 新嘉坡漳宜律16號 Tong Nan, 16, Changi Road, Singapore.	
陳長發 汕頭德里街99號 Tang Chang Fat, 99, Teck Lee Street, Swatow.	源利隆 新嘉坡戲館街17號 Guan Lee Loong 17, Carpenter Street, Singapore.	榮泰昌 檳城高樓仔街6號 Eng Thye Cheang, 6, Acheen Street, Chaut, Penang.

第六頁

~~149~~
146

批信局名稱及地址	分號名稱及地址	
陳長發	耀華成 新嘉坡二馬路吊橋頭14號 Yeow Wha Seng, 14, New Bridge Road, Singapore.	
老億豐 汕頭安平路159號二樓 Low Aik Hong 1st Floor, 159, Ann Peng Road, Swatow.	萬德祥 新嘉坡小坡大馬路新街口597號 Ban Teck Siang, 597, North Bridge Road, Singapore.	耀華成 新嘉坡二馬路吊橋頭14號 Yeow Wah Seng, 14, New Bridge Road, Singapore.
泉利 汕頭永泰路104號 Chyuan Lih 104, Young Tai Road Swatow.	倪兩興 檳城打鐵街349號 Geh Leong Hin 349 & 351, Beach Street, Penang.	
陳四興 汕頭鎮邦街51號 Chen See Heng, 51, Tin Pan Road, Swatow.	承福興 檳城打鐵街281號 Seng Hock Heng, 281,Beach Street, Penang.	添和興 新嘉坡安順京街3號 Theam Wah Heng, 3, King Street, Perak.
饒興記 大埔高福路23號 Ngew Hin Kee, Tai Po.	萬生棧 吉隆坡諧街63號 Wan Seng Chan, 63, High Street, Kuala Lumpur.	

第七頁

~~150~~
147

批信局名稱及地址	分號名稱及地址	
陳富源 梅縣中山街 Chan Foo Ngian, Chung San Road, Meihsien.	陳富源 新嘉坡大坡吊路161號 Chan Foo Ngian, 161, S. Bridge Road, Singapore.	
廣德興 梅縣中山街 Kwong Tuck Hing, Chung San Road, Meihsien.	王泗記 怡保 Wong See Kee, Ipoh, Perak	
熊增昌 梅縣淩風西路紹興隆內 Yong Cheng Kee, c/o Shao Hing Long, W. Ling Fung Road, Meihsien.	遠東公司 檳城新街136號 Yuen Tung & Co., 136, Campbell Street, Penang.	
廣通莊 松口金谷街 Kwong Tun Chong, Tsunkow.	李三茂 怡保大吡叻列治街39號 Lee Som Mow, 39, Leech Street, Ipoh, Perak.	三元彰 新嘉坡福建街29號 Sam Ngian Chong, 29, Hokien Street, Singapore.
	王泗記 怡保大吡叻列治街53號 Wong See Kee, 53, Leech Street, Ipoh, Perak.	

第八頁

~~151~~ 48

批信局名稱及地址	分號名稱及地址	
匯通 嘉積 Huay Tung, Ka Chik, Hai Nan Island.	永利華公司 石叻小坡大馬路440-1號 Jong Lee Wah Co., 440-1, North Bridge Road, Singapore.	民安 石叻小坡連城街13號 Min Juan, 13, Liang Sea Street, Singapore.
	瓊源利 麻坡三馬路9號 Kheng Juan Lee , 9, F. Minam Musar.	南興 吉隆坡諧街139號 Nam Hing, Kuala Lumpur.
	世界旅店 芙蓉埠加流街37號 World Lodging House, 37, Carew Street, Seremban, Malayan Union.	
陳益泰 嘉積 Chan Yik Tai, Ka Chik, Hai Nan Island.	益和堂 新加坡小坡大馬路436號 Yick Her Tuang, 436, South Bridge Road, Singapore.	廣泰 金保務邊路12號 Kwong Tai, 12, Wuh Bian Road, Kampar.
	富興隆 新嘉坡海南二街9號 Fuk Hing Long, 9, Hainam 2nd Street, Singapore.	

第九頁

149

批信局名稱及地址	分號名稱及地址	
謙和隆 嘉積 Him Woo Loong, Ka Chik, Hai Nan Island.	天成美 新嘉坡海南街424號 Tien Cheng Mi, 424, Hainam Street, Singapore.	啟明 吉隆坡諧街234號 Chi Ming, 234, High Street, Kuala Lumpur.
聚合昌莊 嘉積嘉祥街74號 Tsui Hup Cheong, Ka Chik, Hai Nan Island.	豐盛合記 新嘉坡小坡巴米士街4號 Fong Seng Hup Kee, 4, Purvis Street, Singapore.	源盛 馬六甲雞場街47號 Yuen Seng, 47, JonkerStreet, Malacca.
	同益興 馬六甲板底街24號 Tong Yek Heng, 24, Kampong Pantei, Malacca.	
南通 嘉積 Nam Tong, Ka Chik , Hai Nan Island.	四寶文 新嘉坡巴米士街14號 Soo Pau Boon Press Co., 14, Purvis Street, Singapore;	南興昌 新嘉坡巴米士街37號 Nam Heng Chong, 37, Purvis Street, Singapore.
	南同利 新嘉坡巴米士街13號 Nam Tong Lee, 13, Purvis Street, Singapore.	協和發記 新嘉坡巴米士街26號 Hiap Woh Puat Kee, 26, Purvis Street, Singapore.

第十頁

150

~~153~~

批信局名称及地址	分號名称及地址	
南通	南安 新嘉坡怒笑之律422號 Nam Ann, 422, North Bridge Road, Singapore.	
同益 嘉積 Tong Aik, Ka hik, Hai Nan Island.	鴻安 新嘉坡小坡巴米士街28號 Hong On, 28, Purvis Street, Singapore.	富裕 新嘉坡小坡巴米士街5號 Foo Jui, 5, Purvis Street, Singapore.
恒裕興 嘉積 嘉祥街 Heng Joo Hing, Ka Chik, Hai Nan Island.	恒裕興 新嘉坡冥里律街40號 Heng Joo Hing, 40, Menli Road, Singapore.	恒裕興 馬六甲武牙也街97號 Heng Joo Hing, 97, Bungaraya, Malacca.
	恒裕興 繆阿尔海圮街76號 Heng Joo Hing , 76, Hoikie, Mouholl.	群華商 居鑾埠毛甲律街5號 Shum Wua Shang, 5, Mouca Road, Kiuluan.
	永裕興 檳榔嶼庇能律街812號 Jeong Joo Hing, 812, Penan Road, Penang.	

第十一頁

~~154~~
151

批信局名稱及地址	分號名稱及地址	
新富南 嘉積新民街43 Sun Foo Nam, Ka Chik, Hai Nan Island.	人信莊合記 新嘉坡小坡密駝律街31號 Jeng Seng Chuan Hup Kee, 31, Middle Road, Singapore.	德香園 怡保埠列治街67號 Tak Heung Yuen, 67, Leech Street, Ipoh.
華興 嘉積 Wah Hing, Ka Chik, Hai Nan Island.	益華合記 新嘉坡海南三街16號 Aik Wah Co., 16, Seah Street, Singapore.	
匯安 嘉積中原. Huay On, Chung Yuan, Ka Chik, Hai Nan Island.	阜安 新嘉坡小坡密駝律49號 Foo Ann, 49, Middle Road, Singapore.	南興昌 新嘉坡小坡巴米士街37號 Nam Heng Chong, 37, Purvis Street, Singapore.
	崇記 檳城牛干冬街437號 Thong Kee, 437-A Chulia Street, Penang.	錦和 馬六甲醬腐街71號 Kim Hua, 71, Tao Foo Street, Malacca.
黃泰豐 嘉積中原 Wong Tai Fung, Chung Yuan, Ka Chik, Hai Nan Island.	恒成 新嘉坡小坡余街10號 Hang Seng, 10, Seah Street, Singapore.	

第十二頁（完）

汕头一等邮局辖内各批信局名称表

汕頭郵局轄內各批信局名稱表

裕益	福興	振豐盛	勝發	義發	榮順興
陳炳記	榮成利	許福成	合盛利	洪萬豐	榮大銳
怡記	成昌利	李華利	光益	有信	光益裕
洪合興	馬合豐	馬德發	福利	信大	致盛
祥益	玉合	裕大	佳興	榮豐利	黃潮興
啟峰棧	和興盛	馬源豐	陳萬合	光德豐	利昌莊
協成興	鄭順成利	振盛興	成順利記	宏信	同發利
永安	泰成昌	理元	和合祥	廣順利	鍾榮順
陳炳春	萬豐發	潮利亨	廣泰祥	萬興昌	普通
復安	福茂	福成	四興	捷成	森春莊
張廣泉	周生利	陳偉發	宏通	陳協盛	廣源和記
泉利	王木發	[illegible]			

13

69

廣東郵政管理局 稿紙

批信局之沿革及现状

第一頁

批信局係一种經營僑匯之商號，兼通僑民家書之地，其集中於汕頭（廈門）並在南洋各地設有分號，此种批信局大都歷史悠久，頗得僑胞信仰，於海外僑胞內匯款項予以其營運，所有批信亦即匯单，其收據俗稱回批，批信局回批均附有匯款人之附言，屬於通信性質，故應作為信函寄遞。

郵政為國家專營事業，自不能讓各批信局自行帶運批件，所有國內各有批信局原應於一九三四年前因內地信局同時取銷，但此營業以往郵政當局時，郵局體念批信局有悠久歷史，信用昭著，且為僑匯有關，情形特殊，為適應環境，便利僑胞起見，特予保留批信局，准予繼續營業，並訂定批信局處理辦法，規定寄遞批信回批得按總包重量繳納國內郵資，其寄往英屬南洋各地之回批亦得按國際郵資半價繳納郵資，以示優待

70

廣東郵政管理局 稿紙 第二頁

无如多数批信局多不守规章，取巧走私，大以開方更形猖獗，於是
前管理局於二十四年間，曾局建議凡批信局與其內地（聯號）
分號往來批信回批在當地郵局按寄遞，另行外批照章納費
交郵寄遞，不得自帶，以杜流弊。總局以該項建議於其理
由~~雖具精神，施行本來過於~~（無據）。批信總局向係專
交其地批信局收入，其查納國際郵資，係用郵票黏貼在總
包上，一經當地郵局按遞，以後責任之問題由批信局拆開總包，將內附批信
取出再行封往內地，當係另一信函，自應另納郵資）。經予擇納
施行，并令本通知。
其分局所領信盒及批信盒同業公會以批信回批分
郵局無用，以寄遞不如自行帶遞之為簡便，一再函請建議
予批信局自行於批信〔排往內地之案〕均通，俾可納足來回程郵

71

资，请将批信交其自行派人带送，并准回批同样办理，总局经准通融照办，并经现行批信事务处理办法第八条明白规定。乃各批业公会不明事理，指此为非法剥削，实属无理取闹。

近据汕头分局报告汕头批业公会要求取消上述回批封套资费并核减国际航空资费。窃于取消回批封套资费事广东邮政权益不能照办已如上述，至于国际航空资费，系由总局核订，全国一律，应无分歧，无分区改订资费先例，自不便对于回批独予优待。

建议：取消在国外设立批信局分号之限制

一九四七年一月总局颁布之修正批信事务处理办法第十四条规

广東郵政管理局稿紙

第三頁

广東郵政管理局 稿紙 第四頁

72

移前三页第十行

定批信局不得在国外设分号，其已设者暂准照状撰用意，无非避免限制批信局之扩张，但事实上各批信局业务，岂不因此而有所限制，盖其历史悠久之既得分号，经营之信用，大必欲严格执行，使批信局走私之风必日趋猖獗，检查续至感困难，徒使邮收遭受严重影响，拟请顾全事实，准予恢复恢原设，以利侨汇而裕邮收。

来函所请以有批信局（稽之统批四封而言）一百一十七家，其分配情形如右

地点	汕头	海口	嘉积	文昌	梅县	古埔	金坊	河婆
批局数目	七四	廿三	十一	三	三	一	一	一
至国外通汇地	香港、暹罗、星架、越南、印度尼西亚、菲律宾	暹罗、马来亚	新加坡	新加坡	暹罗、马来亚	星架、亚	暹罗	马来亚

73

本區批信局概況

本區現有批信局一百二十四家，其分配地點如后：

地點	批信局數目	主要通匯地
汕頭	七四	暹羅、安南、馬來亞、荷印、菲島
海口	廿四	暹羅、馬來亞
嘉積	十一	新加坡
文昌	三	新加坡
梅縣	五	暹羅、馬來亞
松口	四	業務停頓
大埔	一	馬來亞
畲坑	一	暹羅
河婆	一	馬來亞

其中大部份集營汕頭，批信資金向為當地主要收入之一，次為海口、嘉積，其他各地批局營業，微乎其微，殊不足道。

(二)現行批信事務處理辦法對各批局限制甚嚴，祇准已領執照之批信局維持現狀，不准添設，故上述批信局數目，祇有減少，不致增加。

(三)批信局執照每年換領一次，向由總局核發，自卅七年起改由本局核發。

(四)晚近時局不寧，金融動盪，批信業務逐漸衰落，雖非至大局底定，難有起色。

广东邮政管理局关于批信统计表造送事项给邮局的训令

廣東郵政管理局訓令

令字第三〇六號

令 郵局

事由：關于批信統計表造送事項

相關文件：總局例規字第六四九八號訓令

(一) 附發新訂乙種批信統計表式一帋，仰將現存表式立為改正使用，用罄後始得領用新表。

(二) 目前郵資及航空費，時有調整，在調整之月內，先後資費不同，該局造報時，應于備考欄內說明該項資費為何計算，以便複核。

(三) 該項統計表式應切實參照本局令字第一一八號訓令規定，以一份送部局稽察室（毋庸再送部局統計課）及寄呈本局一份留底。

附乙種批信統計表式一張

局長黎儀燊

郵務督辦吳超明代行

內地業務股股長關遠祺簽發

（乙種）批信統計表

（一）……局收發批信及收發、信內郵資統計表（ 年 月份）

批信局名稱	運入批信			寄往國外各地批信					備考
	原寄地名	總包數目	批信件數	寄達地名	總包數目	批信件數	計算方式（單式雙式）	郵資數目	
共計									

（二） 地方各批信局收發國外批信及回批統計表

批信局名稱	批信			回批			備考
	原寄地名	總包數目	批信件數	寄達地名	總包數目	回批件數	
共計							

（三） 地方收發國外批信回批及回批郵資統計表

原寄地名	批信		回批		回批郵資		
	總包數目	批信件數	總包數目	回批件數	本月份	上月份	去年同月份
香港							
暹羅							
英屬殖民地							
法屬殖民地							
荷屬殖民地							
菲列濱							
各地航空共總數							
共計							

中華民國 年 月 日

…………郵局局長…………造報

汕头及潮州地区民信局调查统计表

List of Registered Minchu at Swatow

171

Office	Name of Registered Minchu: Romanised	Name of Registered Minchu: Chinese	Location	No. of C.P. posted during 1928	No. of C.P. received during 1928	No. of smuggled articles seized	Date of Establishment	Total No. of employees	Places with which business transacted
Swatow	Te Li Hao	德利號	延寿街				27th Year K.H.	5 @ $8 to $10 each per month	Chaochow
	Fu Hsing Kang	福興康	至平路十一号				1888	"	Shanghai
	Lao Fu Hsing	老福興	-"-				1870	"	Shanghai and Hongkong
	Hsieh Hsing Chang	協興昌	永順街				1888	"	-"
	Sung Hsing Kung	松興公	鎮邦街				1883	"	Shai, Amoy & Hongkong
	Mao Chang	茂昌	至平路十二号				1888	"	-"-
	Chuan Chang Jen	全昌仁	至平路十一号				1898	"	Shanghai
	Sen Chang Shing	森昌盛	鎮邦橫街	4125	4086	3055	1870	"	Shanghai & Hongkong
	Chuan Tai Ho	全泰洽	仁和街				1888	"	Shanghai
	Cheng Ho Hsieh	正和協	鎮邦街				1898	"	Shanghai
	Chung Chi	鍾記	德里街八号				1898	"	Hongkong
	Tai Ku Chang	太古昌	打索街				1898	"	Amoy and Hongkong
	Yu Hsing Fu	裕興福	鎮邦街				Date unavailable (inherited)	"	Shanghai and Amoy
	Chen Yuan Chi	陳源記	鎮邦街				In the reign of Tao Kuang (道光)	"	Hongkong
	Tai Ku Shing	太古盛	永順街				Date unavailable (inherited)	"	Amoy, Shai and Hongkong
Chaochow	Te Li Hao	德利号	潮州下水门倪家祠边	11,000 letters	12,000 letters	-	27th Year K.H.	6 employees	Swatow

and Chaochow

No. 1

167

Approximate No. of letters, etc., exchanged	Any particular service rendered by which are not provided by the P.O.		Remarks.
			Employés are sent to collect letters from different merchants up to the last moment of the closing hours at the Post Office. The approximate number of letters for Shanghai collected by each Minchu is about 80 daily, while that for Hongkong is over 100.
300 to 400	-		Employés are sent to collect letters from different merchants and the senders paid nothing as they will collect from the addressees and the postage charged a little lower than the Post Office.

~~170~~

List of unregistered Pichu at [illegible]

Office	Name of Unregistered Pichu		Location	No. of C.P. posted during 1928	No. of C.P. received during 1928	No. of smuggled articles seized	Date of Establishments	Average No. of employés	Places with which business transacted
	Romanised	Chinese							
Swatow	Kwang Yi Yu	光益裕	永泰街				Unknown	Invariable	Bangkok, Singapore, Penang and Annam
	Kwang Yi	光益	永和街				"	"	Singapore & Annam
	Pu Tung	普通	永和街				"	"	Bangkok & Singapore
	Yu Yu	有餘	福安横街				"	"	Singapore & Sandakan
172	Yu Hsin	有信	永和街				"	"	Singapore
	Yung An	永安	永和街				"	"	Bangkok & Singapore
	Heng Chi	恒記	仁和街				"	"	Penang
	Chen Yuen Tai	陳元泰	安平路				"	"	"
	Chen Cheng An	陳成安	南北行街				"	"	"
	Chao Li Hsing	潮利興	太興街				"	"	"
	Kwang Ho Hsing	廣合興	仁和街				"	"	"
	Chao Shun Hsing	潮順興	打索街				"	"	"
	Cheng Mien Fa	鄭綿發	永安街				"	"	"
	Kwang Teh	光德	永和街	5834	5659		"	"	Singapore
	Hung Fa Hsiang	鴻發祥	昇平街				"	"	Annam & Singapore
	Chen Cheng Hsing	陳成興	南北行街				"	"	Penang
	Kwang Ta	光大	永安街				"	"	Singapore
	Kung Tai	公泰	德安後街				"	"	Penang
	Kwang Tai Hsiang	廣泰祥	育善街				"	"	Bangkok & Penang
	Cheng Mao	成茂	永興街				"	"	Singapore
	Hung Hsing	宏興	南北行街				"	"	"
	Chi Fa	智發	永和街				"	"	"
	Luen Chang	綸章	萬安街				"	"	Penang
	Hsieh Cheng Chang	協成昌	永安街				"	"	Bangkok
	Shun Cheng Lee	順成利	永和街				"	"	"
	Tai Cheng Chang	泰成昌	安平路				"	"	"
	Wan Hsing Chang	萬興昌	永安街				"	"	"
	Sheng Yu Hsing	勝裕興	安平路				"	"	"
	Yi Chang	益昌	永安街				"	"	"
	Chen Ping Chun	陳炳春	潮安街				"	"	"

No. 2/

168

approximate No. of letters, etc, exchanged	any particular service rendered by which are not provided by the P.O.	Remarks
		money delivered to emigrants' families at their respective houses in the interior. Dealing with banking business and remittances transactions not only for emigrants but also for the public else.

~~169~~

List of Unregistered Pichu at Swa

173

Office	Name of Unregistered Pichu		Location	No. of C.P. posted during 1928	No. of C.P. received during 1928	No. of smuggled articles seized	Date of Establishments	Average No. of employees	Places with which business transacted
	Romanised	Chinese							
Swatow (Continued)	Teh Hak Heng	得合興	東隆街				Unknown	Invariable	Bangkok
	Chung Yung Shun	鍾榮順	福安街				"	"	"
	Chien Ho Hsiang Hing	謙和祥興	德里街				"	"	"
	Kwang Shun Lee	廣順利	東隆街				"	"	"
	Hsu Kung Hing	許公興	海墘內街				"	"	"
	Hsiang Sheng Tai	祥生泰	益安街				"	"	"
	Ho Ho Hsiang	和合祥	打索街				"	"	"
	Sin Ho Shun	新合順	德里街				"	"	"
	Chen Sheng Hing	振盛興	永和街				"	"	"
	Tung Fa Lee	同發利	至安街	See 2nd page	See 2nd page		"	"	"
	Hsieh Hing Sheng	協興盛	永和街				"	"	"
	Li Yuen	理元	永和街				"	"	"
	Chao An Co.	潮安公司	鎮邦街				"	"	"
	Yang Yuen Cheng Lee	楊源成利	吉安街				"	"	"
	Tai Yee Chang	泰怡昌	永和街				"	"	"
	Sun Hing Lee	孫興利	永興街				"	"	"
	Ma Ho Feng	馬合豐	永和街				"	"	"
	Chin Tai	晉泰	至安街				"	"	"
	Kwang Yuen	廣源	昇平街				"	"	Bangkok & Annam
	Wan Feng Fa	萬豐發	永興街				"	"	"

List of Unregistered Pichu at Sw

~~166~~

Office	Name of Unregistered Pichu: Romanised	Name of Unregistered Pichu: Chinese	Location	No. of C.P. posted during 1928	No. of C.P. received during 1928	No. of smuggled articles seized	Date of Establishments	Average No. of employees	Places with which business transacted
Inland									
Ampow	Ho Fa	合發				-	unknown		Straits Settlements, Federated Malay States and Annam.
	Hwa Lung	華隆				-	"	6	
	Chuen Chi	全記				-	"		
	Fung Ho	豐合				-	"		
Tsiahang	Ku Cho pin (runner)	吉作賓		several times a year. Each time several hundred letters divided into several packets and posted through the P.O.	Several times a year. Each time several hundred letters divided into several packets and posted through the P.O.	-	"	Ku Cho-pin runner	Strait Settlements and Federated Malay States
Kityang	-	-	-	-	-	-	-	-	
Samhopa	-	-	-	-	-	-	-	-	-
Hingning				-		-	-		
Taipu	-	-	-		-	3	-	-	-
Tsungkow								-	
Changlok	-							-	
Honghiutao	-	-	-	-	-		-	-	
Pingkun									
Ungkong	Lin Ho Co	六合公司	霞繞鄉	about 1400 letters per month	about 1400 letters per month	28	unknown	6	Swatow
Lungchuen	-	-	-	-	-	-	-	-	-
Swabue	-	-	-	-	-	-	-	-	-
Tushih	-	-	-	-	-	-	-	-	-
Laolung	-	-	-	-	-	-	-	-	-
Chengping	-	-	-	-	-	-	-	-	-
Yungan	-	-	-	-	-	-	-	-	-
Hoping	-	-	-	-	-	-	-	-	-
Chao yang	-	-	-	-	-	-	-	-	-
Chaochow	Su Ya-Sze	曾亞四	住下等客棧 究廟尾中	1,200 letters	1,100 letters	-	20 years ago	3	Kaying
Kaopi	Tung Yu Hao	同裕號	下横街	-	} about 3000	-	unknown	-	-

and Inland

No 3

169

Approximate No. of letters, etc. exchanged	Any particular service rendered by which are not provided by the P.O.		Remarks
			Money delivered to emigrants' families at their respective ~~168~~ houses in the interior Dealing with banking business and remittance transactions not only emigrants but also for the public else.

…tow and Inland.

No. 4

170

~~165~~

Approximate No. of letters etc. exchanged	Any particular service rendered by which are not provided by the P.O.		Remarks
Several thousand letters each time			Employés came from Swatow to Lungchow to delivery their C.P. and shop Ho Fa (合發) Hwa Lung (華隆) Chuen Chi (全記) and Fung Ho (豐合) were requested to collect all the returned C.P. on their behalf.
Several hundred letters each time			Runner Ku Cho-pin when left Straits Settlements he collect all the C.P. from the emigrants then divided into several packets and posted through the P.O. addressed to himself at destination. When he arrived destination he received the C.P. and delivered them to different addressees. On his returned he do the same.
			Formerly there were some runners smuggling of mails but after they were seized and fined, they dare not to smuggle any more
			Formerly there were two unregistered Pichu established in Tsungkow i.e. Siao Lueh Hing ([illegible]興) and Chen Yu Tsai (陳裕財), but they were all closed several years ago.
			During the year 1928 this office received 9 packets of C.P. from abroad about 200 letters addressed to a certain person who was entrusted to receive same on behalf of the runner. Runner from Dutch East Indies 3 times a year. People sometimes sent their C.P. through this office and they were requested to open for inspection and each letter should pay with full postage, therefore they changed their scheme by sending their C.P. through some other offices such as Swatow and some other offices.
			People sent their letters through the P.O. have to pay full postage, but sent through the Pichu the sender pay nothing as the Pichu will collect 8 cents per letter from the addressees and also about half an hour quicker than the Post Office. Bi-daily service, each trip only one employé to and from Swatow by turn, sometimes by launch and sometimes by foot.
100 letters each time			Every 1st, 4th and 7th day runner from Chaochow to Kaying and every 3rd, 6th and 9th day returned from Kaying to Chaochow. Each trip about 100 letters. On account of the runners were so skilful in collecting and delivering their C.P. therefore no smuggling of letters has ever been seized by the P.O.
			C.P. from abroad were sent via Swatow.

List of Unregistered Pichu at Swato

Office	Name of Unregistered Pichu		Location	No. of C.P. posted during 1928	No. of C.P. received during 1928	No. of smuggled articles seized	Date of Establishments	Average No. of employees	Pla bu
	Romanised	Chinese							
Kaying	Chen Yuen Lee	陳源利	廟前街	2880 letters	2880 letters		1926	2	
	I Tai Lung	義泰隆	廟前街	1585 〃	1585 〃	-	1924	1	
167	Hwei Hing	滙興	西门街	1500 〃	1500 〃	-	1921	2	
	Chin Sheng Chwang	金生莊	井頭街陳丰内	1579 〃	1579 〃	-	1921	2	
	Tsung Hsin Co.	崇信公司	上新街	300 〃	450 〃	-	1928	1	
	I Tung Chwang	義通莊	下新街	280 〃	280 〃	-	1928	1	
	Chen Ta Hing	振大興	井頭街	5000 〃	5000 〃	-	1921	2	
	Yung Yuen Chun	永源春	油羅街	1600 〃	1600 〃	-	1927	2	
	Chen Feng Chwang	陳豐莊	油羅街	800 〃	800 〃	-	1927	2	
	Teh Tai Chwang	德泰莊	上新街	1000 〃	1000 〃	-	1921	2	

... and Inland.　　　　No. 5.

171

~~164~~

...es with which ...siness transacted	Approximate No. of letters etc. exchanged	Any particular service rendered by which are not provided by the P.O.	Remarks.
Siam	60		There were no registered or unregistered Minchu in Kaying, but only 10 Pichu in Kaying and they exchanged their mails with foreign countries.
"	30		
"	30		
"	30		
Rangoon	10		
Hongkong	10		
Ipoh	40		
Siam	30		
R[illegible]oon	15		
Singapore	25		

改正已向邮局挂号民信局表

在广州设立者

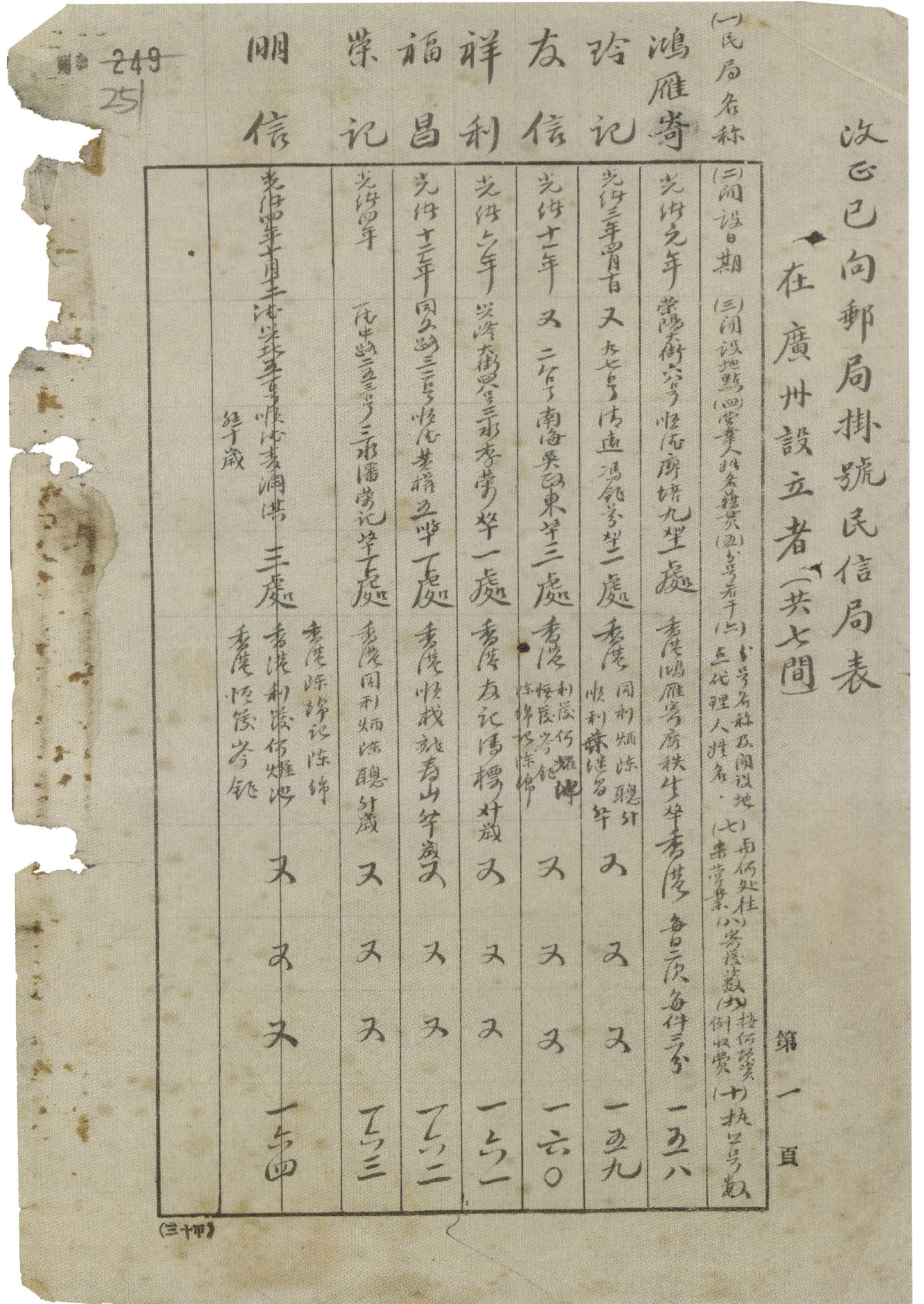

249
251

改正已向郵局掛號民信局表

一在廣州設立者（共七間）

第一頁

(一)民局名称	(二)開設日期	(三)開設地點	(四)營業人姓名籍貫	(五)分號若干	(六)分號名称及開設地點代理人姓名	(七)由何處往何處營業	(八)寄送款數	(九)按何例收費	(十)執照號數
鴻雁寄	光緒元年	榮陽大街六十八號	恒隆 [illegible]	[illegible]處	香港鴻雁寄 房秩生	香港	每日[illegible]	每件三分	一五八
玲記	光緒三年四月十日	又 九七號	清遠 馮銘	二處	香港同利炳 陳聰 / 順利 蔡繼名	又	又	又	一五九
友信	光緒十一年	又 二十八號	南海 吳汝東	三處	香港利發 何耀坤 / 恒發 岑銘 / 陳錦記 陳錦	又	又	又	一六〇
祥利	光緒六年	興隆大街四十三號	李榮	一處	香港友記 馮標 [illegible]歲	又	又	又	一六一
福昌	光緒十二年	同文路三十二號	順德 黃權	[illegible]處	香港順棧 龍壽山 [illegible]歲	又	又	又	一六二
榮記	光緒四年	德中路二五三號	三水 潘榮記	[illegible]處	香港同利炳 陳聰 [illegible]歲	又	又	又	一六三
明信	光緒四年十月十二日	[illegible] 五十二號	順德 黃潤洪 [illegible]十歲	三處	香港陳錦記 陳錦 / 香港利發 何耀坤 / 香港恒發 岑銘	又	又	又	一六四

（三十甲）

252
250

已向郵局掛號民局表

一、在潮州設立者（共三間）

第一頁

(一)民局名稱	(二)開設日期	(三)開設地點	(四)營業人姓名籍貫	(五)分號若干	(六)分號名稱及開設地點代理人姓名	(七)與何處往來營業	(八)寄發次數	(九)按何項資例收費	(十)執照號數
德利	咸豐八年	潮安開元街	蕭奕晴 澄海	一	汕頭延壽街德利 李景淵	汕頭 潮安	每日二次	每封三分	十
陳協盛	民国十二年	潮安華新街	陳雲岩 饒平	二	安南美荻街覓記 曾昭園；暹羅三聘街美珍 王杜興	安南 暹羅	每期	暹資例由南洋寄信 次此間無收資例	七十
桂蘭	民国十一年舊曆十一月初二日	潮州東堤	陳益山 大埔	十	(一)汕頭鎮邦街萬興 孫子才 (二)大埔大街益豐 孫鏡如 (三)湖寮萬源 陳少懷 (四)百侯意興 楊秋史 (五)高陂培杏堂 張惠階 (六)三河永泰 鄭禹臣	潮 梅 各埠	逢有船期	無	八六

（三十甲）

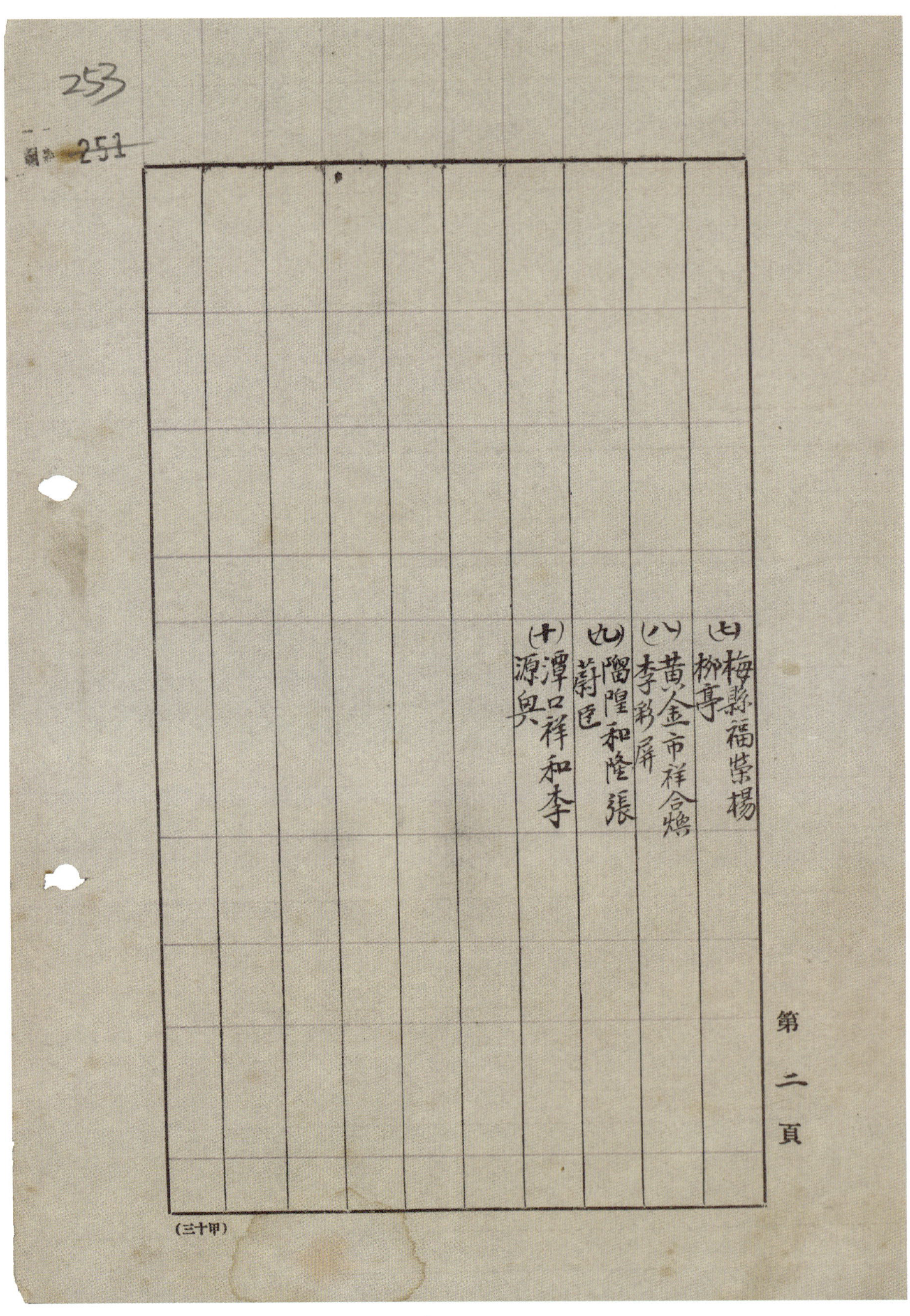

253

~~251~~

（七）梅縣福棠楊柳亭

（八）黃金市祥合熾李彩屏

（九）留隍和隆張蔚臣

（十）潭口祥和李源興

第二頁

（三十甲）

已向郵局掛號民局表

在嘉應設立者（共二間）

第　頁

(一)民局名稱	振大輿	崇信
(二)開設日期	光緒六年	民国十六年八月一日
(三)開設地點	梅縣	梅縣中山街
(四)營業人姓名籍貫	劉耀初 梅縣	梁緯邦 梅縣
(五)分號若干	三	一
(六)分號名稱及開設地點代理人姓名	(一)汕頭安平路振大輿劉克起 (二)香港德輔道振大輿劉桂雲 (三)廣州一德路振大輿劉少丹	仰光芫溪街崇信梁文邦
(七)與何處往來營業	與寧、汕头、潮州、廣州、上海、香港、南洋各埠	英屬仰光
(八)寄發次數	二三次	每星期一次
(九)按何項收費例	無	無
(十)執照號數	七一	七五

（三十甲）

253 255

已向邮局挂号民局表

在澄海设立者（共一间）

第 页

(一)民局名称	(二)开设日期	(三)开设地点	(四)营业人姓名籍贯	(五)分号若干	(六)分号名称及开设地点代理人姓名	(七)与何处往来营业	(八)寄发次数	(九)按何项资例收费	(十)执照号数
曾锦记	民国纪元前五年	澄海	曾以伟 澄海	一	汕头潮安街陈炳春 曾以伟	暹罗	每逢暹船期	無	五八

(三十甲)

已向邮局挂号民局表

在興寧設立者（共一間）　第　頁

(一)民局名稱	(二)開設日期	(三)開設地点	(四)營業人姓名籍貫	(五)分號若干	(六)分號名稱及開設地点代理人姓名	(七)與何處往來營業	(八)寄發次數	(九)按何項資例收費	(十)執照號數
廣裕隆	宣統二年	興寧	劉瑞璋 梅縣	三	(一)山頭廣裕隆劉敏斎 (二)廣州廣裕隆劉润宏 (三)香港廣裕隆劉润銘	梅縣 潮州 汕头 廣州 上海 香港 南洋各埠	每日二次	本国每廿公分收四分 南洋星島馬來聯邦五分 暹罗荷屬二角	六九

（三十甲）

在大埔设立者

已向郵局掛號民局表

在大埔設立者（共一間）

第　頁

(一)民局名稱	(二)開設日期	(三)開設地點	(四)營業人姓名籍貫	(五)分號若干	(六)分號名稱及開設地點代理人姓名	(七)與何處往來營業	(八)寄發次數	(九)投遞收費	(十)執照號數
饒興記	民國十三年	大埔高陂街	饒合士 大埔			咭隆	三日貳 五日一次	無	八四

(三十甲)

已向郵局掛號民局表

在汕頭設立者（共八十六間）

第一頁

(一)民局名稱	(二)開設日期	(三)開設地点	(四)營業人姓名籍貫	(五)分號若干	(六)分號名稱及開設地点代理人姓名	(七)與何處往來營業	(八)寄發次數	(九)按何項資例收費	(十)執照号數
茂昌	前清光緒十三年	汕頭至平路	黃輝楠 潮陽	四	(一)香港新瑞隆謝蘭春 (二)上海茂昌董品林 (三)厦门老德豐楊世木 (四)厦門通商曾雲龍	香港 厦门 上海	逢有上海香港 厦门輪開行	每封收費叁分	一
德利	前清咸豐六年	汕頭延壽街九号	李景淵 澄海	一	潮安德利蕭奕時	潮安	汕頭普通三次	每封三分	二
陳源記	前清光緒十三年	汕頭打錫街五号	陳雲賓 澄海	二	(一)香港怡興葉學堃 (二)潮安德利蕭奕時	潮安 香港	汕頭每逢香港船	每封三分	三
協興昌	前清光緒十二年	汕頭永順街三号	林雲帆 潮陽	五	(一)香港怡興葉學堃 (二)上海協興昌邱鎮生	香港 上海 福州 温州 漢口	逢有船期	香港厦门三分 上海福州長江内四分	四

(三十甲)

~~257~~
259

					(三)福州協興昌李寶森				
					(四)漢口協興昌朱達三				
					(五)温州協興昌蔣永銓				
裕興福	光緒三年	汕頭打錫街三巷九号	陳慕仁澄海	二	(一)上海裕興福邱鎮生	汕頭 香港 上海	逢有香港上海	香港三分 上海四分	五
					(二)香港全泰福陳子謙		輪開行		
太古盛	前清光緒十年	汕頭永順街二号	蔡松焜潮陽	三	(一)香港謝福記謝蘭春	香港 上海 厦門	逢有船期	香港厦门上海福 三分	六
					(二)上海太古盛董品森			卅四分	
					(三)厦門老福興蕭省三				
福興康	前清光緒十一年	汕頭至平路十號	鄭玉山潮陽	六	(一)上海福興康李文才	上海蕪湖 漢口温州	逢有船期	每封四分	七
					(二)漢口福興润朱達三	福州 厦門			

第二頁

(三十甲)

					(三)蕪湖福興潤蔣永銓 (四)福州福興康梁鈺光 (五)厦门福興康葛天祥 (六)温州老福润陳旭東			
鄭鍾記	前清光绪二年	汕頭德里街七号	鄭介卿 潮陽	三	(一)香港新瑞隆謝蘭春 (二)厦門老福與蕭省三 (三)福州老福润李福森	香港厦門福州每日寄信一次	每封三分	八
全昌仁	前清光绪十二年	汕頭至平路十号	林秋南 潮陽	二	(一)上海全昌仁王金伙 (二)蕪湖全昌仁蔣永銓	上海蕪湖逢有船期	每封四分	九

第三頁

(三十甲)

~~259~~
261

第四頁

老福興	前清光緒十三年	汕頭至平路十四號	鄭良加 潮陽	六	(一)香港新瑞隆謝蘭春 (二)上海老福興唐伯寅 (三)漢口福興潤朱達三 (四)烟台老福興鄒子玉 (五)蕪湖老福興毛遠堂 (六)厦門老福興蕭省三	香港 上海 厦门 蕪湖 漢口 烟台	逢船有期	香港厦门信三分 上海蕪湖漢口烟台信每封四分	十一
森昌盛	光緒十三年	汕頭仁和街廿一號	吳維精 潮陽	二	(一)香港新瑞隆謝蘭春 (二)上海森昌盛邱鎮生	香港 上海	逢船有期	上海四分 香港三分	十二
全泰洽	光緒十三年	汕頭仁和街廿號	林達三 潮陽	四	(一)上海全泰洽吳標 (二)漢口協興昌朱達三	上海 漢口 蕪湖 烟台	遇船有期	上海四分 漢口烟台 蕪湖五分	十三

(三十甲)

第五頁

太古昌

光緒十四年

汕頭吉安街二号

鄭作基 潮陽

三

(一)香港怡興 葉學堃
(二)廈門老福興 蕭省三
(三)福州乾昌仁 烏總和
(四)烟台全泰盛 陳錦玉
(五)蕪湖全泰盛 陸生明

汕頭、香港、下门、福州

船遇有期

香港廈门三分 福州四分

十四

永安

民国十一年

汕頭永和街九十九号

周良 澄海

八

(一)潮陽劉喜合 劉竹船
(二)普寧萬興洪 賢炎
(三)詔安廣源許 國声
(四)潮安陶安黃筠 生
(五)蓮陽協順陳祖 乙

南洋星島新加坡暹罗安南梹城山打根

船遇有期

上列船期收寄

無

十五

(三十甲)

261 263

振盛興	民国前三年	永和街暹興利益成内	曾国聲 澄海	一	(六)炮台德良黃興貞 (七)揭陽光德成李運祥 (八)黃岡匯通盛張少高 澄海振盛興曾国声	暹羅華僑銀信局	遇有船期	無	十六
光益裕	民國元年	汕頭永春街三十四号	陳湘筠 澄海	十三	(一)潮陽喜合劉竹船 (二)棉湖洪萬兴洪貢交 (三)揭陽光德成李運祥 (四)炮台黃德良黃興貞 (五)黃岡黃茂利黃子厚 (六)詔安源春盛周佩西	新加坡 南洋 詳島 暹罗 安南 庇能 山打根 香港	遇有船期	無	十七

第六頁

(三十甲)

光德莊

民国十六年

汕頭永和街

揚震澤 澄海

八

(七)内浮山王廣合 王步芳

(八)達豪李廣合 李偉臣

(九)澄海北灣溶源發 陳再存

(十)樟林和記鄭 致衍

(十一)東隴同泰黃 傳經

(十二)蓮陽信成金昌 期

(十三)潮安陶安黃 筠生

(一)揭陽泰記林 任菴

(二)棉湖萬興洪 叠炎

(三)潮安陶安黃 筠生

南洋各港

遇有遲船 吻船

無

十八

第七頁

(三十甲)

~~263~~ 265

馬合豐

民国十一年

汕頭永和街七十四号

潮陽馬晏軒

十一

(四) 潮陽恒記林成禧

(五) 澄海信茂侯澤山

(六) 蓮陽信成余昌期

(七) 下林德良黄與貞

(八) 黄岡廣義發陳子丹

(一) 潮陽永順利馬玉坡馬松軒

(二) 潮陽協成豐馬燦銳馬贊乾

(三) 潮陽成田德順盛馬子南

(四) 揭陽啟峯魏啟圃

(五) 潮陽喜合劉竹船

暹羅

暹羅有暹船

無

十九

第八頁

(三十甲)

~~264~~ 266

光益	民國元年	汕頭永和街廿三号	潮安鍾少巖	一	潮安如陶蔡若水	新加坡安南	遇有南叻船	無	二十
謙和祥與	民国壹年元月	汕頭德里街	潮陽劉錫如	三	(一)潮陽喜合劉竹船	暹羅	遇有暹船開行	無	二十一

(六)潮陽斈昌黃泌光
(七)潮安衆豐朱湘蘭
(八)汕頭普通徐昌期
(九)澄海信成金昌期
(十)隮皇桂興魏新猷
(十一)饒平茂元黃香圃黃子厚
(二)海陽協成昌張尸三
(三)揭陽啟峯魏啟園

第九頁

(三十甲)

265
267

新合順	光緒壬年	汕頭德里街四百号	王子錦 普亭	五	(一)普亭揭陽新合順 王守正 鄭祖澤 (二)潮陽喜合 劉竹船 (三)饒平黃岡協成 張斐文然 (四)揭陽啟峰魏 啟和 (五)揭陽同發利 羅舜飛 揚(揭)陽東記 棉湖攻記	暹羅	遇有暹船開行	無	廿二
同發利	民国壹年二月	汕頭至平路外街	羅舜桂	五	(一)棉湖洪萬興 洪賁炎 (二)潮陽喜合劉 竹船 (三)湯坑合泉羅必有 (四)留隍恒亨詹 集東 (五)揭陽同發利 羅舜飛	暹羅	遇有暹船開行	無	廿三

第十頁

(三十甲)

莊東茂	民国拾五年	汕頭安平路四百号	莊瑞園 普寧	八	(一)潮安協成昌張尹三 (二)潮陽劉喜合劉竹船 (三)惠來卓添利卓慧三 (四)陸豐莊和祥莊凱 (五)陸豐德昌号盧昌民 (六)甲子恒豐号許君 (七)普寧歛茂莊文强 (八)揭陽啟峰魏啟和	日里 槟城 嗜叻	遇有叻船即寄	無	廿四
和合祥	宣統元年	汕頭打索街廿一号	張玥志 普寧	六	(一)普寧和合祥張澤民 (二)澄海榮昌陳立欣	暹羅	遇有暹船期	無	廿五

第十一頁

(三十甲)

267
269

					(三)揭陽啟峰魏啟園 (四)潮陽喜合劉竹船 (五)潮安聚豐朱湘蘭 (六)饒平協成昌張非文竪			
楊源成利	民国壹年元月	汕頭德里街肆拾肆號	楊崇昌 揭陽	四	(一)棉湖楊源成利楊有光 (二)揭陽萬豐發魏啟園 (三)潮安協成昌張尹三 (四)潮陽喜合劉竹船	暹羅	遇有暹船開行	無	廿六
潮順興	光緒二十七年	汕頭打索街肆號	普寧詹道承 許家讓	捌	(一)潮安協成昌張非文然 (二)潮陽喜合劉竹船	檳榔嶼	遇有船往嘆叻 香港檳城則寄	無	廿七

第十二頁

(三十甲)

268 270

廣順利

民国元年	
汕頭崇隆街廿号	
謝子和澄海	
六	
(一)澄海廣順利謝寶鐮 (二)澄海榮昌陳友賢 (三)揭陽啟峰魏啟圍 (四)潮陽喜合劉竹船	(三)揭陽萬豐洪貢炎 (四)普寧東茂莊明祥 (五)揭陽光德成李運祥 (六)隆江永盛周国材 (七)惠來澤利林慎情 (八)河婆源順李翁
暹羅	
遇有暹船開行	
無	
廿八	

第十三頁

(三十甲)

普通

民国元年

汕头永和街一百七号 潮安吴彩堂

十

(五) 潮安聚豐朱湘蘭
(六) 饒平廣義發陳子丹
(一) 潮安如陶莊蔡若水
(二) 楓溪祥記棧蔡若水
(三) 潮陽劉喜合劉竹舫
(四) 揭陽魏啟峰魏啟圃
(五) 炮台黃德良黃與貞
(六) 蓮陽增順榮昌陳豬
(七) 黃岡廣義發陳子丹
(八) 留隍詹恒亨詹集秉

暹罗 嗅叻 檳城 吉隆 居林 香港

還有叻香暹船開行

無

廿九

第十四頁

(三十甲)

~~270~~
272

					（九）蓬洲陳茂利陳寄舟 （十）棉湖楊政記楊璧棠				
廣匯	民国拾年四月	汕頭鎮邦街嶺	伍富良 梅縣	五	（一）興寧伍公昌伍育如 （二）梅縣匯興李毅君 （三）丙村温恒吉温香衍 （四）松口廣成巫厚根 （五）梅縣金生莊熊慎初	暹羅八打威 新加坡	遇有暹船開行	無	三十
廣泰祥	前清宣統元年 光绪廿年	汕頭育善街惜字	李星海 梅縣	五	（一）大麻羅崑記羅奕桂 （二）高陂余同裕余德記 （三）大埔饒源茂饒采生	嚽叻 暹罗	遇有暹羅嚽叻船開行	無	卅一

第十五頁

（三十甲）

~~271~~
273

					(四)潮卅廣泰祥余其軒 (五)三河仁安堂余敬初			
廣合興	光緒二十年	汕頭仁和街	馬大興	六	(一)朝陽陳四合陳雲騰 (二)潮陽陳順興陳儀洲 (三)揭陽光德成李運祥 (四)惠來陳裕源陳智如 (五)潮陽劉喜合劉竹船 (六)潮安有信莊芮鄉卿	檳城	遇有暹羅唛叻檳榔嶼船則寄	無	廿二
益昌	民國前五年	汕頭永安街卅号	黄子明潮安	二十	(一)澄海蓮陽萬德盛杜茂坤 (二)詔安廣源許周声	暹羅	遇有暹船	無	廿三

第十六頁

(三十甲)

(三) 黃岡陶合許泗濱

(四) 汫洲永隆余創居

(五) 內浮山滙通盛張步高

(六) 小東榮成陳老五老

(七) 潮安陶安黃雲生

(八) 店市合利潘家添

(九) 程洋岡廣豐蔡奇

(十) 鉄鋪發利陳待居

(十一) 東里泰發陳溫厚

(十二) 東里同泰陳傳經

第十七頁

(三十甲)

鸿發祥

年 民国十六

汕頭昇平路三三號

蔡子如 澄海

八

(一)揭陽德良黃興貞

(二)潮陽喜合劉竹船

(十三)海山永合興劉豪

(十四)南灣瑞發林之德

(十五)潮陽喜合劉竹船

(十六)普寧萬興洪賓炎

(十七)揭陽啟峰魏啟圃

(十八)炮台德良黃興貞

(十九)烏汀炳欽蔡炳欽

(廿)閣湟桂興魏新猷

嘪叻 安南

暹有叻 南船期

無

卅四

第十八頁

(三十甲)

~~274~~ 276

萬興昌

民国十三年

汕頭永安街

許文雅 饒平

八

(三)蓮陽信成余昌期
(四)饒平廣義發陳子舟
(五)潮安如陶蔡若水
(六)揭陽啟峰魏啟圃
(七)揭陽光德成李運祥
(八)普寧萬興洪賢炎

(一)汫洲永隆余主基
(二)錢東振興黃立初
(三)黃岡鴻茂盛盧湘如
(四)澄海協成昌張尹三

暹羅

逢有暹船期

無

廿五

第十九頁

(三十甲)

~~275~~
277

恒記

民国六年

汕頭仁和街

林成積潮陽

十二

(一)潮陽四合陳雲騰
(二)普寧光德成李運祥
(三)揭陽光德成李運祥
(四)饒平廣義發陳子丹
(五)惠來益隆蔡任之
(六)潮安有信茆鄉
(七)潮安聚豐朱湘蘭
(八)豐順桂興魏新獻
(九)潮陽喜合劉仔船
(十)揭陽啟峰魏啟周

橫榔嶼日里

遇有船期

無

卅六

第二十頁

（三十甲）

278

協成昌

民国十一年

汕頭永安街

張尹三

饒平

九

暹羅

遇有暹船期

無

廿

(七)海豐裕源陳智沙

(八)陸豐益隆蔡任之

(九)豐順光德成李運祥

(十)詔安廣義發陳子丹

(十一)潮陽遠合林德豐

(一)黄岡張協利張悲文

(二)揭陽魏啟峰魏啟圃

(三)留隍魏桂與魏傳材

(四)潮陽劉喜合劉竹船

(五)蓬陽信成金昌胡

第廿一頁

(三十甲)

277 279

鍾榮順

民国十六年 汕頭福安街 鍾鶴洲 潮安 八

(一)揭陽啟峰魏啟圃(安)

(二)潮安陶谷黃筠生

(三)潮陽喜合劉竹船

(四)揭陽萬與洪負炎

(五)汕頭益昌杜德坤

(六)店市合利潘和梁

(六)潮安聚豐朱湘簡

(七)饒平店仔頭庚順金振忠

(八)詔安廣源許鳳声

(九)東隴連豐林振春

暹羅

遇有暹船期

無

卅八

第廿二頁

(三十甲)

278
280

	（续前）	勝裕興	順成利
		民国四年	民国四年
		汕頭安平路卆六号	汕頭永和街卆七号
		莊葉卿 普寧	鄭舜之 澄海
		六	七
	（七）意溪發利邱 臥雲 （八）饒平廣義發 陳子丹	（一）普寧莊協裕 莊志合 （二）揭陽光德成 李運祥 （三）潮陽劉喜合 劉竹舩 （四）内埠黃榮昌 黃青耀 （五）意溪邱發利 邱永發 （六）黃岡黃成合 黃春安	（一）海邑普通朱湘 蘭 （二）揭邑啟峰魏啟 圍
		暹羅三聘街	暹羅
		逢船開行	遇有暹船
		無	無
		卅九	四十

第卅三頁

（三十甲）

~~279~~
281

許公與

民国十四年八月

汕頭仁和街

許智發 普亭

九

（三）饒邑協成張斐然

（四）潮邑喜合劉竹船

（五）潮邑德良黃與貞

（六）樟東藏經張松青

（七）澄海信茂侯澤山

（一）普寧榮記吳敦禮

（二）潮安協成昌張尸三

（三）澄海瑞安吳致瑞

（四）饒平協利張斐然

（五）揭陽啟峰魏啟圃

暹羅

遇有暹船開行

無

四十一

第廿四頁

（三十甲）

~~280~~
282

智發

民国十六年

汕頭永和街卅十号

林景若 澄海

九

(一)炮台德良黃與貞

(二)揭陽啟峰魏啟圃

(三)黃岡桂昌陳子丹

(四)留隍桂興魏新猷

(五)揭陽光德成李運祥

(六)潮安如陶蔡若水

(六)潮陽喜合劉竹船

(七)留隍桂興魏傳材

(八)潮陽敬合陳喜奕

(九)揭陽榮昌黃达光

噴叻

遇有叻船期

無

四十二

第廿五頁

(三十甲)

協興盛

民國元年

汕頭永和街十号

陳受初

七

(七)潮陽喜合劉竹船
(八)普寧萬興洪賢炎
(九)澄海信成余昌期
(一)澄海陳協順陳祖乙
(二)澄海振盛興曾國声
(三)閣湟豐發鄭秉政
(四)黄岡廣義發陳子丹
(五)汕啟峰魏啟圃
(六)汕喜合劉竹船
(七)汕普通徐昌期

暹羅

遇有暹船期

無

四十三

第廿六頁

(三十甲)

成茂合記	民国十三年	汕頭永兴街壹百号	周行瑞 潮陽	七	(一)西圩匯源周寿田 (二)揭陽德良黄奐貞 (三)汕頭啟峰魏啟周 (四)汕頭裕源陳知如 (五)汕頭樾源鄭秋農 (六)汕頭有信苅衍鄉 (七)潮陽喜合劉竹船	嘵叻陳合興	遇有嘵叻船期	無	四十四
陳宏興	民国十六年	汕頭南北行街	陳亮週 普寧	八	(一)普寧合成陳欣澤 (二)揭陽德良黄奐貞 (三)潮陽喜合劉竹船	嘵叻	遇有叻船開行	無	四十五

第廿七頁

(三十甲)

有信

民國十二年

汕頭永和街六十八号

黃壽三 澄海

十二

（八）豐順桂興魏新猷
（四）潮陽四合陳雲騰
（五）揭陽光德成李運祥
（六）澄海有信药鄉
（七）惠來裕源陳智如
（一）潮安聚豐朱湘蘭
（二）潮陽喜合劉竹船
（三）揭陽啟峰魏啟和
（四）澄海信成余昌期
（五）饒平廣義發陳子丹
（六）普寧洪萬興洪賚明

新加坡 山打根 安南 暹羅

遇有暹羅噴叻船期

無

四十六

第廿八頁

（三十甲）

陳廣源

民国三年

汕頭昇平路卅號

陳傳仁 饒平

八

（一）潮安連記林冠籌

（二）潮陽喜合劉竹船

（三）黃岡祥盛巫子勳

（四）汫州協興林若盧

（七）大埔發利邱臥雲

（八）豐順德良黃與貞

（九）惠來源合李偉臣

（十）潮安閩安黃岳生

（十一）陸豐乾春余炳乾

（十二）詔安怡成羅茂輝

安南

暹罗 暹有暹南開行

無

四十七

第廿九頁

（三十甲）

~~285~~
287

宏祥

民十九年

汕頭如安街五号

張其選 澄海

七

(五)柘林源發盛黄詩明
(六)鳳凰廣和盛陳書德
(七)饒平義豐昌錢凱臣
(八)潮安美泰林天澤
(一)潮陽喜合劉竹船
(二)潮安有信苗鄭鄉
(三)揭陽啟峰魏啟園
(四)潮陽仁元張修竹
(五)詔安桂昌陳子丹
(六)澄海商業陳邦政

南洋各港 遇有安南船

無

四十八

第三十頁

(三十甲)

~~286~~ 288

泰怡昌	民国四年	汕頭永和街卅六号	許鑑衡 饒平	六	(七)饒平志合陳源水 (一)汕頭普通徐昌期 (二)澄海信茂侯澤山 (三)汕頭協成昌張斐文 (四)黄岡廣義發陳子舟 (五)揭陽啟峰魏啟圃 (六)饒平泰萬昌許[illegible]吾	暹羅	遇有暹羅船	無	四十九
理元	民国十年	汕頭永和街八二号	馬承章 潮陽	五	(一)潮陽楊振發馬成章 (二)揭陽魏啟峰魏啟圃 (三)惠邑普通莊徐昌期	暹羅	遇有香港暹羅輪期	無	五十

第卅一頁

(三十甲)

~~287~~ 289

第卅二頁

					(四)本市喜合劉竹船 (五)本市裕發号周子和				
陳元泰	民国十年	汕頭永泰路	陳熙堯 潮陽	六	(一)潮陽陳四合陳雲騰 (二)汕頭陳茂記陳雲初 (三)汕頭陳裕源陳智如 (四)汕頭普通莊徐昌期 (五)潮陽劉喜合劉竹船 (六)汕頭卓利源卓慧園	新加坡 怡保 梹榔嶼 日里	逢有叻香與日裡輪開行	無	五一
潮利亨	民国十九年	汕頭海平路七七号 三泰市口安順內	瑞記等 普寧	六	(一)普寧魏啟峰魏啟圃 (二)惠來洪萬興洪貢炎	梹城	逢有香叻輿船期	無	五二

（三十甲）

~~288~~ 290

(三)潮陽陳四合陳雲騰

(四)潮陽劉喜合劉竹船

(五)惠來陳榮合陳達道

(六)普寧陳信源陳述記

祥生泰

民国十七年

汕頭益安街

張焜明 普爭

六

(一)普寧源順泰張伯精

暹羅

過有暹船

無

五三

(二)澄海協成昌張尹三

(三)澄海合利潘和樑

(四)潮陽喜合劉竹船

(五)揭陽榮昌黃必光

(六)揭陽啟峰魏啟圓

第卅三頁

(三十甲)

~~289~~
291

萬豐發	陳炳春
民國十三年	民国廿四年
汕頭永兴街一三七号	汕頭潮安街
揭陽 魏長荣	澄海 陳尹衡
六	六
(一)揭陽啟峰魏啟圃 (二)棉湖政記楊壁芋 (三)湯坑廣豐洪敬臣 (四)潮安聚豐朱湘蘭 (五)澄海協成昌張尹三 (六)潮陽喜合劉竹船	(一)澄海廣春陳尹衡 (二)潮安洽成李偉臣 (三)揭陽光德成李運祥 (四)黄岡協利張斐然
暹羅	暹羅
逢有暹船期	遇有暹船
無	無
五四	五五

第卅四頁

(三十甲)

商號	開設年份	地址	經理人及籍貫	聯號數	聯號	往來地點	附記	備考	編號
					(五)揭陽恒益詹正初				
					(六)潮陽喜合劉竹船				
得合興	民國十年	汕頭福安四橫街	李卓仁 澄海	六	(一)饒平黃錦茂黃蘭芳	暹羅	遇有暹船期	無	五六
					(二)饒平吳藏盛吳光藏				
					(三)饒平廣順金振悉				
					(四)澄海信成余昌期				
					(五)揭陽啟峰魏鬱				
					(六)潮陽喜合劉竹船				
源順	民國■年	汕頭鎮平路之四号	周健候 梅縣	二	(一)梅縣德安公司鍾玉庭	暹罗 盍加錫 嘆叻 吻里洞	遇有暹船同行	無	五七
					(二)松口李子昌源李亮軒	吧城 泗水			

第卅五頁

(三十甲)

~~291~~ 293

益達

民国十七年 汕頭德里街三三号 蔡任之 揭陽

十

(一)嗒叻益華蔡灼廷
(二)嗒叻益安蔡選之
(三)嗒叻俊美蔡俊美
(四)砂勝越益昌蔡銳敏
(五)咪哩福和隆鄭竹廉
(六)山口洋益與蔡管
(七)吻里洞大通蔡邑
(八)吉隆坡英昌劉志誠
(九)山口洋南記馮麟之
(十)邦戛源利蔡祥

南洋各屬

遇有香港暹叻船期

無

第卅六頁

五九

(三十甲)

裕益

民国十八年
汕頭永泰街卅四号
周炯昌 澄海
十三
(一)潮陽劉喜合 劉竹船
(二)棉湖洪萬興 洪叉賁奕
(三)揭陽光德成 李運祥
(四)砲台黄德良 黄興貞
(五)黄岡黄茂利 黄子厚
(六)詔安源順盛 周仰西
(七)内浮山王廣合 王步棠
(八)達濠李源合 李偉臣(清發)
(九)澄海北灣洛源記 陳再存
(十)樟林和記鄭敦行

新加坡 暹罗 遇有功
南洋羣島 安南 香暹 冊

無

六十

第卅七頁

(三十甲)

293 295

				(十)東隴同泰 黃傳經 (十一)蓮陽信成 余昌朗 (十二)潮安陶安 黄鈞生				
添興利	前清宣統一年	汕頭永兴街始悖	黄湘南 揭陽	三	(一)揭陽林泰記 林任菴 (二)棉湖洪萬興 洪賀光 (三)湯坑源利 黄秉衡	暹羅及南洋各處	遇有暹船期	無	六十一
乾春	民国十七年十一月一日	汕頭海平路十四号	余璞齋 陸邑	五	(一)陸豐陳科成 陳伯鄉 (二)葵潭余集泰 余琼初 (三)梅林賴福記 和賴山梧 (四)大坪三發陳 陳雨初	南洋各埠	遇有香港嘆叻船期	無	六十二

第卅八頁

(三十甲)

泉利	捷威
民国十一年一月十三	民国十八年五月
汕头永和街卅二号	汕头永和街卅二号
劉煜庭 大埔	劉建予 大埔
七	七
(一)松口興利范 (二)峰市協豐利 梁以添 (三)虎市泉利梁 星九 (四)大埔益隆劉 樂三 (五)大麻隆昌仁記 劉耀庭 (六)茶卅勲記劉 晋勳 (七)高陂耀記劉 達初	(一)峰市協豐利 梁以添 (二)虎市泉利 梁昌九
星加坡	暹羅
遇有船開行	遇有暹期開行
無	無
六三	六四

(五)坪上廣寿正記 温綠材 壁鄉

第卅九頁

(三十甲)

~~295~~ 297

德泰

民国十六年三月	汕头安街德
梅縣	林楚材
	九
(三)	松口興利莊屋鄉
(四)	大埔益隆劉樂三
(五)	大麻隆昌仁記劉耀庭
(六)	泰洲勳記劉晉勳
(七)	高陂廣裕劉達初
(一)	新加坡廈门街德泰林梓良
(二)	八打威小南门德泰葉子平
(三)	孟加錫萬真亞腰德泰曹錦春
(四)	暹羅大街德泰陳秋平
(五)	香港文咸東街德泰葉竹三
	新加坡 孟加錫 梅縣 八打威 香港 由寧 暹羅 松口
	遇有香港唉叻船
	無
	六五

第四十頁

(三十甲)

~~296~~ 298

萬茂祥	民国二年	汕頭新康里	劉丹五 梅縣	一	潮州萬茂祥 劉雅蘭若	與寧 梅縣 潮州 遇有 廣州 香港 韋陀船期	無	六七
永德	民国十五年	汕頭永平路	謝永與 梅縣	五	(一)梅縣永德謝昌與 (二)香港永德謝豐五 (三)吧城永德謝信 (四)與寧永德陳儀 (五)松口永德李安四 (六)梅縣中山街德泰林蔭良 (七)松口上大街德泰葉初雲 (八)與寧新豐街德泰林錦如 (九)潮州卅四獲孝院德泰陳新華	香港 吧城 松口 遇有 梅縣 與寧 批即寄	無	六六

第四一頁

(三十甲)

建豐

建豐
十九年十一月十日（十六年）
汕頭萬安街
徐錦源 梅縣
十三
(一)梅縣建豐黃任西 (二)興寧建豐黃季寅 (三)潮安建豐李伯杭 (四)香港建豐張桓昌 (五)星加坡建豐張伯宏 (六)上海元豐祥侯蔚樵 (七)吧城羅泉章羅泉章 (八)暹羅李永泰李世傑 (九)北叻同豐張祥初 (十)怡保協發梁政元
南洋英荷暹邏各屬上海香港潮州汕頭叻船期梅縣興寧有暹
無
六八

第四二頁

(三十甲)

~~298~~ 300

利元

民国十四年

汕頭安平路

陳向榮 梅縣

三

(一)梅縣利元陳定方
(二)興寧利元侯搞舜
(三)香港德輔道中利元陳直夫

南洋群島及国内商埠

每逢船開行

無

七二

(十一)馬六甲闢興葉名
(十二)馬六甲公益葉定彩
(十三)梹城宜鄉古堯賓

福茂

民國十四年

汕頭至平路十号三樓

黄南和 潮陽

四

(一)香港福記李裕禮
(二)安南排草集興林廷集
(三)新加坡廈门街德泰公李華民
(四)八打威小南门德泰林順来

香港 安南 新加坡 八打威

每日接寄一次

每封三分

七三

第四三頁

(三十甲)

~~299~~ 301

再裕	民國十四年	汕頭永安街二号	陳韻琴 澄海			英屬山打根	遇有叻香輪期	無	七四
公泰	民國十四年 六月十五日	汕頭德安後街十七号	郭子廉 大埔	四	(一)大埔益成昌 劉達君 (二)三河垻光大 郭訪舟 (三)大麻善記 郭友蘭 (四)高陂生合郭 梅臣	吧城 檳榔嶼	遇有香港吧城檳榔嶼暹羅船期	無	七六
洪廣豐	民国九年九月	汕頭海平路十六号	洪敬堂 豐順	二	(一)湯坑洪廣豐 洪仰之 (二)揭陽魏啟峰 魏[illegible] 立崗	南洋各埠	遇有暹船開行	無	七七
成昌利	民国十九年十月一日	汕頭永和街一四六号	吳季達 潮陽			暹羅	逢香港船寄一次	每封三分	七八
福利	民国十一年	汕頭至平路十二号	黃文秋 潮陽	三	(一)香港福利謝 蘭春 (二)噴叻羅敏申路福成 薛木本	香港 新加坡 暹罗	逢香港船寄一次	每封三分	七九

*成昌利號執照因停候多時未見來領經於廿年四月廿七日將該執照隨同第三六〇五〇三號呈文繳銷

第四四頁

(三十甲)

*

~~300~~ 302

商號	開設年月	地址	經理人 籍貫		股東				
成記					(三)暹羅網角三聘街茂利熊孝則				
	十九年八月一日	汕頭恒安街鼎新内	林恪昌 潮陽		梹城打鉄街林成泉 營端	梹城	逢梹城船開行	無	八十
友盛	民国十七年	汕頭永順街二号	蔡松焜 潮陽	二	(一)香港大馬路謝福記李裕礼	香港	逢有船期	香港三分 上海北上四分	八一
					(二)香港高陞街全泰福陳子謙				
恒生	十八年十二月	汕頭萬安街四号	何式朋 大埔	八	(一)潮阳洪發莊何一朋	厦门 噴吻	遇有香港厦门嗜吻船期	無	八二
					(二)吉隆郭生記郭懷仁				
					(三)石叻萬山堂何頌堯				
					(四)芙蓉萬山和何梵之衡				
					(五)高陂金泉何為燕				
					(六)大麻信成森記何達群				

第四五頁

（三十甲）

					(七)厦门裕泰 何偉南				
					(八)香港志成 何春史				
賴福記	民国十九年九月	汕頭鎮邦街[illegible]廣匯銀莊內	賴錫庭 梅縣	三	(一)暹羅賴福記 賴揚元 (二)梅縣廟前街賴福記 賴湧元 (三)松口灯籠橋賴隆泰 賴政初	暹羅 梅縣 松口	逢有暹船期	無	八三
嘉隆	民国十六年	汕頭至平路十七号	鄭良嘉 潮陽			香港	逢有船期		八五
福成	民国十四年	汕頭至平路十五号	黃日揮 潮陽	三	(一)香港老億豐 謝廿嚴 (二)新加坡順元大街 閩通紀有堂 (三)盂叻中暹梯頭 順合利林及發出	香港 暹羅 新加坡	每日一次或二日一次	每封三分	八七
萬發祥	民国六年二月	汕头至平路八十八号	周進初 大埔	四	(一)新加坡萬裕祥 周耀盛	嗐叻	遇有叻船開行	無	八八

第四六頁

（三十甲）

~~302~~ 304

第四七頁

源利啟泰

民国九年

汕頭杉排二横街十二號

潮安古衣年

三

(一)潮安水平路源利啟泰林国年

(二)菴埠大街源利啟泰余元

(三)浮洋市内源利啟泰張維双

潮安 浮洋 菴埠

每日三次

每封三分

八九

(二)吉隆坡新萬泰周啓盛

(三)八打威張合義張祥初

(四)日里富長公司吳友和

黃通興

宣統二年

汕頭至安街福記内

潮陽黃通興

五

(一)潮陽署前黃通興黃振英

(二)沙隴黃通興陳世和

(三)峽山黃通興陳順龍

(四)海门黃通興林步山

潮陽 僑沙 隴 峽山 達毛 海门

每日寄信一次

每封三分

九十

(三十甲)

第四八頁

					(五)達濠黃道興謝阿柑				
黃泰發	宣统年间	汕頭鎮邦街源興南内	黃泰發 揭陽		揭陽中山路黃泰發黃泰發	揭陽	每日寄信一次	每封三分	九一
鄧福合	民国元年	汕頭龍南里増華内	鄧福合 澄海	四	(一)澄海大街鄧福合鄧福合	澄海	每日寄信一次	每封三分	九二
					(二)黃岡澄記王則庭				
					(三)東里成利林有華				
					(四)蓮陽有利余和通				九五
嘉發	民国[illegible]年	汕頭安平馬路	陳子豪 澄海			新加坡	每遇叻船開行	無	九三
松興公	光緒十五年	汕頭鎮邦街	周子猷 潮陽			上海 福州 香港	每遇有上海香港福州船期	上海福州四分 香港三分	六八五

(三十甲)

~~304~~ 306

在瓊州设立者 共四十五间

第二頁

(一)	(二)	(三)	(四)	(五)	(六)	(七)	(八)	(九)	(十)
泰源豐	民六五月十日	海口中山路	文昌林瑞平 卅歲	四處	文昌李陶初內泰源豐李子昌等 蚊塘市永平隆內泰源豐唐昌躍等 田尾市源隆內泰源豐林月軒等 舖前市諸承內泰源豐潘先清等	暹羅	無定	無	一六五
永吉安本記	光緒廿二六月一日	海口新馬路	文昌陳習華等	一處	文城永吉安本記雲任衛等	南洋	又	又	一六六
永源豐	民元六月十日	海口中山路	文昌吳友溪等	○	○	暹羅	又	又	一六七
富源莊	民十二三月十五	海口水巷口	瓊山吳春山等	○	○	星架坡	又	又	一六捌
信昌庄	民國十八年	海口中山路	樂會王明記等	○	○	南洋	又	又	一六九
美興	民六六月廿日	又	文昌李鳳雲等	一處	文昌美興大輔文等	星架坡	又	又	一七〇
泰記	民國六年六月	又	瓊東詹章甫等	又	嘉積泰記詹桂苑等	南洋	又	三分	一七壹
瓊盛	民十五八月二日	又	瓊山王玉山等	三處	金江市陳源興源號興等 定安沈興渠基義等 舖前諸承潘先清等	星架坡	又	又	一七貳

（三十甲）

~~305~~ 307

和記	民九四月一日	海口中山路	各昌林廷勳等一處	白延墟市和記林照等；各昌和記林鴻耀等	南洋	無定	三分	一七五
東南公司	民十八七月一日	海口得勝路	各昌林砚山等一處	白延墟市東南公司林銘李等；各昌東南公司詹建周等	又	又	又	一七四
三盛隆	民九二月一日	海口中山路	各昌符愛周等〇	〇	星架坡	又	又	一七五
榮安泰記	光緒廿三三月四日	海口水巷口	樂會何和鄉等一處	嘉積美隆昌劉邵卿等歲	又	又	又	一七六
裕成興祥記	民十四月十六	海口[illegible]街	瓊山陳星輝等歲四處	三江源茂利裕成興陳祥興等；演江裕興裕成興杜詩河等；羅豆振昌裕成興王國芷等；潭牛興利裕成興林樹珊等	暹羅	又	又	一七七
永茂祥	民十三年十二	又	瓊山陳邵周等歲五處	三江市恒昌永茂祥王瑞玖等；演豐市永昌永茂祥林祥仁等；羅豆市振昌永茂祥王國芷等；潭牛市林興利永茂祥林樹珊等；鋪前市裕成永茂祥潘先清等	又	又	又	一七捌
振源利	民十八五月廿	海口中山路	各昌李鳳雲等一處	各昌振源利尤輔文等歲	又	又	又	一七九
華安	民十八五月廿	又	又	便民市美興尤輔文等歲	又	又	又	一八〇

第三頁

（三十甲）

306
308

春舆隆　民元二月二日　汕中山路公司街　和鸣　卅岁　〇　〇　暹罗　无定　三分　一八壹

三盛　民十七月十四日　又　当谢沉川　卅岁　五处
吕宋利巾三盛　黄侨　卅
抱罗市三盛　谢聖川　卅
三江市三盛　吴秉考　卅
湖山市美蓉三盛　谢渊蕃　卅
罗豆市三盛　谢海杰　卅
星架坡　暹罗　又　又　一八贰

光东公司　民八二月十日　汕博爱路　当邢明海　卅岁　十二处
新嘉坡光东公司　陈沉芳　卅
青港坡光东公司　朱子青　卅
槟榔屿光东公司　陈秀华　卅
怡保埠光东公司　黄大鸿　卅
马六甲光东公司　梁文英　卅
务边光东公司　陈哲卿　卅
香港光东公司　翁福恢　卅
广州光东公司　彭岸涯　卅
暹京光东公司　翁超　卅
嘉积市光东公司　陈有良　卅
抱罗市光东公司　詹香浓　卅
昌洒市光东公司　翁树积　卅
南洋　又　又　一八叁

第四页

（三十甲）

瓊發興	民十六年九月一日	海口中山路	樂會蘇泉清	六處	嘉積市同德興蘇子才號；中原市恒茂號何錦臣號；福田市謙和隆楊愛初號；萬寧縣僑和李偉修號；樂會縣聯和陳秀亭號；和樂市諸源陳精五號	新嘉坡	無定	三分	一八四
和隆	民十三年六月一日	又	文昌謝蘊德 卅歲	四處	抱羅三盛和隆謝聖川號；三江市三居和隆吳盛芳號；湖山市美華和隆謝潤蕃號；羅豆市和隆謝德杰號	暹羅	又	又	一八五
廣源	民八年六月一日	又	文昌謝瑩齋 廿歲	三處	羅豆市錦山市謝自義號歲；謝自手廣源號歲；鋪前市灣尾市廣源謝自義；抱羅市三盛廣源謝聖川號	暹羅	又	又	一八六
廣發利	民十一年元月一日	又	又	四處	羅豆市錦山市廣發利；謝自手號；鋪前市濱手市廣發利；謝自手號；抱羅市三盛廣發利謝聖川號；會文市合利廣發利蔡耕佑號	又	又	又	一八七

第五頁

（三十甲）

~~308~~ 310

瑞昌	民八年十月十日	汕头市中山路	合昌谢瑩齋 廿歲	三處	暹罗市锦山市瑞昌谢源杰号；铺头市澳丰市瑞昌谢源杰号；挖罗市三[illegible]瑞昌谢聖川号	暹羅	無定	三千	一八八 十九年
利豐	民十五年六月一日	又	又	六處	锦山市廣合隆利丰叶甫傑号；暹罗市利丰谢自丰号；铺头市澳丰市利丰谢自丰号；挖罗市三[illegible]利丰谢聖川号；合昌市合利利丰蔡科佑号；三江市三合利丰吴来秀号	又	又	又	一八九 十九年
大亞酒店	民國十四年	又	乐合伍位川 卅〇	〇	〇	不吻	又	又	一九〇
滙通庄	民十年十月一日	又	乐合王佰南 卅	二處	嘉南通林克五（卅歲）；檳榔市黄泰丰黄谈卿号	星架坡	又	又	一九一
阜成豐	民十六年六月一日	又	合昌谢沈川 卅五	五處	合昌市合利阜成丰蔡科佑号；挖罗市三[illegible]阜成丰谢聖川号；三江市三合阜成丰吴茂秀号；湖山市美章阜成丰谢渊蕃号；暹罗市阜成丰谢源杰号	暹羅	又	又	一九二

第六頁

（三十甲）

~~309~~ 311

廣豐利	民廿三年[illegible]	海口中山路	[illegible]	0	0	暹羅	無定	無	一九三	
祐安泰	民十六年[illegible]	又	萬謝覺伊	四處	抱羅三聯祐安東謝聖川；文城永合利祐安東蔡科佑；湖山美章祐安東謝渊蕃；錦山東寶豆市祐安東謝自丰	又	又	三分	一九四	
寶安泰	民國十五年	又	寶安陳峻山	0	0	星架坡	又	0	一九五	
華僑	民廿五年[illegible]	又	文昌蔡桂璐	二處	文昌永合利華僑蔡科佑；抱羅市華僑蔡自逢	星架坡 裡	又	0	[illegible]	一九六
錦泰隆	民廿六年[illegible]	海口日勝街	文昌韓義丰	一處	文昌市琼合昌韓合丰	星架坡	又	三分	[illegible]	一九七
泰南隆公司	民廿六年[illegible]	又	文昌韓茂山	二處	文昌同利李三昌；抱羅市展興翁鳴岐	又	又	又	[illegible]	一九八
源豐盛	民廿四年[illegible]	海口中山路	琼山吴文流	二處	嶺腳市源丰興吴文明	芙蓉	又	又	[illegible]	一九九
榮安泰記	民廿五年[illegible]	海口中山路	文昌王德乾	五處	文昌美易榮安東記大輔雯；抱羅市三聯又謝聖川；三江市琼和安又陳如金；中原市明記又翁和鳴；錦山市永利又陳嘉瑞	暹羅	又	又	[illegible]	二〇〇

第七頁

（三十甲）

~~310~~ 312

二〇一	二〇二	二〇三	二〇四	二〇五	（三十四）二〇六
裕源隆記芸	源昌盛	會豐	豐興公司	新南豐	福昌
民十七年十月十五日	民十六年十月十日	光緒廿年五月初一	十六年二月十七日	民四年八月十日	民十六年三月十日
海口中山路	又	又	海口大街	嘉積市嘉祥街	海口中山路
經理陳立軒 [illegible]歲	經理潘玉軒 [illegible]歲	東家何輔卿	經理陳邦璠 [illegible]	經理李[illegible]澤 [illegible]	經理鄭庭業 [illegible]
三處	四處	二處	又	三處	〇
經理美與裕源隆芸記大輔雲 [illegible]；三江市瑞和安裕源隆陳[illegible]；暹羅市錦山市裕源隆芸記謝自義 [illegible]	經理美與源昌隆大輔雲 [illegible]；三江市瑞和安源昌隆陳[illegible]；錦山市裕源源昌隆陳[illegible]軒 [illegible]；演平市源昌盛王[illegible] [illegible]	嘉積市華與商何澤卿 [illegible]	新嘉坡華與公司陳壽初 [illegible]	石叻新瑞與王立臣 [illegible]；柏城新南與王國宏 [illegible]；吉隆坡新東發林運發 [illegible]	〇
暹羅	又	星架坡	又	石叻、柏城、吉隆坡	暹羅、星架坡
曼谷	又	又	又	又	又
三分	又	〇	三分	〇	〇
十四年	十四年	十四年	十四年	十四年	十四年

第八頁

~~311~~ 313

瓊滙通
民十九年四月十五 海口中山路朱合莱梅山 等 三處
中原市 捷安 茂昌山 升中原
嘉積市 滙安 茂甲山 嘉積
石叻坡 阜安 茂字甫 石叻
檳城
無字号 千十十
二〇七

曾順發
民十五年十月廿 又 瓊山歐裕有 等 三處
三江市 曾順發 陳加富 等
羅豆市 泰興 曾順發 歐
和 潭 等
演豐市 曾順發 王忠清 等
暹羅 又 三家 千十五
二〇八

泰昌隆
光緒十五年十二月廿五 又 瓊山周序鄉 等 七處
邁了市 丰安 周咸照 升
邁了市 瑞源号 王永昌 升
南洋 又 ○ 五十五
冠南市 源茂 王永通 升
南潮市 錦興 東南公 華文 等
令文市 悦昌 鴻南 雲璧 等
又 光亞 雲儒 等
邁子市 蔡厚 林 樹茂林 等
樹球
二〇九

（三十甲）

第九頁

在嘉積設立者（共九間）

第十頁

(一)	(二)	(三)	(四)	(五)	(六)	(七)	(八)	(九)	(十)	
廣合豐	民國元年	嘉積紀綱街	瓊東林家棟 廿一歲	一處	梹城 泰豐 林家松 卅；民豐 陳人璉 廿	梹城	無字	無	十四	二一〇
益春	又	嘉積泰安街	定安陳蔚義 卅歲	三處	星架坡益和堂 陳鏡清 卅；又 振華公司 楊書庭 卅；雪邦律捷安齋 陳章伍 廿	星架坡；雪邦律	又	又	十五	二一一
美泰昌	又	又	定安陳典卿 廿八歲	四處	星架坡新泰興 陳伯雅 卅；致和丕港新泰昌 張拔卿 卅；怡保源裕昌 李業源 卅；居鑾群華商園 錢儉州	星架坡；致和丕港；怡保埠；居鑾埠	又	又	十六	二一二
南通	民八年十七	嘉積新民街	樂會林克五 廿歲	五處	石叻坡南同利 王经連 廿；又 南安号 楊祚鰲 卅；又 源昌利 潘邦卿 廿；又 泰和豐 黃賢山 卅；又 四寶文 黎伯南 卅	石叻坡	又	又	十七	二一三
聚合昌	民元五年十四	嘉積鉄鍋行街	瓊東陳永卿 四十歲	八處	石叻坡豐盛居記 陳閑直 廿；又 瓊源豐 茅丹廷 廿；馬六甲天泰存記 王以貫 卅；又 會益昌 何王卿 卅；又 源隆文 姚鏡卅；又 美和昌 孫慶照 卅；蘇坡 益南 王世臣 廿；吉隆坡 啓明 楊維炳 卅	石叻坡；馬六甲；吉隆坡；蘇坡	又	又	十八	二一四

（三十甲）

二一五	滙安	光绪三十四年 乐会中原市 乐会蔡甲山 四处	嘉积 滙安 蔡甲山 嘉积；海口 源滙通 蔡梅山 海口；石叻坡 阜安 蔡宝甫 石叻；梹城 蔡记 陳继崇 梹城	又	〇	[illegible]
二一六	合泰	民九三月百 嘉积嘉祥街 琼东 湯日宣 一处	嗎六呷 锦和 王聘吾 嗎六呷	又	三分	[illegible]
二一七	東源隆	民国十七年 長坡市 琼东 吴春甫 一处	叻埠 滙源 吴宏国 石叻	又	又	[illegible]
二一八	源裕盛	民四八月 嘉积五德街 琼东 潘宜芳 又	梹城 源裕昌 潘宜桂 梹城	又	〇	[illegible]
二一九	天生號	民国九年 嘉积铁锅行街 琼东 陳玉光 又	嗎六呷 十五昌 周務 嗎六呷	又	〇	[illegible]
二二〇	美隆昌	民十三九月十五 嘉积新民街 乐会 劉卿 二处	星洲坡 鸿安 何瑶溪 星洲坡；梹城 琼南安 李沈君 梹城埠	又	〇	[illegible]
二二一	同德興	民五十月三 嘉积嘉祥街 乐会 蘇子才 六处	海口 琼發興 蘇泉清 嘉坡；中原市 恒昌 何餘臣 嘉坡；福田市 謙和隆 杨爱初 梹城埠；万宁 億和豐 李緯深 蘇坡埠；乐会 聯和 陳秀亭 嗎六呷；和乐市 裕源 陳輯五 嗎六呷	又	五分	[illegible]
二二二	新富南	民二四月初十 嘉积铁锅行街 琼东 王英臣 一处	大吡叻 德秀园 王子和 大吡叻	又	〇	[illegible]

315 ~~313~~

第十一頁

（三十甲）

~~314~~ 316

第十二頁

二二三	恒裕興	民國十八年 嘉積嘉祥街 樂會顏俊臣 半歲	四處	石叻恒裕興王桂苑 碧石叻坡；吉隆坡東山旅館韓章文 半 吉隆坡；嗎六呷恒裕興莫泰昌 嗎六呷；蘇武吉吧西廣益昌王鳳 半 蘇武吉吧西	第字	〇	十十七
二二四	益源	民十七十二月二日 嘉積市 瓊東周寶三	一處	石叻源泉李拔杰 石叻	又	〇	十十八
二二五	大安號	民十六十二月二十日 嘉積新民街 瓊東陳永宗 半歲	二處	檳城大安陳永宗 廿歲 檳城；大平怡香齋陳永宣 半 大平	又	〇	十十九
二二六	光東公司	民十六月九日 嘉積嘉祥街 文昌陳有臣 半歲	七處	新嘉坡光東公司陳德芳 新嘉坡；吉隆坡光東公司朱子青 吉隆坡；檳城光東公司陳秀華 檳城；怡保光東公司黃大鴻 怡保；馬六甲光東公司梁文英 馬六甲；香港光東公司符福順 香港；暹京光東公司符越 暹京	又	五分	十十〇
二二七	何南豐	民二七月十三 嘉積紀綱街 樂會何士清 半年	二處	石叻坡南盛何士潤 半 石叻坡；吉隆坡南豐何昌英 半 吉隆坡	又	又	十十十
二二八	黃泰豐	民八五月十七 中原市大街 樂會黃漢卿 半歲	二處	石叻坡春和豐黃賢山 半；四寶文黎伯南 半 石叻坡	又	又	十十二

（三十甲）

317

在文昌設立者（廿四年間）

第十三頁

(一)	(二)	(三)	(四)	(五)	(六)	(七)	(八)	(九)	(十)	
寶通	民國七年八月六日	文昌便民市	琼山關永佩堂	○	○	南洋群島	無定	無	十三四	二二九
錦和	民國十二年	文昌城大街	文昌陳序安灶	○	○	南洋	又	又	十三五	二三〇
美興	民國九年	文昌	文昌尤輔雯堂 一處	星架坡美興鍾聖田堂 吉隆坡美興鍾寶庭壽	星架坡 隆坡		又	又	十三六	二三一
益豐	民十三年四月一日	文昌便民市	文昌吳善雯堂	○	○	南洋群島	又	又	十三七	二三二
聯合公司	民九年二月十三日	又	文昌馬以機堂	○	○	又	又	又	十三八	二三三
瓊源豐	民四年三月初五	又	又	○	○	又	又	又	十三九	二三四
瓊寶通	民八年二月初十	又	又	○	○	又	又	又	十四〇	二三五
光東公司	民十六年七月	又	文昌陳有庸針 陳哲卿堂 六處	海口光東公司邢明海堂 嘉積市光東公司陳有良堂 昌灑市光東公司詹昌辰 抱羅市光東公司符樹積堂 秀英光東公司 符福順灶 廣州市光東公司彭岸雄堂	海口 嘉積 昌灑市 壽		又	又	十四十	二三六

（三十甲）

~~316~~ 318

第十四頁

民生	民十九一月一日	文昌便民市文昌曾美玉鋪	○	○	暹羅	無字	無	上四二	二三七
東南	民十五年五月	文昌南陽市文昌符李文鋪	○	○	南洋群島	又	又	上四三	二三八
瓊源昌	民國八年一月廿一日	文昌邁號市文昌王永昌鋪	○	○	又	又	又	上四四	二三九
貝源公司	民九三月廿一日	文昌便民市瓊山關永佩鋪	○	○	又	又	又	上四五	二四〇
長安	民十五九月一日	文昌邁號市文昌陳發吉鋪	○	○	又	又	又	上四六	二四一
豐安	民十四年五月廿一日	又瓊山關成興鋪	○	○	又	又	又	上四七	二四二

（三十甲）

现向邮局请求挂号之民信局表

在琼州设立者

~~317~~ 319

現向郵局請求掛號之民信局表

在瓊州設立者（共六間）

(一)	(二)	(三)	(四)	(五)	(六)	(七)	(八)	(九)	(十)
瓊源興	民十二二月十日	海口市中山路	瓊山吳多福	○	○	星架坡	無定	五分	二四八
海口南洋汽車公司	民九一月十日	海口市得勝街	瓊山蔡舒文	○	○	又	又	又	二四九
吳坤緯	民九一月一日	金江市	瓊山吳坤緯	○	○	南洋	又	又	二五〇
瓊發興	民十六一月一日	又	瓊山吳贊臣	○	○	又	又	又	二五一
瓊源豐	民十四十月十日	海口市北馬路	文昌韓鏡川	○	○	暹京			
大成豐	民十五十月十日	又博愛路	文昌韓吉卑	○	○	又			

第一頁

（三十甲）

320

~~318~~

在嘉積設立者（共九間）

第二頁

(一)	(二)	(三)	(四)	(五)	(六)	(七)	(八)	(九)	(十)
泰記	民十四月十六	嘉積市大街	琼東詹章甫	六間	星洲新湧泉詹鳳儀 馬六甲益泰李炳先振興 黃振旗華益楊英忠吉隆坡泰記周鎮南檳城泰興鄭世堂	又	又	又	二五二
和興庄	民十五十月廿六	嘉積嘉祥街	琼東李藝甫	三間	星洲新豐盛李興澤 安得其利珍發李吳吉 英得其利港口瀛洲園鍾華佳	又	又	又	二五三
華興商	民五五月十四	嘉積藥行	樂會何又蔚	五間	星洲富興隆何明軒詩巫寶豐 何伯偶琼源豐黃丹庭馬六甲 海源公司摩西蓄巫羅埠什 新泉發倪家漢	又	又	又	二五四
安樂園	民十六七月十五	嘉積新民街	樂會王鷹五	二間	壩羅東源隆號 西源隆	又	又	○	二五五
華安公司	民十八十月十日	又	樂會覃國憲	一間	安順華美號覃國憲	又	又	五分	二五六
華興	民五六月十日	嘉積新民街	樂會王錫恩	一間	星架坡華益公司	南洋無定		○	二五七
萬裕興	民十六五月四日	嘉積嘉祥街	樂會何國器	四間	星架坡運裕號馬六甲 恒裕號亞羅士打新 泉發號吧生華琼南興號	又	又	○	二五八
信昌	民十一五月十日	嘉積東門街	樂會王業臣	九間	星架坡廣泰隆吉隆坡新合利 閔丹方來吧生芳園萬斯新 和吉隆坡梓同興華昌 安順華美新同昌	又	又	○	二五九
泰升	民十六四月廿日	嘉積菜行街	樂會何君蘭	一間	星架坡益泰號	又	又	○	二六〇

(三十甲)

321 ~~319~~

在文昌設立者（共5間）

第三頁

(一)	(二)	(三)	(四)	(五)	(六)	(七)	(八)	(九)	(十)
萬山	民十一一月六日	文昌冠南墟	文昌王蕭蛟	○	○	南洋	無定	○	二六一
鴻南	民卆一月一日	會文圩	瓊山陳博淵	○	○	又	又	○	二六二
光亜	民十六六月一日	又	瓊山陳明佳	○	○	又	又	○	二六三
萬昌	民九七月二十	文昌舖前市中街	文昌林樹林	○	○	安南	又	○	二六四
共和信局	民九八月廿六	文昌便民市	文昌符明初	○	○	芙蓉	又	○	二六五

（三十甲）

在定安設立者

第　頁

~~320~~
322

(一) 德興
(二) 民十九五月廿一
(三) 定安東街
(四) 定安東汝和
(五) ○
(六) ○
(七) 星架坡
(八) 無定
(九) ○
(十) 二六六

(三十甲)

邮政储金汇业局台山分局移交大通银行及各联行待兑侨票清单

郵政儲金匯業局台山分局

移交大通銀行及各聯行待兑僑票清單 第1頁

行名	票號	款額	分行號碼	附註
The National Shawmut Bank of Boston, Essex Sgreet Branch.	c136863	N$ 17,857.00		
-do-	c136884	500,000.00		
The Chase National Bank Habana, Cuba.	FA11849	188,000.00		
The National Shawmut Bank of Boston, Essex Street,	c145938	100,000.00		
-do-	c146036	50,000.00		
Royal Bank of Canada, Indian Head.	59-623	190,000.00		
Royal Bank of Canada, East End, Vancouver.	13-344338	190,000.00		
-do-	13-344344	190,000.00		
Royal Bank of Canada, Indian Head.	59-618	190,000.00		
-do-	59-619	190,000.00		
Imperial Bank of Canada, Moose Jaw.	3219	100,000.00		
-do-	3220	100,000.00		
Imperial Bank of Canada, Bay & Temperance, Toronto.	4031	2,000.00		
The Bank of Nova Scotia, Vancouver.	8931	190,000.00		
The National Shawmut Bank of Boston, Essex Street Branch.	c146133	100,000.00		
The Royal Bank of Canada, East End, Vancouver.	13-371117	190,000.00		
Imperial Bank of Canada, Moose Jaw.	3240	190,000.00		
Royal Bank of Canada, Tramways Term., Montreal.	13-370878	190,000.00		
-do-	13-370879	190,000.00		
Imperial Bank of Canada, Calgary.	5217	190,000.00		
The Royal Bank of Canada, East End, Vancouver.	13-371256	190,000.00		(Total13,437,857.00)

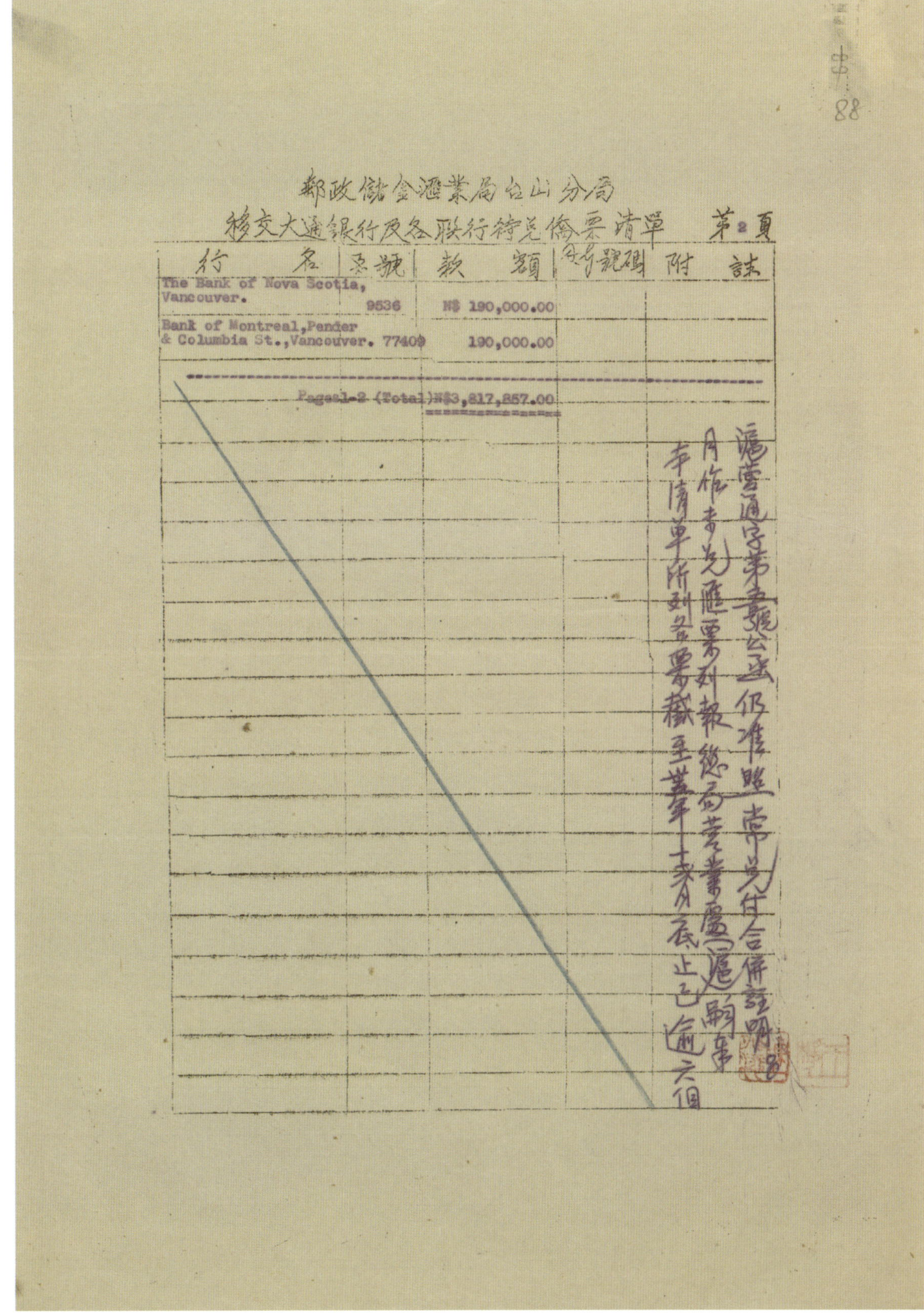

郵政儲金滙業局台山分局

移交大通銀行及各聯行待兌僑票清單　第2頁

行名	票號	款額	郵局號碼	附註
The Bank of Nova Scotia, Vancouver.	9536	N$ 190,000.00		
Bank of Montreal, Pender & Columbia St., Vancouver.	77409	190,000.00		
Pages1-2 (Total)		N$3,817,857.00		

本清單所列各票截至[illegible]年十[illegible]月底止已逾六個月作為未兌匯票列報總局營業處（滬）[illegible]第滬營通字第[illegible]號公函仍准照常兌付合併註明。

84

郵政儲金匯業局台山分局

移交大通銀行及各聯行待兌僑票清單 第3頁

行名	票號	款額	分行號碼	附註
THE CHASE NAT'L BANK PINE ST. CORNER OF NASSAU NEW YORK	60718	N$588,200.00	新 615	
〃	60717	588,200.00	614	
〃	60716	588,300.00	613	
〃	60715	588,200.00	612	
〃	60708	100,000.00	606	
〃	60707	500,000.00	605	
〃	60317	10,000.00	468	
〃	60826	1,000,000.00	763	
〃	24-41309	1,176,470.00	747	
〃	60785	1,176,500.00	736	
〃	60780	1,000,000.00	731	
〃	60777	1,500,000.00	728	
〃	60725	1,200,000.00	627	
〃	60938	1,176,400.00	774	
〃	60840	500,000.00	772	
〃	60835	1,176,400.00	769	
〃	60830	1,000,000.00	767	
〃	60829	1,000,000.00	766	
〃	60828	1,000,000.00	765	
〃	60827	1,000,000.00	764	
〃	60961	470,600.00	786	(Total N$17,429,270)

90

郵政儲金滙業局台山分局

移交大通銀行及各聯行待兑僑票清單　第4頁

行名	票號	款額	[illegible]號碼	附註
THE CHASE NAT'L BANK PINE ST. CORNER OF NASSAU NEW YORK	60960	294,100.00	785	7,429,270.00
〃	60959	300,000.00	784	
〃	60958	588,200.00	783	
〃	60954	500,000.00	781	
〃	60941	1,000,000.00	777	
〃	60939	1,176,400.00	775	
〃	61020	1,000,000.00	803	
〃	61010	600,000.00	798	
〃	61006	3,000,000.00	796	
〃	61005	3,000,000.00	794	
〃	61004	3,000,000.00	793	
〃	61003	300,000.00	792	
〃	60963	700,000.00	788	
〃	60962	1,411,700.00	787	
THE CHASE NAT'L BANK N. Y. 73rd Street Branch	1640126	1,000,000.00	1036	
THE CHASE NAT'L BANK N. Y. Time Square Branch	32-40668	20,000,000.00	708	
Southern Arizona Bk & Trust Co. Tucson	FE 2210	100,000.00	843	
Bank of America Nat. Trust & Sav. Assn. S.F.	348169	2,800.00	496	
〃	345015	15,625.00	3285	
〃	345010	156,250.00	3266	
〃	344989	312,500.00	3198	[illegible]4,886,845.00

91

郵政儲金滙業局台山分局

移交大通銀行及各聯行待兑僑票清單　第5頁

行名	票號	款額	[illegible]號碼	附註
City Nat. Bk. & Trust Co. of Chicago	FE13625	1,000,000.00	新 1094	5,886,845
〃	FE13626	1,500,000.00	1095	
〃	FE.13622	1,000,000.00	1057	
〃	FE13623	1,000,000.00	1058	
〃	FE13624	1,500,000.00	1059	
〃	FE13619	150,000.00	925	
~~〃~~	~~FE13610~~	~~1,000,000.00~~	~~705~~	已兑，重付
~~〃~~	~~FE13611~~	~~2,000,000.00~~	~~706~~	已兑，重付
〃	FE13612	500,000.00	707	
〃	FE.13607	1,000,000.00	667	
〃	FE13608	1,000,000.00	668	
〃	FE13609	1,000,000.00	669	
Continental Ill. Nat. Bk. & Trust Co., Chicago	107118	1,000,000.00	1086	
〃	107112	400,000.00	889	
〃	FE3014	200,000.00	692 ✓	
〃	FE.3003	100,000.00	519	
The First Nat. Bank of Chicago	233287	310,007.00	舊 DE. 981	
Harris Trust Sav. Bk., Chicago	32200	250,000.00	舊 Rec. 4387	
〃	32201	250,000.00	〃 4388	
UPTOWN NAT'L BANK OF CHICAGO ILLINOIS	FE.10218	200,000.00	新 1097	
〃	FE.10219	100,000.00	1098	58,346,852.00

92

郵政儲金匯業局台山分局

移交大通銀行及各聯行待兌僑票清單　第6頁

行名	票號	款額	[illegible]號碼	附註
UPTOWN NAT'L BANK OF CHICAGO ILLINOIS	FE.10223	1,000,000.00	新 1099	6834,6852元
〃	FE.10213	1,000,000.00	819	
〃	FE.10214	1,000,000.00	820	
〃	FE.10209	700,000.00	716	
〃	FE.10210	1,000,000.00	717	
〃	FE.10212	500,000.00	719	
〃	FE.10206	1,200,000.00	688	
〃	FD.52146	20,000.00	DG. 293	
PORTLAND TRUST & SAVINGS BANK OREGON	FE 1533	1,000,000.00	新 891	
THE U. S. NAT'L BANK OF PORTLAND OREGON	FE 10745	10,000,000.00	1063	
〃	FE 10742	500,000.00	1018	
〃	FE 10741	1,500,000.00	920	
〃	FE 10740	520,000.00	884	
〃	FE 10737	500,000.00	712	
〃	FE 10738	200,000.00	713	
〃	FE 10736	1,000,000.00	711	
〃	FE 10728	10,000,000.00	681	
〃	FD60710	100,000.00	DG. 1228	
〃	FD60609	25,000.00	旧 3454	
THE NAT'L SHAWMUT BANK OF BOSTON ESSEX ST. BRANCH	FE 2608	500,000.00	新 1090	
〃	FE 2609	500,000.00	1091	8103,66,852元

93

郵政儲金滙業局台山分局

移交大通銀行及各聯行待兑滙票清單　第7頁

行名	票號	款額	行號碼	附註
THE NAT'L SHAWMUT OF BOSTON ESSEX ST. BRANCH	FE.2611	1,000,000.00	1092	100,661,852.2
〃	FE.2612	250,000.00	1093	
〃	FE.2604	1,100,000.00	1060	
〃	FE.2605	1,000,000.00	1061	
〃	FE.2606	3,000,000.00	1062	
〃	FE.2598	1,200,000.00	1046	
〃	FE.2600	925,000.00	1047	
〃	FE.2601	1,000,000.00	1048	
〃	FE 2602	100,000.00	1049	
〃	FE.2597	1,500,000.00	926	
〃	FE.2591	1,500,000.00	894	
〃	FE.2592	2,000,000.00	895	
〃	FE.2595	2,500,000.00	898	
〃	FE.2596	300,000.00	899	
〃	FE.2581	1,100,000.00	833	
〃	FE.2582	1,100,000.00	834	
〃	FE2583	750,000.00	835	
〃	FE.2584	500,000.00	836	
〃	FE.2585	400,000.00	837	
〃	FE.2586	450,000.00	838	
〃	FE.2587	150,000.00	839	$12,486,852.2

94

郵政儲金滙業局台山分局

移交大通銀行及各聯行待兑僑票清單 第8頁

行名	票號	款額	號碼	附註
THE NAT'L SHAWMUT BANK OF BOSTON ESSEX ST. BRANCH	FE 2588	650,000.00 元	840	122,486,842元
〃	FE 2575	700,000.00	824	
〃	FE 2576	200,000.00	825	
〃	FE 2562	100,000.00	807	
〃	FE 2563	100,000.00	808	
〃	FE 2564	100,000.00	809	
〃	FE 2565	100,000.00	810	
〃	FE 2566	100,000.00	811	
〃	FE 2567	100,000.00	812	
〃	FE 2568	100,000.00	813	
〃	FE 2569	100,000.00	814	
〃	FE 2570	100,000.00	815	
〃	FE 2571	100,000.00	816	
〃	FE 2572	500,000.00	817	
〃	FE 2573	200,000.00	318	
〃	FE 2554	1,100,000.00	698	
〃	FE 2547	500,000.00	690	
〃	FE 2541	5,000,000.00	675	
〃	FE 2542	5,000,000.00	676	
〃	FE 2525	100,000.00	669	
〃	FE 2516	500,000.00	646	[illegible],936,842元

95

邮政储金汇业局台山分局

移交大通银行及各联行待兑侨票清单 第9页

行名	票号	款额	名号号码	附注
THE NAT'L SHAWMUT BANK OF BOSTON ESSEX ST. BRANCH	FE 2517	1,500,000.00	新 647	936,852
〃	FE 2518	3,000,000.00	648	
〃	FE 2510	30,000.00	506	
〃	C 7025	150,000.00	A9. 3446	
〃	C 7022	500,000.00	3385	
〃	C 7023	500,000.00	3386	
〃	C 7004	15,000.00	3196	
〃	C 6973	300,000.00	2812	
〃	209044	50,000.00	10 4176	
〃	209045	50,000.00	10 4177	
〃	C 146385	400,000.00	10 3061	
〃	C 146357	185,185.00	10 2723	
〃	C 146358	50,000.00	10 2724	
THE FIRST NAT'L BANK OF BOSTON WASHINGTON ST. BRANCH	A 221823	1,200,000.00	38 1076	
〃	A 221824	100,000.00	1077	
〃	A 221825	100,000.00	1078	
〃	A 221813	500,000.00	877	
〃	A 221814	500,000.00	878	
〃	A 221815	500,000.00	879	
〃	A 221804	1,455,000.00	860	
〃	A 221805	551,000.00	861	8,149,5[illegible]37

96

邮政储金汇业局台山分局

移交大通银行及各联行待兑侨票清单 第10页

行名	票号	款额	侨号号码	附注
THE FIRST NAT'L BANK OF BOSTON WASHINGTON ST. BRANCH	A221802	210,000.00	三 841	149,573,037
〃	A221788	3,000,000.00	699	
The First Nat. Bank of Boston, Boston, Mass.	A222303	100,000.00	661	
THE FIRST NAT'L BANK OF BOSTON WASHINGTON ST. BRANCH	A221731	30,000.00	448	
〃	A221476	100,000.00	D9. 1904	
〃	A219921	568,000.00	10 3464	
Seattle First Natl. Bk. Inter. Br., Seattle	FD54382	1,765,000.00	新 1096	
〃	FD54381	500,000.00	1036	
〃	FD54380	250,000.00	1017	
〃	FD54376	1,000,000.00	890	
〃	FD54372	30,000.00	850	
〃	FD54370	300,000.00	803	
〃	FD54365	200,000.00	805	
〃	FD54360	1,200,000.00	721	
〃	FD54342	2,000,000.00	663	
〃	FD54335	5,000.00	316	
〃	FD54333	500,000.00	165	
〃	FD54259	200,000.00	10 4839	
〃	FD54252	500,000.00	10 4631	$168,031,037.00

97

邮政储金汇业局台山分局

移交大通银行及各联行待兑侨票清单 第11页

行名	票號	款额	[illegible]號碼	附註
The Dominion Bk moose Jaw Sask	4	$300,000.00	472	
The Dominion Bk Peterborough	16	$1,000,000.00	汇989	
The Dominion Bk city Hall Br.	1064	$200,000.00	汇1100	
〃 〃	1056	$300,000.00	汇90	
Bk of montreal Prince Albert	28959	$1,156,000.00	汇1037	
〃 〃	28960	$1,156,000.00	汇1038	
Bk of montreal Vancouver	2154	$1,160,000.00	汇1066	
〃 〃	2159	$1,160,000.00	〃1067	
〃 〃	2169	$900,000.00	〃1068	
〃 〃	2173	$500,000.00	〃1069	
〃 〃	2180	$1,160,000.00	〃1070	
〃 〃	2140	$1,160,000.00	〃968	
〃 〃	2142	$1,000,000.00	〃969	
〃 〃	2146	$1,160,000.00	〃970	
〃 〃	2141	$1,000,000.00	〃990	
〃 〃	2122	$1,160,000.00	〃1021	
〃 〃	2128	$1,000,000.00	〃1022	
〃 〃	2132	$500,000.00	〃1023	
〃 〃	2136	$1,160,000.00	〃1026	
〃 〃	1997	$1,000,000.00	〃933	
〃 〃	1999	$1,160,000.00	〃934	

$19,292,000.00

98

郵政儲金滙業局台山分局

移交大通銀行及各聯行待兌僑票清單　第12頁

行名	票號	款額	紙號碼	附註
BK of Montreal Vancouver	2108	$1,160,000.00	新936	
〃 〃	2111	$1,160,000.00	新938	
〃 〃	2121	$1,160,000.00	〃939	
〃 〃	1981	$1,160,000.00	〃904	
〃 〃	1993	$1,160,000.00	〃909	
〃 〃	1954	$1,000,000.00	〃863	
〃 〃	1955	$1,160,000.00	〃864	
〃 〃	1956	$1,160,000.00	〃865	
〃 〃	1957	$1,160,000.00	〃866	
〃 〃	1963	$1,160,000.00	〃869	
BK of Montreal Kelowna B.C.	114	$300,000.00	舊2088	
BK of Montreal Port Alberni	74	$300,000.00	新828	
BK of Montreal Vancouver	1122	$320,000.00	舊1575	
〃 〃	32	$50,000.00	旧3174	
〃 〃	33	$50,000.00	旧3174	
Canadian BK of Commerce, Duncan	49130	$300,000.00	舊1227	
Canadian BK of Commerce, Dundalk	62134	$1,100,000.00	新980	
Canadian BK of Commerce Sault Ste.	22068	$120,000.00	新994	
Canadian BK of Commerce, Kingston	70060	$1,120,000.00	〃985	
Canadian BK of Commerce St. Johns	4459	$1,140,000.00	〃981	
Canadian BK of Commerce, Duncan	13857	$1,170,000.00	〃986	

$17,410,000.00

邮政储金汇业局台山分局

移交大通银行及各联行待兑侨票清单 第13页

行名		票號	款額	總號號碼	附註
Canadian Bk of Commerce, Vancou		13853	$1,000,000.00	總 1008	
〃	〃	13854	$1,000,000.00	〃 1009	
〃	〃	13856	$300,000.00	〃 1010	
〃	〃	13858	$1,000,000.00	〃 1011	
〃	〃	13860	$1,170,000.00	〃 1012	
〃	〃	9683	$1,170,000.00	〃 991	
〃	〃	9693	$200,000.00	〃 992	
〃	〃	9686	$1,170,000.00	〃 971	
〃	〃	9687	$1,170,000.00	〃 972	
〃	〃	9688	$1,170,000.00	〃 973	
〃	〃	9689	$1,170,000.00	〃 974	
〃	〃	9690	$1,170,000.00	〃 975	
〃	〃	9691	$1,170,000.00	〃 976	
〃	〃	9692	$1,170,000.00	〃 977	
〃	〃	9696	$1,170,000.00	〃 978	
〃	〃	9699	$1,170,000.00	〃 979	
〃	〃	9678	$1,170,000.00	〃 921	
〃	〃	9679	$1,170,000.00	〃 922	
〃	〃	9680	$1,170,000.00	〃 923	
〃	〃	9671	$1,180,000.00	〃 910	
Canadian Bk of Commerce, Victoria		1623	$1,000,000.00	〃 983	

$22,060,000.00

郵政儲金匯業局台山分局

移交大通銀行及各聯行待兑匯票清單 第14頁

行名		票號	數額	[illegible]號碼	附註
Canadian Bk of Commerce, Victoria		1624	$1,140,000.00	[illegible] 984	
Bk of Nova Scotia Montreal		FD57518	$1,140,000.00	〃1051	
Bk of Nova Scotia Toronto		FD63604	$500,000.00	〃1079	
〃	〃	FD63605	$1,150,000.00	〃1080	
〃	〃	FD63574	$1,000,000.00	〃982	
〃	〃	FD63601	$400,000.00	〃995	
〃	〃	FD63602	$400,000.00	〃996	
〃	〃	FD63603	$500,000.00	〃997	
〃	〃	FD63575	$1,150,000.00	〃998	
〃	〃	FD63592	$300,000.00	〃1814	
〃	〃	FD60370	$600,000.00	[illegible] 2783	
〃	〃	FD60353	$200,000.00	〃2639	
〃	〃	FD58743	$320,000.00	〃1302	
〃	〃	FD58744	$320,000.00	〃1303	
〃	〃	FD59878	$190,000.00	〃8	
〃	〃	59496	$100,000.00	[illegible] 3721	
〃	〃	FD63429	$320,000.00	[illegible] 554	
〃	〃	FD63556	$1,000,000.00	〃913	
〃	〃	FD63559	$1,100,000.00	〃914	
〃	〃	FD63560	$1,100,000.00	〃915	
〃	〃	FD63561	$1,100,000.00	〃916	
〃	Montreal	FD57517	$1,140,000.00	〃1050	$15,170,000.00

101

邮政储金汇业局台山分局

移交大通银行及各联行待兑侨票清单 第[illegible]页

行名	票號	款額	密押號碼	附註
BK of Nova Scotia Toronto	FD63562	$500,000.00	917	
〃 〃	FD63563	$200,000.00	〃918	
〃 〃	FD63564	$500,000.00	〃919	
〃 Vancouver	FD63041	$1,160,000.00	〃1087	
〃 〃	FD63042	$340,000.00	〃1088	
〃 〃	FD63044	$1,160,000.00	〃1089	
〃 〃	FD63039	$1,160,000.00	〃1013	
〃 〃	FD63032	$1,160,000.00	〃1020	
〃 〃	FD63027	$1,160,000.00	〃874	
〃 〃	FD63028	$1,160,000.00	〃875	
〃 〃	FD58390	$[illegible],000.00	〃388	
〃 〃	FD58387	$320,000.00	〃369	
〃 〃	FD58007	$100,000.00	舊1502	
〃 〃	FD58008	$300,000.00	〃1503	
〃 〃	FD56640	$190,000.00	旧3674	
Imperial BK of Canada, Calgary	5686	$540,000.00	舊1063	
〃 〃	5687	$360,000.00	〃1064	
〃 〃	5688	$200,000.00	〃1065	
〃 〃	5689	$500,000.00	〃1066	
〃 〃	5685	$3,420,000.00	〃1040	
〃 〃	5681	$1,140,000.00	〃1041	

$15,910,000.00

102

郵政儲金匯業局台山分局

移交大通銀行及各聯行待兌僑票清單 第16頁

行名	票號	款額	號碼	附註
Imperial Bk of Canada, Calgary	5682	$500,000.00	號1042	
〃 〃	5683	$60,000.00	〃1043	
〃 〃	5684	$40,000.00	〃1044	
〃 〃	5680	$1,150,000.00	〃1033	
〃 〃	5300	$190,000.00	號3500	
Imperial Bk of Com Edmonton	3890	$1,000,000.00	號883	
Imperial Bk of Canada, Moosejaw	5862	$1,100,000.00	〃1045	
〃 〃	5860	$100,000.00	〃407	
Imp. Bk of Cana Toronto	7483	$50,000.00	〃408	
〃 〃	4424	$100,000.00	號3841	
Imp. Bk of Canada Walkerville	8560	$320,000.00	號1238	
〃 〃	8561	$320,000.00	號1239	
〃	8557	$320,000.00	號1450	
Imp. Bk of Cana Windsor	FF14757	$200,000.00	號1039	
〃 〃	86[illegible]	$600,000.00	號1031	
〃 〃	8656	$600,000.00	號1032	
〃 〃	8637	$320,000.00	號569	
〃 〃	6196	$300,000.00	號2719	
Roy. Bk of Canada Calgary	FE8503	$1,142,000.00	號1007	
Roy. Bk of Canada Cardston	13/372698	$1,100,000.00	號987	
〃 〃	13/372699	$1,100,000.00	號988	

$10,632,000.00

103

郵政儲金滙業局台山分局

移交大通銀行及各聯行待兑僑票清單 第17頁

行名	票號	款額	批號號碼	附註
Roy. BK of Cana montreal	13/373429	$1,140,000.00	批1071	
〃 〃	13/373430	$1,140,000.00	〃1072	
〃 〃	13/373431	$1,140,000.00	〃1073	
〃 〃	13/373432	$1,140,000.00	〃1074	
〃 〃	13/373425	$1,140,000.00	〃1064	
〃 〃	13/373426	$1,000,000.00	〃1065	
〃 〃	13/373419	$1,140,000.00	〃1001	
〃 〃	13/373420	$1,140,000.00	〃1002	
〃 〃	13/373421	$1,140,000.00	〃1003	
〃 〃	13/373422	$1,140,000.00	〃1004	
〃 〃	13/373423	$1,140,000.00	〃1005	
〃 〃	13/373424	$1,140,000.00	〃1006	
〃 〃	13/373418	$1,140,000.00	〃880	
〃 〃	13/373410	$1,140,000.00	〃852	
〃 〃	13/373411	$1,140,000.00	〃853	
〃 〃	13/373412	$1,140,000.00	〃854	
〃 〃	13/373413	$1,140,000.00	〃855	
〃 〃	13/373414	$1,140,000.00	〃856	
〃 〃	13/373415	$1,140,000.00	〃857	
〃 〃	13/373416	$1,140,000.00	〃858	
〃 〃	13/373417	$1,140,000.00	〃859	

$23,800,000.00

104

郵政儲金滙業局台山分局

移交大通銀行及各聯行待兑僑票清單　第18頁

行　　名	票號	款　額	[illegible]號碼	附註
Roy. BK of Canada Montreal	13/373406	$1,150,000.00	[illegible] 828	
〃　〃	13/373408	$1,150,000.00	〃 830	
〃　〃	13/373409	$1,150,000.00	〃 831	
Roy. BK of Canada Nanaimo	FE 9301	$500,000.00	〃 900	
Roy. BK of Canada Nordale	59/20019	$1,100,000.00	〃 885	
〃　〃	59/20020	$250,000.00	〃 886	
Roy. BK of Cana. North Battleford	225824	$300,000.00	[illegible] 2034	
Roy. BK of Cana. Penticton	18/519169	$1,100,000.00	[illegible] 1052	
Roy. BK of Cana. Regina	127954	$195,000.00	[illegible] 4366	
Roy. BK of Cana. Vancouver	13/376760	$1,160,000.00	[illegible] 1075	
〃　〃	13/376758	$600,000.00	〃 999	
〃　〃	13/376759	$1,160,000.00	〃 1000	
〃　〃	13/376756	$1,000,000.00	〃 1015	
〃　〃	13/376757	$1,160,000.00	〃 1016	
〃　〃	13/376753	$300,000.00	〃 1028	
〃　〃	13/376754	$500,000.00	〃 1029	
〃　〃	13/376755	$1,160,000.00	〃 1030	
〃　〃	13/376598	$1,160,000.00	〃 927	
〃　〃	13/376599	$500,000.00	〃 928	
〃　〃	13/376600	$660,000.00	〃 929	
〃　〃	13/371608	$190,000.00	[illegible] 3895	
Roy. BK of Cana. Victoria	FE 3508	$1,000,000.00	[illegible] 1027	

$17,445,000.00

105　100

邮政储金汇业局台山分局

移交大通银行及各联行待兑侨票清单　第19页

行名		票号	款额	~~号码~~	附注
The chase BK new york		61129	$1,200,000.00	立券	
〃	〃	61130	$2,898,600.00	〃	
〃	〃	61128	$1,159,400.00	〃	
〃	〃	61124	$500,000.00	〃	
〃	〃	61113	$50,000.00	〃	
〃	〃	61111	$2,000,000.00	〃	
〃	〃	61110	$58,000.00	〃	
〃	〃	61101	$2,000,000.00	〃	
〃	〃	61082	$2,000,000.00	〃	
〃	〃	61076	$1,739,100.00	〃	
〃	〃	61075	$1,739,100.00	〃	
〃	〃	61074	$5,000,000.00	〃	
〃	〃	61073	$5,000,000.00	〃	
〃	〃	61071	$347,900.00	〃	
〃	〃	61070	$1,000,000.00	〃	
〃	〃	61069	$1,000,000.00	〃	
〃	〃	61068	$1,000,000.00	〃	
〃	〃	61067	$1,159,400.00	〃	
〃	〃	61063	$500,000.00	〃	
〃	〃	61036	$500,000.00	〃	
〃	〃	61035	$500,000.00	〃	

$31,351,500.01

106

郵政儲金匯業局台山分局
移交大通銀行及各聯行待兌僑票清單　第20頁

行名	票號	款額	號碼	附註
The Chase BK new york	61034	$500,000.00	直寄	
〃 〃	61032	$2,400,000.00	〃	
〃 〃	61029	$2,000,000.00	〃	
〃 〃	61026	$200,000.00	〃	
〃 〃	61027	$2,000,000.00	〃	
〃 〃	61028	$250,000.00	〃	
〃 〃	61013	$300,000.00	〃	
〃 〃	61014	$300,000.00	〃	
〃 〃	61015	$300,000.00	〃	
〃 〃	61019	$1,000,000.00	〃	
〃 〃	61116	$2,000,000.00	〃	
〃 〃	61117	$2,000,000.00	〃	
〃 〃	61118	$500,000.00	〃	
〃 〃	61119	$500,000.00	〃	
〃 〃	61120	$100,000.00	〃	
〃 〃	61132	$2,000,000.00	〃	
〃 〃	61083	$1,449,300.00	〃	
〃 〃	61084	$1,449,300.00	〃	
〃 〃	61086	$1,800,000.00	〃	
〃 〃	61087	$3,000,000.00	〃	
〃 〃	61088	$1,159,400.00	〃	

$26,208,000.00

10.7 事

邮政储金汇业局台山分局

移交大通银行及各联行待兑侨票清单 第21页

行名	票號	款額	號碼	附註
The Chase BK new York	61089	$3,500,000.00	上寄	
〃 〃	61095	$1,000,000.00	〃	
〃 〃	61096	$2,000,000.00	〃	
〃 〃	61098	$2,500,000.00	〃	
〃 〃	61100	$2,000,000.00	〃	
〃 〃	61209	$100,000.00	〃	
〃 〃	61210	$1,200,000.00	〃	
〃 〃	61216	$600,000.00	〃	
〃 〃	61211	$1,159,400.00	〃	
〃 〃	61213	$579,710.00	〃	
〃 〃	61217	$1,000,000.00	〃	
1st natl BK of Boston	A219962	$100,000.00	〃	
BK of Montreal Victoria	2690	$1,000,000.00	〃	
Canadian BK of Commerce, Sault	13897	$1,200,000.00	〃	
The natl Shawmut BK of Boston	FE2597	$1,500,000.00	〃	
1st natl BK of Boston, Wash.	A221830	$2,192,000.00	〃	
〃 〃	A221831	$2,192,000.00	〃	
〃 〃	A221832	$1,500,000.00	〃	
〃 〃	A221833	$1,000,000.00	〃	
BK & Trust Co. of Chicago	FE13627	$2,300,000.00	〃	
〃 〃	FE13629	$2,000,000.00	〃	$30,623,110.00

郵政儲金滙業局台山分局

移交大通銀行及各聯行待兑僑票清單　第22頁

行名	票號	款額	[illegible]號碼	附註
City natl BK & Trust Co. of Chicago	FE13619	$150,000.00	直寄	
Continental Ill. natl BK & Trust Co. of Chicago	107118	$1,000,000.00	〃	
〃 〃	107128	$1,111,200.00	〃	
Uptown natl BK of Chicago	FE10207	$1,200,000.00	〃	
〃 〃	FE10224	$400,000.00	〃	
natl City BK of Cleveland	FE1310	$1,000,000.00	〃	
〃 〃	FE1311	$100,000.00	〃	
U.S. natl BK Portland	FE10741	$1,500,000.00	〃	
Portland Trust & Sav. BK	FE1536	$200,000.00	〃	
Southern Arizona BK & Trust Co.	FE2212	$100,000.00	〃	
Canadian BK of Commerce, Penticton	A3251	$1,150,000.00	〃	
Canadian BK of Commerce, Vane	13878	$1,000,000.00	〃	
〃 〃	13879	$1,170,000.00	〃	
〃 〃	13880	$1,170,000.00	〃	
〃 〃	13881	$1,170,000.00	〃	
〃 〃	13883	$300,000.00	〃	
〃 〃	13884	$300,000.00		
〃 〃	13885	$1,170,000.00		
〃 〃	13886	$1,170,000.00		
〃 〃	13864	$1,170,000.00		
〃 〃	13866	$1,170,000.00		

$17,701,200.00

109

郵政局金融業務……（被裁切，字迹不全）

移交大通銀行及各聯行待兑僑票清單 第23頁

行名	票號	款額	號碼	附註
Canadian Bk of commerce, Vanc	13873	$1,170,000.00	直寄	
〃 〃	9678	$1,170,000.00	〃	
〃 〃	9679	$1,170,000.00	〃	
〃 〃	9680	$1,170,000.00	〃	
〃 〃	9681	$1,170,000.00	〃	
Bk of montreal Kamloops	1	$1,100,000.00	〃	
Bk of montreal Kamloops	44999	$1,100,000.00	〃	
Bk of montreal Tisdale.	FE16-303	$1,000,000.00	〃	
〃 〃	FE16-302	$1,000,000.00	〃	
Bk of montreal Vancouver	2187	$1,000,000.00	〃	
〃 〃	2193	$1,160,000.00	〃	
〃 〃	1997	$1,000,000.00	〃	
〃 〃	1999	$1,160,000.00	〃	
〃 〃	~~2107~~	~~$1,160,000.00~~	〃	（該票註銷，查封）
〃 〃	2108	$1,160,000.00	〃	
〃 〃	2110	$1,160,000.00	〃	
〃 〃	2111	$1,160,000.00	〃	
〃 〃	2121	$1,160,000.00	〃	
Bk of nova Scotia Toronto	FD63407	$320,000.00	〃	
Bk of nova Scotia Halifax	FD15812	$1,160,000.00	〃	
Bk of nova Scotia Toronto	FD63668	$1,000,000.00	〃	

共$28,490,000.00

110

郵政儲金匯業局台山分局

移交大通銀行及各聯行待兑匯票清單 第24頁

行名	票號	款額	S.G.號碼	附註
Bk of nova scotia Toronto	FD63610	$1,140,000.00	直寄	
〃 〃	FD63614	$1,000,000.00	〃	
〃 〃	FD63615	$1,000,000.00	〃	
〃 〃	FD62656	$1,000,000.00	〃	
〃 〃	FD62659	$1,100,000.00	〃	
〃 〃	FD63560	$1,100,000.00	〃	
〃 〃	FD63561	$1,100,000.00	〃	
〃 〃	FD63562	$500,000.00	〃	
〃 〃	FD63563	$200,000.00	〃	
〃 〃	FD63564	$500,000.00	〃	
Bk of nova scotia Vancouver	FD63045	$1,160,000.00	〃	
〃	FD63046	$1,160,000.00	〃	
〃	FD63048	$1,160,000.00	〃	
〃	FD63033	$600,000.00	〃	
〃	FD63035	$600,000.00	〃	
Roy. Bk of Canada montreal	13/373437	$1,140,000.00	〃	
〃	13/373438	$1,140,000.00	〃	
〃	13/373439	$1,140,000.00	〃	
〃	13/373440	$1,140,000.00	〃	
〃	13/373442	$1,140,000.00	〃	
〃	13/373442	$1,140,000.00	〃	

$20,170,000.00

郵政儲金滙業局台山分局

移交大通銀行及各聯行待兑僑票清單 第21頁

行名	票號	款額	號碼	附註
Roy. Bk of Cana. Montreal	13/373402	$800,000.00	直寄	
Roy. Bk of Cana. Vancouver	13/376761	$1,000,000.00	〃	
〃 〃	13/376762	$600,000.00	〃	
〃 〃	13/376763	$400,000.00	〃	
〃 〃	13/376764	$1,160,000.00	〃	
〃 〃	13/376766	$1,160,000.00	〃	
〃 〃	13/376767	$1,000,000.00	〃	
〃 〃	13/376768	$500,000.00	〃	
〃 〃	13/376769	$1,160,000.00	〃	
〃 〃	13/376598	$1,160,000.00	〃	
〃 〃	13/376599	$500,000.00	〃	
〃 〃	13/376600	$660,000.00	〃	
〃 〃	13/376751	$500,000.00	〃	
〃 〃	13/376752	$1,160,000.00	〃	
Imp. Bk of Cana. Edmonton	3891	$600,000.00	〃	
〃	3897	$300,000.00	〃	
Imp. Bk of Cana. Delhi	6143	$1,050,000.00	〃	
Imp. Bk of Ottawa	9537	$820,000.00	〃	
Imp. Bk of Canada. Toronto	7511	$200,000.00	〃	
〃 〃	7512	$1,150,000.00	〃	
〃 〃	7513	$1,150,000.00	〃	

$17,030,000.00

112

邮政储金汇业局台山分局

移交大通银行及各联行待兑汇票清单　第26页

行名	票號	款額	函号號碼	附註
Imperial Bank of Canada, Regina	76356	U.S.$100.00	直寄	
Harris Trust & Sav. Bk., Chicago.	32480	310.00	F.D. Memo 31/43	Rcd B 2
Southern Arizona Bank & Trust Co. Tucson	FD 84228	1,900.00	〃 26/19	Rc 16
〃	FD 84231	1,000.00	〃	18
〃	FD 84232	1,000.00	〃	19
〃	FD 84233	1,000.00	〃	20
〃	FD 84234	1,000.00	〃	21
〃	FD 84236	712.10	〃	22
THE BANK OF NOVA SCOTIA TORONTO ONT. CANADA	FD 63448	100.00	35 2	
〃	FD 63450	100.00	4	
〃	FD 63451	60.00	5	
〃	FD 63453	100.00	11	
〃	FD 63473	100.00	19	
〃	FD 63476	100.00	21	
THE CHASE NAT'L BANK N. Y.	66669	100.00	24	
The Dominion Bank Toronto	1	100.00	27	
The Bank of Nova Scotia, Peterborough	FD 56180	100.00	28	
THE CHASE NAT'L BANK PINE ST. CORNER OF NASSAU NEW YORK	66681	250.00	34	
〃	66683	250.00	35	
〃	66689	100.00	36	
〃	66690	200.00	37	$8682.10

113

郵政儲金滙業局台山分局

移交大通銀行及[illegible]行待兑僑票清單 第2頁

行名	票號	款額	[illegible]	附註
THE CHASE NAT'L BANK PINE ST. CORNER OF NASSAU NEW YORK	66691	US$8200.00	新 38	86821.10
The Bank of Nova Scotia, Peterborough	FD56191	100.00	43	
〃	FD56192	100.00	44	
THE BANK OF NOVA SCOTIA TORONTO ONT. CANADA	FD63514	100.00	45	
THE CHASE NAT'L BANK PINE ST. CORNER OF NASSAU NEW YORK	66800	50.00	46	
The Bank of Nova Scotia, Peterborough	FD56196	100.00	49	
The Dominion Bank Toronto	3	25.00	53	
THE BANK OF NOVA SCOTIA TORONTO ONT. CANADA	FD63548	100.00	54	
〃	FD63549	32.00	55	
〃	FD635[illegible]	20.00	56	
	Total	US$89,589.10		
			@1,100=N$110,274,650.00	

第1頁至第2頁總計N$582,416,334.00

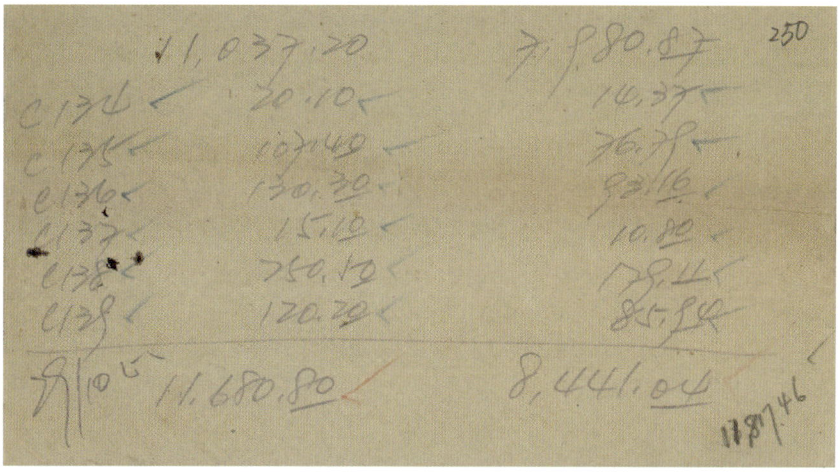

各银行的侨票汇款清单

			250
	11,037.20	7,980.87	
C134	20.10	14.37	
C135	107.40	76.77	
C136	130.20	93.16	
C137	15.10	10.80	
C138	250.10	178.44	
C139	120.20	85.54	
	11,680.80	8,441.04	11887.46

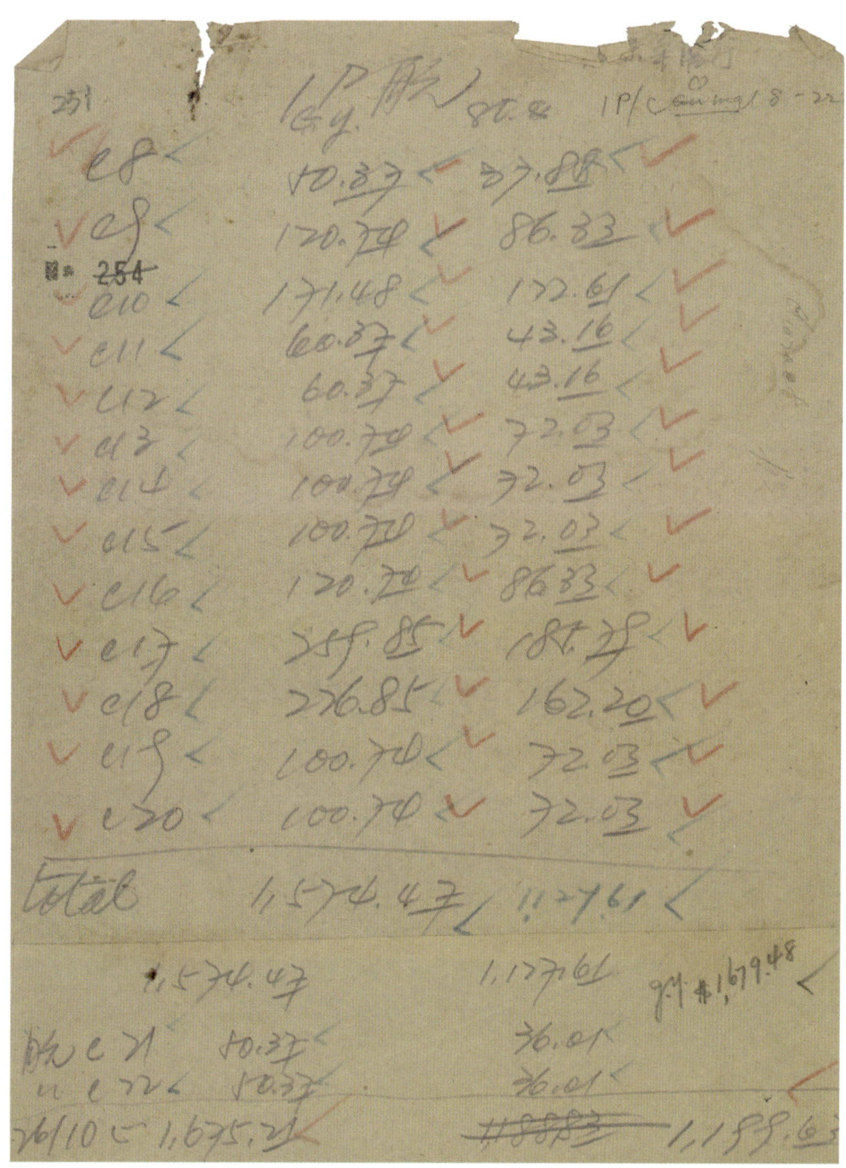

251		80.8
C8	50.37	37.88
C9	120.74	86.33
254		
C10	171.48	122.61
C11	60.37	43.16
C12	60.37	43.16
C13	100.74	72.03
C14	100.74	72.03
C15	100.74	72.03
C16	120.74	86.33
C17	255.85	184.25
C18	226.85	162.20
C19	100.74	72.03
C20	100.74	72.03
Total	1,574.47	1,127.61

	1,574.47	1,127.61	g.t. $1,679.48
C21	50.37	36.01	
C22	50.37	36.01	
	1,675.21	1,199.63	

252 ~~255~~	P.y.	St. 88
C114	420.80	300.87
C115	40.30	35.86
C116	40.20	35.87
C117	40.10	35.87
C118	881.70	630.42
C119	30.70	21.57
C120	831.40	594.45
C121	40.30	35.85
C122	145.40	103.86
C123	25.20	18.02
C124	60.10	42.87
C125	40.10	28.67
C126	60.10	42.87
C127	60.20	43.04
C128	260.60	186.33
C129	80.20	57.34
C130	130.40	93.24
C131	581.00	415.42
C132	250.60	179.18
C133	390.10	279.05
total	11,037.20	7,980.87

1P

253

	全团	计帮
e91	15.20	11.61
e92	601.20	452.10
e93	75.30	56.63
e94	589.30	443.15
e95	300.60	276.05
e96	415.80	312.68
e97	30.10	22.64
e98	380.20	286.28
e99	30.10	21.52
e100	10.10	7.72
e101	150.69	107.68
e102	200.50	143.36
e103	365.90	261.48
e104	80.00	57.34
e105	861.50	615.87
e106	470.80	336.62
e107	115.60	82.58
e108	210.50	150.57
e109	220.40	157.57
e110	220.80	157.87
e111	425.80	306.45
e112	576.20	411.88
e113	240.60	172.03

吉隆坡華僑銀行

	G.Y.	St. $
K.L 30	110.30	82.85
K.L 31	1,017.00	777.16
254 ~~256~~ " 32	176.50	412.20
" 33	120.40	86.05
" 34	601.20	428.86
" 35	320.70	228.30
" 36	551.20	452.71
Total G.Y.	3,337.30	St. $ 2,350.27
+137	475.80	240.27
	280.80	200.77
2810 38	4,094.00	2,531.31

4103.83

255

257

PE

庇喇岸侨幻行

G.Y. SL.W.

庇 喇 　木 城

632	100.20	75.35
33	80.10	37.68
34	80.20	57.34
35	120.20	85.84
36	70.20	50.18
37	15.10	10.80
38	30.10	21.52
39	220.50	157.66
40	50.10	35.82
41	120.20	85.84
15/10 42	25.10	17.88
航 41	120.74	86.33

120.86

12/10

~~1,002.24~~ ~~772.45~~

882.00 　636.12 　890.57

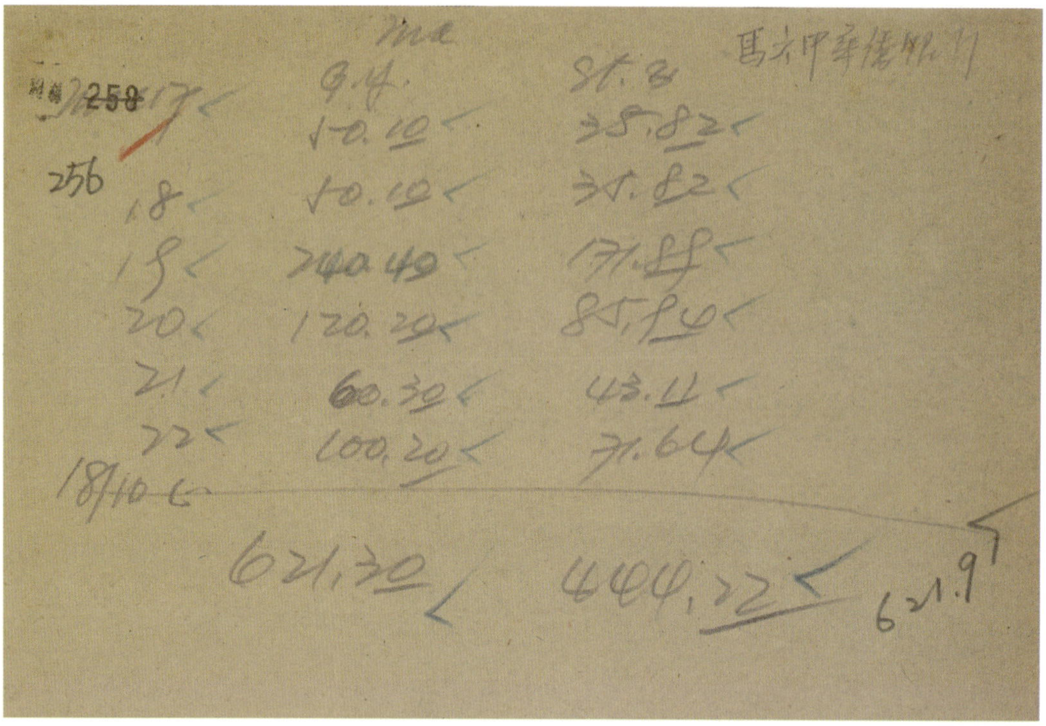

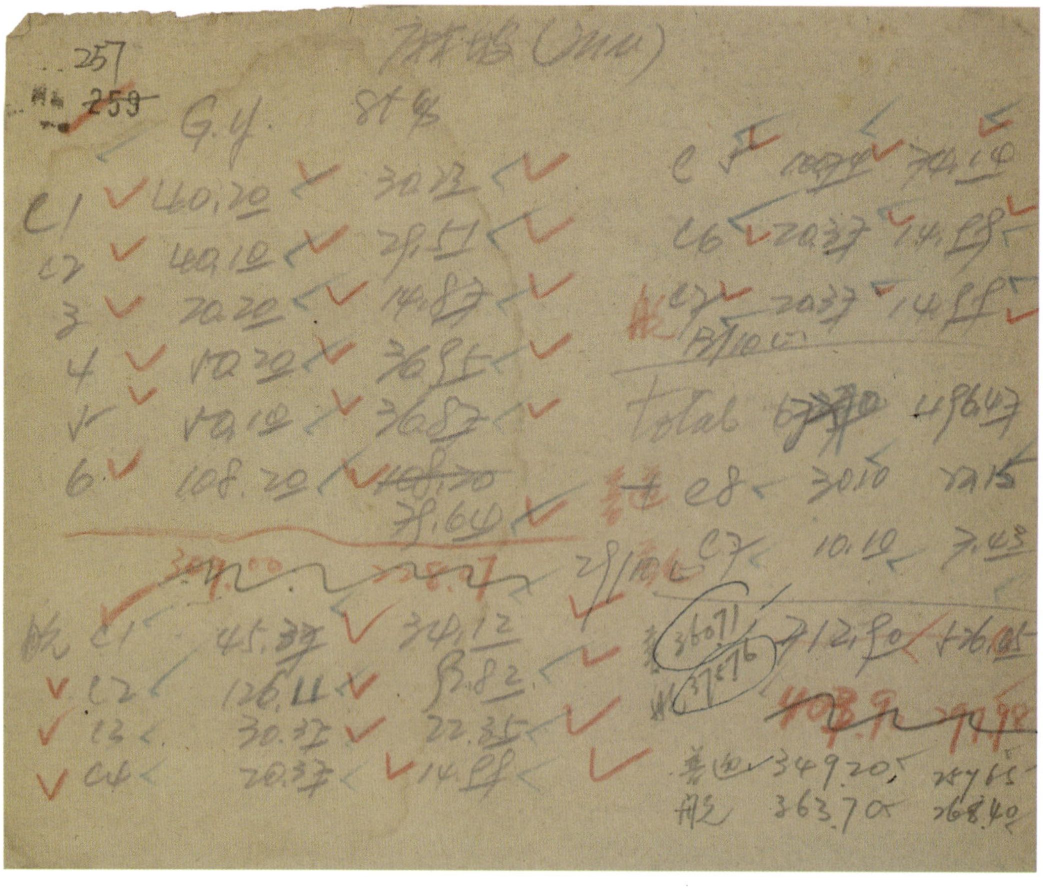

258　SE（[illegible]）

	G.Y.	St. 8
SE 133	50.10	37.68
34	50.10	37.68
35	140.40	100.35
36	140.30	100.31
37	581.80	415.55
38	170.20	85.84
39	130.30	93.16
40	100.20	71.64
41	700.40	143.25
42	10.10	7.72
43	175.40	125.41
75/10 44	50.10	35.80
total	1,685.30	1,218.71
	1,745.40	1,254.51

175.6.31

259　KA　巴生居鑾

	G.Y.	St. 8
KA C23	50.10	37.68
C24	50.10	37.68
C25	5.10	3.80
C26	581.10	415.45
C27	170.30	86.01
	806.70	580.70

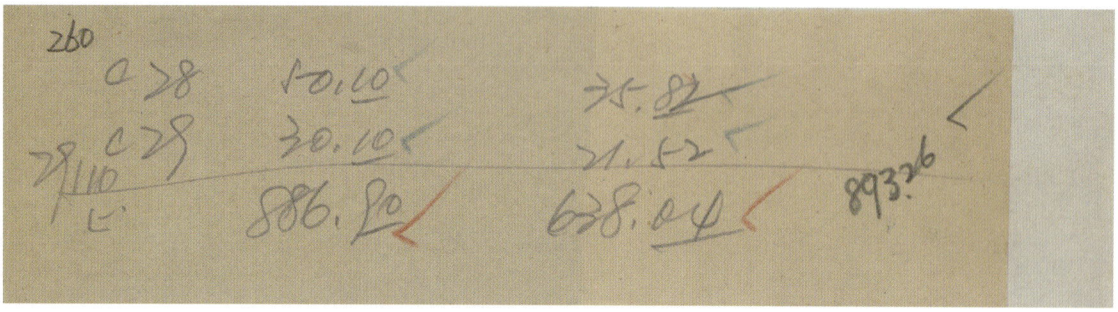

260
C28 50.10 35.82
C29 30.10 21.52
29/10 886.80 638.04 893.36

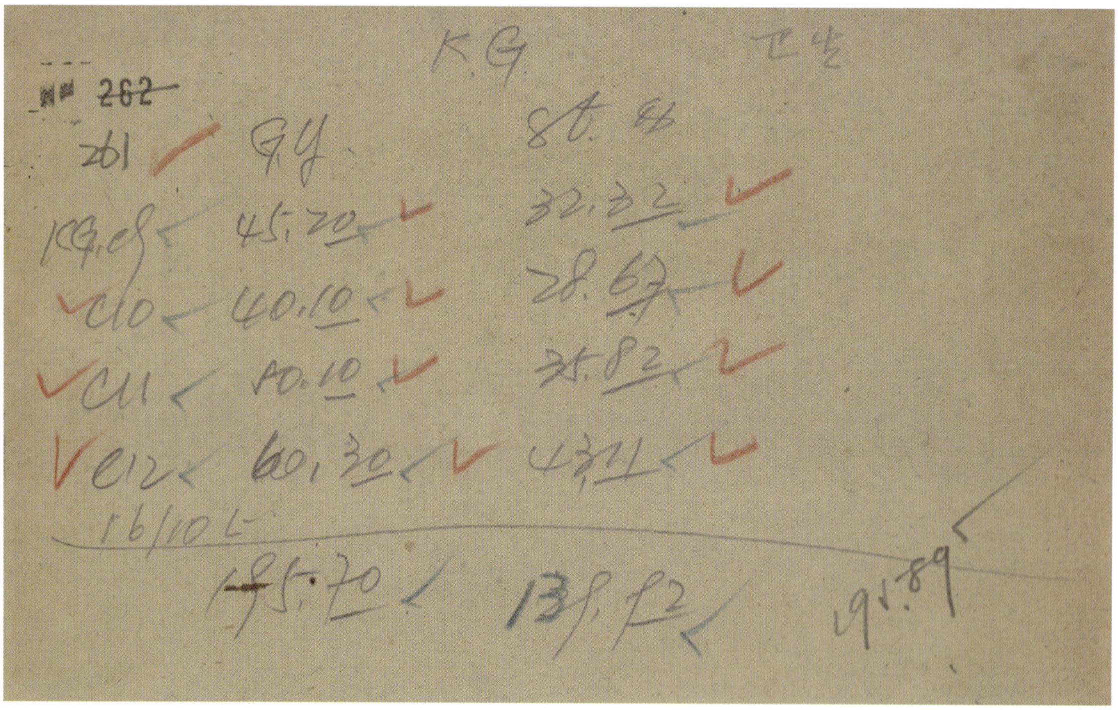

K.G
262
261 G.Y 86.86
C9 45.20 32.32
C10 40.10 28.67
C11 50.10 35.82
C12 60.30 43.11
16/10
195.70 139.92 195.89

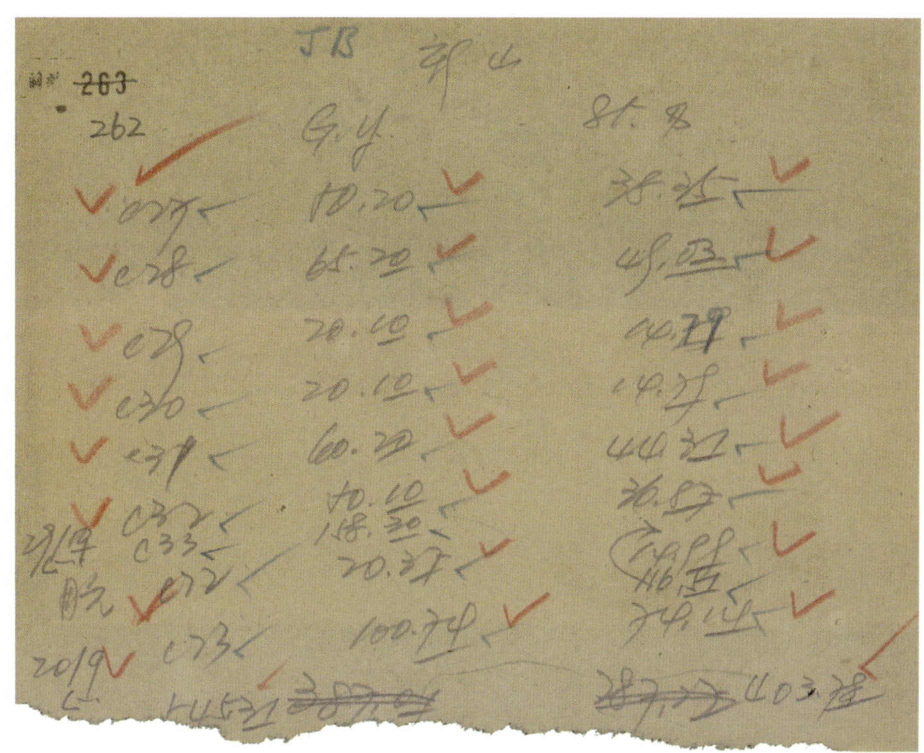

JB 郭山

262

	G.Y.	81.8
C27	10.20	38.85
C28	65.20	45.03
C29	20.10	40.79
C30	20.10	40.25
C31	60.20	44.21
C32	40.10	30.87
C33	18.30	14.88
C72	20.35	116.55
C73	100.74	74.15
	145.21	403.28

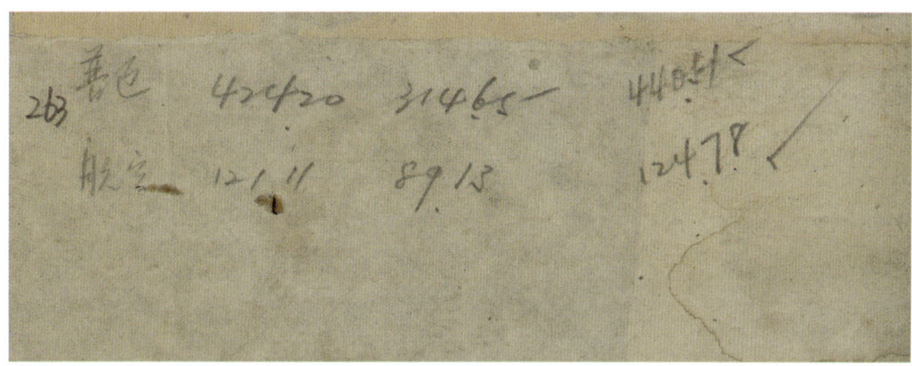

263			
普色	424.20	314.65	440.41
航空	121.11	89.13	124.78

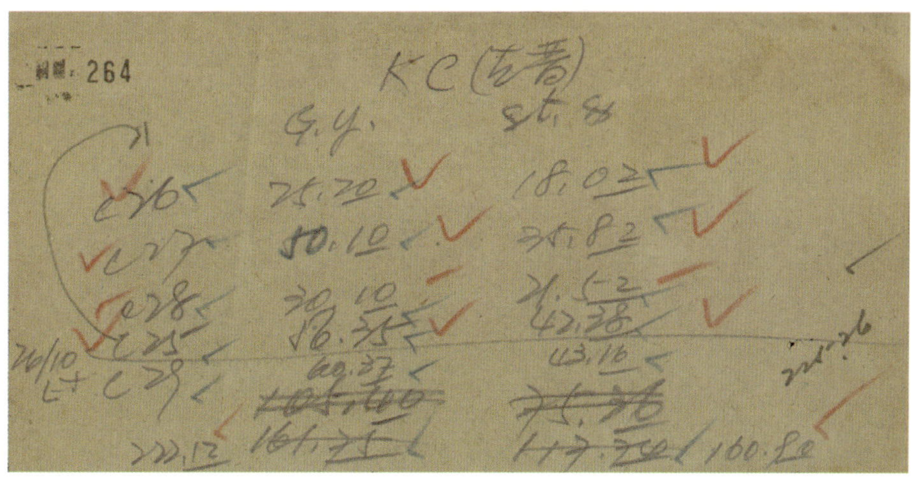

264

KC（古普）

	G.Y.	81.8
C26	25.20	18.02
C27	50.10	35.82
C28	30.10	31.52
C25	56.35	42.38
C29	60.37	43.16
222.12	161.25	160.80

TP（汇单）

	G.Y	St.$
22	20.10	15.12
23	160.40	120.62
24	10.10	7.60
25	150.30	110.62
26	100.20	73.75
27	10.10	7.43
28	20.10	14.79
29	100.20	73.75
30	432.80	318.54
31	30.20	21.59
32	460.80	342.09
33	215.50	158.61
34	100.20	73.75
晚 C4	58.33	42.86
C5	175.11	128.88
13	5.37	3.95
	2,053.85	1,572.74
		1514.05
C35	100.20	73.75
28/10 C36	220.40	167.21
	2374.45	1750.01
	2,135.60	1574.22

晚 175.79 = 246.11

（共）2.0391

266

TA 打捞安顺

G.Y. St.W.

C28	20.10	15.12
C29	10.10	7.43
C30	40.10	29.51
C31	10.10	7.43
C32	40.10	29.87
C33	120.29	88.84
C34A	260.50	186.26
C34B	171.30	126.08
既 C2	20.37	15.32
28/10 C3	50.37	37.07
C4	60.37	43.16
	1131!!	95.55
	833.24	544.60
		547.03

1337!

C35	229.40	168.84
C36	10.10	7.22
C37	60.20	44.31
C38	10.10	7.43
C39	32.10	23.63
28/10 C40	165.40	118.26
	1220.51	855.88
	118980	864.33?

1210.06

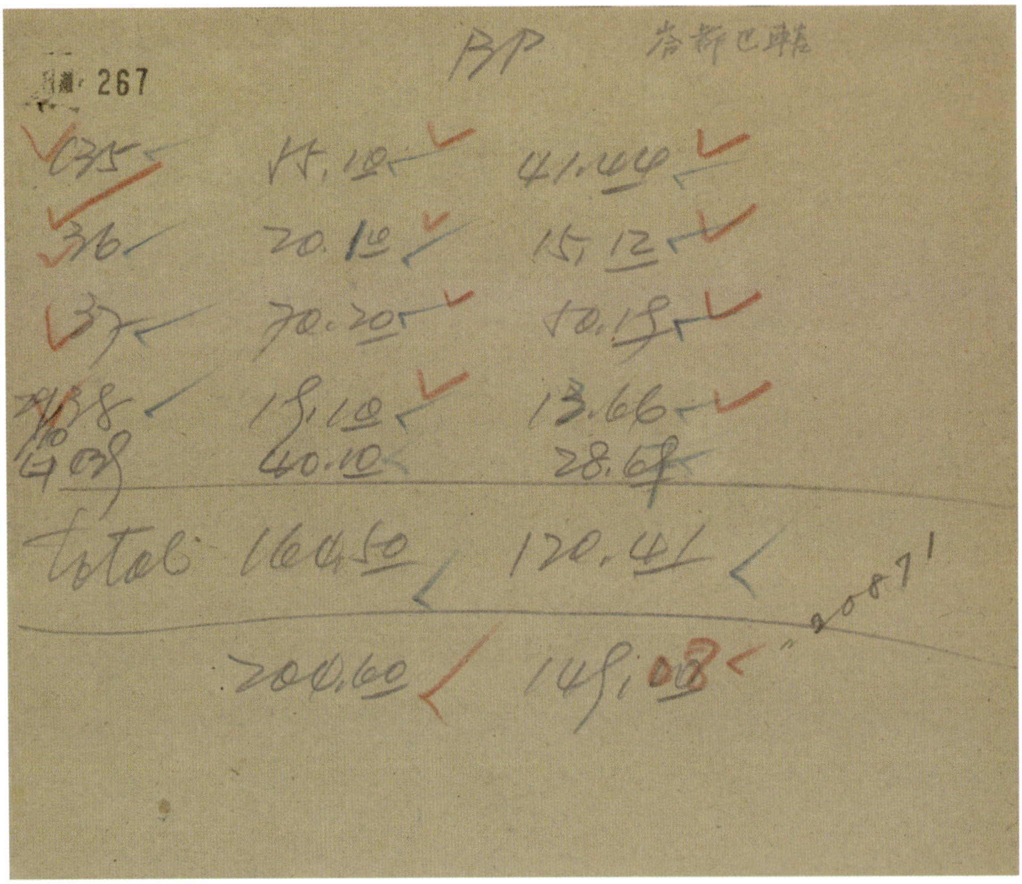

BP 峇株巴辖

35	55.10	41.44
36	20.10	55.12
37	70.20	10.15
38	15.10	13.66
4/10 4039	40.10	28.6?
total	160.50	120.41
	200.60	14?.08

2087

268

05 (古村)

	G.Y.	St.?
8/10 22	10.10	12.30
23	20.10	7.00
24	40.10	37.68
8/10 25	10.10	37.43
	86.40	68.07
24	56.37	41.45
25	106.74	38.65
26	100.74	74.14
27	143.11	105.33
28	50.37	37.07
29	60.74	44.70
30	56.37	40.30
31	56.37	41.45
32	100.74	74.14
33	50.37	37.07
34	100.74	74.14
35	50.37	36.01
36	20.37	14.88
37	20.37	22.35
	1072.17	786.79

91.01

十月 38	50.37	36.01
39	50.37	37.07
40	40.74	29.98
41	56.37	40.30
26/10 42	20.37	14.88
	~~1288.[illegible]~~	~~845.14~~
	1201.99	880.13 = 1232.18

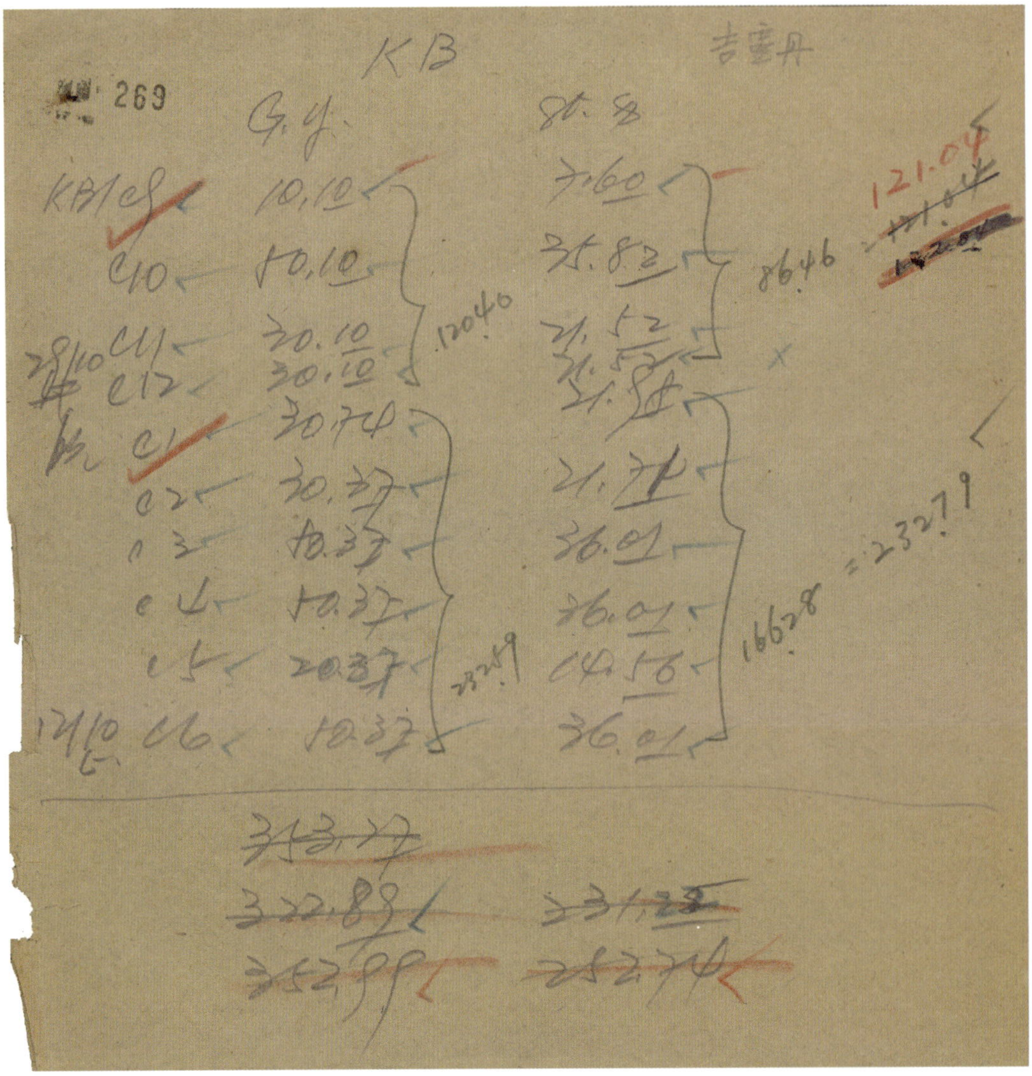

KB 吉塞丹

269

G.Y. Sl. S

KB1 c9 10.10 7.60

c10 10.10 25.82 8646 121.04

c11 30.10 21.52 12040

c12 30.10 21.58

c1 30.74 21.74

c2 30.37 36.01

c3 10.37 36.01

c4 10.37 36.01 16628 =23279

c5 20.37 14.56 23279

c6 10.37 36.01

~~313.77~~

~~322.83~~ ~~331.22~~

~~352.99~~ ~~252.74~~

SG 昔加末

7	G.Y.	81.84
31	180.40	132.23
30	165.20	121.66
29	140.30	103.26
28	20.10	14.78
27	113.30	83.35
26	100.20	73.75
25	105.20	79.11
	824.80	608.73
	824.80	608.73
7/1	10.10	7.43
7/10 C33	180.40	132.23
	1,015.30	748.73

270

1048.50

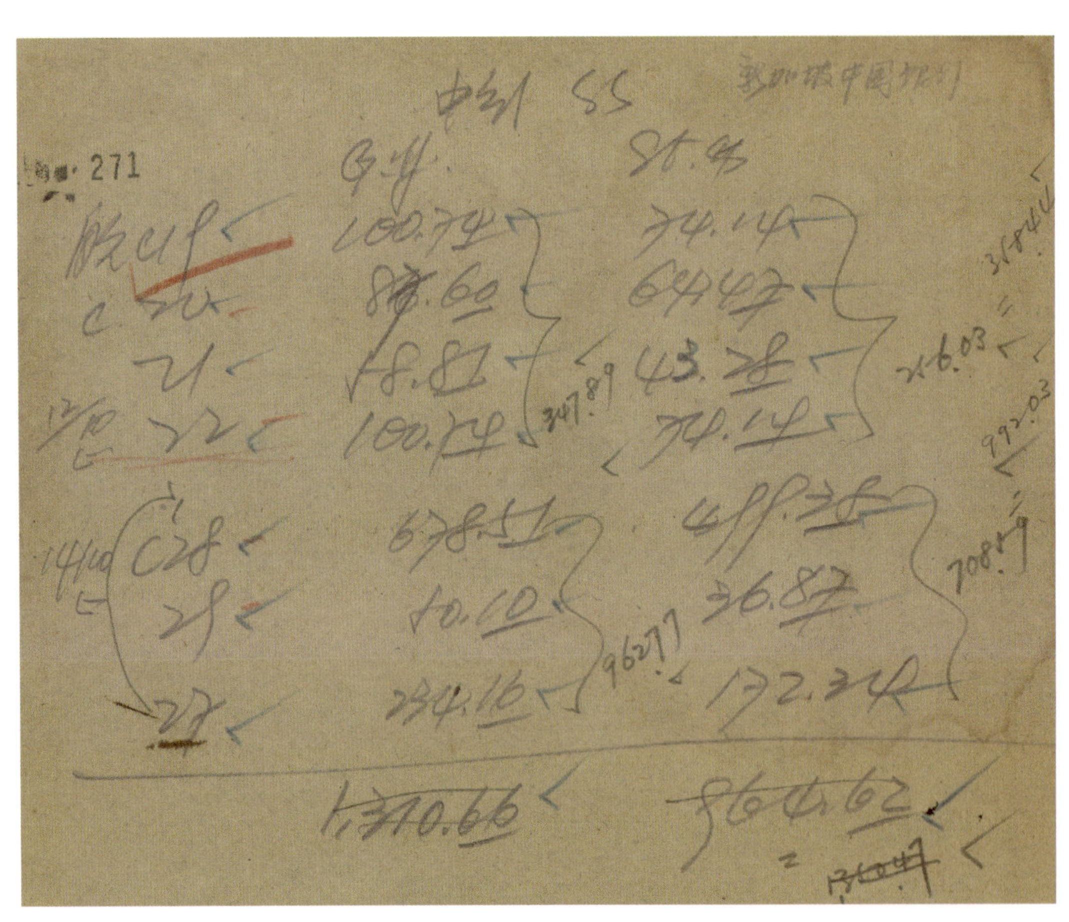

中纺 KL　　　吉隆坡中国银行

	G.Y.	St.
	20.10	22.63
第10	100.20	71.64
11		
12	10.10	7.43
13	58.54	43.05
14	10.10	7.43
61	20.37	22.84
62	15.37	11.31
15	20.10	14.28
16	10.10	7.43
17	20.10	14.28
18	40.10	36.87
	355.18	260.25

=47.81

41.74　　34.15

309.44　　226.10 = 316.54

12月　　仰光

273

	G.Y.	K.S.
029	80.37	57.70
030	50.37	55.97
031	80.74	92.49
032	200.37	222.63
033	100.37	114.97
035	31.37	35.30
036	~~400.06~~ 401.11	445.68
034	60.74	69.18
037	100.74	173.59
038	80.74	92.49
039	200.37	222.63
040	~~409.30~~ 150.04	171.87
041	100.37	114.97
042	657.74	753.43
043	130.37	149.34
044	150.37	167.08
045	200.37	229.52
046	2285.81	2623.03
21/10 047	1,500.37	1,667.08
	~~5,440.46~~	~~6,186.26~~
	6,840.83	7,863.34

7,077.01

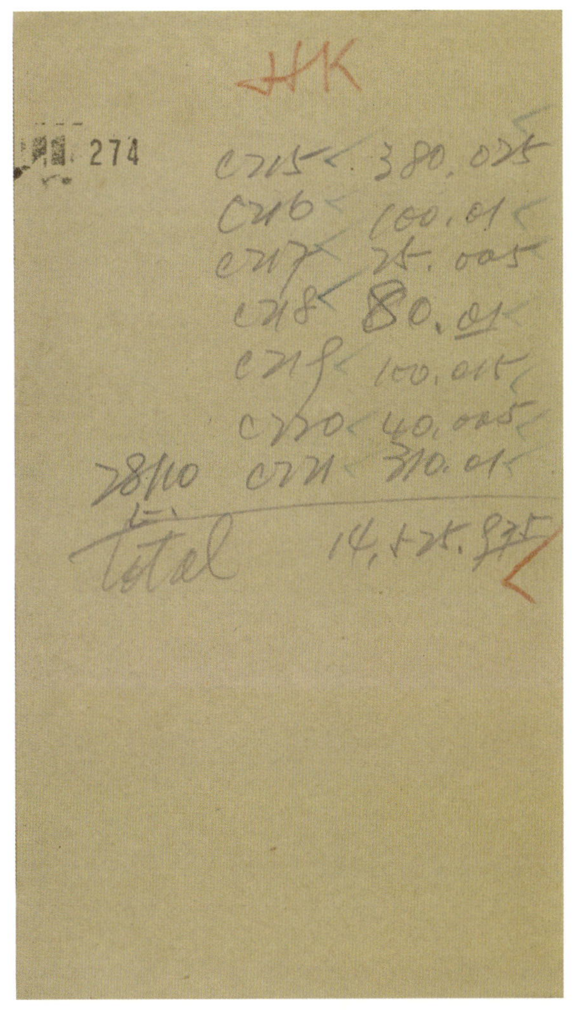
HK
274
C715 380.025
C716 100.015
C717 25.005
C718 80.01
C719 100.015
C720 40.005
28110 C721 310.015
Total 14,525.935

275

HK (S.([illegible]))

HK G.Y.		[illegible] G.Y.	
HK176	178.22	HKC202	184.855
177	30.025	203	60.01
178	70.335	203A	70.005
179	30.005	204	30.005
180	13.35	204A	150.005
181	600.01	205	1,410.05
182	15.005	206	413.45
183	1,330.025	207	308.01
184	100.005	208	710.01
185	83.01	209	80.005
186	435.045	210	[illegible]
187	189.22	211	171.335
188	116.69	212	330.025
189	725.025	213	40.01
190	100.005	214	70.01
191	100.005		
192	100.005		
193	310.005		
194	30.005		
195	700.005		
196	200.005		
197	1,710.025		
198	133.135		
199	100.01		
200	175.02		
201	100.005		

total G.y ~~14,617.095~~

13,480.895

13,480.895

~~13,[illegible]~~

~~189~~

[illegible]

P/K ([illegible])

	G.Y.	外幣
C1	6.665	HK$ 85.32
C2	120.015	168.57
C3	15.02	80.85
C4	56.48	128.64
C5	301.48	U.S.$ 37.20
C6	725.24	U.S. 58.18
C7	157.85	U.S. 39.14
C8	101.48	U.S. 75.80
C9	400.37	U.S. 103.15
C10	56.11	HK 48.22
C11	400.37	HK 148.45
	1,507.58	HK 584.49
		U.S. 304.05

1180.92

304.05

121620

121620

C12	10.37	HK 13.85
C13	30.37	41.60
	~~1,543.32~~	HK 1,039.50

1627.40

H.K.$

HK$

~~[illegible]~~ 779.94

277

	G.Y.	HK. $
C54	76.71	105.08
C55	100.03	137.01
C56	444.[illegible]	[illegible].26
C57	10.01	13.35
C58	20.01	26.68
C59	50.01	66.68
C60	330.01	440.01
C61	185.[illegible]	246.68
C62	300.01	400.01
C63	370.02	493.36
	1875039	1195079
C?1	80.01	108.60
2	868.64	1,157.04
3	120.01	160.40
4	860.05	1,178.15
5	760.04	1,013.[illegible]
6	90.02	123.32
7	600.04	821.87
8	154.40	211.52
9	180.02	246.60
10	5.01	6.86
	12,334.63	16,817.[illegible]

896309

KK.T　　　　　　　　　　　　　　　马[illegible]信[illegible]

277

278

	G.Y.	HK.$
c32	196.78	281.4
c33	697.64	986.63
c34	74.71	106.73
c35	154.04	215.44
c36	40.01	55.86
c37	130.03	187.85
c38	160.03	272.25
c39	228.49	~~228~~ 313.27
c40	373.26	442.86
c41	230.01	313.88
c42	858.16	1,152.74
c43	243.26	333.37
c44	541.56	739.30
c45	1,628.07	2,225.14
c46	90.03	123.32
c47	71.59	98.03
c48	353.34	482.74
c49	10.01	13.71
c50	129.76	177.75
c51	14.01	19.15
c52	140.01	191.78
c53	528.06	711.20

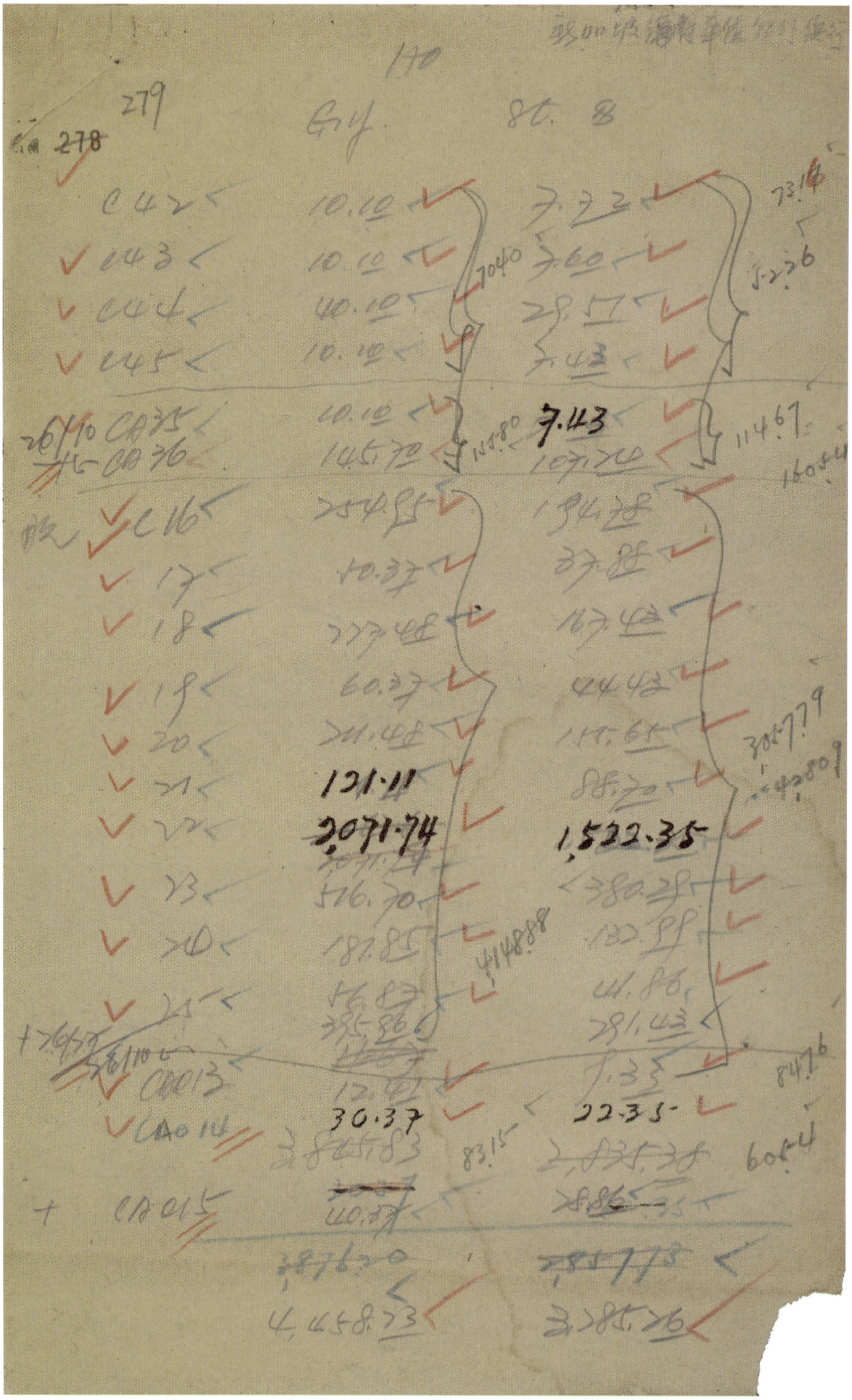

新加坡海甸华侨银行信局

140

279

278

	G.Y.	St. S
C42	10.10	7.22
C43	10.10	7.60
C44	40.10	28.57
C45	10.10	7.43
CA35	10.10	7.43
CA36	145.70	107.20
C16	254.85	194.28
17	50.37	37.88
18	229.48	167.43
19	60.37	44.48
20	211.48	155.65
21	121.11	88.20
22	2,071.74	1,522.35
23	516.70	380.28
24	181.85	133.88
25	56.83	41.86
	385.86	281.43
CAA13	10.10	7.33
CAA14	30.37	22.35
	3,845.83	2,835.38
CA015	40.37	29.86
	3,876.20	2,857.73
	4,458.73	3,285.26

70.40 114.80 414.88 83.15

73.14 52.26 114.67 160.54 305.779 428.09 84.76 60.54

大七厦（55）　新加坡大坝華僑银行

279 280

	Gy	8t
85	65.30	48.85
86	1,078.50	874.24
87	62.20	47.52
88	50.10	37.68
89	150.30	113.03
90	30.10	22.15
91	380.30	280.20
92	50.10	36.83
93	595.50	438.28
94	30.10	21.52
95	382.50	285.17
96	20.10	14.28
97	25.10	18.47
98	60.10	42.87
98A	280.20	213.86
99	60.10	42.87
100	75.10	38.60
100B	70.50	54.83
101	70.20	51.67
101B	150.30	107.46
102	20.10	14.75
103	108.20	77.64
104	40.10	28.67
105	20.10	14.75
106	78.20	17.56
28/10	4,617.50	3,385.57
	4,0[illegible]5.70	3,0[illegible]3.13

426038

小坨 (CSN) [illegible]

编号 ~~280~~ 281

	Gulf.	St. $
C 91	55.10	42.10
92	10.10	7.69
93	90.20	65.83
94	30.10	22.15
95	20.10	14.33
96	140.40	103.55
97	100.20	78.25
98	100.20	7.64
99	10.10	7.22
100	50.10	36.83
101	55.10	40.55
102	30.10	22.15
103	50.10	36.83
104	50.10	36.83
105	130.30	95.50
106	10.10	7.22
107	57.10	42.03 (58.03)
船号 ~~C07~~ 2	50.37	37.88
~~total~~	1,045.87	770.75
+ C 108	90.20	66.35
109	15.10	11.12
24/10 C 110	10.10	7.43 (1144.92)
total	~~1,161.37~~ 1110.90	~~855.65~~ 817.80

本局僑滙僱員

姓名	僱用日期	局諭號碼	備考
鄭遠偉	17/11/34 解僱1/5/38	49号 11/12/34	
余朝[illegible]	-11- 解僱[illegible]	-11-	
(改臨時僱員)何乃基	19/11/34	53号 11/12/34	
蘇賢錦	(台山) 解僱1/12/35		
隆			
李玉山	6/12/34 解僱(台山) 1/9/38	88号 17/12/34	
李玉[illegible]	解僱6/7/38 (台山)	-11-	
余智禮	解僱1/9/38 (台山)	-11-	
潘詠文	解僱1/6/38 (台山)		
陳錫臻	解僱6/4/36 (台山)		
潘家濂	(台山)		
(改業務佐)邝炳乾	解僱13/2/35		
陳鑑澄	解僱18/8/38		
蕭百堅	解僱18/8/38		
鍾偉民			
邝秀[illegible]			
(侨汇)麦锡英			
周月娥	解僱1/11/[illegible] (南海)		
劉瑞卿	解僱21/3/35 (清远)		
容昭	解僱1/7/38 (江门)		
吳冠華	解僱3/10/35 (南海)		
劉錦鴻	解僱1/8/38 (江门)		
曾[illegible]	解僱7/9/35 ([illegible])		
趙[illegible]	解僱21/11/35 ([illegible])		
黄[illegible]	解僱1/1/36 ([illegible])		
[illegible]学宗	解僱 ([illegible])		
[illegible]錫鴻	解僱1/9/38 (江门)		
(改業務佐)胡[illegible] ([illegible])	解僱 江门		
林[illegible]	解僱1/1/[illegible] ([illegible])		
周[illegible]	解僱21/11/35 (峡山)		
余誠[illegible] (臨時僱員)	解僱 江门 1/[illegible]/37		
([illegible])邝炳乾			
(-11-)李[illegible]	解僱18/8/38		
(-11-)[illegible]	解僱18/8/38		

61

侨匯僱员

姓名	等级	局所	入局日期	薪额	备考
司徒鈞	侨匯僱员	赤坎(兼)	解僱 21/3/36	—	
陳銘錄	-〃-	大淋		—	不准僱用
陳錫鴻	侨匯業務员	江門埠	〃		
周建文(臨時僱员)	〃 解僱 1/9/38	-〃-		—	
陳耀明	〃	鶴山	解僱 1/12/35	—	
謝慕喬	〃	隆海	解僱 13/9/35	—	
孫育英	〃	河婆	解僱 16/5/36	—	
何曼芳	侨匯僱员	石岐	解僱 5/12/37	—	
袁譜娟	-〃-	棠下	解僱 1/12/35	—	
楊若璧	-〃-	潮安	解僱 1/9/35	—	
吳鏡成	-〃-	棉湖	解僱 1/10/35	—	
陳茂隆	-〃-	南山	解僱 16/9/35	—	
潘慧芬	臨時僱员	台山	〃	—	
吳靄儒	侨匯僱员	揭陽	解僱 1/11/35	—	
陸慧瑜	-〃-	古井		— 解僱 1/4/35	
賴超華	-〃-	東鎮	[illegible]	解僱 1/6/35	[illegible]
區芝田	-〃-	蘆包	解僱 31/10/35	—	
邢學勤	-〃-	新造	解僱 1/12/35	—	
潘世儀	-〃-	古井	解僱 11/12/35	—	
李周福	-〃-	新墟	解僱 7/12/35	—	
麥慶鏗	-〃-	高陂		解僱 20/3/35	
李茂軒	-〃-	嘉積	解僱 16/3/37	—	
林明甫	-〃-	嘉積	解僱 1/6/36	—	
周遠	-〃- [illegible]		30/1/36 [illegible]	[illegible] 16/5/35	[illegible]
王曜鏗	-〃-	東莞	解僱 19/11/35	—	
鍾啟楨	-〃-	中山	調新分局	—	
李笑					
李筱廑	-〃-	高要			
張美容	-〃-	海口(瓊山)	解僱 21/6/36	—	
李春釗	-〃-	-〃-	解僱 25/2/36	—	
李錦華	-〃-	-〃-	解僱 10/12/37	—	
李筱廑	-〃-	高要		—	
刘润亨	臨時僱员	海口(瓊山)		—	

61

62

僑滙僱員

姓名	等級	局所	入局日期	薪額	備攷
~~連棣活~~	僑滙僱員	常平	解僱1/1/36		
~~蔡奕竹~~	″	汕头	解僱1/4/36		
~~王成績~~	″	文昌	解僱1/8/36		
~~王偉~~	″	″	解僱1/8/37		
~~汪建業~~	″	新昌	告退10/9/37		
~~廖旭程~~	″	嘉積	解僱31/7/35 該員係9/5/35僱用，31/7/35解僱，此係根據28/9/35局諭282号茲表所知，（該員[illegible]）		
~~邱瑞森~~	~~″~~				
~~邱瑞森~~	僑滙僱員	中山	解僱1/4/36		
~~宋麗瓊~~	″	開平	解僱1/4/36（局諭365 16/4/36）該員僱用時該局未有呈繳有關保證，且僱用時未有呈局諭，故未經令該員係[illegible]		
~~劉[illegible]~~	解僱1/9/38	中山			

62

63

本局临时僱員

（姓名）	（僱用日期）	（局編号碼）		（備考）
高普芳	解僱 1/11/34	26号	17/11/34	
胡珏蓮	—→ -〃- 解僱 16/10/37		-〃-	
（侨汇业务员）霍暖暖	2/11/34		-〃-	
龍惠文	解僱 1/11/37		-〃-	
趙桂興	解僱 25/9/37		-〃-	
陸建邦	-〃- 解僱 18/12/35		-〃-	
（侨汇业务员）沙仲良	3/11/34		-〃-	
羅彥駿	解僱 15/9/37		-〃-	
胡佩璇	解僱 19/5/36 9/11/34	33	19/11/34	
（侨汇业务员）楊鎮文	解僱 26/3/37 10/11/34		-〃-	
葉儀貞	解僱 16/10/37			
林潔雲	14/11/34 解僱 [illegible]	43	20/11/34	
趙雪賢	解僱 25/9/37 15/11/34		-〃-	
陸伯慈	解僱 3/5/36			
闵三根	解僱 1/11/37			
林潔雲				
闵文華	解僱 1/11/37			
李慧娴	解僱 [illegible]	54	11/12/34	
黄啟文	解僱 12/4/37		-〃-	
（侨汇业务员）闵信池	-〃-		-〃-	
陈玉琪	解僱 20/4/35		-〃-	
闵耀榮	解僱 16/10/37		-〃-	
黄寶墀	解僱 16/11/37		-〃-	
何錫如	解僱 1/8/37			
蔡次航	解僱 1/3/35			
何佩然	解僱 13/4 1/11/37	55	12/12/34	
（侨汇业务员）何賡洸	-〃-		-〃-	
曹煒堯	解僱 22/3/36		-〃-	
楊振傳	解僱 1/11/37		-〃-	
李大任				

64

本局臨時僱員

姓名	僱用日期	局編号碼	備考
黄君楚	23/11/34 解僱1/10/37	55号 12/12/34	
簡和堯	24/11/34 解僱1/9/37	-//-	
李樹珩	解僱1/11/37	-//-	
吴迪宜	解僱16/11/37	-//-	
（临差）詹海	28/11/34	61号 13/12/34	
唐俠雄	26/11/34 解僱1/9/37	9号 13/12/34	
廖麗明	26/11/34 解僱16/11/37	-//-	
（專業員流動）温玉朝	14/11/34 解僱1/11/36	2号 15/12/34	
于頌欣	30/11/34 解僱9/6/36	63号 13/12/34	
刘坤儀	解僱1/11/37	-//-	
周玲彝	解僱9/3/35		
（保管员順移）黄景康	解僱16/6/38		
黄子青	解僱1/10/37		
陈湛芳	解僱16/11/37		
（临时听差）陸宝熙			
陈鴻裔	解僱16/11/37		
程澤森	解僱1/11/37		
周瑞彝	解僱3/4/36		
罗庚林	解僱16/11/37		
黎裕光	解僱16/6/38		
李樹玨			
（临差）陸奏			
邝肇培	解僱16/10/37		
関鴻儒	解僱19/10/35		
区超英	解僱1/11/37		
（临差）李柏城	亡故 18/7/35		
陈華泰			
鐘宝衡	解僱1/11/37		
廖泰明	解僱25/7/37		
麦秉助	解僱1/11/37		

65

65

本局临时信差

姓名 | 僱用日期 | 姓名

(临时信差)馬宝華 解僱26/3/37
(〃)楊博常
(〃)潘比德
(〃)蔡漢家
(信差)刘吉明 解僱20/8/37
(信差)張尚德 解僱1/11/37
(临时信差)郭明揚
(〃)黎廣
(〃)馬少波
(〃)黎孝
(〃)杜海平
(〃)熊維亮 解僱1/5/38
(〃)梁永華
(〃)関偉文
(〃)何渭南 解僱7/10/36
(〃)罗満良
(〃)夏佳
(〃)李陶 解僱7/2/38
(〃)龍樹鈞
(〃)張作倫 (石牌局)
(〃)邦炳昌 解僱1/5/50
(〃)馬逢茵
(〃)梁紹棠
(〃)梁紹權
鍾杜之 → 解僱1/11/37
(十六)李錫流 → 解僱16/10/37
(临时信差)李野威
(〃)杜鑑鎏
(〃)郭漢 解僱1/4/38
(〃)徐宗愉
(〃)陳傑
(〃)任甦民
(〃)何巨
(〃)姚鴻順
(〃)刘鑑堂
改臨信差(僑匯號差)黎球 解僱1/5/36 再僱用20/5/36
(〃)刘寄許
(僑匯差員)梁旺榮
(壽險業務員)蘇秉禮 解僱1/11/36

僱用20/5/36 (临时信差)黎球
(〃)区金池

66

姓名	等级	局所	入局日期	薪额	备考
	（临时雇员）				
李桐	临时信差				
区柱云	侨汇跑差				
（未入局）麦锡英	〃				
区金池（再雇用 20/5/36 改充临时信差）	〃		解雇 11/3/36		
程志光	〃				
杨历	临时差	派随刘永光往参服务	解雇 1/5/36		
欧阳广	〃	派随刘荃骥视察服务	（同上）		
李书標	〃	派随李梓作视察服务	解雇 1/9/35		→[illegible]
叢文岳	（叢记）临时雇员（满）		解雇 1/4/35		→[illegible]
许彦莲	邮务工会厨司（作临时差）		辞职（本市邮务工会第二号[illegible] 29/7/36）		
赖友笃	侨汇临时雇员	（陈店）	解雇 14/9/35		
刘裕朝	〃	新造			
刘朝积[?]	临时雇员	新造	解雇 1/4/35		→[illegible]
陈丽斯	〃	中山	解雇 8/4/36		
黎启豪[?]	〃	中山	解雇 26/5/36		
吴玉福[?]	〃 解雇 19/6/[illegible]				
郑书麟	〃	海口（琼山）	解雇 2/6/36		
招汝良	〃	〃	解雇 3/4/36 → 再雇用 4/1/36 → 解雇 1/9/38		
李焕菊[?]	〃	〃	解雇 1/9/35		
容闻祥	〃	〃			
陈洁雯	〃	〃	解雇 1/11/35		
詹秀松	〃	〃	解雇 1/12/37		
许建勋	〃	〃	解雇 1/12/37		
李锦华 石.	〃	〃			
谭娴[?]	〃	沙坪	解雇（沙坪字第32号 28/9/35）		
梁尚儒[?]	〃	江门埠	解雇（江门埠字第43号 29/11/36）		
黄斐秀	〃	平岚	解雇 16/8/35		
陈自谦[?]	〃	海口（琼山）	解雇 1/12/37		
吴光裕[?]	〃	〃	解雇 2/6/36		
李达英	车场临时差	本局			
杨历	临时差				
曾繁光[?]	临时什差	派随[illegible]服务	解雇 1/5/36		

67

67

姓名	等級	局所	入局日期	薪額	備攷
林正[illegible]	临时信差	東B			
袁[illegible]	〃	〃			
[illegible]振英	〃	〃			
蘇松森	〃	〃			
馬宝祥	〃	〃			
周礼	〃	〃			
[illegible]善智	〃	〃			
楊振鏞	〃	〃			
張宗耀	〃	〃			
何鴻恩	临时什差	〃			
[illegible]道真	〃	〃			
刘东许	临时信差	〃			
区桂雲	〃	〃			
~~姚[illegible]~~	临时什差	革退 21/11/1949			

68

68

姓名	等級	局所	入局日期	新額	備攷
張煥初	臨时信差	[illegible]	/		
蘇艤	〃	〃	/		
刘仲葛	〃	〃	/		
周耀	〃	〃	/		
周樹棠	〃	〃	/		
郭朝	臨时差	〃	/		
~~[illegible]發~~	解雇 18/9/38（拟卸擔工會厨工）	〃	/		
譚松	臨时汽船司舵	〃	/		
~~楊客~~	臨时汽船司机	〃	/ 解雇 1/9/38		
黄家彦	臨时信差	〃	/		
罗鑑銓	〃	〃	/		
刘熙棠	〃	〃	/		
萬美滔	〃	〃	/		
鍾由楷	臨时力伕	〃	/		
~~程漢~~	臨时汽船司机	〃	解雇 23/9/38		
葉耀	臨时水手	〃	/		
~~李權~~	臨时邮差	〃	/	[illegible]（[illegible]6/12/38）	
~~衛强~~	臨时信差	〃	/		
~~蔡志鍇~~	臨时邮差	〃	/		
梁紹林	臨时汽车司机	〃	/		
~~李時榮~~	臨时信差	〃	/ 解雇 26/2/38		
唐維泰	臨时差	〃	[illegible]		
鄺悅勝	臨时汽车司机	〃	/		
魏秉藩	臨时信差	〃	/		
居應普	〃	〃	/		
陳鴻聲	臨时差	〃	[illegible]候補		
陶国輝	臨时汽车司机	〃			
盧礼和	臨时信差	〃	/		
~~[illegible]~~	臨时汽车司机	〃	/ 解雇 26/3/38		
張錦超	臨时信差	〃	—		
招樹銓	〃	〃	/		
翁永深	〃	〃	/		
呂炳榮	〃	〃	/		

69

姓名	等級	局所	入局日期	薪額	備攷
周啟鋁	臨时信差	[illegible]	—		
~~郭文仲~~	臨時信差	〃	— 解僱 4/10/38		
唐文得	〃	〃	—		
倪才桂	〃	〃	—		
黎影	臨时郵差	〃	—		
~~黄耀棠~~	臨时信差	〃	— 辭退 23/10/36		
李耀其	臨时郵差	〃	—		
黎樹	臨时力伕	〃	—		
黎祥光	〃	〃	—		
李基	臨时信差	〃	—		
吴秀成	〃	〃	—		
曹荣鏡	〃	〃	—		
黄绍洸	〃	〃	—		
周文魁	臨时郵差	〃	—		
朱鳳儀	臨时信差	〃	—		
~~吴達甫~~	~~臨时郵差~~	〃	— [illegible]		
麦鏜	〃	〃	—		
盧廣順	〃	〃	—		
唐新	〃	〃	—		
吴作燊	〃	〃	—		
~~罗君毅~~	~~臨时差~~	〃	— [illegible]		
伍瑞周	臨时信差	〃	—		
刘冠英	臨时郵差	〃	—		
陳秋棠	〃	〃	—		
謝水	〃	〃	—		
~~黄润鑾~~	〃	〃	— 解僱 13/10/37		
陳惠	臨时信差	〃	—		
陈柏	〃	〃	—		
區榕佳	〃	〃	—		
~~郭伯成~~	〃 解僱 1/7/38		—		
苏祖堃	〃	〃	—		
~~冯守良~~	〃	〃	— 解僱 1/4/37		

70

70

姓名	等級	局所	入局日期	薪額	備攷
谈延炳	临时信差	新			
何衛平	〃	〃			
李殿甬	〃	〃			
霍正松	〃	〃			
陳 珠	〃	〃			
高華昌	〃	〃			
朱国錦	〃	〃			
岑佳銳	〃	〃			
馬逢達	〃	〃			
~~馬逢昌~~	〃		未有报到已取消其任用资格		
曾健[illegible]	〃				
陳[illegible]楷	〃				
~~卓錦林~~	〃		辞职 1/10/37		
劉志明	〃	〃			
~~陳榮安~~	〃	〃	革退 20/11/36		
~~余端禮~~	〃		革退 21/11/36		
黎樹棠	〃	〃			
江柏池	〃	〃			
梁旺芬	〃	〃			
~~楊居~~	〃	〃	自行[illegible] 27/11/1949		
黄啟英	〃				
姚紹良					
陸 駿					
李學宗					
楊漢昌					
李鏡森					
楊樾棠					
李伯豪					
唐 鴻			在職死亡 19/10/37		
唐新銓					
黎喆然					
鄧仲禮			石牌局		
~~唐自[illegible]~~			革退 16/11/37		

71

71

姓名	等級	局所	入局日期	薪額	備攷
周培	臨時信差	沙地			
張文錦					
黄恩階					
馬梓庭					
徐國衡					
周啟鑾					
陳照輝					
李國森					
王沛					
金光					
朱崧江					
白樹甫					
盧任寬					
周礼傳					
何維坤					
鹿錦華					
蔡崇民			失踪離職 16/8/37		
黄壇甫					
傅煒煌			解僱 15/9/37		
吴茂昌					
李殿原					
郭國權					
冯詠康			解僱 6/2/38		
譚維康					
潘岳軍					
陳世傑					
尹銓					
黄國劉	解僱 23/7/37				
周新元					
陈幼文					
趙宣石					
樊志诚					

72

72

姓名	等級	局所	入局日期	薪額	備考
區兆[illegible]	臨時差	派往秘書處陳克銳服務	解僱 1/5/36		
何凱旋	臨時僱員	水東	解僱 12/10/35		
潘慧芬	-〃-	台山	解僱 1/4/36		
黃天誠	-〃-	揭陽	解僱 1/7/36		
李炳坤	臨時差	派往秘書[illegible]服務	解僱 1/5/36		
張偉麟	-〃-	派往汕南股秘書服務			
賴裕明	-〃-	派往汕南股秘書處	解僱 16/6/35		
吳光	-〃-	派往張瑞祥秘書服務	解僱 1/5/36		
曾發	-〃-	派往秘書處馮巖服務	解僱 1/3/36		
黃振威	-〃-	第六股秘書處員僕役	解僱 1/5/36		
李威雄	-〃-	汕北股秘書處僕役			
霍志強	臨時僱員	海口（瓊山）	解僱 1/6/36		
廖旭程	-〃-	嘉積	（合同282 28/9/35）	解僱 31/7/35	
王景鴻	臨時差	派往王局長秘書服務	解僱 1/5/36		
唐瑜	-〃-	欽州	另有紀錄		
蕭國光	應得臨時差	-〃-	解僱 15/2/36		
唐鴻	臨時差	九支			
林銳之	臨時僱員（待遇四等局長）		解僱 1/1/36		
呂火昆	臨時差（[illegible] 公務5級）		解僱 1/5/36		
吳森	-〃-（會計股股長 公務5級）				
李聯	-〃-（本地股股長 公務5級）				
溫旺	-〃-（內地股股長 公務5級）				
麥錦華	臨時僱員	黃泥灣			
郭炳權	臨時差（派市郵務工會 廚工）		解僱 1/4/37		
謝仲強	臨時信差				
陳思浩	-〃-	-〃-			
張[illegible]	-〃-	-〃-			
陳錦波	-〃-	-〃-			
郭金堂	-〃-	-〃-			
趙繼光	-〃-	-〃-			
吳榮棠	-〃-	-〃-	解僱 1/4/37		
黃[illegible]	-〃-	-〃-	解僱 3/3/38		
陳珠	-〃-	-〃-			

73

73

管理局

(1)

姓名	等級	局所	入局日期	薪額	備攷
龍啓新	副郵務長	廣州	4-3-1912	8650.00	廣西区
謝利[illegible]	〃	〃	15-2-1921	1200.00	裁退 19/1/35
[illegible]	甲員	〃	15-9-1913	500.00	退休 13/10/38
羅[illegible]祥	〃	〃	1-3-1913	500.00	調廣西区 10/2/36
關允瑞	〃	〃	16-10-1916	500.00	
陳[illegible]	〃 退休 16/2/50	〃	1-8-1917	500.00	
胡宏彬	〃	〃	1-8-1918	500.00	
鄧澤祥	〃	〃	11-1-1912 16-5-1929	500.00	[illegible] 16/10/38 Rejoined
彭育文	〃	〃	4-11-1916	500.00	
董鴻安	〃	〃	20-3-1911	500.00	裁退 1/4/36
陸讜	〃	〃	12-5-1925	500.00	
陳蒲祥	〃	〃	20-7-1922	500.00	
袁[illegible]	〃 退休 16/2/50	〃	9-1-1923	500.00	
劉慶堂	〃	〃	29-12-1919	500.00	
陸耀光	〃	〃	7-7-1924	500.00	
李[illegible]	〃	〃	1-1-1923	460.00	[illegible]
吳松清	〃	〃	2-10-1922	460.00	[illegible]
曾文度	〃	〃	4-10-1924	420.00	[illegible] 台山
陳纘武	〃	〃	2-1-1921	300.00	→[illegible] 2/1/50
余漢生	一六 〃	〃	8-7-1929	210.00	
[illegible]	[illegible] 16/7/38	〃	16-7-1926	210.00	
葉貢川	〃	〃	20-5-1931	190.00	
胡[illegible]	乙員	〃	20-1-1920	270.00	退休 1/3/37
[illegible]占高	〃	〃	1-10-1922	270.00	
林[illegible]	改班 一六甲員 〃 ([illegible]460 1/12/36)	〃	29-9-1921	270.00	
徐寶山	〃	〃	1-3-1923	270.00	
陳昭文	改班 一六甲員 〃 ([illegible]460 [illegible])	〃	16-8-1917	270.00	[illegible]
何永[illegible]	〃	〃	24-4-1925	240.00	[illegible]
[illegible]	〃	〃	24-11-1922	240.00	革退 1/7/35
梁錫章	〃	〃	24-11-1924	240.00	
陳[illegible]	〃	〃	1-1-1925	240.00	
鄒[illegible]	〃	〃	20-12-1926	240.00	[illegible]
蔡子堅	〃	〃	29-12-1926	240.00	

74

(2)

姓名	等級	局所	入局日期	薪額	備攷
~~[illegible]~~	乙員	廣州	4-11-1924	210.00	革職 24/6/34
陸進端	-	-	11-1-1920	210.00	八支(?)
~~吳[illegible]~~	-	-	17-7-1925	210.00	亡故 22/5/35
陳壽棠(?)	調廣西区	-	4-8-1924 17-1-1926	210.00	Rejoined
陳[illegible]	-	-	18-1-1927	190.00	
李寶林	-	-	1-8-1930	190.00	
黃子衡(?)	-	-	11-8-1930	190.00	
胡炳堃(?)	-	-	1-11-1930	170.00	
~~葉武平(?)~~	因病休假 13/7/38		11-9-1931	170.00	
林[illegible]禎	-	-	21-11-1934	100.00	
鄧[illegible]錫	-	-	17-5-1937	90.00	
蔡可平	-	-	17-5-1937	90.00	
陳[illegible]	-	-	1-2-1941	80.00	
張文錫(?)	-	-	27-4-1935	80.00	
劉潤棠(?)	-	-	18-2-1936	80.00	
邵敦(?)	-	-	21-7-1936	80.00	
陳[illegible]根	-	-	13-4-1936	80.00	
薛寶燊(?)	-	-	16-12-1936	80.00	
梁以[illegible]	-	-	〃	80.00	
黃典[illegible]	-	-	21-1-1937	80.00	[illegible]
許[illegible]	-	-	1-8-1940	70.00	
梁[illegible]	-	-	1-8-1940	70.00	
李[illegible]	-	-	〃	70.00	
陳錫[illegible]	-	-	〃	70.00	
葉永熙(?)	-	-	1-9-1940	70.00	
趙奇信	-	-	11-9-1940	70.00	
胡永乾(?)	-	-	5-12-1940	70.00	
梁成生(?)	-	-	14-1-1936	70.00	
林[illegible]禎	-	-	6-9-1940	70.00	
[illegible]陽森(?)	-	-	1-9-1940	70.00	
郭[illegible]	-	-	13-9-1940	60.00	
胡炳[illegible]	-	-	10-9-1940	50.00	
關佩(?)[illegible]	-	-	13-9-1940	50.00	

75

75

（3）

姓名	等級	局所	入局日期	薪額	備考
李燮坤	乙員	梧州	26-11-1940	50.00	
陳文彦	—	—	9-9-1940	50.00	
周文华	—	—	9-9-1940	50.00	
李金中	—	—	12-9-1940	50.00	
何竹山	/		12-9-1930	~~150~~ 190.00	
~~黎廷傑~~	/			270.00	退休 1/9/37
陳凱濤	三，二乙员			50.00	
		内地			
李蔭堂	副郵務長	汕头	3-1-1923	550.00	本局 山东邮区
李兆祥	甲員	海口	22-3-1913	500.00	本局
~~张德荣~~	—	汕头	1-3-1920	500.00	亡故 13/12/34
陳世安	—	汕头	1-1-1923	500.00	台湾邮区
~~[illegible]~~	—	~~[illegible]海~~	~~16-2-1913~~	~~500.00~~	~~退休[illegible] 1/3/35~~
李錫麟	—	海口	4-10-1924	420.00	
辛阅菊	—	潮安	15-1-1936	~~130~~ 150.00	汕头
曾山仰	—	汕头	4.3-1937	~~130.00~~ 150.50	[illegible]
~~朱寶鎣~~	— 退休 1/6/38	本局	16-2-1913	500.00	
~~李耀芝~~	乙員		革退 1/8/32		
~~衛玉如~~	/		革退 1/8/32		
~~吕少章~~	/				

76

姓名	等級	局所	入局日期	薪額	備考
黄熙耀	乙员 二等五级	[illegible]			
馮啓瑛	一等六级甲员	-"-	二支局长	300	
植阜年	一、三乙员	-"-	→ 留資停薪 2/2/50（人是30號263 2/2/50）		
黄子豐	二、二乙员	-"-		150（[illegible] 4.15 13/1/37）	
刘永光	一、六乙员		（[illegible] 1/3/36）	190	
范景韶	二、四甲员	→ 留資停薪 1/3/50			
周史芳	一、六乙员			150	创办区 [illegible]
王文富	一、一甲员	退休 16/7/38		500	
陈国明	一、一乙员			270	二支局
馮信	一、三乙员	亡故 4/9/36			
譚哲	一、一乙员				七支局长
曾淵	一、三乙员				
黄國民	一、三乙员		本局 调海口（[illegible]）	190	[illegible]
劳柏秋	一、一甲员				
谢国荣	二、二甲员				调北海
陳齊名	一、一甲员				
高民光	一、二乙员				
李登瀛	一、二乙员	→ 留資停薪 14/12/49			
蔡影生	一、五乙员				
吴超明	副郵務長	退休 16/6/38			
黄慕柳	一等三级乙员				调江苏邮区
方宗鹏	一等一级甲员	强令退休 1/3/50			
賴道生	一等三级乙员				
關壯志	一等二级乙员				
蔡錦亮	二等六级甲员				
刘錫葵	一等一级甲员				南[illegible]局長 [illegible]
羅廣楷	副郵務長	退休 16/8/38			
陳齊名	一、一甲员				
張慈根	一、一甲员				
關述棠	一、一乙员				
黄乃章	一、二乙员				
曹學先	一、一乙员				
陳間波	一、一甲员	退休 13/10/38			

77

姓名	等級	局所	入局日期	薪額	備考
~~向宝德~~	一，三邮员	革退 31/3/38 [illegible]	西江局（[illegible]651）		
~~崔建~~	一，一邮员	革退 11/4/50（人事动态通知48 26/4/50）	（[illegible]）7[illegible] 24/1/38）		→[illegible] 14/10/49（人事[illegible]14 26/10/49）
顾佐周	一，二邮员	〃			
吴纪祖	二，一邮员	〃	→满十五年		
[illegible]树芬	一，一邮员	〃	（[illegible]）37[illegible] 24/12/37）		
韓瑞璋	一，六邮员	〃			
水祥云	一，四邮员	〃	调台湾区 24/8/1949		
王宣声	一，一邮员	〃			
谈大林	二，五高级邮员	〃	（[illegible]635 13/1/38）		
黄延年	二，六高级邮员	〃	→[illegible]（[illegible]647 [illegible]/38）		
周文厚	一，六邮员	〃			
韓瑞璋	一，六邮员	〃	调台湾		
陽怡平	一，三邮员	〃			
黄[illegible]亮	二，四高级邮员	〃	调新疆区（[illegible]637 15/1/38）		
董松蒲	一，一邮员	〃	（[illegible]638 15/1/38）		
欧阳[illegible]	一，二邮员	〃			
陽錫[illegible]	二，一高级邮员	〃	（[illegible]638 15/1/38）		
陈鸿年	一，三邮员	〃	（[illegible]640 15/1/38）		
龚皖珠	二，一邮员	〃	→已服務十六年		
吴纪祖	二，一邮员	〃	→已服務十七年		
寧儒郊	二，一高级邮员	〃			
周松柏	二，四高级邮员	〃	人[illegible]		
[illegible]銘德	一，一高级邮员	〃			
章錦官	一，四邮员	〃	调广西		
黄寶琨	一，一邮员	〃			
朱振新	一，五高级邮员	〃	调台湾区 14/8/38		
蘇慶裕	一，六邮员	〃			
郭鸿章	一，一邮员	〃			
梁子長	一，六高级邮员	〃			
張恩澤	一，五高级邮员	〃	海口		
孫振河	一，六高级邮员	〃	在家候令 1/11/1949		
張新瑶	一，四高级邮员	〃			
容祖[illegible]	一，一高级邮员	革退 31/10/1949			
李小琴	一，三邮务员 革退 24/10/1949	汕头			

78

78

姓名	等級	局所	入局日期	薪額	備考
✓程啓士	一，一甲员	新	一支局長		
✓包鶴	一，六乙员	〃			
✓羽英揚	一，四乙员	〃	（[illegible]424[illegible]，16/8/37）		
✓韓子範	一，四乙员	〃	（[illegible]424[illegible]，16/8/37）		
✓侯錫琳	一，二乙员	〃			
✓張家诚	一，三乙员	〃	调贵州区		
✓~~刘煜文~~	一，一乙员	退休 1/1/38			
✓鄧勳一	一，一乙员	〃			
✓林雯山	一，二乙员	〃			
✓余宗文	一，三乙员	〃	调南昌		
✓康毅	一，一乙员	〃			
✓駱玉亭	一，一郵员	〃	（局谕592 8/10/37）		
✓馬寶龍	一，六郵员	〃	（局谕591 8/10/37）		
✓~~羽英揚~~	~~一，四郵员~~	~~〃~~	~~（局谕598 [illegible]/10/37）~~		
✓王斉華	一，一郵员	〃	（局谕599 26/10/37）		
✓宋雲暉	二，一郵员	〃	18/7/9入局（河北[illegible]23[illegible]28/10/37 人事室批注）		
✓~~黄澤培~~	一，一郵员	退休 16/8/38			
✓陳壯心	一，六郵员	〃	（局谕609 22/11/37）		
✓王希勇	一，三郵员	〃			
✓姜士林	一，一郵员	〃	~~[illegible]~~ 调贵州区		
✓駱玉亭	一，一郵员	〃	（局谕605 17/11/37）		
✓黄兆麦	一，六甲员	〃			
✓于恩鴻	一，一郵员	〃	（局谕630 31/12/37）		
✓王松五	一，三郵员	〃	（局谕631 10/1/38）		
✓趙連卿	一，一郵员	〃	（局谕633 11/1/38）		
✓雷逢華	一，二郵员	〃	（局谕628 20/12/37）	在[illegible]候介 14/10/38	
✓顧覺民	一，三郵员	〃	江蘇[illegible]令(4)27[illegible] 31/12/37	调台[illegible]区 14/6/38	
✓于萬德	二，二郵员	〃	[illegible] 1/10/20入局（[illegible]20/12/37[illegible]	[illegible] 14/1/38 [illegible]）	
✓林樹永	二，六甲员	台山	（局谕636 12/1/38）		
✓張汝才	一，四郵员	台[illegible]	（局谕636 12/1/38）		
✓刘斯青	一，六郵员	新			
✓李儒郊	二，一高級郵员	新			
✓張人權	一，三郵员	新	[illegible]		

79

79

姓名	等級	局所	入局日期	薪額	備致
✓黄秉模	一，一甲员	汕			
✓彭献琛	一，一乙员	〃			
✓~~黄学海~~	一，五乙员	〃	退休 13/8/38		
✓謝漢明	一，六乙员	〃			
✓麦桓超	一，三乙员	一支			
✓~~曾應傑~~	一，六乙员	汕	因病休致 27/1/37		
✓高叙倫	甲员	〃			
✓~~周燦~~	一，一甲員	〃	退休 1/3/37		
✓陶賀生	一，一乙员	〃			
✓李秉隆	一，三乙員	〃			
✓吴裕佳	一，三乙员	〃			
✓廖瑛	一，一甲员	枚籍			
✓陳偉文	二，四甲员	汕头	[illegible]		
✓張汝才	一，五乙员	汕			
✓馮子煜	一，一甲员	〃			
✓陳猷	一，一甲员	〃	[illegible]		
✓崔登暉	一，二乙员	〃			
✓陳景韓	一，一乙员	〃			
✓刘峻泉	一，六甲员（[illegible] 468 31/1/37）	〃			
✓~~杜其譜~~	一，一甲员	〃	亡故 29/1/37		
✓~~何徒揚~~	一，五乙员	〃	亡故 18/5/37		
✓盧雪	一，一甲员	〃	調儲匯局 24/3/37		
✓許崇峻	一，三乙员	〃			
✓伍權	一，四甲员	台山	調重慶儲匯分局（[illegible]）		
✓~~容祖蔭~~	一，一甲员 革退	31/10/1949			
✓鄭福漢	一，三甲员	汕			
✓廖潤添	一，一乙员	〃			
✓~~許崇峻~~	~~一，三乙员~~	~~〃~~ 26.			
✓吴頌雅	一，一乙员	〃			
✓吴覲海	一，二乙员	〃			
✓蕭隽亮	二，四甲员（#190）	〃			
✓李子華	一，一甲员	汕头	[illegible] → 留资停薪 1/4/50		
✓莫子静	二，三甲员	汕			

80

80

姓名	等級	局所	入局日期	薪額	備考
梁鏡如	一、一 高員	儲匯科	（新紹）		
左崇基	一、五 郵員	〃			
賴光凱	一、三 高員	汕頭			（人員通知21 19/11/50）
梁鏡如	一、一 高員	儲匯科	（新紹）		
左崇基	一、五 三等郵員	〃	〃		

81

姓名	等級	局所	入局日期	薪額	備考
[illegible]光凯	二五 高[illegible]	仙大			(人字通知21 19/1/50)

乙员（内地）

姓名	等级	局所	入局日期	薪额	备考
陈维翰	乙员	东莞	1-8-1912	270.00	本局
谢寿民	〃	汕头	1-10-1915	〃	汕头[illegible]分局
[illegible]	〃	〃	16-10-1912	〃	
张柏庭	〃	海口	13-5-1921	〃	四邑[illegible]
黄锦池	〃	〃	27-7-1922	〃	定安
沈[illegible]	〃	汕头	16-11-1922	〃	
陈年	〃	〃	27-7-1922	〃	
[illegible]	〃	都城埠	1-7-1922	〃	海口（琼山）[illegible]
张[illegible]	〃	[illegible]	23-1-1923	〃	亡故 16/3/35
黄明生	〃	江门埠	1-6-1920	240.00	本局
朱维柏	〃	南头	20-1-1925	〃	本局、海口（琼山）
陈剑[illegible]	〃	古井	1-10-1921	〃	江门埠
陈[illegible]	〃	西南	24-11-1922	〃	本局 [illegible]广西区
陈铭勋	〃	香港（[illegible]）	4-11-1924	210.00	
沈锡眉	〃	汕头	4-3-1925	〃	大埔局长
黄伯长	〃	〃	7-12-1923	〃	
郑锦[illegible]	〃	[illegible]山	3-8-1927	〃	本局
冯锡康	〃	中山	1-7-1925	190.00	本局
吕友[illegible]	〃	惠阳	22-7-1930	170.00	本局
蔡振[illegible]	〃	石龙	15-5-1931	〃	本局
陈伦明	〃	汕头	3-6-1929	190 〃	
[illegible]	〃	〃	3-10-1931	150.00	革退 [illegible] 11/34
陈[illegible]	〃	〃	24-1-1927	〃	
[illegible]	〃	四会城	1-10-1931	150 ~~150.00~~	本局
余祖[illegible]	〃	潮阳	16-1-1930	150 〃	
[illegible]	〃	新会	1-3-1933	100.00	本局
[illegible]	〃	汕头	26-5-1937	〃	
陈[illegible]	〃	〃	1-9-1930	90.00	
[illegible]	〃	[illegible]			
余[illegible]	〃	顺德	21-10-1935	80.00	本局
黄[illegible]	〃	太平	9-4-1937	〃	本局
[illegible]	〃	[illegible]	21-12-1936	〃	本局
李[illegible]	〃	汕头	21-10-1940	70.00	南[illegible]

83

姓名	等级	局所	入局日期	薪额	备考
陈国钧	乙员	汕头	1-10-1940	70.00	—
廖景胜	〃	庵埠	14-7-1936	〃	—
黄大江	〃	汕头	1-10-1940	〃	
郑大猷	〃	〃	1-9-1940	50.00	
吴尔瑾	〃	新墟	3-10-1940	〃	—本局
郑绍祥	〃	汕头	1-10-1940	〃	—
方克宣	〃	[illegible]	1-6-1937	〃	—
√王兰亭	一等一级乙员	海口		270	[illegible]
√陈连晟	一等四级乙员	崖县	北黎市	190	
√魏先明		汕头	23-9-1916	270	
√~~黄蕃柳~~	~~二等二级乙员~~	~~本局~~	注		
√~~方宇鹏~~	~~一等一级甲员~~		注		

84

84

(1)

姓名	等级	局所	入局日期	薪额	备考
李安	郵佐	黄連	25-1-1906	136.00	退休 1/3/37
[illegible]苏	—	廣州	14-1-1906	—	退休 1/3/37
劉兆文	—	新造	1-8-1912	—	
姚邦	—	廣州	1-1-1912	—	退休 1/3/37
李坡	—	容奇	14-1-1918	—	本局
楊府舟	—	廣州	22-1-1920	—	停升
劉伯明	[illegible]	汕头	27-4-1921	—	
徐林	由郵佐	廣州	11-1-1911	—	
張[illegible]勤	—	—	3-5-1921	—	
羅錦[illegible]	—	—	22-5-1911	—	退休 1/3/37
羅[illegible]樑	—	汕头	19-2-1924	—	
龍[illegible]巨	—	廣州	25-12-1911	—	
欧英	—	南海	18-4-1913	—	
王俊軒	—	廣州	20-1-1913	—	
李泉	—	—	1-8-1912	—	退休 1/9/37
莫少棠	—	南海	1-3-1921	—	
李時有	—	汕头	5-1-1923	—	
蘇秉勤	—	廣州	15-1-1923	—	
吳錦[illegible]	—	杏坛	1-2-1923	126.00	
何世明	—	市橋	22-2-1924	—	順德
劉[illegible]	—	文昌	8-8-1922	—	
[illegible]	—	海口	8-7-1929	—	
廖浩然	—	廣州	30.12-1926	116.00	
陳[illegible]	—	—	10-1-1926	—	
孫潤	—	—	16-3-1925	—	
林周錡	—	汕头	17-4-1926	106.00	
許廣彥	—	九江	1-3-1924	—	本局
盧揚伯	—	廣州	12-1-1926	—	
黄作基	—	汕头	13-3-1925	96.00	
[illegible]添	—	下栅	4.1-1926	—	前山
[illegible]	—	廣州	17-8-1931	—	
郭[illegible]	—	海口	1-2-1930	76.00	本局 [illegible]
余孔川	—	陳村	14-2-1934	—	本局

85

（2）

姓名	等	局所	入局日期	薪额	備攷
潘兆权	郵佐 改派郵差	廣州	11-12-1935	69.00	
王治平	—	—	22-1-1936	62.00	
謝玉順	—	汕头	26-10-1938	48.00	
龍樹聰	—	中山	1-9-1940	—	
關文淳	—	廣州	1-9-1940	—	
羅藻祥	—	—	—	—	亡故
李顯達	改派郵差	—	16-9-1940	—	
趙承章	—	汕头	1-1-1935	43.00	
陽積生	—	廣州	[illegible]-5-1936	—	
陳世敏	改派郵差	—	1-9-1940	—	
何鎮英	—	—	—	—	
向　英	改派郵差	—	9-9-1940	—	
羅潔玲	—	—	11-9-1940	—	
陳璞韻	—	—	—	—	
張錫煒	—	—	12-9-1940	—	
盧兆煌	—	南海	—	—	
招國祥	改派郵差	廣州	13-9-1940	—	
黃秀卿	—	—	16-9-1940	—	
黎秀豐	改派郵差	—	24-9-1940	—	
詹景章	改派郵差	—	1-10-1940	—	
蕭耿川	改派郵差	南海	—	—	
袁鉉威	—	廣州	11-9-1940	—	
馮國樑	—	—	18-9-1940	—	
孫鴻銓	改派郵差	—	7-10-1940	—	
陳啟蕃	—	—	21-11-1940	—	
李　漢	—	—	23-11-1940	—	
談慕堂	—	—	26-11-1940	—	
韓國釗	—	—	28-11-1940	—	
林劍鋒	改派郵差	—	2-12-1940	—	
徐旭南	—	—	4-12-1940	—	
何崇任	—	—	10-12-1940	—	
盧錦昌	—	—	24-12-1940	—	
崔學工	—	—	30-12-1940	—	
左崇炎	—	—			

98

86

（3）

姓名	等级	局所	入局日期	薪额	备考
陳懋和	郵佐	廣州	20-1-1941	43.00	-
林木欣	-	-	20-1-1941	-	
譚法標	-	-	6-2-1941	-	- 一女
江顯泰	-	-	11-2-1941	-	-
袁才烽	-	-	12-2-1941	-	-
麦錦壯	-	-	14-2-1941	-	-
趙克宣	-	揭陽	14-3-1941	-	暂汕头
李榮樞	-	廣州	18-3-1941	-	-
張述志	-	-	20-3-1941	-	-
潘誉棋	-	-	22-3-1941	-	- 八女
李壽頤	-	-	22-3-1941	-	-
鄧紀康	-	-	-	-	-
曾友顏	-	-	29-3-1941	-	
劉成章	-	-	1-4-1941	-	-
黄錫壽	-	-	1-4-1941	-	一女
黄迪存	-	-	12-3-1941	-	- 一女
梁英濱	-	-	7-4-1941	-	- 三女
陈大松	-	汕头	10-4-1941	-	
沈錫鴻	改列信郵差	廣州	12-4-1941	-	
黄華新	-	-	21-4-1941	-	
何继声	-	-	18-7-1941	-	
李阆根	-	-	28-4-1941	-	
梁景運	-	-	18-6-1941	-	-
孔憲儔	-	-	24-7-1941	38.00	留資停薪
林撰壽	-	-	8-11-1941	-	革退 3/1/34
黄次銓	-	-	17-7-1941	-	- -
宋炳昌	-	-	22-7-1941	-	-
関秉鈞	-			38.00	-
李焚道	四等三	-			-
周日華	三，二郵佐	嘉積			-
林亮華	四，三郵佐	廣州	已全具 15/12/34		
龐之彬	一一改列郵役	廣州			-
劉澗明					-

87

姓名	等級	局所	入局日期	薪額	備攷
潘振權	改升代郵員 郵佐	新	12-9—1940		[illegible]
區麗英	〃	〃			
金廷澤	一，一郵佐	〃			
徐鑫	一，一郵佐	〃			
何秀雲	/	革退	1/8/32		
沈瑩金	四，三郵佐	〃	革退 1/8/32		
袁景雲	四，四郵佐	〃	亡故 16/1/34		
陳麗川	一，一郵佐	〃			
周逸明	一，一郵佐	校務			
梁光遠	一，一郵佐	新			
譚長德	一，一郵佐	〃			
王銘賠	一，一郵佐	〃	退休 ~~4/4/38~~ 8/6/38（局諭679）		
王楓林	一，二郵佐	〃			
周銘	一，一郵佐	〃	（局諭610 22/11/37）		
刁會臣	一，一郵佐	〃	（局諭610 22/11/37）		
陳漱芳	一，一郵佐	〃			
周銘	一，二郵佐	〃	（河南儲匯處[illegible] 7/12/37）		
俞宏摩	一，一郵佐	〃			
彭啟棟	一，一郵佐	〃			
劉[illegible]之	一，二郵佐	〃	（局諭622 1/12/37） 退休 1/5/38（局諭679）		
黎竹咸	一，一郵佐	〃			
張恆信	一，一郵佐	〃	（局諭630 31/12/37） 退休 9/6/38		
胡超	一，一郵佐	〃			

88

入

姓名	等級	局所	入局日期	薪額	備考
郭　秋	揩查差	廣州	20.3 1917		
~~洸　苛~~	〃	〃	1. 11. 1919		退休 1/3/37
杜銑泉	〃	〃	1. 10. 1920		
朱　成	〃	〃	19. 7. 1922		
張敬之	〃	〃	14. 6. 1922		
陸　光	〃	〃	1. 1. 1923		
張祖蔭	〃	〃	14. 1. 1924		
李永泉	〃	〃	3. 10. 〃		
楊　基	〃	〃	1. 11. 〃		
何鶴齡	〃	〃	5. 12. 〃		
~~李煥周~~	〃	〃	7. 4. 1926		亡故 6/4/35
金廣惠	快遞差	〃	7. 7. 1924		
佟玉華	〃	〃	1. 11. 1926		
傑　佐	〃	〃	8. 7. 1924		
~~陳叔林~~	在職亡故 25/10/1949	〃	3. 6. 1929		
王　超	〃	〃	15. 1. 1934		
~~郭　鈿~~	信差	〃	20. 4. 1909		退休 1/3/37
~~陳　有~~	〃	〃	1. 3. 1913		退休 1/3/37
~~丘應鴻~~	〃	〃	10. 2. 1913		亡故 18/3/37
~~柯　炳~~	飭令退休 1/3/50	〃	20. 5. 〃		
~~袁　合~~	〃	〃	1. 9. 〃		退休 1/3/37
梁　志	〃	〃	1. 2. 1919		
程　耀	〃	〃	11. 4. 1922		
~~陳橘庭~~	〃 因病休致 21/6/38	〃	28. 7. 1918		
李　福	〃	〃	16. 11. 1918		
~~梁節臣~~	〃	〃	5. 2. 1919		退休 1/3/37
徐　森	〃	〃	1. 2. 1920		
戴　衡	〃	〃	24. 2. 1921		
徐永能	〃	〃	1. 3. 1921		
易業鎔	〃	〃	4. 10. 1919		
~~[illegible]~~	飭令退休 1/9/38	〃	6. 9. 1915		
~~孫　勝~~	亡故 9/11/34	〃	16. 3. 1917		
~~花　[illegible]~~	因病休致 11/4/37	〃	19. 10. 1922		
何　鴻	〃	〃	21. 11. 1920		
陳　慶	〃	〃	9. 5. 1911		

89

办

姓名	等级	局所	入局日期	薪额	备考
黄绍彭	信差	广州	25.11.1922		
蔡革	〃	〃	9.1.1923		
林根	〃	〃	14.2.1923		
黄朝胜	〃	〃	1.10.〃		
蔡明宽	〃	〃	25.10.〃		
黄昊	〃	〃	25.10.〃		
廖远宗	〃	〃	17.12.1923		
管耀	〃	〃	1.6.1924		
徐宝山	〃	〃	25.12.1926		
田玉	〃	〃	13.6.1921		
罗钊	〃	〃	25.7.1924		
黄茂林	〃	〃	12.1.1925		
黄培	〃	〃	29.5.1925		
謝荣	〃	〃	20.7.〃		
丁福	〃	〃	19.2.〃		
袁昌	〃	〃	20.5.〃		
徐彬	〃	〃	7.4.1926		
梁泽	〃	〃	8.4.1926		
苏辉华	〃	〃	1.3.1920		[illegible]
李应才	〃	〃	16.6.1926		
王发	〃	〃	25.12.〃		
李炳	〃	〃	1.1.1927		
陈啟	〃	〃	1.1.1927		
赵忠	〃	〃	7.8.1919		
黄南	〃	〃	19.3.1924		
杨景勋	〃	〃	28.4.1924		
陈宣	〃	〃	5.3.1925		
金满	〃	〃	8.8.1927		
周南	〃	〃	1.2.1930		
陈九	〃	〃	〃		
余東衍	〃	〃	26.5.1928		
李锦	〃	〃	8.9.〃		
杜伟明	〃	〃	21.9.1932		

~~杨芳~~ 在職病亡 11/37 〃

90

3

姓名	等級	局所	入局日期	薪額	備考
姚鸿钧	信差	广州	21.9.1932		
陈世熙	〃	〃	8.12.1933		
陈潞麟	〃	〃	15.1.1935		
龙腾标	〃	〃	17.9.1937		
梁振存	〃	〃	21.12.1936		
陈赞舟	〃	〃	20.4.〃		
殷培	〃	〃	12.9.1940		
冯远明	〃	〃	11.9.1940		
周国贤	〃	〃	〃		
冯建章	〃	〃	12.9.1940	[illegible]	
吴广新	〃	〃	13.9.〃		
吴伟粟	〃	〃	17.9.〃		
张群炳	〃	〃	〃		
罗裕享	〃	〃	19.9.1940		
郑能邦	〃	〃	26.9.〃		
徐锦新	〃	〃	22.1.1941		
陈集杰	〃	〃	24.1.〃		
伍启耀	〃	〃	4.2.〃		亡故 4/11/34
萧金银	〃	〃	20.2.〃		
冯梅	村镇信差	因病休职 14/7/38	1921		
黄培基	邮差	〃	1.11.1926		
郭云	〃	〃	5.1.1923	[illegible]	
吴赞	〃 强令退休 10/6/38	〃	1.3.1929		
黄细佬	〃	〃	27.11.1911		因病休职 16/10/36
陈财	〃	〃	9.10.1917		
邓棠	〃	〃	1.6.1926		亡故 9/1/36
周国	〃	〃	〃		
李福	〃	〃	16.6.1926		退休 1/9/37
郭仪	〃	〃	16.5.1924		
谈俊贻	〃	〃	19.12.1935		
王香山	〃	〃	22.2.1938		
郭润荣	〃	〃	24.3.1941		
吴坤	〃	〃	21.10.1940		

91

姓名	等級	局所	入局日期	薪額	備考
吴多	郵差	廣州	7-10-1940		
張永	〃	〃	18-10-1940		
謝焯	〃	〃	1-8-1944		高操
胡沂	〃	〃	1-1-1924		高操
龙業	〃	〃	23-12-1932		高操
張猶	〃	〃	4-7-1924		高操
梁裕威	听差	〃	22-4-1920		十支
~~秦庆麟~~	〃 七故 22/5/38	〃	11-4-1921		
黄璿	〃	〃	21-5-1921		七支窗口
許汝森	〃	〃	24-4-1924		七故 22/1/35
~~洗少刚~~	〃	〃	8-6-1920		
李鳴	〃	〃	1-8-1924		七支窗口
~~李蔭杜~~	〃	〃	10-3-1926	七故 1/11/34	
陳茨	〃	〃	10-3-1926		八支
梁兆鳴	〃	〃	12-3-1926		二支窗口
陳康	〃	〃	1-2-1927		
陳少錦	〃	〃	1-7-1927		
~~楊英~~	留营候薪 15/11/1949 〃	〃	1-3-1929		
何忠	〃	〃	6-6-1929		七支窗口
李永㶷	〃	〃	1-10-1930		
廖志亮	〃	〃	18-4-1938		
黄耀甸	〃	〃	26-12-1934		八支
王昌	〃	〃	1-7-1920		
梁荣達	〃	〃	6-1-1936		
梁源泉	〃	〃	8-1-1936		
刘少丰	〃	〃	12-5-1936		
李庆卿	〃	〃	16-12-1936		
王桂森	〃	〃	16-3-1937		
張燦勤	〃	〃	26-5-1937		
何泉望	〃	〃	16-6-1937		
黄少秋	〃	〃	5-7-1937		
冯深	〃	〃	8-9-1937		一支
林兑毅	〃	〃	15-10-1937		

92

5.

姓名	等级	局所	入局日期	薪额	备考
陈修虔	听差	广州	18-10-1940		
~~李棣~~	〃	〃	〃		留资停薪 1/8/32
陈富雄	〃	〃	〃		
吴君骥	〃	〃	29-10-1940		
郭家梳	〃	〃	1-11-1940		
叶义	〃	〃	3-12-1940		
胡诚	〃	〃	23-1-1941		
~~陈家华~~	舵工	〃	16-4-1926		退休 1/3/37
姚结	〃	〃	3-8-1931		
~~冯日南~~	力夫 准退休 11/6/38	〃	3-3-1919		
~~杨[illegible]~~	在职死亡 21/5/38	〃	9-4-1924		
~~刘安~~	在职死亡 21/1/50	〃	1-10-1924		
~~吴镜~~	〃	〃	1-10-1927		退休 1/9/37
吴鑑	〃	〃	1-6-1929		
佟建成	〃	〃	17-7-1929		
周杨洪	〃	〃	9-9-1935		
胡钊瑶	〃	〃	31-12-1935		
刘家鹏	〃	〃	5-3-1936		
张国政	〃	〃	6-10-1936		
李华堂	〃	〃	25-3-1937		
何[illegible]	〃	〃	7-4-1937		
苏渐衡	〃	〃	22-4-1937		
钟霖	〃	〃	16-6-1937		
吴国毅	〃	〃	16-6-1937		
刘学桥	〃	〃	5-7-1937		
李尚坤	〃	〃	1-11-1939		
赖汉	〃	〃	17-5-1940		
黄荣	〃	〃	7-10-1940		
贾安	〃	〃	11-10-1940		
詹[illegible]扬	〃	〃	〃		
范少平	〃	〃	15-11-1940		
李伦	〃	〃	26-4-1941		
陈锦照	〃	〃	15-9-1944		

93

姓名	等级	局所	入局日期	新额	备考
黄東民	信差	新			
周織南	〃	〃			
易鑾	〃	〃			
李煥新	〃	〃			
徐蘇	〃	〃			
黄樑	〃	〃			
何輝	〃	〃	由陽村调回	派充邮務信差	
周學康	〃	〃			
蘇輝章	〃	〃			
~~鄧福~~	〃	〃	退休1/3/37		
~~麦仲~~	〃				
刘滿	邮差	〃	由[illegible]連调回		
~~吴珠~~	~~信差~~	~~〃~~	~~江门调回~~		
李永福	信差				
~~趙達世~~	信差 退休13/8/38		1/4/19入局（[illegible]）		
張曉岩	信差	〃	24/1/1920入局（[illegible]）		调[illegible]区
吴国恩	信差	〃	9/3/19入局 →	调[illegible]区 [illegible] 29/8/38	
吴珠	〃	〃	江门调回 →	回[illegible]信差 8/12/49（[illegible] 12/12/49）	

94

94

姓名	等級	局所	入局日期	薪額	備攷
刘森	什差	廣州	April 1926		
謝九	手車夫	〃			
~~鄒福~~	信差	〃	27-9-1910	退休1/3/37	
楊震	什差	〃	1-12-1945		
林如松	听差	〃	1-12-1945		
黄國安	什差	〃			
梁靈	什差	〃			
周啟良	信差	〃			
吳國楠	信差	〃			
謝彬文	听差	〃			
陳俊	信差	〃			
曹忠文	〃	〃			
陳浩	听差	〃			
陳言謨	信差	〃			
張明	什差	〃			
葉光	什差	〃			
曾作	〃	〃			
李輝	信差	〃			
~~陳海~~	信差	〃	革退 18/3/37		
許其泰	〃	〃			
林奇	什差	34局			
盧從根	〃	158局			
洪振祺	〃	195局			
吳金發	〃	195局			
朱文傑	〃	70局			
余炳坤	〃	72局			
司徒添?	〃	隨許[illegible]視察服務			
楊芳	信差				
[illegible]	〃				
李添才	信差				
~~王景鴻~~	臨時差	派隨王蘭亭視察服務			
殷錦	信差				
徐炎	信差				

95

6

姓名	等级	局所	入局日期	薪额	备考
范志明	力夫	广州	18-9-1944	—	
蔡 添	〃	〃	19-9-1944	—	
江 苏	〃	〃	22-9-1944		
郭 榛	更夫	〃	21-8-1917	退休1/3/37	
刘 森	改为汽船司机（公函460 1/13/36）	〃	20-4-1926		
汤 恩	〃 更夫	〃	22-10-1932		
黄 庆	车夫（司机）	〃	1-10-1921		
秦召德	（漆匠）〃	〃	29-5-1944		革退 1/11/34
何 九	〃 机匠	〃	1-6-1939		
陈钊汉	〃	〃	6-1-1923		退休 1/3/37
李荫浓	〃 信差		8-12-1933		
李 海				—	
何赞立	（漆匠）			—	
谢 强	力夫			—	
周爵康	信差		1-5-1926		
邝日波	稽查差	汕头	14-3-1910		
黄进昇	快递差	〃	16-6-1923		
许鸣江	信差	〃	1-8-1920		
林国训	〃	〃	16-12-1923		
李桐造	〃	〃	1-2-1925		
黄进禄	〃	〃	1-8-1923		
许琴江	〃	〃	1-10-1930		
郑汉生	〃	〃	1-9-1938		亡
赵克士	〃	〃	25-10-1938		
庄永德	〃	〃	26-3-1941		
黄启毅	〃	〃	4-4-1941		回
陈达生	〃	〃	1-5-1941		
陈木光	〃	〃	7-4-1941		
许阿徒	邮差	〃	1-2-1925		
郑阳石	〃	〃	17-4-1926		
蓝映志	〃	〃	4-6-1939		
沈 汉	〃	〃	26-5-1937		

96

96

大

姓名	等級	局所	入局日期	薪額	備攷
吴添泉	聽差	汕頭	13-8-1920		
譚聖根	〃	〃	12-12-1925		
利水	〃	〃	16-1-1917		
李闰興	〃	〃	14-6-1922		
陳泉卅	〃	〃	11-3-1929		
鄭樸夫	〃	〃	1-5-1930		死 16.1.42-?
魏永年	〃	〃	20-7-1936		
徐敬森	〃	〃	1-9-1938		死
鄭渣	舵工	〃	1-10-1928		
許盛英	（助）	〃	11-4-1928		死 11.12.42-?
鄭阿四	船夫	〃	1-3-1920		
吴劍	〃	〃	23-7-1924		
劉嘉義	〃	〃	18-7-1925		
吴木炎	〃	〃	21-11-1931		
林杜光	〃	〃	1-4-1932		
吴永城	〃	〃	26-5-1937		
楊育财	〃	〃	〃		
方津清	〃	〃	7-6-1937		
王欽	力夫	〃	14-11-1922		
吴悦道	〃	〃	7-7-1930		
許盛雄	〃	〃	5-11-1931		死
陳昌麟	〃	〃	15-12-1931		死
蘇志英	〃	〃	15-12-1933		死
许鳴宜	〃	〃	6-2-1937		
姚柳荣	〃	〃	6-2-1937		
李念恢	〃	〃	1-6-1941		乞
邛炳堅	〃	〃	9-5-1930		
邛錦昌	〃	〃	27-5-1930		
黄海	〃	〃	24-1-1927		
吴三	公寓什役	〃	15-1-1941		
杜倚	車夫	〃	1-2-1931		死
周添茂	汽船機匠	〃	1-2-1924		
朱成	〃（助）	〃	1-4-1928		

97

97

8.

姓名	等	局所	入局日期	新额	備攷
麦仲	稽查差	南海	31-1-1908		
陈邑	信差	〃	16-5-1913		欠 1.6.45-19.10.45
郑怡	〃	〃	1-7-1913		
麦録	〃	〃	1-2-1918		
杨福	〃	〃	10-3-1918		欠 1.6-19.10.45
周林	〃	〃	11-8-1921		欠 〃
罗镜康	〃	〃	1-2-1922		欠 〃
何虞原	〃	〃	1-6-1923		
麦潮	〃	〃	10-8-1924		
林北胜	〃	〃	13-2-1925		
冯俊华	〃	〃	1-9-1935		
區翼云	〃	〃	27-9-1935		
杨兆仪	〃	〃	29-9-1937		
陈伟钊	〃	〃	1-4-1926		欠 1.8.43-23.2.46
伦学	〃	〃	1-12-1921		
范学	邮差	〃	1-1-1928		
陶高	〃	〃	1-4-1924		
许巨	〃	〃	16-9-1930		欠 13.3.45-19.11.45
麦佐尧	〃	〃	1-7-1937		
黎锦华	〃	〃	11-9-1939		
李杭州	〃	〃	12-9-1939		
冯瑞南	〃	〃	16-3-1940		
霍惠明	〃	〃	19-7-1940		欠
何强	〃	〃	16-11-1940		
区景	〃	〃	1-1-1941		欠
唐文	〃	〃	22-10-1941		
罗伟	〃	〃	1-1-1939		
陈忠洪	〃	〃	29-10-1939		欠
冯蕃	〃	〃	5-12-1931		
李锦成	〃	〃	16-2-1937		
江坤	〃	〃	14-10-1940		
孔宪恬	力夫	〃	16-7-1941		
罗家燮	〃	〃	22-6-1938		

98

98

9

姓名	等級	局所	入局日期	薪額	備考
✓吴國荣	信差	海口	1-9-1927		免 1.5.45-23.10.45
✓王亚祥	〃	〃	27-11-1922		免 1.5.45-30.11.45
✓周啟禄	〃	〃	15-3-1922		
✓吴欧生	〃	〃	6-12-1927		
吴钰坤	〃	〃	1-10-1935		免
✓黄克汉	〃	〃	22-12-1921		
朱義轩	〃	〃	1-11-1932		免
杨亚之	郵差	〃	1-6-1931		免
✓秀树矩	〃	〃	1-7-1925		免 1.5.45- ?
朱庆唐	〃	〃	13-1-1931		免
黄明纪	〃	〃	1-1-1937		
谢生知	〃	〃	13-11-1939		
赵经绪	〃	〃	11-5-1939		免
陈兄贵	〃	〃	3-6-1939		免
周蘭皓	〃	〃	16-3-1940		
梁守清	〃	〃	1-10-1935		
杨亚之	[illegible]	〃	15-4-1936		
王亚春	〃	〃	1-6-1938		
王家清	更夫	〃	2-2-1941		
✓李文美	水手	〃	21-9-1923		免 1.5.45-12.1.46
郑地茂	船夫	〃	16-8-1940		免
许剑生	〃	〃	16-8-1940		免
罗昌福	〃	〃	16-8-1940		免
✓邝　瑢	信差	陈村	19-3-1920		
✓曾　樑	〃	〃	21-4-1921		
✓何　辉	〃	〃	1-4-1928		
嘉桥茂	〃	〃	7-9-1935		
✓何　堂	〃	中山	1-6-1925		
✓李　来	〃	〃	16-8-1925		
✓陈　万	〃	〃	1-5-1932		
✓熊信朝	〃	〃	6-11-1907		
✓罗流芳	〃	〃	12-6-1926		
✓蒋　忠	〃	〃	18-6-1921		

66　　99

10.

姓名	等级	局所	入局日期	薪额	备考
郑文祯	信差	中山	16-5-1932		
李侠	〃	〃	12-10-1940		
余富	邮差	〃	1-2-1938		
郑喜诚	〃	〃	1-12-1935		
吴波	〃	〃	13-4-1938		
蔡锦威	〃	〃	7-10-1940		
梁德文	听差	〃	2-6-1940		
刘国钰	信差	都城	26-11-1910		
蔡子厚	〃	下栅	1-8-1920		
余厚	邮差	〃	1-6-1937		兑
吴国光	〃	〃	25-3-1938		
唐绍庭	〃	〃	1-9-1937		
陈汉棠	〃	〃	1-2-1933		
杜雄	〃	〃	1-7-1931		
陈灼然	信差	杏坛	1-2-1920		
胡杰相	邮差	〃	1-3-1932		兑
陈惠光	〃	〃	1-7-1938		
罗石成	〃	〃	15-3-1941		兑
罗菊朋	〃	〃	17-10-1941		
廖树	信差	容奇	26-7-1929		
殷锦	〃	〃	25-6-1924		
梁存远	〃	〃	25-9-1935		
吴荣	邮差	〃	9-2-1921		
张桂	〃	〃	25-5.1935		兑
文钦	信差	乐从	4-5-1921		
陈光	〃	〃	1-2-1918		
李均	〃	〃	1-7-1928		
吴珠	〃	〃	1-11-1928		
陈尧	邮差	〃	11-3-1930		
谭骅	〃	〃	10-12-1935		
陈星	〃	〃	16-2-1938		
林滔	〃	〃	1-2-1940		
黄社文	〃	〃	1-8-1944		

100

11.

姓名	等級	局	入局日期	薪額	備攷
郭占志	郵差	江门埠	19-2-1941		
詹国华	〃	〃	10-5-1932		
李伟成	〃	〃	1-6-1940		
✓龙明怀	信差	高塘	21-3-1927		欠✓ 1.2.45-27.10.45
✓何尧登	—	九江	4-8-1925		
✓温垣	郵差	—	1-6-1922		
✓陳章	—	—	13-5-1923		欠✓ 23.1.45-?
張冲	—	—	10-7-1940		
✓许盛杰	信差	揭陽	7-7-1925		暂汕头 21.4.45-22.6.45
✓蔡继明	—	—	6-2-1925		
✓林国剑	郵差	—	1-9-1930		
黄文芳	信差	古井	1-5-1936		欠✓
✓吴炽	—	—	24-4-1926		
赵豪	郵差	—	1-1-1937		
黄锦新	—	—	1-4-1940		
黄万钦	—	—	21-5-1944		
林云振	信差	文昌	16-7-1935		
✓王贤天	—	—	1-6-1914		欠✓ 1.8.45-30.11.45
周成汉	郵差	—	1-10-1935		欠✓
孟杰	—	—	1-2-1941		欠✓
王振兴✓	—	—	1-12-1941		
何君惠	—	—	21-8-1941		欠✓
✓温朝光	信差	南头	1-4-1926		欠✓ 5.3.45-?
✓伦炜	—	—	26-3-1923		
林全	郵差	—	1-7-1939		
✓杜贤	—	—	16-10-1922		
✓陳锦东	信差	新造	23-5-1925		
✓蔡展伦	—	—	16-5-1923		
俞生洲	—	文昌	1-9-1935		欠✓
✓陳时来	郵差	新造	1-8-1914		欠✓ 3.2.45-31.3.46
✓蒋九	—	—	26-6-1920		
✓蔡英	—	—	9-11-1926		
方日成	—	—	15-12-1940		

101

101

121

姓名	等级	局所	入局日期	薪额	备考
严志昌	邮差	西南	1-7-1926		
胡萱	—	—	1-7-1921		
布陛	—	—	1-7-1926		
周安	—	—	4-12-1933		
罗熊	信差	河头	19-12-1922		
胡祥芬	—	—	1-4-1921		
罗润祺	邮差	—	1-3-1940		
张邦	—	—	21-10-1923		
吴骏	—	—	17-12-1927		
王彭	—	—	13-3-1934		免
吴義	—	—	1-7-1941		
翟炽梅	信差	石龙	17-12-1904		免 1.8.43
袁江	—	—	8-6-1911		
袁锦财	—	—	1-1-1918		
刘桂槐	—	—	1-1-1913		
江国宝	—	—	20-12-1935		
李球	邮差	—	1-3-1934		
周爵康	信差	常平	1-5-1926	调管理局	
陈国兼	—	—	1-10-1930		
刘全	邮差	—	1-1-1937		
程钟儀	—	—	22-2-1938		免
侯经焜	—	—	19-12-1935		免
李怀	信差	市桥	1-9-1932		
韩杰棠	—	—	16-8-1935		
曹成	邮差	—	1-6-1921		
陈文	—	—	1-3-1933		免
何永昌	—	—	11-9-1940		
邹福	信差	沙堤	27-9-1910		调管理局
林志雄	—	—	4-12-1931		
麦全	邮差	—	1-3-1924		
何新	—	—	10-7-1924		
李平	—	—	1-3-1930		
罗陛祥	—	—	1-9-1944		

102

102

13

姓名	等级	局所	入局日期	薪额	備攷
√徐炎	信差	小杭	12-2-1925		
√鄒樹南	—	—	1-1-1930		
√蔡坤	郵差	—	1-3-1930		
何仲英	—	—	1-7-1936		
關傑才	聽差	—	1-3-1938		
√陳進財	信差	新塘	1-11-1909		
√秦福明	—	—	21-7-1923		
袁棟文	郵差	—	1-1-1931		乞
陳蔭棠	—	—	1-10-1937		
鍾炳圻	—	—	1-11-1939		
馮文齡	—	—	1-7-1941		
陳洪垣	—	—	1-9-1944		
莫其董	信差	新會	1-8-1932		
蔡華鴻	—	—	1-10-1934		乞
梁沐輝	—	—	14-9-1940		
陳子權	—	—	1-4-1935		
√羅肇鑒	—	四會城	23-11-1920		
√黄炎	—	太平(吉)	28-2-1930		
馮輝	郵差	—	17-4-1940		
何宝斌	—	—	21-8-1940		
許萬文	信差	前山	18-2-1937		
√薛炎	郵差	—	1-5-1923		乞 1.7.45-29.1.46
√陸方源	—	—	22-3-1925		
√羅英杰	—	—	13-6-1927		
√劉根	—	—	1-1-1932		
√周拴	信差	东莞	1-12-1922		
詹良	—	—	1-10-1931		
√詹康	—	—	1-1-1927		
√吴坤	郵差	—	1-1-1921		
詹秋	—	—	1-7-1941		
李立熙	聽差	—	19-9-1935		
√陳駱	信差	黄連	1-3-1929		
麦錦滿	—	—	15-9-1935		

103

103

14

姓名	等级	局所	入局日期	新额	备考
√ 劉　滿	郵差	黃連	15-3-1930		
吳彥文	—	—	1-9-1941		
陈文岸	信差	揭陽	25-1-1941		
丘品華	郵差	—	21-5-1945		
陈耀宇	信差	庵埠	8-8-1940		欠√
√ 黄玄核	—	—	18-6-1925		
姚成达	郵差	—	1-9-1937		
林叙彦	—	—	1-3-1940		欠√
√ 張　城	信差	潮安	1-5-1923		
陈国佐	—	—	16-8-1932		
林家广	—	—	1-3-1931		欠√
蔡瑞和	—	—	15-2-1940		
林邦烈	郵差	—	1-5-1940		[illegible]
孫炽甲	—	—	1-5-1940		
√ 張阿十	信差	潮陽	10-4-1910		欠√ 1.815-9.3.46
√ 趙德熙	—	—	1-9-1917		欠√ 1.843-?
√ 朱　沐	—	—	1-10-1924		
√ 蔣英傑	—	—	16-5-1924		
王大年	郵差	—	1-6-1937		
葉志強	—	—	1-10-1938		
姚大章	聽差	—	16-11-1937		
蔡開桂	信差	澄海	5-4-1941		
√ 陈二弟	—	—	7-7-1925		
√ 王　由	郵差	—	1-8-1924		
黄赞華	—	—	1-7-1936		

104

104

侨批组员工工作分配详情表

伍 僑批組員工工作分配詳情

姓名	職別	办公時間	職務
洪鳴明		8½—12 13½—14	售給各批局郵票稽核來往批信件數及所貼郵資登記及統計出入口批信及負責全組一切事務.
陳作新		9—12 13—14	查算出入口批信件數及核算所貼之郵資是否足額并兼理登記出入口批信數目兼出口航空回批成捆并祥記與重量及辦理出入口無法投遞信件等事宜
孫毅		8—12 13—14	蓋銷郵票及兼理出入口批信工作及清潔全組傢俱及办理一切什務.

批信局国内外分号开设地点名称一览表

批信局國內外分號開設地點名稱一覽表

汕頭段

29　附件　訓令 1180/25731

批信局名稱	開設地點	分號數目	分號名稱	分號開設地點名稱	分號開設地點譯名	廿四年份分號執照數
利昌	汕頭	四	國達銀莊	梅縣	Meihsien, Kwangtung	123
			陳華興	暹羅	Siam	
			陳球茂	巴達維亞	Batavia, Java	
			陳亞木	加里吉打	Calcutta, India	
綿發	〃	三	綿發	新嘉坡	Singapore, Strait Settlements	124
			東亞	吉隆坡	Kuala Lumper, Selangor, F.M.S.	
			綿元	馬六甲	Malacca, Strait Settlements	
金生	〃	八	金生	香港	Hongkong	125
			〃	梅縣	Meihsien, Kwangtung	
			〃	興寧	Hingning, "	
			〃	巴達維亞	Batavia, Java	
			常興	暹羅	Siam	
			大華公司	〃	"	
			恒益	檳榔嶼	Penang, Strait Settlements	
			嘉興隆	新嘉坡	Singapore, " "	
陳悅記	〃	十四	陳合盛悅記	潮安	Chaoan, Kwangtung	238
			陳悅記	鳳凰	Fungwang, "	
			洪萬興	棉湖	Mienfu, "	
			源利	湯坑	Tonghang, "	
			劉喜合	潮陽	Chaoyang, "	
			林協和	詔安	Chaoan, Fukien	
			萬興昌	隆都	Tiemkiatow, Kwangtung (即店仔頭)	
			有信	澄海	Tenghai, Kwangtung	
			陳悅記	暹羅	Siam	
			陳美盛	安南	Annam	
			許裕發	新嘉坡	Singapore, Strait Settlements	
			信昌	饒平	Jaoping, Kwangtung	
			光德成	揭陽	Kityang, "	
			詹恒益	溜湟	Liuwong, "	
吳順興	〃	十五	陳四合	潮陽	Chaoyang, "	239
			劉喜合	〃	" "	
			詹恒亨	溜湟	Liuwong, "	
			德記	高陂	Kopi, "	
			有信	澄海	Tenghai, "	
			信成	蓮陽	Linyeung, "	
			啟峯	揭陽	Kityang, "	
			啟記	棉湖	Mienfu, "	
			閩安	潮安	Chaoan, "	
			合利	饒平	Jaoping, "	
			源合	達濠	Tathow, "	
			佳興	安南	Annam	
			永裕盛	日里	Deli, Sumatra, D.E.I.	
			義利	暹羅	Siam	
			發裕	新嘉坡	Singapore, Strait Settlements	
洪萬豐	〃	十三	洪萬興	棉湖	Mienfu, Kwangtung	240
			光德成	揭陽	Kityang, "	
			劉喜合	潮安	Chaoan, "	
			如滙	〃	" "	
			普亨	〃	" "	
			恒盛	溜湟	Liuwong, "	
			鴻茂利	黃岡	Ungkung, "	
			發昌	意溪	Ikoi, "	
			萬興發	隆都	Tiemkiatow, Kwangtung (即店仔頭)	
			中興成	暹羅	Siam	
			洪萬祥	新嘉坡	Singapore, Strait Settlements	
			洪萬興	檳榔嶼	Penang, " "	
			萬成滙	安南	Annam	
義發	〃	十	如昌	潮安	Chaoan, Kwangtung	241
			協成發	澄海	Tenghai, "	
			瑞峯	揭陽	Kityang, "	
			欣	〃	" "	

1